■ 현대성서주석

역대상·하

목회자와 설교자를 위한 주석

First and Second Chronicles

INTERPRETATION

스티븐 S. 투엘
(STEVEN S. TUELL)

2007

한국장로교출판사

역대상·하

목회자와 설교자를 위한 주석

총편집자 제임스 루터 메이스
구약 편집자 패트릭 D. 밀러
신약 편집자 폴 J. 악트마이어

역대상·하

저자 : **스티븐 S. 투엘(Steven S. Tuell)**

· 버지니아 주 애슐랜드에 있는 랜돌프 메칸 대학에서 종교학 조교수로 재직중이다.

한·미 공동 주석편집 / 번역위원회 편

번역위원 : **배희숙**

· 장로회신학대학교에서 구약학을 가르치고 있다.

이 책은

미국장로교출판사인 Westminster / John Knox Press와의

정식 계약에 의해 번역, 출판되었다.

■ 현대성서주석

역대상·하

목회자와 설교자를 위한 주석

First and Second Chronicles

INTERPRETATION

스티븐 S. 투엘
(STEVEN S. TUELL)

2007

한국장로교출판사

역대상·하

목회자와 설교자를 위한 주석

총편집자 제임스 루터 메이스
구약 편집자 패트릭 D. 밀러
신약 편집자 폴 J. 악트마이어

역대상·하

저자 : **스티븐 S. 투엘(Steven S. Tuell)**

· 버지니아 주 애슐랜드에 있는 랜돌프 메칸 대학에서 종교학 조교수로 재직중이다.

한·미 공동 주석편집 / 번역위원회 편

번역위원 : **배희숙**

· 장로회신학대학교에서 구약학을 가르치고 있다.

이 책은

미국장로교출판사인 Westminster / John Knox Press와의

정식 계약에 의해 번역, 출판되었다.

STEVEN S. TUELL

First and Second Chronicles

INTERPRETATION

A Bible Commentary
for Teaching and Preaching
tr., by Publishing House of the PCK

INTERPRETATION / 현대성서주석

역대상·하

초판인쇄 2007년 12월 20일 / 2011년 6월 20일 3쇄인쇄
저자 : 스티븐 J. 투엘(Steven S. Tuell)
번역 : 한·미 공동 주석편집/ 번역위원 배희숙

기획 · 편집
기획·편집인 : 박노원
미국장로교총회(PCUSA) 한국어자료개발실 김춘자
Rev. Grace Choon Kim
Curriculum and Resource Development, Korean Adult, CMD
100 Witherspoon St. Louisvill, KY 40202-1396, USA
Tel (502)569-5478, 5484 / Fax (502)569-8329, 8263

발행
한국장로교출판사
발행인 : 채형욱
주소 / 110-470 / 서울특별시 종로구 연지동 135
한국교회100주년기념관(별관)
전화 / (02)741-4381-2 / 팩스 (02)741-7886
등록 / No.1-84(1951.8.3.)

ISBN 978-89-398-0217-9 / 978-89-398-0206-3(세트)
Printed in Korea

값 20,000원

1

한국어판 발간사

새로운 천년이 시작되는 첫해인 2000년 아침에, 한국교회는 현대성서주석시리즈라는 뜻깊은 축복의 선물을 받게 되었다.

한국장로교출판사는 새로운 천년을 맞아 수년 간의 준비와 노력 끝에, Westminster/John Knox 출판사에서 절찬리에 발간되고 있는 Interpretation/현대성서주석시리즈를 번역하여 출간하게 된 것을 자랑스럽게 생각하며, 그 기쁨을 여러분과 함께 나누고 싶다. 이 주석 시리즈는 교회에서 성경을 해석하는 이들에게는 훌륭한 안내자로서, 성경을 가르치고 설교하는 이들에게는 풍부한 말씀의 샘으로써 큰 기여를 하게 될 것으로 믿는다.

이 주석 시리즈의 특징은 역사적 연구와 신학적 이해를 결합시키고, 이를 오늘날의 삶과 신앙에 다양한 방식으로 접근시키는 데에 있다. "21세기 성서해석의 결정판"이라고 불려질 현대성서주석시리즈는 한국교회뿐만 아니라 해외에서 목회하는 한인교회를 위해서도 크게 공헌할 것으로 확신한다.

전 43권으로 발행되는 방대한 주석서를 번역함에 있어서 한국장로교출판사는 먼저 저자들과 상의하여 역자를 선정하기도 하였고, 전문적으로 성서신학을 공부한 분들을 중심으로 번역위원을 구성하였다. 번역작업에 있어서 원서의 어떤 부분은 한국장로교출판사의 신학적 견해와 일치하지 않는 내용이 있음에도 불구하고, 원문에는 충실하였음을 밝힌다. 이렇게 함은 저자들과 Westminster/John Knox 출판사와의 약속에 의한 것이다.

또한 내용에 있어서는 신학적 흐름이 한국의 그것과 다를 수 있으며, 전통적인 입장과는 차이를 보이는 학자들의 견해라도 하나의 학문적인 자료로서 소개되고 있다는 점을 염두에 두기 바란다. 그럼에도 불구하고 이런 학자들의 연구 결과는 목회자들의 설교강단을 풍요롭게 하는 데 적지 않은 도움을 줄 것으로 기대한다.

이 귀중한 작업은 한국장로교출판사 전임 사장 김봉익 목사와 미국장로교총회 회중사역부 김춘자 목사의 노고가 없었다면 이루어질 수 없는 일이었기에 두 분에게 깊은 사의를 표한다.

이 현대성서주석시리즈를 통해서 교회사역의 주요 부분인 설교와 성경공부를 성공적으로 이끌어 갈 수 있기를 기대한다. 또한 새로운 천년을 맞은 한국교회의 강단에, 그리고 선교 21세기의 복음사역에 큰 공헌이 될 수 있기를 간절히 소망한다.

한국장로교출판사
사장 **채형욱** 목사

한국어판 기획 · 편집에 즈음하여

Interpretation/현대성서주석은 현재 미국의 교회와 신학계를 대표하는 세계 유수의 성서학자들이 오늘의 교회와 목회자들을 위해 각고의 노력을 기울여 집필한 주석 시리즈이다. 이처럼 큰 연구 성과를 오랜 준비 기간을 거쳐 번역, 출간하게 된 기쁨을 한국의 교회와 모든 목회자들과 함께 나누고 싶다.

이 새로운 주석 시리즈는 성경본문의 각 구절들과 낱말들을 일일이 다루기보다는 성경을 가르치고 설교하는 데 사용되는 본문의 단원들을 차례대로 다룸으로써, 설교와 성경공부를 중심으로 하는 목회사역을 성공적으로 준비하는 데 많은 도움을 줄 것이다. 아울러 이 주석은 성경본문이 말하고자 하는 것이 무엇인지를 잘 이해하게 함과 동시에, 그러한 이해를 가지고 오늘날의 삶과 신앙이 안고 있는 문제들과 더불어 대화를 나눌 수 있게 해 줄 것이다. 이로 인하여 오늘날의 교회와 그리스도인들은 성경본문이 오늘의 신앙과 삶에 어떤 의미를 주는지를 분명하게 깨달을 수 있을 것이며, 그것을 자신의 일상적인 삶에 적용하는 데 큰 도움을 얻을 수 있을 것이다.

바라기는 이 주석 시리즈로 인하여 한국교회 강단의 영적인 깊이가 더해지고, 말씀이 더욱 풍성하게 되기를 소원한다. 그리하여 강단마다, 교회마다 생수의 강이 흐르고 생명의 떡을 배설하는 잔치 자리가 되기를 희망한다. 또한 이 성서주석이 한국교회는 물론이고 전 세계에 흩어져 있는 이민 한국목회자들과 그들의 설교와 성경공부 사역에 생명력을 불어넣을 것을 기대한다.

이 번역서는 성서원문에 충실하고자 했으며, 우리말 성경은 개역한글판을 사용하였다. 그리고 때로는 시대적 요청에 맞추어 개역개정판을 사용하기도 하였다. 이 주석의 번역위원들은 국내외의 탁월한 번역가들인 동시에 전문적인 성서학자들이다.

이 주석 시리즈의 번역과 출판은 한국장로교출판사가 1992년에 미국장로교출판사인 Westminster/John Knox Press와 정식으로 계약하여 오늘에 이르렀다. 이 주석의 기획과 편집은 미국장로교총회(PCUSA) 회중사역부 내의 한국어자료개발실 김춘자 목사와 한국장로교출판사 전임 사장 김봉익 목사가 공동으로 추진하였으며, 모든 실무 작업은 한국장로교출판사 편집부에서 수고해 주었다.

그리고 무엇보다도 이 시리즈의 번역사업을 추진함에 있어서, 미국장로교총회 교육부에서 수고하다가 은퇴하여 지금은 '카이로스 연구원'의 책임을 맡은 최창욱 목사와 역시 미국장로교총회 한미목회 총무인 김선배 목사의 도움이 컸다. 이 두 분의 도움에 힘입어 한국장로교출판사는 미국장로교총회 회중사역부 한국어자료개발실과 공동으로 이 주석 시리즈를 기획, 편집, 번역, 출판하기로 협의하여 이제까지 그 작업을 진행하여 왔다. 그동안 협력해 준 번역위원들과 수고한 모든 분들께 마음 깊이 감사를 드린다.

2000년 1월 일

Interpretation/현대성서주석 한·미 공동기획·편집인

박노원·김춘자

한국어판을 위한 서문

현대성서주석시리즈(*Interpretation : a Bible Commentary for Teaching and Preaching*)를 한국 독자들에게 소개하게 된 것은 영광이며 특권으로 생각한다. 본 주석 시리즈의 편집자들과 저자들은 한국장로교출판사가 본 주석 시리즈에 대해 관심을 갖고 한국어판을 출판하기 위해 기울인 헌신적인 작업을 감사히 여기고 있다.

이 주석의 한국어판을 한국장로교출판사가 출판하는 것은 적절한 일이다. 이 주석은 원래 미국장로교(PCUSA) 안에서 계획하고 준비되었다. 비록 본 주석의 저자들은 다양한 교단의 배경을 갖고 있으나 그 성격과 의도는 전적으로 장로교단이 결정했다. 이 주석은 교회의 예배와 성경공부 모임에서 설교하고 가르치는 일에 있어서 성경이 얼마나 중요한 비중을 차지하는지를 단적으로 입증하고 있다. 이 주석은 성경이 우리에게 하나님의 백성이 무엇을 믿어야 하며, 하나님은 당신의 백성들이 어떻게 살기 원하는지를 가르친다는 확신을 바탕으로 준비되었다.

성경에 대한 이러한 확신과 성경의 가르침에 대한 신뢰는 한국장로교회의 특성이다. 이러한 확신은 한국과 미국의 장로교회를 공부하는 교회로 만들 것이다. 미국교회에서 이미 그 유용성이 입증된 본 주석이 한국에서도 성경공부에 공헌할 수 있기를 간절히 소망한다. 각 주석의 저자들은 디모데후서 3 : 16 이하의 말씀이 얼마나 옳은 말씀인지를 보여 주려고 노력했다 : "모든 성경은 하나님의 감동으로 된 것으로 교훈과 책망과 바르게 함과 의로 교육하기에 유익하니 이는 하나님의 사람으로 온전케 하며 모든 선한 일을 행하기에 온전케 하려 함이니라". 이러한 의도가 한국에서 본 주석을 통하여 이루어지기를 기도한다.

제임스 루터 메이스

총편집자

사이러스 맥코믹 히브리어 / 구약학 명예교수

버지니아 유니온 신학교

Preface for the Korean Edition

It is an honor and a privilege to present *Interpretation : a Bible Commentary for Teaching and Preaching* to Korean readers. The editors and authors of the commentary series are grateful to the editors of the Publishing House of the Presbyterian Church of Korea for their enthusiastic interest in Interpretation and for their devoted work in producing a Korean version.

It is fitting that the Interpretation commentary should be sponsored in Korea by the Publishing House of the Presbyterian Church. The series was planned and developed in the context of the Presbyterian Church in the United States of America. Though its authors come from different churches, it is a thoroughly Presbyterian project in character and purpose. The commentary is a witness to the vital importance of the Holy Scriptures for the gathering and instruction of the Church of Jesus Christ through preaching and teaching. The foundation of the series is the conviction that the Bible provides the knowledge of what the people of God are to believe about God and what kind of life God requires his people to live.

This confidence in the Bible and reliance on its illumination is characteristic of the Presbyterian Church in Korea. It is a confidence that binds the Churches in Korea and in America into a community of study. I earnestly hope that these volumes, which have proved so useful in the American Church, will also prove fruitful for the study of the Bible in Korea. The authors of the individual commentaries have sought to show how the Scripture is "profitable for teaching, for reproof, for correction, and for training in righteousness that the man of God may be complete, equipped for every good work"(2 Timothy 3 : 16f.). I pray that this purpose will be fulfilled in the use of the commentary in Korea.

James Luther Mays
General Editor
Cyrus McCormick Professor Emeritus
of Hebrew and the Old Testament
Union Theological Seminary in Virginia

James Luther Mays

역대상·하

역대상·하

차 례

역대하

시리즈 서문

이 주석 시리즈는 성경 각 권들에 대한 해석을 담고 있다. 이 시리즈는 현대적인 강해 주석을 원하는 학생과 교사, 목회자, 사제 등의 필요에 부응하고자 만들어진 것이다. 이 책들이 역사비평적인 주석이나 설교학적인 보조자료들을 대신할 수는 없을 것이다. 오히려 이 시리즈의 목적은 제3의 자료—곧 성경본문들에 대한 역사적이고도 신학적인 작업의 통합된 결과를 보여 주는 주석—를 제공하는 데에 있다.

본래적인 의미에서 볼 때 해석 작업이라는 것은 본문, 해석자, 그리고 해석을 필요로 하는 사람 등을 포함한다. 여기서 말하는 본문은 '예언자들과 사도들'의 시대 이후로 전해 내려오는 성경의 기록을 가리킨다. 본문은 신앙생활을 가르치고, 그것에 생기를 불어넣고, 또 그것을 인도하려는 목적으로 읽혀진다. 해석자는 본문에 충실하면서도 교회에 유익한 해석을 만들어 내려고 애쓰는 사람이다. 이 시리즈는 성경을 신앙 공동체에서 가르치고, 설교하고, 연구하려는 사람들을 위해 쓰여진 것이다.

이 시리즈의 주석은 일반적으로 강해적인 에세이 형태를 취하고 있다. 그것은 성경을 사용할 때 생겨나는 여러 필요들과 질문들에 비추어 기획되고 쓰여진 것이다. 본 주석 시리즈는 효과적인 강해를 위해 현대적인 학문 연구의 통찰들과 결과들을 충분히 활용하였다. 해석자들은 주석가들로서, 그리고 신학자들로서 이 시리즈를 집필하였다. 그들의 작업은 본문이 말하고자 하는 것을 취급함과 동시에, 그것이 신앙과 생활에 주는 의미를 분별하려는 목적을 가지고 있다. 그러므로 강해는 한 해석자의 통일된 작업의 결과이다.

본 시리즈는 표준개역성경(Revised Standard Version)을 주석의 기초로 삼고자 한다(한글판에서는 '개역한글판'을 사용하였다－편집위원회 주). 이 영문 번역판의 일반적인 용이성으로 번역본문을 다시금 반복할 필요가 없게 되었으며, 주석 공간을 확보하는 데에도 도움을 주었다. 본 주석은 해당되는 책의 특성에 맞도록 각각의 본문을 세분화하였다. 이 시리즈의 주석은 낱말이나 구절의 의미를 낱낱이 밝히는 방법보다는 모든 본문들을 전체로 취급하는 방법을 취하고 있다.

이 시리즈의 저자들은 자신에게 맡겨진 책들을 강해하는 데 필요한 것들에 맞추어 본 주석서를 기획하였다. 성경의 각 책들은 그 성격이나 내용, 배열 등에 있어서 서로 다르다. 그들은 또한 나름대로 교회의 예전(liturgy)이나 사상, 경건 등에서 사용하는 방식에 있어서도 서로 다르다. 저자들은 주석 방법이나 강조점, 주석 공간의 활용 등에 대한 결정을 내림에 있어서 개개 책들의 독특성이나 용례를 고려하였다. 이 주석 시리즈는 저자들로 하여금 그들의 해석 결과를 가장 잘 드러나게 하는 형식을 개발하도록 허용하였다.

저자들과 편집자들은 이 시리즈가 성경본문들을 바르게 설명하고 적용하는 주석이기를 바라며 또한 성경본문들의 의미와 중요성을 제대로 다루는 훌륭한 해설서이기를 희망한다. 물론 성경 각 권들에 대한 모든 주석은 집필자 자신의 방법론과 그의 독특한 교회관과 세계관을 반영한다. 그것은 달리 집필될 수도 있고, 또 마땅히 그러해야 할 것이다. 따라서 이 시리즈에 있는 해석은 그것이 어떤 종류의 것이든 간에 개별적인(각각의 독특성을 갖고 있다－편집위원회 주) 것이다. 그것은 어디까지나 본문에 대한 다양한 해석들 중의 하나에 지나지 않는다. 그러나 교회 안에서 성경을 해석하는 일에 종사하는 모든 이들은 다른 사람들이 성경본문을 어떻게 읽고,

어떻게 해석하는가를 통해서 그들 나름대로의 도움과 자극을 받을 필요가 있다. 만일에 이 주석 시리즈가 그런 식의 해석작업에 이바지하고 또 그것을 자극한다면, 이 시리즈를 준비하고 출판하는 목적을 충분히 이루었다고 볼 수 있겠다.

편집자 일동

저자 서문

James Luther Mays 교수와 Patrick Miller 교수가 내게 이 훌륭한 시리즈를 위해 글을 쓸 기회를 주었고, 연구 과제로 안내해 주고 도와주었다. 그들이 시간을 내주고 힘써 주어 무척 기쁘다. 초기의 집중적인 연구를 수행할 수 있도록 내게 연구실을 사용하게 하고, 또 많은 자료를 쉽게 활용하도록 도와준 John Trotti 박사와 버지니아 리치먼드의 유니언 신학교와 장로회 기독교 교육대학의 윌리엄 스미스 모톤 도서관의 직원들에게 감사한다.

Randolph-Macon College는 이 책을 완성하도록 나에게 안식년을 허락해 주었으며, 자료를 인쇄하고 복사할 수 있게 해 주었다. 명예로운 프로그램으로 학생들과 안식년의 작업을 성찰할 수 있도록 나를 초대해 준 Randolph-Macon Honors Council, 특히 Rob Licht 씨와 Jennifer West 씨에게 감사한다. 역대기에 관한 나의 연구를 Philosophy Depart-ment's Faculty Research Exchange(철학과 교환연구)의 일부로 Randolph-Macon 학과에 발표하도록 초대해 준 Joe Beatty 교수에게 감사하며, 후원과 격려를 아끼지 않은 학과장 Betty Jean Seymour 교수에게 감사한다.

여러 교회들이 내게 역대기에 대해 설교하거나 가르칠 기회를 주어서 내 주석이 해석서로 옮겨질 수 있다는 확신을 갖게 되었다. 특별히 다음 교회의 교인들과 목회자에게 감사한다. Florence, South Carolina에 있는 Central United Methodist Church와 Jim Pietila와 Gerry Lord 목사, South Boston, Virginia의 Cherry Hill United Methodist Church와 Robert Lewis 목사, Midlothian, Virginia의 Woodlake United Methodist Church와 Dennis Perry 목사, Weston, West Virginia의 Stonewall Jackson Arts and Crafts Jubilee의 교인들과 이 놀라운 민속 축제에서 음악과 예배를 책임지고 있는 Kenneth Parker 씨, Ashland, Virginia에 있는 내 모교회 Duncan Memorial United Methodist와 친구이자 목사인 Larry Buxton, Dwight Zavitz에게 감사한다. 특히 Larry와 Dwight에게, 또 이 작품의 많은 부분을 계속하여 읽어 주고 기도와 조언을 아끼지 않은 친구 Frank Reding 박사에게 은혜를 입었다.

나의 가족은 사랑과 기도로, 특히 인내로 나를 후원해 주었다. 나의 가장 깊은 감사와 사랑을 내 아들인 Sean, Anthony, Mark에게 돌린다. 나는 이 책을 인내심으로 교정하고, 사랑으로 내가 한 모든 것을 풍요롭게 한 나의 사랑하는 아내이자 친구인 Wendy에게 바친다.

도 입

역대기의 내용과 성격

역대기는 대중적인 책이 아니다. 전체 64장이라는 많은 분량, 또 세계 창조에서 바벨론 포로 시대 이후의 재구성에 이르기까지의 긴장감 넘치는 이스라엘의 역사에도 불구하고, 설교에서나 성서 연구에서 역대기는 거의 다루어지지 않는다. 실제로 역대기에는 흔한 읽을거리가 없다. 이것은 그리 놀라운 일이 아니다. 많은 독자들에게 역대기는 다윗과 그의 후손에 대한 긍정적인 편견을 가지고 사무엘과 열왕기를 다시 쓴 무미건조한 책으로 보일 것이다. 이러한 황량한 토대에서 작업하여 무슨 유익을 얻어낼 수 있을까?

이러한 부정적인 평가는 헬라어로 번역된 칠십인경(LXX)의 역대기 제목에도 반영되어 있다. 칠십인경에서 역대기는 '남겨진 것' 또는 '남은'을 뜻하는 '파라레이포메나'로 불린다. 이 명칭은 역대기가 지닌 평범한 인상을 표현하고 있다. 즉, 역대기는 일종의 성서 부록이며, 역사적으로는 물론 신학적으로도 중도적인 가치를 지닌 작품으로, 일반 평신도나 성직자에게 아무것도 제공해 주지 못한다. 이사야, 창세기, 또 시편과 같은 책에 펼쳐진 유용하고도 풍성한 연회에 비하면, 역대기는 실로 '부스러기'처럼 보일 것이다.

이와는 매우 다른 평가가 고대 자료에 나타난다. 유대법과 중요한 전승 모음집인 미쉬나는 역대기를 대제사장이 욤 키푸르 전날 밤에 깨어 읽는 책 중 하나로(요마 1 : 6) 들고 있다. 이것은 랍비들이 역대기를 중요한 읽을거리는 물론 권장도서로 간주하였음을 보여 준다. 실제로 성서를 라틴어로 번역한 기독교의 대학자 제롬은 우리가 역대기에서 '모든 거룩한 역사의 의미'를 찾아볼 수 있다고 말했다.

역대기가 드러내는 윤곽은 이 책의 내용과 성격에 관하여 제롬이 말한 바가 정확했음을 확증해 준다. 역대기는 일련의 족보로 시작한다(대상 1-9). 이는 우리에게 하나님과 전 인류의 관계를 전체적으로 조망하게 해 준다. 이 족보는 문학적으로 태초에서 시작한다. 이 책의 첫 단어는 첫 사람의 이름 '아담'이다. 족보의 마지막 이름은 본문을 최종 형태로 우리에게 제공해 줄 책임이 있는 서기관들의 동시대인이다. 역대상 3 : 17~24에서 히브리 성서의 본문(맛소라 본문 또는 MT라고도 불린다.)은 다윗의 후손 계열을 일곱 세대까지 — 여고냐(여호야긴으로도 불리는 그는 주전 597년에 바벨론으로 사로잡혀 갔다.)에서부터 주전 445년에 출생한 듯한 아나니까지 — 느헤미야가 그의 과업을 시작했을 때쯤까지 추적해 가고 있다. 아나니는 역대기 역사서(흔히 역대기 상하와 에스라, 느헤미야가 이렇게 불린다. 이 관계에 대해서는 아래를 보라.)가 완성되었을 주전 400년경에 생존해 있었던 것 같다. 특이하게도 칠십인경의 역대상 3 : 17~24의 번역은 이 구절에 있는 이름들을 11세대로 나누어 우리를 주전 250년경까지, 즉 칠십인경의 역대기가 만들어진 주전 2세기 안으로 데려간다. 역대기서를 형성한 개인 또는 집단(보통 편의를 위하여 역대기 사가라고 말한다.)은 역사의 여명부터 '오늘'까지의 기록을 제시하고자 한다. 후세대인 서기관과 번역가들은 이 의도를 고수하였다.

이스라엘의 과거와 역대기의 현재를 잇는 연결점인 다윗 계열에 대한 관심은 책 전체에 흐르고 있다. 역대기에서 이스라엘의 통치자로 언급되는 첫 사람은 다윗이다(대상 3 : 4). 역대기의 왕정 역사는 길보아 산에서 사울의 죽음으로 시작한다(대상 10 : 1-14). 그렇게 거의 소리 없이 사울을 건너뛴다. 다윗은 남은 역대상의 주제이다(11-29장). 다음으로 역대하 1~9장은 솔로몬의 통치를 자세하게 기술하고 있다. 나머지 부분(대하 10-36장)은 남왕국의 다윗 왕국을 솔로몬 죽음 이후 왕국 분열에서 바벨론에 의한 예루살렘의 멸망까지 다루고 있다. 사무엘~열왕기의 역사와는 매우 대조적으로 역대기는 북왕국 이스라엘에 거의 주목하지 않는다. 역대기 사가의 관심은 다윗과 그의 혈통에 집중되어 있다.

그러나 더욱 폭넓게 역대기 사가는 이스라엘에 대한 하나님의 계획과 목적의 전체적인 범위와, 또 계획과 목적이 계시되는 수단인 성서에 관심을 갖는다. 다윗과 그의 자손은 역대기 사가가 연구하고 해석하는 본문에서 매우 중요한 역할을 하는 사람들이다. 그러나 역대기 사가의 주된 관심은 왕권이 아니라 본문(text)에 있다.

히브리 성서에서 차지하는 역대기의 자리

역대기는 본래 한 권으로 된 책이다. 칠십인경의 그리스 번역자에 의해 처음 상, 하로 구분되었으며, 기독교 성서도 이를 따른다. 히브리 성서가 역대기를 두 부분으로 제시하기 시작한 것은 주후 15세기에 이르러서였다. 필자의 주석은 역대기를 하나의 연속적인 이야기를 지닌 한 권의 책으로 간주할 것이다.

기독교 성서에서 역대상과 역대하는 열왕기상 · 하 뒤에, 에스라와 느헤미야 앞에 놓여 있다. 칠십인경의 형식에 바탕을 둔 이러한 순서는 소위 모든 '역사적인' 책들을 한데 묶어 두는 효과를 얻는다. 그러나 이 책들은 히브리 성서에서는 매우 다르게 배열되어 있다. 유대 전통에 의하면 성서는 토라 또는 율법서(모세의 다섯 책 또는 오경이라 불린다.), 느비임 또는 예언서, 케투빔 또는 성문서라는 세 범주로 구분된다. 히브리 성서에서 여호수아, 사사기, 사무엘상 · 하와 열왕기상 · 하는 예언서에 속한다. 이 역사서들은 이사야, 예레미야, 에스겔, 그리고 열두 예언서 또는 소예언서라고 불리는 열두 개의 작은 책들의 서론적 기능을 한다.

다른 한편, 역대기와 에스라~느헤미야(히브리 성서에서는 하나의 책으로 되어 있다.)는 정경의 끝, 즉 성문서에 속해 있다. 소수의 고대 본문들은 역대기를 성문서의 앞, 그러니까 시편 앞에 둔다. 이러한 배열은 이 두 책에 담긴 성전과 예배의 중요성 때문에 생긴 것 같다. 그러나 대부분의 본문들은 바벨론에 있던 대유대학자 공동체 출신 랍비들의 권위 있는 판정에 따라 역대기를 성문서의 끝에, 즉 에스라~느헤미야 앞에 놓는다. 그리하여 역대기는 히브리 성서의 마지막 책이 된다.

1세기 기독교와 유대 공동체는 성경의 범위를 창세기에서 역대기까지로 간주하였다(Braun 1998, 342). 이것은 예수가 "……의인 아벨의 피로부터 성전과 제단 사이에서 너희가 죽인 바라갸의 아들 사가랴의 피까지……"(마 23 : 35 ; 눅 11 : 51) 의로운 자의 피 흘림을 고발하는 복음서에서 나타난다. 첫 살인의 희생자 아벨의 이야기는 창세기 4 : 1~16에 나타난다. 스가랴를 죽인 자에 대한 이야기는 역대하 24 : 20~22에 나타난다. 그래서 역대기는 성서의 마지막 책으로 간주되었다. 이것은 하나님이 그 백성과 관계하는 모든 역사를 밝히고 요약하고자 하는 작품에 적절한 배치이다.

역대기와 신명기 역사서

역대기는 많은 부분에서 여호수아, 사사기, 사무엘상 · 하와 열왕기상 · 하(양식과 주제에 있어 신명기서와 밀접한 관련을 맺고 있기 때문에 흔히 신명기 역사서라고 불린다.)에 나타나는 이스라엘의 초기 역사에 의지하고 있다. 역대기 사가도 신명기 사가도, 우리에게 전해지지 않은 다른 자료들을 독립적으로 사용했을 가능성도 있지만 그런 것 같지는 않다. 역대기와 신명기 역사서의 평행구들은 매우 유사해서 역대기와 사무엘~열왕기를 신약의 공관복음서처럼 병렬해 놓을 수 있다. 이러한 '공관복음서' 형태에 대한 가장 훌륭하고 단순한 설명은 역대기의 경우도 복음서의 경우처럼 한 본문이 다른 본문을 문학적으로 의지하고 있다는 것이다.

역대기의 기사에 있는 몇 가지 요소들이 사무엘~열왕기를 참고할 때만 이해될 수 있다는 것도 기억하라. 예를 들면 역대상 10 : 11~12(삼상 31 : 11-13과 평행)은 사울의 시신을 돌본 길르앗 야베스 사람들에게 관심하고 있다. 그러나 역대기의 이야기는 미완성이다. 역대기는 머리말 없이 사울의 죽음에 대한 이야기로 건너뛴다. 저자는 독자들이 사울이 누구인지, 왜 길르앗 야베스 사람들이 죽은 사울에게 존경심을 나타내기 위해 그러한 모험을 감행하는지(삼상 11 : 1-13을 보라.) 잘 알고 있다고 가정한다. 이 이야기의 요점은 사울에 대한 그러한 충성이 다윗으로 하여금 길르앗 야베스 사람들을 축복하게 했으며, 그들이 사울 왕국을 지지했던 것처럼(삼하 2 : 4하-7 ; Klein 1992, 996을 참고하라.) 그의 왕국도 지지하라고 요청하는 것이다. 그러나 이 이야기에 대한 이러한 결론은 역대기에 나타나지 않는다. 역대기 이야기에 대한 가장 적절한 설명은 사무엘~열왕기에 기초하고 있다는 것이다.

한때는 주석의 무게중심이 역대기와 사무엘~열왕기 언어의 미묘하면서도 미묘하지 않은 차이에 있었다. 그러나 쿰란에서 나온 사해 두루마리에서 발견된 것들은 그러한 많은 차이들이 역대기 사가가 우리가 가진 책들의 본문에 가한 변화들 때문이라기보다는, 역대기 사가가 사용한 사무엘~열왕기의 다른 히브리어 본문 때문이라는 것을 보여 준다. 우리의 구약성서가 기초하고 있는 히브리 본문, 즉 맛소라 본문은 아마도 바벨론에서 전승되었을 것이다. 학자들은 오랜 동안 사무엘상·하의 맛소라 본문이 제대로 보존되지 않았으며, 서기관의 수많은 실수를 담고 있다고 인정해 왔다. 이집트의 칠십인경 번역자들은 맛소라 본문보다 더 나은 히브리 본문의 사무엘서에 접할 수 있던 것 같다. 오늘날 사해 문서들은 우리에게 팔레스타인에서 보존되고 전승된 사무엘서의 또다른 '지역 본문'의 일부분에 접근할 수 있게 해 주었다(특히 4QSam[a]라고 불리는 단편에서 증거 된다). 이러한 팔레스타인 본문 형태는 가장 오래되고 좋은 칠십인경 본문과 관련되어 있는 것 같다. 역대기 사가에 의해 자료로 사용된 것은 팔레스타인 본문 형태이었을 개연성이 매우 높다. 그러므로 우리는 사무엘~열왕기와 역대기의 차이들이 본문상의 이형(異形)이 아니라 고의적인 의미의 변경임을 확신하게 될 때까지, 사무엘~열왕기와 역대기에 외적으로 다르게 표현된 것에서 많은 것을 추론하지 않도록 주의해야 할 것이다.

역대기 사가는 사무엘~열왕기의 자료를 매우 선택적으로 사용한다. 예를 들면 역대기의 다윗 통치에 대한 기술에서 궁정 이야기(삼하 11-왕상 2)는 밧세바와의 간음이나 우리야를 죽인 일과 같은 스캔들, 압살롬의 반역과 같은 이야기는 건너뛰고 있다. 흔히 이것은 역대기 사가가 긍정적이고 칭찬할 만한 자료만을 포함하여 다윗의 모습을 정화시키고자 하는 것으로 생각되었다. 그러나 역대기 사가는 사무엘상 16~30장에 나타난 다윗의 어린 시절이나 왕위에 이르는 긍정적인 진술 역시 무시하고, 다윗의 인구조사(대상 21 : 1-27 ; 삼하 24 : 1-25)와 "피를 흘렸다"는 이유로 성전 건축을 거부(대상 22 : 8)하는 것과 같은 폄하하는 정보를 담고 있음을 주목하라. 역대기 사가는 결코 사무엘이나 열왕기의 다윗 이야기를 무시하려 하거나 그것을 깨끗한 이야기로 대체하려 하지 않고, 독자들이 그런 선재한 이야기를 알고 있다고 가정한다. 역대기 사가는 다윗 가문의 죄와 난처한 점을 삭제하려고 노력하지 않는다. 역대기 사가는 그런 것들에 관심이 없다.

우리가 앞으로 보게 되듯이 역대기 사가가 관심을 갖고 있는 것은 성전이며 성전에서의 예배이다. 다윗은 성전 예배의 창시자로, 솔로몬은 성전 건축자로 제시된다. 그러므로 그들은 매우 중요하다. 후에 왕들은 성전과 관련된 행위로 말미암아 칭송되거나 비난받는다. 그 예로 특수자료의 히스기야(대하 29-32장)와 요시야(대하 34-35장)를 들 수 있다. 다윗 혈통의 왕들은 성전을 설립하고 보존하는 중요한 역할을 맡는다. 그러나 역대기 사가가 일차적으로 관심하는 것은 성전과 그 제의이다.

역대기 사가의 다른 성서 사용

역대기 사가의 매우 분명한, 또 가장 많이 사용하는 자료는 사무엘과 열왕기이긴 하지만, 역대기는 히브리 성서 전체에서 광범위하게 끌어 쓰고 있다. 역대기 사가의 족보는 창세기, 출애굽기, 민수기(율법서에서), 여호수아(예언서에서)와 룻기(성문서에서)를 끌어 온 것이다. 역대기는 성서의 인용으로 가득 차 있다. 예를 들면 시편 105 : 1~15과 96편(대상 16 : 23-33과 비교해 보라.), 그리고 106편의 첫 절과 마지막 절은(대상 16 : 34-36과 비교해 보라.) 역대상 16 : 8~22에 인용되어 있다. 또한 역대기 사가가 예레미야(대하 36 : 21과 렘 17 : 21-27, 25 : 11-12, 29 : 10를 비교해 보라.)와 스가랴(대하 16 : 9은 슥 4 : 10에서 인용한다.) 같은 예언서를 암시하고 있고, 그로부터 인용한다.

역대기는 초기 성서 본문을 인용하고 암시할 뿐만 아니라 성서적으로 생각하여, 이야기의 구조를 위해 이스라엘 전체 이야기를 사용한다. 가령 역대기 사가의 역사에 획기적인 세 번의 큰 축제는 이스라엘 전승에 있는 초기 단계들을 점차적으로 소급하여 지적하고 있다(Blenkinsopp 1998, 54). 이들 이야기 가운데 처음에 히스기야 왕이 벌인 유월절과 관련하여 다음과 같이 쓰여 있다. "예루살렘에 큰 기쁨이 있었으니 이스라엘 왕 다윗의 아들 솔로몬 때로부터 이러한 기쁨이 예루살렘에 없었더라"(대하 30 : 26). 나중에 35 : 18에서 요시야 개혁 이후의 유월절 행사는 저자로 하여금 훨씬 더 먼 과거를 돌아보게 한다. "선지자 사무엘 이후로 이스라엘 가운데서 유월절을 이같이 지키지 못하였고……." 마지막으로 에스라의 율법을 읽은 다음에 기념한 장막절을 기술하기 위해 역대기 사가는 비교할 만한 축제를 위해 여호수아까지 이르는 수대의 모든 길을 회고한다(느 8 : 17, 에스라-느헤미야와 역대기의 관련성은 아래서 기술될 것이다). 이러한 방식으로 이스라엘 역사의 모든 단계들이 점점 더 오랜 전승의 용어로 이해되고 있다. 현재는 이스라엘의 과거에 놓인 토대 위에 세워진다. 또한 세 이야기 모두에서 성서에 대하여, 특히 이러한 축제에 대하여 적절한 방향을 제공한 모세의 율법이(대하 30 : 16, 35 : 6, 12 ; 느 8 : 14) 분명히 언급되고 있다.

요약하면, 역대기 사가는 하나님의 이야기를 하나님의 백성과 관련짓기 위해 히브리 성서 전체에서 끌어 오고 있다. 사실 우리가 성서의 신앙이라고 부르는 것이 역대기의 특징이다. 역대기 사가의 헌신적인 세계에서 하나님의 뜻은 본문에 대한 묵상을 통하여 계시된다. 우리가 보게 될 것이지만, 역대기에서 예언자들은 책을 쓰고, 왕들은 모세의 토라에 있는 하나님의 말씀으로 인도 받는다. 에스라~느헤미야에서는 하나님 뜻의 계시는 서기관 에스라와 같은 영감 받은 성구의 해석자를 통해 이루어진다.

역대기의 문학 장르

역대기 사가의 역사를 역사로 평가하는 것은 지난 세기 동안 널리 확산되었다. 어떤 학자들은 역대기 사가가 사무엘~열왕기의 자료에 보충한 것을 순수한 조작으로 보았다. 어떤 이들은 역대기 사가가 신명기 사가에게 유용하지도, 그에 의해 사용되지도 않은 순수한 역사 자료들에 접하였고, 역대기 사가는 신용할 만한 역사적 증인이라고 주장했다.

두 가지 극단적인 입장에 대한 증거가 없는 것은 아니다. 역대기에서 과장된 수는 역대기 기록의 정확성에 반한다. 가령 역대하 14 : 8에서 아사는 오십팔만의 군대로 백만 구스의 침략에 대항한다고 한다. 대개 '천'으로 번역되는 히브리 단어 '엘레프'가 문자적으로 천을 의미하는 것이 아니라 지파의 하위 단어에서 나온 군사 단위라는 주장으로 이러한 수의 정확성을 지지하려고 시도하였다. 그러나 그러한 과장된 수가 군사적인 문맥에만 제한된 것은 아니다. 예루살렘 성전을 위해 일만 달란트의 금과 백만 달란트의 은을 달았다고 말하는 역대상 22 : 14을 보라.

물론 역사적인 연구의 정확성과 객관성에 대한 오늘날의 이상은 고대 세계의 역사 기준이 아니었다. 주전 5세기부터 계속되는 초기 헬라어 역사 문서들은 족보와 지혜자들의 연설, 과장된 수를 포함하고 있는 역대기서와 비슷한 특징을 보여 준다. 이것으로부터 우리는 역대기가 하나의 역사이며, 역사학의 고대 기준에 맞춰 있다고 결론내릴 수 있을 것이다(Hoglund 1997, 19–29). 나아가 역대기 사가는 정확한 역사적 정보를 제공해 준 자료에 쉽게 접했다. 예를 들면, 역대기에서 유일한 히스기야의 통치에 대한 자료는 평가될 수 있는 한 역사적으로 정확한 것으로 입증되었다. 둘째, 역대하 32 : 30은 히스기야가 "기혼의 윗샘물"을 막았다고 기록하고 있다. 예루살렘 안쪽에서 기혼 샘에 이를 수 있게 하는 1,550피트 길이의 터널에는 오늘날에도 접근할 수 있다. 이 터널에서 발견된 그 유명한 실로암 비명은 확실히 8세기의 것으로 추정되고, 역대기 사가가 이 터널을 히스기야에게 귀속시키는 것을 지지해 준다(최근 Hendel 1996, 233–237이 이렇게 한다). 이와 유사하게 산헤립의 침략을 예비하기 위해 히스기야가 경제적 증강을 도모했다는 기술은 고고학적인 조사에 의해, 특히 "히스기야가 유다 왕국 전체에 저장고를 건립했다."는 것을 보여 주는 히스기야의 고대 문장이 박힌 점토 항아리의 분포를 통해 지지된다(Vaughn 1999, 172).

여전히 역대기 사가의 역사는 여러 곳에서 연대를 자연스럽게 무시하고 있는데, 이것은 이 작품을 어떤 의미에서든 역사로 간주하기 어렵게 한다. 예를 들면 유다의 아들 세라의 족보를 완성하기 위해 열왕기상 4 : 31에서 인용한 솔로몬 시대 사람들의 이름을 사용하는 것이나(대상 2 : 6), 에스라와 느헤미야를 동시대인으로 간주하는 것이다(느 8 : 9, 12 : 26). 역대기 사가의 자료가 역사적인 사건에 대해 매우 성실하게 증거하고 있는 곳에서 역대기는 역사적으로 믿을 만하다. 그러나 역대기는 그 자체로 역사는 아니다.

역대기의 가장 뚜렷한 양상은 다른 성서 본문, 특히 사무엘~열왕기의 이야기들을 상당한 정도로 재현한다는 것이다. 이른바 쿰란의 사해 두루마리 문서 가운데서 발견된 문학 유형은 전체적으로 역대기와 매우 유사한 듯 보인다. 때때로 '다시 쓰인 성서'라고 불리는 이러한 장르는 '성서를 따르지만 많은 양의 보충과 해석적인 발전'(Geza Vermes, Alexander [1988, 99]가 인용함.)을 포함한 진술과 관련된다. 쿰란에서의 범례는 집회서(Jubilees)와 창세기 외경(Genesis Apocryphon)을 포함한다. 그러나 다시 쓰인 성서 장르의 가장 잘 알려진 예는 유대 역사가 요세푸스의 저 유명한 작품, 「고대 유대사」(*The Antiquities of the Jews*)로 히브리 성경의 이스라엘 백성의 역사에 대해 말하고 있다. 역대기 사가는 다시 쓰인 성서의 발명가였다. 역대기에는 이러한 장르의 다른 예처럼, 원래의 본문을 매우 근접하고 성실하게 따르고 있다. 그러나 그것은 추가 자료로 확장되어 있으며, 성서의 토대 위에서 전승을 통일시키려는 목적으로 개정되기도 했다.

간단히 말해 역대기는 성서연구서이다. 즉, 역대기는 히브리 성서(Scriptures)에 대한 광범위한 묵상으로, 본문에서 역대기 사가 시대의 공동체를 위한 의미와 목적을 끌어내고자 한다. 그러므로 역대기 사가는 우리가 지도와 힘을 찾는 교사요, 전도자요, 또는 단순히 순례자로서 성서에 이르고자 추구하는 것과 같은 일에 관여하고 있다.

역대기의 저작 연대

본 주석서가 일차적으로 성서 본문의 역대기 자체에 관여한다 할지라도, 이 작품의 역사적인 정황이 무시되어서는 안 된다. 역대기의 저작 역사를 이해하는 것은 이 작품의 신학적인 요점을 이해하는 데 도움을 주고 불명확한 양상들을 이해하게 해 준다.

역대기와 에스라~느헤미야의 관계

레오폴드 준즈(Leopold Zunz)가 처음으로 역대기와 에스라~느헤미야가 통일된 역대기 사가의 역사를 구성하고 있다고 제안한 1832년 이래 대부분의 학자들은 이 작품들이 같은 저자 또는 저자 집단에 의해 형성되었다고 주장해 왔다. 그러나 최근에는 역대기와 에스라~느헤미야의 공동 저자라는 주장에 에스라~느헤미야와 역대기의 언어와 신학의 큰 차이들 때문에 문제가 제기되었다(특히 Japhet 1993, 4–5). 현대의 연구가 언어적인 논거들이 둘 다 논리적이지 못함을 보여 주었다 할지라도(Throntveit 1982, 215를 보라.), 역대기와 에스라~느헤미야 사이의 신학적 차이들에 대한 주장은 많은 학자들에게 설득력이 있다. 이러한 신학적 차이들 중 가장 중요한 네 가지는 다음과 같다. (1) 역대기에 나타나는 다윗과 다윗 계약에 대한 강조가 에스라~느헤미야에는 없다. (2) 에스라~느헤미야에 현저하게 나타나는 출애굽 전승이 역대기에 빠져 있다. (3) 에스라~느헤미야에 나타나는 이방인과의 통혼 거부는 솔로몬의 이방인 아내에 대한 역대기의 관대한 태도와 화합될 수 없다. (4) 트론바이트(Throntveit)가 '신학적 자철광'(theological lodestone)이라고 부른, 악행에 대한 하나님의 즉각적인 응보사상이 에스라~느헤미야에는 없다(Throntveit 1992, 9).

이러한 차이들 중 몇 가지는 두 본문에 기술된 다른 시기에 의해 설명된다. 왕조 시대를 기술하는 역대기에서 왕권이 눈에 띄게 중요하다는 것은 놀라운 일이 아니다. 출애굽의 주제가 포로 귀환과 초기 유대인 회복 — 이 시기는 출애굽과 약속된 땅으로의 여정에 대한 유형학의 평행구들로 가득 찬 시기이다. — 을 기술하고 있는 에스라~느헤미야에서 강조되는 것도 놀라운 일이 아니다. 다른 특징들은 자료, 특히 역대기 사가의 신학적인 개념을 따르지 않는 에스라와 느헤미야의 회고록 사용으로 설명될 수 있다(Blenkinsopp 1988, 49). 역대기와 에스라~느헤미야의 차이들은 아직도 이들이 서로 다른 두 개의 작품이라고 많은 학자들을 설득하기에 충분하다.

역대기와 에스라~느헤미야가 밀접한 관련을 맺고 있다는 가장 중요한 증거는 칠십인경의 제1에스드라일 것이다. 제1에스드라의 헬라어 본문은 역대하 35 : 1~에스라 10 : 44까지 평행하다. 그리고 갑자기 절 중간에서 끝나면서 느헤미야 8 : 1~13로 결론짓는다. 제1에스드라는 역대기 사가의 역사 원문의 일부분일 것이다(Cross 1975, 191). 통일된 역대기 역사서를 반대하는 사람들은 대신에 제1에스드라가 역대기와 에스라~느헤미야를 한 권으로 엮은 것이어서 일관된 작품으로 읽을 수 있다고 주장한다

(Williamson 1996, 213-215 ; van der Kooij 1991, 45-47). 여전히 제1에스드라는 우리의 관심을 역대하 36장에서 에스라 1장으로의 자연스러운 흐름으로 끌고 있다.

에스라~느헤미야와 떼어 읽는다면 역대기는 갑자기 끝난다. 예루살렘은 파괴되었으며, 그 생존자들은 바벨론으로 사로잡혀 갔고, 포로 시기의 기간은 "바사국이 통치할 때까지"(대하 36 : 20), 예레미야가 칠십 년으로(대하 36 : 21 ; 렘 25 : 11-12, 29 : 10을 참고하라.) 기술한 기간으로 정해져 있다. 왜 페르시아가 중요하게 되는지에 대하여 아무런 언급이 없다. 포로들, 더 중요하게는 성전의 운명이 어떻게 될 것인지에 대하여 우리는 듣지 못한다. 포로들은 고레스로부터 예루살렘으로 '가서' 성전을 건축하도록(대하 36 : 22-23) 초청되지만, 독자들은 정말로 누가 있었는지 알지 못한다.

역대기 전체를 관통하고 있는 성전에 초점을 맞추면, 에스라서의 첫 장에 기술된 성전의 재건축과 제의의 갱신은 역대기 사가 이야기와 자연스럽게 연결된 것으로 보인다. 올바른 예배의 이러한 갱신은 유월절 예배 다음에 나온다(스 6 : 19-22). 이것은 히스기야(대하 30)와 요시야(대하 35 : 1-19)에 의해서 이루어진 제의의 갱신이 유월절 행사에서 절정을 이루고 있는 역대기를 연구하는 사람에게는 친숙한 유형이다. 초막절 동안에 율법을 낭독한 일(느 8장)도 이 유형에 맞으며, 다시 한번 역대기 사가의 통일된 역사를 제시한다.

적어도 제1에스드라의 존재는 역대기와 에스라~느헤미야가 함께 읽혀졌다는 것을 드러내 준다. 이 두 작품의 문학적인 연결은 외관상 동일한 역대기의 마지막 구절(대하 36 : 22-23)과 에스라의 도입 구절(스 1 : 1-3상)에서도 증명된다. 에스라~느헤미야, 그리고 역대기의 순서로 끝나는 히브리 성서에서 이 구절들은 두 책을 봉합한 것처럼 되어 있어서 그들이 통합적인 역사를 공유하든 그렇지 않든, 함께 읽혀지도록 의도되어 있다는 것을 암시한다.

이 주석의 견해는 역대기와 에스라~느헤미야는 단 하나의, 의도적인 이야기로 읽혀져야 한다는 것이다. 이 주석은 비록 역대기만을 다루고 있지만, 이러한 판단은 역대기의 연대와 더 중요하게는 역대기의 주제와 목적과 관련이 있다.

역대기 역사서의 연대

외적 증거는 역대기가 주전 2세기에 쓰여 두루 읽혀졌다는 것을 보여준다. 칠십인경의 파라레이포메나(역대기의 헬라어역)는 (주전 150년경의) 유폴레무스(Eupolemus)가 인용하고 있다. 벤 시락(주전 190년경)은 성전 가수들을 임명한 다윗에 대한 관점을 전제하고 있다(집회서 47 : 8-10). 마지막으로 다니엘(주전 164년경)은 여호야김의 포로 사건에 대한 관점을 위해 역대기를 의지한 것 같다(단 1 : 1-2와 대하 36 : 5-7을 비교하라). 역대기의 연대 설정을 위한 내적 증거는 우리로 하여금 가능한 저작 연대를 주전 5세기 후반으로까지 거슬러 가게 해 준다. 역대기를 시작하는 족보는 우리가 본 바대로 아담부터 445년경에 태어난 다윗의 후손 아나니까지 이르고 있다. 만일 우리가 에스라~느헤미야를 역대기 역사서의 일부로 포함시킨다면, 마지막으로 언급된 이름은 420년경에 태어난(느 12 : 11) 대제사장 얏두아일 것이며(아마도 얏두아 2세) 아나니와 동시대인이었을 것이다.

이 연대는 오로지 역대기서의 다른 증거와 일치한다. 역대하 36 : 20의 페르시아에 대한 명확한 언급은 역대기가 페르시아 시대의 것임을 분명히 해 준다. 율법서(페르시아 시대 초기에 최종 완성되었을 것이다.)의 인용과 포로기 이후의 예언자 스가랴의 인용(대하 16 : 9 ; 슥 4 : 10)도 이 시대를 지시해 준다. 마지막으로 역대기가 쓰인 히브리어의 후기 형태와, 또 역대상 29 : 7(다윗의 성전에 드리는 헌물로 다리우스 시대의 페르시아 동전인 다릭이 지불된다.)과 역대하 3 : 3(솔로몬의 성전이 '옛 규례에 따라', 즉 페르시아의 기준이 마련되기 전에 건설되었다고 한다.)과 같은 시대 착오는 역대기가 페르시아 시대의 것임을 확증해 준다.

그러나 다윗과 성전 건축에 대한 역대기의 강조는 주전 400년과 같은 후대의 연대와 조화되기 어렵다. 그때쯤 제2성전은 완성되어 기능하고 있었으며, 다윗 계통은 행정상 더 이상 중요한 역할을 하지 않았다. 성전의 재건과 다윗 혈통의 위엄이 아직도 생생한 관심거리였던 페르시아 시대 초기의 본래 연대는 역대기의 이러한 관심들을 더 잘 설명할 수 있을 것이다(Freedman 1961, 439-440). 모든 증거들을 타당하게 하는 최선의 길은 역대기 사가의 역사가 한 번에 저작된 것이 아니라 단계적으로(Cross 1975, 194-198의 제안에 따라) 쓰였다는 것을 제안하는 것이다.

역대기 역사서의 저작

만일 제1에스드라가 역대기 역사서의 초기 판의 일부분이라면, 그 초기 판본은 우리가 가진 현재의 본문과는 매우 달랐을 것이다. 그 판본에는 느헤미야의 회고록이 포함되지 않았다. 사실 느헤미야는 전혀 언급되지 않았다(느 8 : 9와 제1에스드라 9 : 49-50을 비교해 보라). 다른 한편, 그 판본은 성전 건축 당시에 유다의 총독이었던 스룹바벨을 찬양하는 지혜 이야기를 담고 있다(제1에스드라 3-4). 이것은 우리가 가진 역대기 역사서에서는 찾아볼 수 없는 이야기이다.

역대기에서의 성전과 다윗 후손에 대한 강조는 제1에스드라의 스룹바벨에 대한 높은 관심과 함께, 역대기 역사서의 가장 이른 형태가 스룹바벨의 지도 아래 제2성전의 초석을 다진 직후인 주전 520년경에 쓰였다는 것을 암시해 준다. 그 시대로 설정되는 학개서도 주의 인장 반지라고 불린(학 2 : 23) 스룹바벨에 대한 고양된 관점을 고수하고 있다. 그러나 학개와 동시대 예언자인 스가랴는, 스룹바벨에게 왕권은 없지만, 그가 하나님의 영으로 성전을 건축하도록 권한을 부여받았으므로(슥 4 : 6) 스룹바벨을 그의 반대자로부터 방어할 필요를 느꼈다. “작은 일의 날이라고 멸시하는”(슥 4 : 10) 자들은 그들의 실수를 인정할 것이며 그들은 스룹바벨이 시작한 임무가 완성된 것을 볼 때 공동의 기쁨에 참여할 것이다.

이러한 모든 것은 역대기 역사서가, 학개와 스가랴의 예언처럼, 원래 제2성전과 재건축을 맡은 다윗 자손을 합법화시키기 위해 의도되었다는 것을 제안해 준다. 이러한 본래 본문은 역대상 10 : 1~역대하 34 : 33과 제1에스드라 1 : 1~5 : 65(대하 35 : 1-스 3 : 13과 같지만, 구조상 약간의 차이가 있다.)을 포함했을 것이고, 520년경에 완성되었을 것이다. 후에 성전이 완성되고 에스라가 율법을 가지고 돌아왔을 때(450년경) 이 역사서는 현재의 에스라서 끝까지 확장되었고, 율법 낭독 이야기와 느헤미야 8장(헬라어 제1에스드라의 대본이었던 원래 히브리어 본문의 범위)의 장막절 축제를 포함하게 된다. 역대기 사가가 증거하는 거룩한 문서에 특별히 관심을 둠으로써, 느헤미야 8장 에스라의 율법 낭독은 역대기 역사서 제2판에 적절한 절정을 제공하게 되었을 것이다. 이방인과의 결혼에 대한 혐오와 같은, 에스라와 관련된 배타적인 사상이 초기 자료에 반영되지 않은 채 본문에 들어온 것은 이 단계였을 것이다.

나중에 400년경에는 앞에 족보가, 끝에는 느헤미야의 회고록이 추가되어 역대기 역사서가 종결되었을 것이다. 느헤미야의 회고록 삽입은 여러 면에서 역대기 사가의 공동체에 의미 있었을 것이다. 첫째, 성전에 대한 역대기 사가의 강조를 지속하면서 느헤미야는 성전을 개혁하고 정화하고, 다윗에 의해 세워진 레위인의 가수와 문지기들의 연속성을 확신하며(느 11 : 23, 12 : 24, 36, 45-46, 13 : 10-13) 암몬 사람 도비야를 성전 구역에서 추방한다(느 13 : 4-9). 둘째, 느헤미야의 안식일 규정에 대한 강요(느 13 : 15-22)는 토라(특히 안식일, 특히 대하 36 : 21을 보라.)에 대한 역대기 사가의 관심과 일치한다. 셋째, 느헤미야의 예루살렘 성벽 사역은 역대기 사가에 의해 이미 기록된 유다 왕들의 사역과 평행을 이룬다. 마지막으로 느헤미야의 회고록의 삽입은, 족보로 된 서문이 아담부터 현재까지 거룩한 역사의 전망을 요약한 것처럼, 역사를 역대기 사가의 시대까지 끌어 왔을 것이다.

본문의 마지막 형태에서 느헤미야의 회고록은, 연대에 관심하지 않으면서, 에스라 이야기로 혼합되었을 것이다(느 8장에서도 그렇다. 둘 다 율법 낭독에 있다). 유사하게 역대기 역사서의 초판에, 아닥사스다 1세의 시대(주전 465-424년)로부터 예루살렘의 재건과 관련된 상응은 스룹바벨의 귀환을 위한 단계를 준비하는 데 사용되었다(제1에스드라 2 : 16-30, 4 : 42-57 ; 스 4 : 7-24와 비교하라). 또한 역사서의 마지막 형태에서 스룹바벨의 지혜 이야기(제1에스드라 3-4)는 사라졌고, 그의 역할은 그다지 중요하지 않았다. 의심할 나위 없이 학개와 스가랴, 그리고 제1에스드라에 증명하고 있는 고조된 희망 이후 스룹바벨은 기대에 어긋나는 사람으로 입증되었기 때문이다.

정경이 최종 형태를 갖추게 되었을 때 역대기는 에스라~느헤미야와 분리되어 성문서의 끝으로 옮겨졌다. 거기서 역대기를 여는 족보가 아담으로부터 시작하여 율법서의 첫 책인 창세기를 정교하게 소급하여 지적한다. 창세기와 역대기는 그래서 히브리 성서 전체를 봉합하고, 역대기로써 성서 전체를 적절히 요약하게 한다. 본래 있었던 역대기와 에스라~느헤미야의 연결을 유지하기 위해, 에스라의 첫 구절들을 복사하여 역대기 끝에 두어 현재 우리가 가진 책의 형태가 나오게 되었다.

역대기의 신학적인 관점

즉각적인 응보주의가 흔히 역대기 신학의 중심으로 간주된다. 그러나 역대기는 일반적으로 인지되는 것보다 훨씬 더 미묘한 의미를 지니고 있다. 예를 들면 북왕국의 반역은 다윗 왕국의 분열에 대하여 솔로몬을 책망하는(대하 9 : 29, 10 : 15 ; 왕상 11 : 29-39를 보라.) 실로 사람 아히야의 예언 성취로 기술되어 있다. 그러나 붕괴에 직면한 이는 솔로몬이 아니라 르호보암이었다. 역대기 사가가 좋게만 평가하는 선왕(宣王) 아비야는 통치 3년 만에 죽었다(대하 13 : 2). 반면에 여호사밧이 잘못 계산한 이스라엘과 연합한 결과는 다음의 세 세대에 반영된다(대하 21-23장). 사실 포로 사건 자체는 시드기야의 죄에 대한 즉각적인 결과가 아니라(대하 36 : 14-16 ; Johnstone 1998, 122-123의 견해도 같다.) 모든 유다가 불신한 최종 결과로 나타난다. 간단히 말해, 역대기가 엄격하고 기계적으로 즉각적인 응보주의를 고수하는 것은 아니다.

역대기 사가의 신학에 대한 더 나은 접근은 성서에 대한 관점과 연결되어 있을 것이다. 역대기 본문에서 "여호와의 말씀"은 항상 예언자의 계시나(예를 들면 대상 11 : 3 ; 대하 36 : 21) 성서의 말씀, 특히 모세의 율법(대상 15 : 15 ; 대하 34 : 21, 35 : 6)을 지시한다. 사실 이것은 역대기의 관점에 따르면 예언자들이 책을 쓰고(예를 들면, 대상 29 : 29의 사무엘, 나단과 갓 ; 대하 13 : 22의 잇도, 26 : 22의 이사야), 그래서 성서의 저작자로 볼 수 있기 때문에 인위적인 특징일 수 있다. 중요하게는 성전과 그 예배에 대한 계획도 기록된 문서로 다윗에게 계시되었다(대상 28 : 19). 삶의 목적은 성서의 말씀과 성전 예배에서 하나님을 구하는 것이다. 하나님을 구하는 자만이 하나님의 뜻과 그들의 생명과 삶에 대한 목적을 알 수 있으며 축복을 경험할 수 있다. 하나님의 말씀을 무시하는 것은 하나님을 무시하는 것이며 축복으로부터 자신을 제외시키는 것이다. 이러한 사상은 '황금 본문'으로 불리는 다윗의 두 번째 고별설교에서 다윗이 솔로몬에게 하는 말로 표현된다. "……네가 만일 그를 찾으면 만날 것이요 만일 네가 그를 버리면 그가 너를 영원히 버리시리라"(대상 28 : 9 ; 또한 대하 15 : 2를 보라).

우리는 이미 명백한 성서의 신앙을 역대기 중심으로 파악하였다. 역대기 사가는 우리처럼 목적과 영감을 위해 성서의 본문에 접근한다. 역대기에서 주의 말씀은 영감 받은 개인에게서 나오는 것이 아니라 성서로 성문화된 이스라엘의 전승에서 나온다.

황홀경의 계시로부터 성서의 신앙으로의 변화를 통해 다른 변화가 나타난다. 역대기 사가는 우리를 '성서 시대'의 놀라운 세계로부터 끌어내 우리 시대와 같은 세계로 이끌고 있다. 역대기 사가의 역사서에서 하나님의 존재와 활동은 일상의 사건에서 나타난다. 예를 들면 솔로몬 성전 건축의 돌과 석회의 실체나 느헤미야의 성벽 건축은 출애굽에서 하나님 활동의 신화적 시적인 표현이나 제2이사야의 새 출애굽과는 대조적이다. 이러한 유형은 역대기보다 후대의 본문에 확장되어 있다. 전도서와 욥은 하나님의 자리와 현존이 분명치 않아서 무질서해 보이는 세계와 씨름한다. 에스더에서 하나님은 전혀 언급되지 않는다. 하나님이 부재하기 때문이 아니라 오히려 사물의 질서 속으로 뚫고 들어와 무대 뒤에 있기 때문이다. 이 관점까지 흐르는 것으로 보이는 묵시적 출현은 사실 법칙을 입증하는 예외이다. 다니엘과 같은 강력한 신화적, 상징적 묵시 언어는 정확하게 먼 하늘에 그리고 미래에 하나님이 근본적으로 간섭하신다는 예시로부터 나온다. 묵시론자에게 하나님은 과거에 하셨듯이 또 미래에 다시 하시고, 하시길 원하듯이 그렇게 현재의 시대에는 직접적으로 행하시지 않는다.

역대기 사가는 이스라엘 종교사에서 중요한 정점에 있다. 궁극적으로 유대교와 기독교가 출현한 제2성전 시기에 하나님은 특별한 계시를 통해서가 아니라 일상의 영역에서 활동하신다고 간주되었다. 본문과 그 해석은 하나님의 뜻을 구별하는 수단으로써 황홀경의 경험보다 우세한 것으로 간주된다. 역대기 사가는 성서에 대한 강조를 통해 미래로의 길을 가리킨다. 제롬이 역대기와 관련하여 주장했듯이 여기서 우리는 '거룩한 역사의 모든 것의 의미'를 발견할 것이다. 이 주석은 제롬의 옛 통찰을 조직적인 원리와 주제로 삼을 것이다.

역대상

제1부

족 보

역대상 1 : 1~9 : 44

족보

역대상 1 : 1~9 : 44

역대기 사가의 역사는 수많은 자료에서 끌어 와 혼합한 족보와 목록으로 시작한다. 이 자료들 가운데 어떤 것은 특히 토라와 신명기 역사서에서 확인할 수 있고, 거기에 둘 수 있다. 어떤 것들은 우리에게 알려져 있지 않다. 그림이 더 복잡해지도록 여러 목록들은 항상 서로 일치하지 않는다. 대체로 역대기 사가는 이 자료를 우리에게 있는 그대로 제시하며, 각 조각을 맞추기 위해 거의 수정하지 않으며 있다 할지라도 극히 적은 양이다.

고대 조상들과 가계 이야기의 홍수에 실망하게 되는 기독교인 독자에게 신약이 같은 식으로 시작된다는 것을 상기하는 것은 도움이 될 것이다(마 1 : 1-17). 사실 마태의 족보와 역대기 사가 족보의 목적은 여러 면에서 유사하다. 역대기 사가처럼 마태는 처음부터 이스라엘 신앙의 옛 근원과 그의 공동체의 경험을 연결하고자 한다. 이들 각각은 또한 하나님의 이스라엘에 대한 성실의 표로서 다윗 계통에 특별한 관심을 갖고 있다.

두 족보에 놀라운 점이 있다. 마태에서 예수에게로 이르는 계통은 유다에 대한 다말의 속임수(마 1 : 3 ; 창 38 : 1-30을 보라.)와 다윗의 간음과 살인 행위(마 1 : 6 ; 삼하 11 : 1-27을 보라. 마태는 밧세바를 “우리아의 아내”라고 명시하고 있음을 주의하라.)를 통해서이다. 역대기 사가는 유사하게 다윗의 족보가 이상한 가지(방계)를 지니고 있음을 주지시킨다. 아브라함의 아들 이스마엘을 통해 아랍 사람들(역대기 역사서의 마지막 부분에서 유다의 쓰라린 대적 ; 느 2 : 19, 4 : 7, 6 : 1-6을 보라.)에 이르기까지, 그리고 야곱의 아들 에서를 통해 에돔 족속(예루살렘 멸망 후에 유다의 약함을 이용하여 땅과 재물을 포획한 ; 예를 들면 시 137 : 7 ; 렘 49 : 7-22를 보라.)까지 흐른다. 복잡한 족보의 특수성은 마태복음에서도 역대기에서도 하나님의 지속적이고 영원한 현존을 상기시키는 데 이바지한다. 그 현존이 주목되지도 추구되지도 나아가 요구되지도 않은 곳에서조차 말이다.

역대기의 족보는 역대기 사가의 목적을 드러내 주는 정확한 구조를 지니고 있다. 역대상 1 : 1~2 : 2은 아담에서 열두 지파의 조상인 이스라엘의 열두 아들들의 계통을 밟고 있다. 그리고 5 : 1~9 : 44은 유다를 제외한 지파들의 족보를 열거한다. 유다 왕 지파는 족보의 중앙인 2 : 3~4 : 23에 놓여 있다. 다윗 계열은 유다 족속의 족보 목록인 2 : 3~55과 4 : 1~23 사이에, 유다 자료의 중간에 온다(3 : 1-24). 그래서 다윗과 그의 계열은 역대상 1~9장 족보의 중심이요 절정을 이룬다. 역대기 사가가 세계라는 화보 위에 그림을 그린다 할지라도 그의 관심은 결코 다윗의 계열에서 멀리 떨어져 있지 않다.

역대상 1 : 1~2 : 2

아담에서 이스라엘의 아들들까지

역대기 사가는 문학적으로 처음에 첫 사람 아담으로 시작한다. 족보의 첫 번째 주요 부분은 아담부터 이스라엘의 아들들까지 인류의 계통을 추적하고(1 : 1-2 : 2), 중간에 아브라함 족보의 짤막한 요약을 삽입한다(1 : 24-27). 이 족보 목록에서의 정보는 창세기에서 끌어 온 것이며, 궁극적으로 '톨레도트' 또는 '족보'라고 불리는 자료로부터 파생된 것이다. 역대기 사가는 창세기를 신실하게 따르고 있다. 역대기와 그 자료의 작은 차이들은 불일치가 아니라, 오히려 유사한 모양의 문자들을 혼동한 것과 같은 서기관들의 실수이다.

아담에서 아브라함까지(1 : 1-27 ; 창 5 : 1-32, 10 : 2-29, 11 : 10-26)

역대기 사가의 족보 가운데 이 부분은 10개의 이름을 담은 목록으로 시작하고 끝난다. 첫째는 아담부터 노아까지 열 세대(1 : 1-4상)이며, 노아의 세 아들의 이름이 뒤이어 나온다. 마지막으로 노아의 아들 셈에서 아브라함까지 열 세대가 나온다(1 : 24-27). 이 두 목록으로 일종의 종결이 이루어진다. 이십 세대 후에 우리는 초기 역사의 끝에 이른다. 아브라함으로 이스라엘의 시대는 시작되었다.

아담에서 노아의 아들까지의 계열(1 : 1-4)은 창세기 5 : 1~32에서 취한 것이다. 그러나 직계의 남성들의 이름만이 명시되어 있고, 창세기가 제공하는 이야기와의 연계는 없다. 이 점에서 족보는 창세기 10 : 2~29로부터 야벳(1 : 5-7), 함(1 : 8-16)과 셈(1 : 17-23)의 자손까지 뻗어 간다. 여기서 역대기 사가는 더 이상 한 계열만을 좇지 않고, 어떻게 이 땅의 모든 나라들이 노아 아들들의 후손인지를 보여 준다.

다시 한번 자료에서 취한 이야기 소재는 무시되는데, 흥미로운 두 개의 예외가 있다. 첫째, 역대기 사가는 구스의 아들이자 함의 손자인 "세상에 첫 용사"(1 : 10 ; 창 10 : 8) 니므롯에 대한 특별한 언급을 중단한다. 세상의 첫 왕(창 10 : 10-12를 보라.) 니므롯에 대한 관심은 역대기 사가의 왕, 특히 다윗에 대한 관심의 전형이다. 둘째, 셈의 후손들 가운데 역대기 사가는 '베렉'(히브리어로 '분열'을 의미한다.)이라는 이름의 중요성에 주목한다. "그때에 세상이 나뉘었음이요"(1 : 19 ; 창 10 : 25). 창세기에서 이 이름은 하나님이 세계 사람들의 언어를 혼란시켜 그들로 하여금 각각의 나라로 땅에 흩어지게 한 바벨탑 이야기와 관련 있다(창 11 : 1-9). 그러나 역대기 사가에게 이 이름은 또다른 분열을 약하게 지적하기도 한다. 다윗의 통일 왕국이 솔로몬의 죽음 이후 분열된 것이며, 예루살렘 멸망 이후 바벨론 제국 전역에 포로들이 흩어진 것이다. 역대기 사가의 이스라엘 역사는 명암이 교차하는 양식을 따르고 있다. 믿음의 기간, 믿음의 상실과 파괴, 개혁과 갱신이다. 이러한 양식은 베렉의 멸망 이후 니므롯의 위대함이 나오듯이 예시된다. 역대기 사가가 우리에게 세계 민족들의 기원을 보여 주듯이, 그것은 그 목적만큼 특정 민족의 역사와 운명을 담고 있다.

역대상 1 : 24~27에서 초점은 이스라엘 백성의 조상에게로 돌아간다. 이 구절들은 셈에게로 돌아가 모든 셈족의 조상으로부터 이스라엘 백성의 특정 조상인 아브람으로 옮겨 간다. 창세기 11 : 10~26이 열 개의 이름이 담긴 간결한 목록으로 축소되어 있다. 역대기 사가는 독자들에게 아브람도 아브라함으로 불린다는 것을 상기시켜 준다(1 : 27). 이름 '아브라함'은 창세기 17 : 5, 하나님과 족장들과의 계약에 관한 옛 제사장 이야기에 처음으로 나타난다. "이제 후로는 네 이름을 아브람이라 하지 아니하고 아브라함이라 하리니 이는 내가 너를 여러 민족의 아버지가 되게 함이니라" 이 새로운 이름이 하나님에 의해 주어진 후 옛 이름 '아브람'은 창세기에 더 이상 나타나지 않는다. 아브람이 아브라함이 되었다고 독자들에게 이야기해 줌으로써 역대기 사가는 우리에게 하나님의 계약을 상기시켜 주고, 또한 족장이 아브람으로 불리는 창세기 11 : 26의 자료와 아브라함으로 불리는 창세기 25 : 12~18(여기서 대상 1 : 29-31의 이스마엘의 자손의 목록이 나왔다.)의 간격을 매끄럽게 연결해 준다.

아브라함의 자손들(1 : 28-33 ; 창 25 : 1-4, 12-18)

역대기 사가는 아브라함에게 하나 이상의 아들이 있다는 것을 잘 인식했다. 우리가 기대하듯이 약속의 아들 이삭으로 이 계보를 계속하기 전에, 역대기 사가는 아브라함의 다른 아들들로 전환하여 장자 이스마엘(1 : 29-31 ; 창 25 : 13-16상)로 시작한다. 사라의 애굽 여종 하갈이 이스마엘을 낳는 상황에 관한 창세기 25 : 12의 설명적인 소재를 역대기 사가는 제공해 주지 않는다. 다른 곳처럼 여기서도 역대기는 독자가 이 이야기를 알고 있다고 가정한다. 다음으로 역대기는 아브라함부터 그가 사라의 죽음 후에 취한 첩 그두라의 자손을 열거한다(1 : 32-33 ; 창 25 : 1-4). 특히 도망하는 모세에게 집을 제공해 준(출 2 : 11-22) 자손들의 조상인 미디안을 포함한다. 이 가운데 누구도, 창세기 25장의 이야기가 우리에게 상기시켜 주듯이, 아브라함에 의한 상속자로 간주되지 않았다. 아브라함이 그들을 인정하였고, 그가 살아 있는 동안 그들을 물질적으로 도왔지만, 아브라함은 이삭에게 자기의 모든 소유를 주었다(창 25 : 5). 그러나 역대기 사가가 이삭을 통한 약속의 길을 계속 따라가기 전에, 모든 것을 여기에 기록한다.

기독교인들이 중동에서 계속된 동요에 대해서 생각하고 말하는 오늘날 우리는 자주 팔레스타인과 더 많은 아랍 역사에 대한 관심을 배제한 채 이스라엘에 초점을 맞춘다. 역대기 사가처럼 우리도 이삭이 아브라함의 유일한 아들이 아니었음을 기억하는 것이 좋을 것 같다. 이스마엘과 미디안도 아브라함의 아들이었으며, 관심을 받을 만하다.

이삭의 아들들(1 : 34-54)

이제 우리는 이삭과 마침내는 백성 이스라엘의 부계 조상인 그의 아들(1 : 34)에게 이른다. 그러나 다시 우리의 기대는 어긋난다. 역대기 사가는 다시 별로 이름 없는 계통으로 방향을 돌려 1 : 35~37에서 이삭의 장자인 에서의 후손을 추적한다. 역대기 사가는 또한 이 점에서 세일의 계보를 제공하고(1 : 38-42) 에돔의 왕들과 족장들을 열거한다(1 : 43-54). 이것은 역대기 사가의 자료에 대한 성실함과는 물론(창 36장), 에서와 에돔 땅과의 연결과도 조화를 이룬다(창 25 : 30, 27 : 39-40을 보라).

에서의 자손들(1 : 34-37 ; 창 36 : 9-14)

역대기 사가는 에서의 아들과 손자들의 이름만을 열거하고 창세기 36 : 9~14에 나오는 어머니의 이름과 같은 정보들은 무시한다. 만약 이것을 역대기 사가의 반여성적 편견으로 읽는다면 잘못이다. 이미 그두라의 경우에서 본 것처럼 여성들은 첫 아홉 장을 이루는 많은 족보와 목록에서 두드러지게 나타난다. 오히려 에서 족보에서 역대기 사가는 다시 한번 그의 자료를 뼈대에 이르기까지 벗겨 내서 자신이 관심하는 것만, 즉 혈통을 잇는 아들들의 이름만을 취한다.

세일의 자손들(1 : 38-42 ; 창 36 : 20-28)

역대상 1 : 38~42에서 역대기 사가는, 함과 야벳의 자손들을 열거하는 것처럼, 열방들을 다루기 위해 이스라엘의 계통을 벗어난다. 여기서는 세일 자손들을 다루기 위함이다. 세일과 에돔은 원래 지리적인 지역들을 말한다. 에돔은 유다의 남동쪽에 이르는 농경지를 말하고, 세일은 같은 지역의 삼림이 우거진 고원을 말한다(Knauf 1992, 1072-1073). 이러한 구분은 에돔이 저지대의 부유층 사람들에 의해 통치된 국가가 되었을 때 없어졌다. 역대기 사가의 목록과 유사한 창세기는(창 36 : 20-28) 세일이 호리족이었으며, 그의 아들은 호리 족장의 자손들이었다고 말한다. 신명기 2 : 12은 호리족이 에서의 자손들에 의해 패하고 추방되었다고 주장한다. 그래서 과거에 세일은 에돔이 되었다. 히브리 성서의 다른 곳에서 이름 세일과 에돔은 동의어로 사용된다(창 32 : 3 ; 민 24 : 18 ; 겔 35 : 1-15). 역대기 사가는 에돔을 세일과 동일시 하기를 꺼리지 않고, 세일 자손의 목록을 설명하지 않고 에서 자손들과 결합하여 에돔 주민들의 기록으로 취급한다.

에돔의 왕들과 족장들(1 : 43-54 ; 창 36 : 31-43)

역대기 사가의 왕권에 대한 관심(1 : 10에서 이미 나타난 대로)과 자료에 대한 성실성에 부합되게 이제 창세기 36 : 31~39에서 끌어 온 에돔의 왕들과 그 성읍들의 목록이 나온다. 왕 다음에 에돔 족장들의 목록이 온다(1 : 51하-54 ; 창 36 : 40-43). 창세기 36장에서 에서와 세일 자손들에 대한 기록 다음에 이 족속의 계보가 나온다. 그러나 역대기 사가는 그 계보들을 무시한다. 이것이 삽입된 것은 의미 있을 것이다. 나아가 역대기 사가는 창세기에 없는 진술을 추가하는데, 그것은 왕의 목록을 종결짓고 새로운 족장 목록을 도입하는 진술이다. "하닷이 죽으니라" (1 : 51상).

NRSV 성경에서 'clan'으로 번역되는 히브리 단어는 'clan chief'로 수정될 수 있으며, 이것은 재밌게 해석될 가능성이 있다. "이스라엘 자손을 다스리는 왕이 있기 전"(1 : 43) 하닷의 시대에 에돔은 왕들이 통치하였다. 그러나 하닷의 죽음 후에 에돔은 왕이 아니라 족장들이 다스렸다. 이것을 간단히 설명한다면 이스라엘 다윗 왕조의 발흥과 관련 있다. 다윗 계통이 수립되었을 때 에돔은 다윗 왕들에게 종속된 봉건국가였다(삼하 8 : 13-14). 그 후로 그 통치자들은 왕이라 불리지 않고 단순히 족장이라 불렸다(Japhet 1993, 64). 다시 한번 역대기 사가의 긴 조망은 다윗과 그의 혈통을 향해 있는 것 같다.

이스라엘의 자손들(2 : 1-2 ; 창 35 : 22하-26)

이제 마지막으로 독자들은 이스라엘의 자손인 이스라엘의 열두 지파의 목록에 이른다. 이들은 출생 순서에 따라 이름이 나오지 않는다(창 29 : 31-30 : 24, 35 : 16-18). 실제로 목록은 이상한 방식으로 뛰어넘는다. 이렇게 순서가 이상한 이유는 역대기 사가의 자료인 창세기 35 : 22하~26을 관찰해 보면 알 수 있다. 창세기에서 먼저 레아의 아들들이 나오고 다음으로 라헬의 아들, 그리고 라헬의 여종인 빌하의 아들들과 마지막으로 레아의 여종인 실바의 아들들이 나온다. 역대기 사가는 이 순서를 따르지만(단은 스불론과 요셉 사이에 잘못 놓였지만) 어머니의 이름을 배제한다. 그래서 형태가 기이해진다. 나중에 역대기 사가는 이스라엘의 다른 아들들의 자손들을 추적할 것이다. 그러나 먼저 역대기 사가는 여러 자료로부터 끌어낸 족보의 복잡한 시리즈에서 유다의 계열로 돌아간다(2 : 3-4 : 23).

역대상 2 : 3~4 : 23

유다 계열

이스라엘의 아들 가운데 유다가 첫 번째로 취급되는 것은 우리가 앞서 족보에서 관찰한 유형의 변화이다. 역대기 사가는 특히 셈에서 아브라함까지의 계열로 돌아가기 전에 노아의 세 아들들의 자손들을 다루었다. 그는 이삭으로 돌아가기 전 이스마엘과 그두라의 아들들을, 이스라엘로 되돌아가기 전 에서와 세일을 다루었다. 그러나 이제 다윗의 조상 유다 계열에게 명예의 자리가 주어진다. 기대된 양식으로부터 이탈함으로써 유다와 다윗의 의미와 그 이상을 강조한다. 우리가 이미 살펴보았듯이 유대 자료는 역대기 사가의 족보의 중심을 구성한다. 사실 유다 부분의 중심에 있는(3 : 1-24) 다윗 계열에 대한 기록은 전체 족보 목록의 절정이 될 것이다.

유다의 자손(2 : 3-55)

2 : 3~4의 유다 자손의 목록은 창세기 46 : 12과 38장의 유다와 다말의 이야기에서 끌어 온 것이다. 역대기 사가는 유다가 며느리에게 유혹된 것에 관한 이야기는 말하지 않는다. 그러나 그것은 몇 가지 방법으로 의도적으로 일깨워지고 있다. 첫째, 유다 아들들은 그들의 어머니들, 즉 "가나안 사람"(2 : 3)이라 불린 밧수아와 "그(유다)의 며느리"(2 : 4)로 밝히는 다말을 중심으로 모여 있다. 둘째, 그의 자료에서 끌어온 이야기 일부에서 역대기 사가는 "유다의 맏아들 에르는 여호와 보시기에 악하였으므로 여호와께서 죽이셨고"(2 : 3 ; 창 38 : 7)라고 기록하여 에르의 죽음을 그의 형제 오난의 운명을 위해 있게 한다. 유다와 밧수아의 아들로 살아남은 유일한 아들 셀라의 자손들의 목록은 유다 계열 족보의 끝인 4 : 21~23에 부록처럼 나와 있다. 셋째, 유다에서 다윗을 거쳐 다윗 이후의 계열이 추적되고 그 다음의 목록에서 다말의 아들 베레스까지 이른다. 그래서 빠르고

큰 박자로 역대기 사가는 독자들의 마음에 다말의 대담함에 관한 이야기를 상기시켜 준다. 다말의 대담함은 유다 혈통을 보존하고, 다윗의 출생을 보증하게 했다.

이제 유다 계열 내에서 역대기 사가는 족보의 첫 장에서 따랐던 관행을 다시 시작한다. 역대기는 바로 관심의 대상인 다윗과 그의 계열로 이동하지 않고, 천천히 넓게 사선을 그리며 목표지점으로 접근해 가서 역대기 사가의 자료가 다루는 유다 계열의 범위 끝까지 독자들을 데려간다. 그러므로 궁극적으로 다윗에게 이르는 베레스의 계열로 전환하기 전에 역대기 사가는 세라 계열을 추적한다(2 : 6-8).

역대기 사가는 족보를 철저하게 고안한 것 같지는 않다. 그의 자료가 묵과할 때(예를 들면 베레스의 아들 하물〈2 : 5〉의 자손들에 관한 것 또는 그가 빠진 것과 같은) 역대기 사가도 묵과한다. 그러나 그는 때로 자료를 매우 창조적으로 사용한다. 세라의 다섯 아들들의 이름들을 보라(2 : 6). 첫째 아들의 이름은 "세라의 증손 삽디(역대기 사가는 시므리로 읽는다.)의 손자 갈미의 아들 아간"이 하나님께 헌납된 여리고 성읍의 전리품의 일부를 취한 것에 대해 이야기해 주는 여호수아 7 : 1에서 가져온 것이다. 역대기 사가가 명시한 세라의 다른 네 아들들의 이름들은 솔로몬이 "에스라 사람 에단과 마홀의 아들 헤만과 갈골과 다르다보다 지혜로웠다"고 전하는 열왕기상 4 : 31에서 나온 것이다. 분명히 역대기 사가는 '에스라 사람'을 '세라의 후손들'로 이해했고, '마홀의 아들들'이라는 문구는 삭제했다. 이 구절에는 여호수아 7 : 1의 삽디/시므리에다 네 이름이 추가되는데, 이로써(역대기 사가는 다르다를 다라로 읽는다.) 세라에게는 다섯 아들이 있게 되며 세라의 아들은 유다의 다섯 아들들과 평행하고 있다.

이렇게 역대기 사가의 성서 사용은 우리에게 낯설고 이해하기 어렵기까지 하다. 분명히 역대기 사가는 솔로몬의 동시대인으로 기록된 사람들이 유다의 손자들이 될 수 없음을 알았을 것이다. 그러나 연대를 이렇게 자연스럽게 무시하는 것은 역대기 역사서에서 흔히 볼 수 있는 모습이다. 역대기 사가는 역사적 사실의 '실제' 세계가 아니라 본문과 전승 세계와 씨름한다. 이것은 우리가 역대기에서 쓸 만한 역사적 정보를 캐낼 수 없다는 것을 의미하지는 않는다. 그러나 이것은 역대기 사가의 역사적 기준과 주석 방법이 우리의 것과는 사뭇 다르다는 것을 상기시켜 준다.

2 : 9에서 역대기 사가는 베레스의 아들 헤스론의 자손들을 다룬다. 이들 가운데 가장 중요한 것은 람의 가족으로 역대기 사가는 빨리 다윗과 그의 일곱 아들까지 추적한다(2 : 10–17). 여기서 역대기 사가는 형태뿐만 아니라 자료에 있어서도 룻기 4 : 18~22의 족보를 따른다(민 1 : 7을 보라). 나손을 "유다 자손의 방백"(2 : 11)으로 밝히는 것을 제외하면 말이다. 이러한 특별한 신원확인은 나손이 아론과 동서지간이라는 것과 관계 있다(출 6 : 23). 그리하여 그는 유다와 레위, 즉 역대기 역사서의 일관된 주제인 왕권과 제의권을 연결하는 선구자가 된다.

다윗의 형제와 자매에 대하여 역대기 사가는 어떤 면에서 신명기 역사서와는 다른 자신의 고유 자료를 사용한 것 같다. 이새의 첫 세 아들은 사무엘상 16 : 1~9과 17 : 13에 열거된 것과 같다(그러나 역대기는 삼마보다는 시므아라고 쓰고 있다). 그리고 역대기에서는 사무엘상에서와 같이 다윗은 막내 아들이다. 역대기는 다윗을 일곱째 아들로 기록하고 사무엘상은 여덟째 아들로 기록한다. 두 목록은 전승된 양식을 민간전승과 연관시킨다. 일곱째 아들과 일곱 형제를 둔 막내 아들이다.

세 아들, 아비새, 요압과 아사헬을 둔 다윗의 누이 스루야는, 비록 신명기 사가가 스루야와 다윗의 관계는 언급하지 않지만, 사무엘하 2 : 18에 언급되어 있다. 역대기 사가가 요압이 다윗의 조카였다고 지적하는 것은 흥미롭다. 이것은 그들의 호기심 어린 관계를 설명하는 쪽이 될 수 있다. 만일 그들이 가족이라면, 요압이 왕과 친밀하고, 다윗이 요압에게 관용을 베푸는 것이 훨씬 잘 이해된다.

성서에서 역대기의 이 구절을 제외하고는 다윗의 다른 형제자매에 대하여 언급되지 않는다. 다윗의 자매 아비가일이 이스마엘 사람 예델과 결혼했다고 전해지는 것을 기억하라. 이것은 다시 아브라함의 아랍 자손에게로 소급해 간다. 유다 '계열'은 복잡하게 상호 얽힌 망과 같은 것 이상으로 보이기 시작한다.

역대기 사가에 의해 보존된 유다 계보의 다양성은 특히 2 : 34~41에 나타난다. 이 목록은 여라므엘 사람 세산의 족보을 다루고 있다. 2 : 31에서 우리는 세산에게 아들 알래가 있으며, 그를 통해 세산의 족보가 계속되었음을 알게 된다. 그러나 2 : 34은 세산에게 아들은 없고 딸이 하나 있는데, 그 딸을 이집트인 노예 야르하에게 주었다고 전한다. 이 결혼을 통해 앗대가 태어났고, 그를 통해 혈통은 계속된다. 역대기 사가는 앗대와 알래를 동일한 사람으로 보는 것 같다. 그렇게 함으로써 역대기 사가는 서로 경쟁하는 두 개의 전승을 화합시키려 한다. 역대기 사가는 저 전승을 선호하여 이 전승을 무시하지 않으며, 유일하고 자명한 설명을 제시하기 위해 전승들을 수정하지 않는다. 앞으로 보게 되겠지만 이처럼 조화하려는 경향은 역대기 사가가 성서를 사용하는 데 나타나는 일반적인 특징이다.

다윗 계열(3 : 1-24)

이제 역대기는 다윗 계통으로 다시 돌아가 족보의 중간에 그리고 절정에 이르게 된다. 3 : 1~4(삼하 3 : 1-5)은 다윗이 헤브론에서 통치하는 동안 태어난 여섯 아들을 기록한다. 두 계보에 나타난 중요한 차이는 둘째 아들의 이름이다. 그는 역대기에는 다니엘로 사무엘에는 길르압으로 나타난다. 칠십인경의 사무엘하 3 : 3은 맛소라 본문의 길르압을 달루이아로 읽고 있다. 이 세 가지 모두가 왜곡되고 불명확한 원문을 다루려고 시도하고 있음을 보여 준다. 다윗의 여섯 아들의 명단을 따라 역대기 사가는 다윗이 헤브론에서 "칠 년 육 개월 동안" 다스렸으며 "예루살렘에서 삼십삼 년 다스렸으며"(3 : 4 ; 삼하 5 : 5)라고 기록한다. 헤브론에서 예루살렘으로 천도한 것에 대해서는 아무런 설명이 없다. 역대기 사가는 우리가 이에 대해 알고 있다고 가정한다. 나중에 10~11장에서 본문은 국내 전쟁의 혼란기로 부드럽게 넘어간다. 여기서처럼 거기에서도 이 효과는 대립을 낮추거나 무시함으로써 다윗의 주권을 고조시키는 것이다.

그 다음 구절들은 예루살렘에서 태어난 다윗의 아들들에 대해 말한다(이 목록과 유사하지만 약간 변형된 것으로 14 : 3-7에 나타난다). 네 아들이 다윗과 "암미엘의 딸 밧수아"(3 : 5) — 비록 이들의 간음이나 우리야의 암살에 대해 아무것도 언급되지 않지만 좀더 정확하게 말하면 밧세바이다. — 에게서 태어났다고 말한다. 사무엘하는 이들 사이에서 태어난 솔로몬 외에 또다른 아들 한 명만을 언급한다. 그 아이는 간음으로 잉태되어 다윗의 징벌을 떠맡는다(삼하 12 : 13-14). 첩에게서 태어난 무명의 아들들은 (말할 것도 없이 무명의 어머니에게서 태어난 또다른 다섯 아들들은) 역대기 외에 다른 어디에도 언급되지 않는다(3 : 9). 그러나 역대기 사가가 다윗 가문과 연관되어 있었기 때문에 그는 신명기 사가에게 알려지지 않은 자료에 접근할 수 있었을 것이다. 비극적으로 성폭력을 당한 다말은 사무엘하 13장에서 압살롬의 누이로, 강간했던 암논의 의붓 누이로 언급된다.

3 : 10~24에서 역대기 사가는 성전 건축자 솔로몬부터 역대기 사가의 동시대인 아나니까지 다윗 자손의 직계 자손을 열거한다. 솔로몬부터 요시야까지의 명단(3 : 10-14)은 신명기 역사서에서 직접 취한 다윗 왕들의 직계 대표이며 각 왕은 선왕의 아들로 나열되어 있다. 그런데 요시야의 명단은 가지를 치기 시작한다. 이는 아마도 합법적인 계승자에 관한 문제 때문일 것이다. 요시야의 네 아들이 열거되어 있다. 잘 알려지지 않은 요하난(분명히 살아남지 않았다.), 여호야김, 시드기야(이에 대해서는 아래서 논하겠다.)와 살룸이다. 요시야가 므깃도에서 파라오 느고와의 전쟁에서 비극적인 죽음을 맞자, 공개적으로 왕으로 선포된 이는 그의 막내아들 살룸으로 여호아하스라는 왕의 칭호를 갖게 되었다(왕하 23 : 29-30). 그는 겨우 석 달간 통치하고 느고에 의해 폐위되어 이집트로 끌려갔으며 그보다 좀더 유순한 형 여호야김으로 대체되었다(왕하 23 : 31-35 ; 렘 22 : 10-12). 이제 역대기는 여호야김의 아들이자 다윗 혈통의 마지막 왕이었던 두 아들 여고냐(여호야긴〈왕하 24 : 6-17 ; 대하 36 : 8-9〉과 고니야〈렘 22 : 24〉라고도 불린다.)와 시드기야(대하 36 : 10, 여기서는 시드기야를 여

고냐의 형제로 기술한다.)를 열거한다(대상 3 : 16). 이것은 바벨론의 느부갓네살에 의해 사로잡혀 간 조카의 자리를 대신하여 왕으로 오른 이는 여호야긴의 삼촌 시드기야(3 : 15을 보라. 열왕기에 따르면 원래는 맛다니야이다.)였다고 말하는 열왕기하 24 : 17과 충돌하고 있음을 주목하라.

이러한 혼란은 이해할 만하다. 신명기 사가도 역대기 사가도 요시야의 아들 시드기야를 여호야김의 아들 시드기야와 혼동하였다. 열왕기하는 역대기 사가보다 시드기야 통치를 둘러싼 사건에 시간적으로 보다 가깝다. 또한 역대기는 여기서 시드기야의 동시대인 예언자 예레미야의 도움을 받고 있다. 예레미야는 여호야김을 일관적으로 요시야의 아들로 부른다. 그러나 이 호칭을 시드기야에게 결코 적용시키지 않는다(Japhet 1993, 98). 예레미야도 여호아하스가 살룸이라고 불리었다는 것을 확인하기 때문에(역대기에 의해서만 기록된 사실), 이 점에서 그의 지지는 우리로 하여금 역대기의 설명이 정확하다는 결론을 내리게 한다.

이제 우리는 포로 시대 초기부터 회복 시기까지 다윗 자손에 이르게 된다. 주전 597년 바벨론으로 끌려간 여고니야는 포로 시기에 일곱 아들을 얻었다. 그들 가운데 하나인 세낫살은 페르시아 시기에 유다의 총독이었던 에스라 1 : 8~11의 세스바살이라 불린 인물일 것이다(이 이름들은 바벨론 이름 신-아브-우츠르의 대안 형태일 것이다).

포로 시대의 제2세대에 브다히야의 아들 스룹바벨은 제2성전을 완성시킨 총독 스룹바벨일 것이다(스 3 : 8, 5 : 2 ; 학 1 : 1, 2 : 1-4, 21-23 ; 슥 4 : 6-10). 스룹바벨은 다른 곳에서는 브다히야의 아들이 아니라 스알디엘의 아들로 언급된다. 이것은 형사취수제의 관습을 반영하고 있는 것이다. 이 관습에 의하면 한 남자가 죽으면 그의 형제에게 남은 미망인과 결혼할 의무가 주어지고, 이 결합에 의해 태어난 장자는 상속을 위해 죽은 자의 아들로 간주되었다(신 25 : 5-10). 그래서 스룹바벨은 역대기가 진술하듯 생물학적으로는 브다히야의 아들이고, 법적으로는 그의 삼촌 스알디엘의 아들이었을 것이다.

포로 사건 후 제3세대에서 스룹바벨의 둘째 아들 하나냐를 통해 귀환

후 첫 사람인 제4세대가 추적된다. 이 점에서 본문은 전략적이다. 3 : 10~14 왕의 목록에 기초하여 3 : 21의 목록은 여사야부터 스가냐까지 다섯 세대에 이르는 — 이것은 칠십인경이 하는 것이다(서론을 보라). — 직계 후손을 설명한다. 또는 3 : 16의 유사한 구조의 도움을 받아 이들을 형제로 볼 수 있다. 이 경우에 하나냐는 여섯 아들이 있으며, 이들은 모두 제4세대이다. 후자의 가능성은 스가냐의 여섯 아들에 대한 목록으로 읽는 것이 가장 좋은 3 : 22에 의해 확증된다. 그들 가운데 핫두스가 있는데, 그는 에스라와 함께 포로에서 귀환했다(스 8 : 2-3, 주전 458년경). 그래서 3 : 21은 한 세대를 말하는 것이어야 한다. 그렇지 않으면 핫두스는 에스라 이후의 시대로 귀속되기 때문이다.

역대기 사가는 포로기 이후 제7세대인 에료에네의 일곱째 아들인 아나니의 출생까지 추적한다. 실로 행운아다! 이는 엘레판틴의 유대 공동체가 남긴 파피루스 문서에 언급된 사람과 동일한 아나니일 것이다(주전 410년경). 역대기 사가는 자신의 시대에 이르렀기 때문에 여기서 멈춘다. 앞으로 이어질 장에서 역대기 사가의 기술을 위해 줄거리의 흐름을 제공해 주게 될 다윗 혈통은 역대기 사가의 '현재'와 이스라엘의 고대 유산 사이의 연결점을 제공해 줄 것이다.

기타 유다 자료(4 : 1-23)

유다 지파의 족보 목록의 또다른 배경은 그 전 다윗 자료를 봉합하고 뒤이어 나오는 지파 족보를 도입한다. 이 장은 작은 목록이며 다른 것과 또는 이전의 유다 자료와 연결시키지 않는다. 예를 들면 4 : 1~2에 열거된 유다의 다섯 아들들이 2 : 3~5에 열거된 유다의 다섯 아들들 또는 유다 혈통의 첫 다섯 세대와 유사성이 없음에 주목하라.

역대기 사가는 어디에서도 언급되지 않은 옛 유다 자료를 사용하고 있다. 이 목록들은 틀림없이 매우 오래된 것이다. 언급된 장소들은 포로기 이후의 유다 지역이 아니며, 이 목록들이 예루살렘 멸망 이전부터 보존된 것임을 암시해 준다. 사실 유일하게 생존한 유다와 밧수아의 아들 셀라의 아들들의 목록(4 : 21-23)은 이 기록들이 오래되었음을 말해 준다(4 : 22). 이 자료들과 성서의 다른 자료들의 접촉은 그나스의 아들 옷니엘에 대해 말하는 4 : 13 ; 사사기 1 : 13에서(비록 그나스와 갈렙의 관계가 역대기의 목록에서 불분명하지만 4 : 15은 사사기가 진술해 주듯이 그나스가 갈렙의 형제라기보다는 손자라고 말한다.), 또 모두 갈렙을 여분네의 아들로 기술하는(갈렙이 헤스론의 아들이라고 하는 2 : 9, 18을 비교해 보라.) 4 : 15 ; 민수기 13 : 6에서 찾아볼 수 있을 것이다.

여기에 수집된 목록들은 장소 이름과 유다로부터 내려온 고대 재산의 이름을 관련시킴으로써 유다 땅의 소유주를 확립하는 것에 관심하는 듯하다. 다윗의 출생지 베들레헴의 성읍은 4 : 4의 족보에 결합되어 있다. "……이는 다 베들레헴의 아버지 에브라다의 맏아들 훌의 소생이며"(베들레헴과 에브라다의 연관성은 룻 4 : 11과 미 5 : 2를 보라). 2 : 19에서도 마찬가지로 훌은 갈렙의 둘째 부인 에브랏과 갈렙의 아들이며, 베들레헴은 언급되어 있지 않다(그러나 2 : 51을 보라). 이 목록에 들어온 다른 남쪽 지역 이름은 드고아(4 : 5 ; 참고 2 : 24)와 십(4 : 16)과 에스드모아(4 : 17)를 포함한다.

이 장에서 땅에 대한 관심은 야베스와 관련된 짧은 이야기에도 반영되어 있다(4 : 9-10, 야베스도 마찬가지로 2 : 55에서 유대 땅의 이름임을 주목하라). 비록 흉조를 담은 이름이 주어졌지만(본문은 야베스를 히브리어 '고통'을 뜻하는 '오체브'와 연관시킨다.), 야베스는 "그의 형제들보다 귀중한 자"라고 듣게 되는데(4 : 9) 아마도 그의 출생이 매우 힘들었기 때문일 것이다. 야베스는 "주께서 내게 복을 주시려거든 나의 지역을 넓히시고 주의 손으로 나를 도우사 나로 환난을 벗어나 내게 근심이 없게 하옵소서"라고 기도한다(4 : 10). 역대기 사가는 하나님께서 이 기도를 들으시고 응답하셨다고 우리에게 확인해 준다. 여기서 우리는 어머니의 사랑을 받은, 난산 후 부정적인 이름을 부여받았지만(창 25 : 19-28을 보라. '야곱'은 '속이는 자' 또는 '발꿈치를 잡은 자'를 뜻한다.), 하나님을 신뢰하고 축복을 받은 야곱을 기억할 것이다. 야베스의 짧은 소품(小品)은 하나님의 축복을 일반적으로 땅과 유다 혈통에 확립해 놓는다. 그러나 야베스도 역대기 사가의 이야기에 나타나게 될, 여호와를 신실하게 믿고, 그 결과로 복 받는 많은 이들 가운데 하나의 모범이다.

마지막으로 이 목록에 나타난 여성들의 탁월성을 언급할 만하다. 여기에는 에담의 딸 하술렐보니와 훌의 어머니요 베들레헴의 조모인 에브라다, 아스훌의 두 아내 헬라와 나아라, 에베스의 고난 받은 무명의 어머니 "메렛이 취한 바로의 딸 비디아", 비디아의 딸 미리암과 메렛의 무명의 유다 아내, 그리고 "나함의 누이, 호디야의 아내"가 나온다. 뚜렷한 선례가 없는 유다 족보의 여인들이다. 여성들은 계보의 어려움이 총애를 받은 아내에서 난 아들들과 총애를 덜 받은 아내나 첩에게서 난 아들들을 구별할 필요가 있는 곳에서 나타난다. 그러나 4 : 1~23에 나타난 여성들은 대체로 당연히 족보에 오를 자들이다.

성서의 족보는 일반적으로 부계의 법칙을 따른다. 즉, 후손은 어미가 아니라 아비를 따라 추적된다. 후에 로마 시기에 랍비들은 모계를 선호하여 규정했을 것이다. 오늘날도 정통 유대교에서는 유대인으로 간주되는 것은 유대인 어머니의 자료이고, 유대의 후손은 모계를 따라 추적된다. 그러나 히브리 성서에는 초창기부터 모계에 관하여 몇 가지 암시해 주는 점이 있다. 히브리 산파인 십브라와 부아의 이야기를 기억하라(출 1 : 15-21). 이 본문은 그들이 바로의 잔혹함에 항거하였기 때문에 하나님께서 그들을 족장(문자적으로는 '집'이다. NRSV 성경은 "he gave them families"라고 번역하고 있는데, 이것은 너무 약하다. 〈한글개역은 "하나님이 그들의 집안을 흥왕하게 하셨다."고 옮긴다.〉)으로 삼았다고 말한다. 즉, 적어도 두 고대 이스라엘 족장들은 남자가 아니라 여자에게로 거슬러 올라간다. 이 옛 유다 계보도 마찬가지로 일종의 경쟁관계의 모계 전승을 보존하고 있을 것이다. 그러나 그들은 이러한 일반적인 부계적 자료에서 매우 놀랍고 신선하게 여성에 대한 개방성을 반영하고 있다.

역대상 4 : 24~9 : 44
지파 족보

아담에서 유다까지, 또 유다에서 다윗을 거쳐 자신의 시대까지 따라간 뒤, 역대기 사가는 2 : 1~2에서 이스라엘 아들의 계보로 돌아와 다른 지파의 혈통을 추적한다. 여기서 역대기는 성서의 자료를, 특히 창세기의 족보, 민수기의 인구조사 목록, 그리고 여호수아의 땅 분배를 끌어다 쓴다.

부록 : 스불론과 단

이상하게도 열 지파만이 족보에 나타나고 스불론과 단은 빠져 있다. 그러나 스불론 지파는 최소한 족보에 언급되고 있으며(레위인 성읍 목록에 ; 6 : 63, 77을 보라.) 역대기의 이야기에도 나타난다(대상 12 : 33, 40, 27 : 19 ; 대하 30 : 10, 11, 18). 지파 계보 가운데 몇 개는 매우 짧다. 예를 들면 납달리는 단 한 절로 되어 있다(대상 7 : 13). 스불론의 계보도 짧았다면 서기관의 실수로 탈락되었을 수 있다.

그러나 단 지파는 지파 족보의 어디에도 언급되지 않는다. 6 : 54~81에 있는 레위인 성읍의 목록을 보라. 역대기 사가는 단 지역의 성읍(수 21 : 23-24)을 열거하지 않는다. 실제로 역대기 역사서 전체에서 단 지파는 지나가는 말로 세 번 언급된다. 다윗을 왕으로 선포하기 위해 단에서 헤브론으로 온 군대를 기록한 12 : 35, 여로함의 아들 아사렐을 단 지파 부대의 지휘관으로 확인하는 27 : 22, 그리고 성전 건축을 도울 임무를 맡은 후람의 기술자 후람아비가 두로 사람과 단 여인의 아들이라고 말하는 역대하 2 : 13~14이다(대상 21 : 2 ; 대하 16 : 4와 30 : 5에서 단은 지파 이름이 아니라 장소 이름이다). 또한 단이 역대상 2 : 1~2의 이스라엘 아들들의 목록에서 빠져 삽입되었으며, 기이하게도 족보에서 빠진 또다른 지파 스불론 뒤에 놓여 있음을 기억하라. 이 모두를 감안하면 이 증거물은 역대상 1~9장의 계보가 원래는 단에 대해 전혀 언급을 하지 않았는데 후대의 편집자가 단을 이스라엘 아들들의 목록에 삽입했음을 암시해 준다.

단에 대한 역대기의 부정적인 평가는 단을 특히 제의 면에서 의심스러워 하는 다른 성서 본문과 일치한다(Johnstone 1998, 111을 보라). 사사기 17~18장에서 단 지파를 습격한 자들은 제사장을 납치하고 은상을 빼앗고 그들의 단 성읍에 신전을 세운다. 사사기 18 : 30은 이 성상에 있는 제사장들이 모세의 후손들이었다고 하는데, 이러한 주장은 너무나 흉측하여 후대의 제사장들이 본문을 모세 대신 므낫세로 수정했다. 여로보암의 추종자들이 예루살렘의 관할에서 떨어져 나와 따로 북왕국 이스라엘을 수립했을 때 여로보암은 그 백성을 위해 벧엘과 단에 두 개의 성소를 세웠다(왕상 12 : 29). 이러한 행위는 열왕기에서 계속하여 여로보암의 죄로 비난되며 궁극적으로 북왕국은 이로 인해 파멸에 처하게 된다(예를 들면 왕상 13 : 34 ; 왕하 17 : 21-22). 올바른 성전에서의 올바른 예배에 초점을 맞춘 역대기가 단에 대하여 의구심을 품고 있다는 것은 놀라운 일이 아니다.

시므온(4 : 24-43)

이 지파의 족보는 아버지의 첩과 동침한 이유로 "장자의 명분대로 족보에 기록되지 아니한" 장자 르우벤으로 시작하기보다는 시므온으로 시작한다(5 : 1 ; 창 35 : 22, 49 : 4와 견주어 보라). 4 : 24의 시므온의 아들들 목록은 이집트로 내려간 이스라엘 자손들(출 6 : 15 ; 민 26 : 12-13도 보라.)의 일부 목록인(약간 변형된 형태로) 창세기 46 : 10에서 끌어 온 것이다. 이 목록은 족장들의 아들들의 지파 족보를 통해 사용되었다. 시므온 자손들이 정착했던 지역과 그 지역의 마을을 기술하는 4 : 28~33 설명은 여호수아 19 : 1~8의 땅 분배에서 끌어 온 것이다.

시므온 계보에 있는 다른 자료는 역대기 사가의 유일한 자료에서 나온 것이다. 그러한 자료 중의 하나는 "시므온 자손의 거주지가 이러하고 각기 계보가 있더라"고 말하는 4 : 33에 언급되어 있다. 다른 하나는 히스기야 통치 시대 동안 시므온과 연관된 어떤 집단의 이동을 기술하는 4 : 34~

43에 암시되어 있다. 역대기 사가는 특히 히스기야 통치 시대의 사건에 대한 특별하고 정확한 지식을 보여 준다(예를 들면 히스기야의 유명한 터널 공사 ; 대하 32 : 30을 보라). 이것은 역대기 사가가 유다의 왕정 문서에 가까이 접근할 수 있었음을 암시해 준다.

시므온의 계보를 좇아가는 동안에도 역대기 사가의 친유다적 편견은 분명하게 나타난다. 시므온이 유다 자손처럼(4 : 27) 번성하지 못하였다는 관찰과 시므온 자손이 주장한 성읍이 "다윗 왕 때까지"(4 : 31) 그들에게 속하였다는 진술을 주의하여 보라. 이것은 다윗의 통치가 시작되자 땅은 그가 원하는 만큼 할당 배분하기 위하여 그의 것이 되었음을 암시한다.

르우벤(5 : 1-10)

역대상 5 : 1~2은 왜 르우벤보다 시므온이 지파의 족보에서 장자가 되었는지를 설명하기 위해 르우벤의 불명예스런 이야기를 상기시켜 준다. 그러나 유다의 가족은 시므온 이전에도 등록되었다. 역대기 사가는 이 우선권을 이렇게 설명한다. "유다는 형제보다 뛰어나고 주권자(당연히 다윗이다.)가 유다에게서 났으나 장자의 명분은 요셉에게 있으니라." 역대기 사가는 독자가 창세기 37~48장의 요셉 이야기를 알고 있다고 가정한다. 그리고 그는 유다 혈통의 우선권에도 불구하고 이스라엘의 아들들 가운데 장자권은 요셉에게 있다고 기록한다.

이 사상은 맛소라 본문에 기록된 대로 요셉의 이야기에 명시되지 않고 암시되어 있는데(특히 요셉의 꿈에 ; 창 37 : 5-11을 보라.), 탈굼(아람어를 말하는 회당에서 사용하기 위한 히브리 성서의 번역 ; Williamson 1977, 94)에는 전부 나타난다. 그러나 요셉의 혈통을 추적하는 대신 역대기 사가는 요셉 후손의 두 지파인 므낫세(5 : 23-26, 7 : 14-19)와 에브라임(7 : 20-29)을 추적한다(창 48 : 1-22를 보라). 이 양식은 다른 많은 지파 목록에서 나타난다. 예를 들어 에브라임과 므낫세를 포함하는 에스겔 48 : 1~29과 요셉을 언급하는 48 : 30~34의 이상화된 예루살렘의 열두 문에 쓰인 지파들의 이름과 비교해 보라.

르우벤 아들의 이름은 시므온 아들의 이름처럼 이집트로 내려간 이스라엘 아들들의 목록에서 나온 것이다(5 : 3 ; 창 46 : 9 ; 출 6 : 14과 민 26 : 5-6도 보라). 르우벤 자료의 나머지는(5 : 4-10) 역대기 특수 자료에서 나온 것이다. 두 가지 역사적 사건에 대한 언급이 자료를 중단시킨다. 첫째, 르우벤의 마지막 족장 베라가 앗수르의 왕 디글랏 빌레셀 — 분명히 주전 733년 길르앗을 정복한(5 : 6) 디글랏 빌레셀 3세를 말할 것이다. — 에 의해 포로로 사로잡혀 간 것이다. 둘째, 사울 왕 때 르우벤(여이엘의 지도 아래)과 하갈 사람 사이에 있던 전쟁에 대해 듣게 된다(5 : 7-10). 여기서 우리는 역대기 사가의 자료가 다른 증거에 맞지 않음을 확인할 수 있다. 메사 비문이라 불리는 모압 비석에 새긴 글을 보면 아로엘, 느보, 바알므온(5 : 8이 말하는 장소들은 사울 왕 때에 르우벤에 의해 정복되었다.)은 모압이 주전 9세기 후반까지, 즉 사울 이후 약 200년까지 차지하고 있었다. 또 다윗과 외국인 디글랏 빌레셀은 대조적으로 사울은 왕이라 불리지도 않고 이스라엘을 통치했다고도 언급되지 않는다. 이것은 사울의 죽음과 다윗 통치의 출발이 기술된 10~12장에 표현된 입장과 일치한다. 사울이 다윗 이전에 왕위를 차지한 동안 역대기는 사울을 참 의미의 왕으로 생각하지 않는다. 다윗은 이스라엘의 진정한 초대 왕이다.

갓(5 : 11-22)과 므낫세 반 지파(5 : 23-26)

역대기 사가는 이스라엘의 셋째 아들 레위 자손을 길고 중요하게 취급하는데, 기이하게도 그 앞에 갓과 므낫세 반 지파가 자리하고 있다. 기대된 순서에서의 이러한 변화는 대체로 지리적 이유 때문에 발생한 것이다. 르우벤처럼 갓과 므낫세 가족의 일부가 요르단 동편 지역에 정착했다(민 32 : 20-42 ; 수 13 : 8-33 ; 대상 5 : 18-22, 26의 르우벤, 갓, 므낫세의 밀접한 관계를 주목하라). 그러나 이러한 기대치 않은 자리 변화는 다시 우리가 이전에 족보에서 보았던 패턴으로 돌아간다. 관심 있는 주제를 향해 저돌적으로 질주해 가기보다는 천천히 나선형을 그리며 간다.

5 : 17은 갓의 자손들이 "유다 왕 요담 때와 이스라엘 왕 여로보암 때에 족보에 기록되었더라"고 쓰여 있다. 역대기 사가가 사용한 자료는 이 족보일 것이다. 여기서 역대기는 우리가 가진 성서에 의지하고 있지 않다. 5 : 11~17에 있는 갓의 족보는 다른 곳에 있는 갓 자손의 계보와 다르다(창 46 : 16 ; 민 26 : 15를 비교하라). 나아가 요담과 여로보암 2세가 동시대에 통치했다는 가정은 유다의 요담이 이스라엘의 베가 2년에 — 그러니까 여로보암 2세가 죽은 후에 — 왕이 되었다는 열왕기하 15 : 32과 상충한다. 그러나 이스라엘과 유다 왕들의 연대는 잘 알려져 있듯이 복잡한 문제이다. 일부 학자들은 요담과 여로보암 2세의 통치가 겹쳐 있다고 주장한다. 어쨌든 역대기 사가가 이 점에서 자신의 자료를 따르고 있음이 분명하다.

역대기 사가는 갓과 므낫세에 관한 짧은 이야기 두 편을 제시한다. 첫 번째 이야기는 5 : 18~22로 역대기에만 나타난다. 두 번째는 5 : 25~26로 신명기 역사서의 이스라엘 쇠퇴와 멸망에 대한 진술에 기초하고 있다(왕하 15 : 19-20, 17 : 6, 18 : 11을 보라). 이 이야기들은 역대기 사가의 두 가지 주제를 제시해 준다. 여호와께 대한 순종과 신실한 믿음이 축복을 가져오며, 불순종과 거짓 예배는 저주를 가져온다는 것이다. 그래서 르우벤, 갓, 므낫세는 하갈 사람들과의 전쟁을 통해 축복 받는다. "……그들이 싸울 때에 하나님께 의뢰하고 부르짖으므로 하나님이 그들에게 응답하셨음이라"(5 : 20). 그러나 요르단 동쪽 지파들은 "그들의 조상들의 하나님께 범죄하여 하나님이 그들 앞에서 멸하신 그 땅 백성의 신들을 간음하듯 섬겼으므로"(5 : 25) 그들의 종말은 멸망과 포로 사건이었다. 북왕국의 멸망은 후대 유다의 멸망처럼 거짓 예배와 여호와의 말씀에 대한 불순종에서 기인된 것이었다. "오늘날까지"(5 : 26) 포로 상태로 상실된 채 남은 이 지파들의 어두운 운명은 역대기 사가가 자신의 공동체에게 하나님의 은혜를 당연히 여기지 말라는 경고로 나타난다. 예루살렘은 놀랍고 기대치 않은 두 번째 기회를 얻었다. 그러나 그 백성이 그들의 조상의 길로 돌아가면 그들도 잃게 될 것이다.

부록 : 조상들의 하나님

"조상들의 하나님"(5 : 25 ; 문자대로는 '아버지의 하나님'), '네 조상들의 하나님' 또는 '조상 다윗의 하나님'과 같이 그와 관련된 표현들은 역대기 역사서의 특징이다. 히브리 성서에 이러한 신의 호칭은 66회 등장하는데 그 가운데 35회가 역대기와 에스라에 나타난다. 그에 비해 신명기 역사서에는 단지 4회 나타난다(수 18 : 3 ; 삿 2 : 12 ; 왕하 20 : 5〈삿 38 : 5〉, 21 : 22).

역대기와 에스라~느헤미야 이후 조상들의 하나님은 토라에 자주 언급된다(25회 ; 한 번은 단 2 : 23에서 인용된다). 하나님의 칭호는 매우 오래되었다. 하나님의 칭호는 성서에서 가장 오래된 본문인 바다의 노래에 나타난다(출 15 : 1-18).

> 여호와는 나의 힘이요 노래시며 나의 구원이시로다
> 그는 나의 하나님이시니 내가 그를 찬송할 것이요
> 내 아버지의 하나님이시니 내가 그를 높이리로다(출 15 : 2).

하나님을 신적 친족으로 간주하는 고대 사상은 이스라엘 계약 사상의 기초를 형성했다. 이를 통해 법적으로 가족 관계에 속하는 '권리, 의무 규정, 의무, 자격, 특권들'은 전체 백성 이스라엘을 하나님의 가족으로 통합하도록 확장되었다(Cross 1998, 3). 이 사상은 또한 이스라엘의 하나님 개념에 대한 암시를 지니고 있다. "신적 친족은 상호 의무를 수행하고 친족의 특권을 받아들인다. 그는 전쟁에서 안내하고 그의 가족을 노예로부터 해방시키며 유산의 땅을 나누고…… 제공해 주고 보호한다"(Cross 1998, 7).

토라에서 조상들의 하나님은 계약의 연속성을 확립한다. 이삭은 부친 아브라함의 하나님을 섬긴다(창 26 : 24). 야곱은 그의 부친 이삭의 하나님을 섬긴다(예를 들어, 창 31 : 29, 46 : 1-3). 열두 족장은 그들의 부친 야곱의 하나님을 섬긴다(창 43 : 23, 49 : 25, 50 : 17). 계약의 연속성의 유형은 아브라함, 이삭, 야곱의 하나님이 땅과 자손과 축복의 옛 약속에 대하여 신실한 것으로 나타나는 출애굽기에서 확장된다(3 : 6-16, 4 : 5). 유사하게 신명기에 나타난 조상들의 하나님은 옛 계약이 미래 세대로 연속된다는 것을 보장한다(가령 1 : 11, 6 : 3, 27 : 3). 그러나 저주가 계약이 위반되게 할 수 있다고 위협한다(29 : 25).

'조상들의 하나님'이라는 칭호를 사용함으로써 역대기는 전승과의 연속성에 대한 동일한 말을 들려 준다. 우리가 본 것처럼 족보의 주된 목적은 아담부터 하나니까지, 그리고 이스라엘 전체 백성을 통하여 바깥으로 확장하여 하나님의 성실하심이 연속적임을 보여 주고자 함이다. 그러나 신명기와 신명기 역사서에서 공명한 경고의 말씀(특히 신 29 : 25 ; 삿 2 : 12 ; 왕하 21 : 22)이 역대기에서도 중심을 차지한다. 먼저 이스라엘을 땅에서 심으신 조상들의 하나님은 불순종한 자들을 쫓아냈다. 이제 약속의 연속성이 역대기 사가의 청중에게 안위와 확신을 준다 할지라도 그들은 주의해야 한다. 이스라엘의 고대 이야기는 저주는 물론 축복도 전달해 준다. 조상들의 하나님은 조상을 그들의 행위에 대하여 문책했다. 역대기 사가의 공동체도 그들이 땅에서 축복의 약속을 상속받고자 한다면 계속 신실해야 한다.

레위(6 : 1-81)

제사장 지파인 레위에 관한 부분은 유다를 제외한 다른 지파보다 더욱 길다. 이것은 다윗 혈통에 의해 창립되고 보전된 성전과 그 제의에 대한 역대기 사가의 초점과 일치한다. 이 부분에서의 자료는 두 부분으로 나뉜다. 첫 부분 6 : 1~53은 예루살렘 제의 예배에서 주요한 레위인의 세 집단, 즉 제사장(6 : 1-15)과 레위인(6 : 16-30)과 성전 가수(6 : 31-48)를 다룬다. 각 그룹은 결국 레위에게로 귀속된다. 6 : 49~53은 아론의 제사장직을 기억하게 하며 독자들에게 제사장과 보통 레위인 사이의 거룩성의 차이를 상기시켜 준다. 두 번째 부분 6 : 54~81은 다른 지파가 소유한 지역 전역에 흩어져 있는 레위인의 성과 성읍을 열거하고 있다.

레위 족보(6 : 1-53)

6 : 1에 있는 레위의 아들들의 이름은 창세기 46 : 11에서 나온 것 같다(출 6 : 16 ; 민 26 : 57도 보라). 역대기 사가는 그핫 자손과 그핫의 아들 아므람의 아들들의 이름을 나열하고, 유명한 남매인 모세와 아론과 미리암에 이른다(6 : 2-3 ; 출 6 : 18, 20 ; 민 26 : 57-59을 보라).

이어지는 구절(6 : 4-15)은 아론의 아들 엘르아살부터 여호와께서 느부갓네살의 손으로 유다와 예루살렘 백성을 옮기실 때에(6 : 15) 사로잡혀 갔던 여호사닥까지 대제사장의 족보를 따라 밟는다. 신기하게도 레위인 족보는 역대기 사가의 시대까지 이르는 대제사장의 계보를 추적하지 않는다. 그러므로 느헤미야 12 : 10~11은 이 목록이 끝나는 자리에서 여호사닥의 아들 여호수아를 취하고(학 1 : 1, 2 : 2, 4), 이 혈통을 역대기 사가의 동시대인 얏두아 2세까지 추적한다.

제사장 가문은 같은 목록에 있는 이름을 사용하고 재사용한다(아마리아, 아사랴, 사독이 다시 등장하는 것을 주목하라). 불행하게도 제사장 이름을 반복하는 이러한 경향은 시간이 지남에 따라 족보가 훼손되는 결과를 낳았다. 서기관의 눈은 한 이름에서 그와 유사한 이름으로 넘어가 그 사이에 있는 이름들을 생략하게 한다. 또는 필사자가 같은 이름을 두 번 필사하면서 실수를 인식하지 못한다. 그래서 세 명의 아사랴가 여기에 기록되어 있지만, 다른 두 명(하나는 웃시야의 통치 시대〈대하 26 : 20〉 사람이고, 다른 하나는 히스기야 시대의 사람이다〈대하 31 : 10〉.)은 간과되었다. 더 긴 목록을 보여 주는(Antiquities 10. 152-153) 요세푸스와 신명기 역사서나 역대기 역사서의 진술에 의해 족보는 정교하고 완전한 방식으로 재구성될 수 있다.

다윗이 예루살렘 성소의 두 대제사장 가운데 하나로 임명한(24 : 3) 사독이 대제사장 족보에 기록되어 있다는 것을 주목하라(6 : 8, 6 : 50-53, 18 : 16을 보라). 역대기 사가에 따르면 사독 계열은 아론의 아들 엘르아살까지 거슬러 올라간다. 이 주장은 흔히 학자들에 의해 거부된다. 사독이 여부스족 예루살렘의 제사장이었고 다윗이 그 성읍을 정복한 후에 그를 제사장으로 고용했다는 제안이 특히 영향력 있다(Rowley 1939, 113-141). 그러나 "분명히 모든 옛 전승을 자신의 새로운 종교적 확립을 위해 끌어들이고자 했던 다윗은 왜 이방의 제사장을 사용하여 그를 국가 종교의 대제사장의 한 사람으로 영입했을까?"(Cross 1973, 210) 가장 분명한 것은 다윗은 사독을 주도적인 남쪽 제사장 가문을 대표하도록 지정했으며 아비아달로 하여금 북쪽 제사장 가문을 대표하도록 했다. 그러나 역대기 사가에게는 주도권을 지닌 이는 분명히 남쪽의 아론 계통이다.

기록된 다른 두 이름은 요하난의 아들 아사랴와 스라야의 아들 여호사닥이다. 이들은 제사장 족보에서의 기술과 약간 연결되어 있다. 아사랴에 대하여 역대기 사가는 "……솔로몬이 예루살렘에 세운 성전에서 제사장의 직분을 행한 자이며"(6 : 10)라고 말한다. 그래서 아사랴는 첫 성전의 확립을 표시해 준다. 물론 여호사닥은 성전의 종말을 지켜보았고, 멸망의 때에 제사장이었다(6 : 15). 그들 두 사람이 함께 역대기 사가의 역사적 주제인 제1성전 시기를 껴안고 있다. 역대기 사가가 얏두아까지 내려가는 족보를 이 시점에서 완성시키지 않은 것은 아마도 이러한 이유인 것 같다. 역대기의 족보는 다시 한번 독자들 앞에 축복과 저주가 되는 것을 상기시켜 준다. 제2성전 시대에 산 역대기 사가의 공동체는 요점을 파악했을 것이다. 오직 전승에 성실함으로써 제2성전은 첫 성전의 운명에서 벗어날 수 있다.

대제사장의 계열을 추적한 뒤 역대기 사가는 소급하여 세 개의 큰 가문으로 나뉜 다른 레위 족장을 추적한다. 게르솜의 후손(역대기 외에는 흔히 '게르손'이라 불린다.)과 그핫과 므라리이다. 레위의 아들과 손자들을 위해 역대기는 출애굽기 6 : 16~19(대상 6 : 16-19 ; 민 3 : 17-20을 보라.)을 끌어온다. 유사하게 아비아삽까지 내려가는 그핫의 아들 암미나답의 계통(이스할에 대한 다른 이름이 분명하다. 출 6 : 23을 보라.)은 출애굽기 6 : 21, 24에서 취한 것이다. 남은 그핫 계통뿐만 아니라 게르솜과 므라리 자손의 이름은 주로 역대기 사가의 고유 자료에서 나온 것이다. 사무엘이 그핫 계보에 들어간 것이 특히 흥미롭다(6 : 28). 사무엘상 1 : 1은 여기처럼 사무엘이 여호람의 아들 엘가나의 아들이라고 말한다. 그러나 사무엘상은 이 예언자를 레위 지파가 아닌 에브라임 지파에 넣는다. 하지만 역대기 사가에게는 다윗 이야기에서의 그토록 중추적인 인물이 의문의 여지없는 가문의 신임장을 가진 것이 중요하게 보였다(11 : 3을 보라). 그래서 역대기 사가는 사무엘을 거룩한 레위 지파로 명명한다.

이제 역대기는 다윗의 성전 음악가의 확립으로 나아간다(6 : 31-48 ; 16 : 4-7을 보라). 역대기 사가는 다윗이 세운 성막으로부터 솔모몬이 건축한 성전까지 중단되지 않은 예배의 연속성을 주장한다. 그래서 솔로몬이 성전을 건축했다 할지라도 예전을 구축한 이는 다윗이었다.

성전 가수의 세 지도자가 언급된다. 이들은 세 레위 가문에서 각각 그핫 자손의 헤만(6 : 33-38), 게르손 자손의 아삽(6 : 39-43), 므라리 자손의 에단(6 : 44-48)이다. 이들은 시편에서 낯익은 이름들이다. 시편 50편과 73~83편은 아삽에게 귀속되고, 시편 88편은 헤만에게, 89편은 에단에게로 귀속된다. 또한 시편 42, 44~49, 84, 85, 87편과 88편은 모두 헤만이 속한 고핫 자손의 하위 그룹인 고라 자손과 연관되어 있다(시 88편의 제목을 보라. 출 6 : 24 ; 대하 20 : 19). 역대기는 헤만을 셋의 지도자로 열거한다. 그의 좌우 편에 형제 아삽과 에단이 선다(고핫 자손의 주도권에 대하여는 민 4 : 1-4를 보라).

레위 족보는 번제단과 향단 위에 분향하며 제사를 드리며 지성소의 모든 일을 하여 하나님의 종 모세의 모든 명령대로 이스라엘을 위하여 속죄하는(6 : 49) 아론과 그 자손의 거룩함에 대한 언급으로 끝난다. 역대기 사가에게 있어 제사를 드리는 제사장직은 아론 제사장의 배타적인 영역이다. 모세의 율법 — 분명히 토라를 말할 것이다. — 에 대한 순종을 강조하는 것은 역대기 사가에게 성서의 중요성을 상기시켜 준다. 이 연상 물체를 따라 역대기 사가는 다윗 시대까지 내려가 다시 한번 사독의 족보를 아론 가문의 신임장으로 수립함으로써 재빨리 대제사장 족보를 재생시킨다.

레위인 성읍(6 : 54-81)

나머지 레위 부분은 레위 성읍을 다른 지파의 영역 내에 두는 여호수아 21장(약간 수정하여)에서 끌어 온 것이다. 역대기 사가가 단 지역의 레위인 성읍(수 21 : 23-24)을 취하지 않은 것에 주목하라. 우리가 이미 관찰한 대로 단은 의도적으로 족보에서 제외되었음이 암시된다. 레위인에게 그들 고유의 지역을 주는 것보다 다른 지파의 지역에 흩어진 성읍들을 할당해 줌으로써 역대기는 고대 전승과의 연속선상에 서 있다(민 18 : 20-32 ; 신 18 : 1 ; 수 13 : 14). 레위인들이 땅을 물려받지 않기 때문에 그들의 생계는 십일조와 다른 지파의 헌물에 의존한다.

잇사갈(7 : 1-5)

족장 아들들의 설명은 다시 한번 창세기 46장에서 나온다(7 : 1 ; 창 46 : 13 ; 민 26 : 23-24를 보라). 잇사갈 계보의 나머지는 군사적인 인구조사로써 족보로 재구성된 듯하다. "다윗 시대"의(7 : 2) 잇사갈 용사의 수에 대한 기록은 다윗 왕조가 후원하던 지파 군대의 공회를 미리 보여준다(12 : 23-40).

첫 번째 베냐민 족보(7 : 6-12)

베냐민 지파의 자료는 7 : 6~12, 8 : 1~40, 9 : 35~44에 있는 지파 족보에 세 단위로 나뉘어 있다(실제로는 8 : 29-38의 복사이다). 우리는 각각 다른 곳에서 베냐민이 고려되고 있는 것에 대한 정당한 사유를 확인할 수 있다. 그러나 많은 장소가 베냐민에게 주어져 있다는 단순한 사실(유다와 레위를 제외한 다른 지파보다도 더 많이)이 중요하다.

역대기 사가의 역사서 전반에 걸쳐 신실한 이스라엘은 특히 "유다와 베냐민"이라 칭해진다(가령 9 : 3 ; 대하 11 : 3 ; 스 1 : 5 ; 느 11 : 36). 이들은 여로보암의 반역 이후 다윗 혈통에 충성했던 지파들이다. 그러나 역대기에서 왕국이 갈라지기 전에조차 베냐민은 하나님의 기름 부음 받은 자의 성실했던 실례로 이바지한다. 12 : 2에서 베냐민 족의 활과 물매를 담당한 자들은 다윗을 따른 첫 사람들이었다. 또한 21 : 6에서 요압은 인구조사가 여호와께 혐오스러운 것임을 제대로 감지하고 레위와 베냐민을 다윗의 인구조사에 포함시키기를 거절하고 있음에 주목하라. 그러므로 신실한 레위와 베냐민은 다윗의 반역 행위에 참여하는 오점을 남기지 않았다. 따라서 족보에서 베냐민에 특별히 주목하는 것은 역대기 사가의 기본 입장과 일치한다.

첫 번째 베냐민 목록의 자리(7 : 6-12)는 역대기 사가의 자료를 따른 것으로 보인다. 바로 그 앞에 오는 잇사갈 자료처럼 베냐민 자료도 창세기 46장의 베냐민 자손들로부터 끌어 와(창 46 : 21 ; 대상 7 : 6 ; 민 26 : 38-40을 보라.) 옛 군사 인구조사를 족보로 재편한다. 잇사갈과 첫 베냐민 목록은 같은 자료에서 나온 것이며, 그래서 함께 놓여 있다.

납달리(7 : 13)

이것은 창세기 46 : 24에 기록된 것처럼(민 26 : 48-49를 보라.) 납달리 자손으로 구성된 가장 짧은 족보이다. 그럼에도 불구하고 역대기 사가가 라헬의 여종이자 납달리의 어머니인 빌하(창 46 : 25 ; 창 30 : 7-8과 35 : 25도 보라.)를 언급한 여유를 갖고 있음에 주목하라. 창세기 46장에서 '빌하의 아들들'은 단과 납달리를 말한다. 단이 나타나지 않는 역대기에서 이 말은 납달리의 아들들을 말한다.

므낫세(7 : 14-19)

동 요르단 므낫세 족속의 정착과 족장을 기록한(민 32 : 39-42 ; 수 1 :

12-17을 보라.) 초기 므낫세 이야기와는 달리(5 : 23-24) 이 부분은 므낫세의 자손을 다룬다. 불행하게도 이 족보는 극히 복잡하고 훼손되어 그 관계들이 불분명하다. 여기 있는 많은 이름들(마길, 길르앗, 아스리엘, 스미다)도 민수기 26 : 29~33에 나타나고, 므낫세 족속에 대한 일반적인 동의를 보여 준다. 그러나 역대기에서 이 이름들은 매우 다른 족보에 배열되어 있다. 가령 아스리엘은 민수기에서 길르앗의 아들이나 역대기에서는 므낫세의 아들이다. 또 하나의 기이한 차이는 므낫세 계보에 있는 여성의 존재이다. 여자도 딸도 언급하지 않는 민수기의 평행본문과는 대조적으로 역대기는 므낫세의 무명의 아람인 첩과 마길의 아내 마아가, 슬로브핫의 딸들, 그리고 마길의 자매로 보이는 함몰레겟을 나열한다. 유다 족속의 목록에서처럼 이러한 여성의 삽입은 대부분의 족보들이 지닌 부계적이고 단조로운 어조로부터 환영할 만한 변화이다.

에브라임(7 : 20-29)

우리가 기대한 대로 요셉의 둘째 아들 에브라임의 족보는 요셉의 장자인 므낫세의 목록 뒤에 온다(창 48 : 1-22을 보라). 그러나 에브라임의 족보는 성서 자료와 약간 관계 있다(이 본문과 수델라가 에브라임의 아들로 나와 있지만 다른 이름은 공통으로 간주되지 않는 민 26 : 35-36을 비교해 보라). 에브라임 혈통까지 더 아래로 내려가 역대기 사가는 여호수아에 이른다(7 : 27). 여호수아가 눈의 아들로 불리지만(가령 출 33 : 11 ; 수 1 : 1 ; 왕상 16 : 34 ; 느 8 : 17), 이것은 그를 위해 제공된 유일한 성서 족보이다.

에브라임 족보의 가장 특기할 만한 특징은 7 : 21하~23의 진술이다. 에브라임의 전 가족이 짐승을 빼앗고자 습격한 가드 사람들에 의해 죽임을 당했다. 형제로부터 위로를 받은 오랜 애통의 시간 이후 에브라임의 아내는 다시 임신을 하여 그 계보가 보존되었다. 아직도 에브라임은 그의 새 아들을 '재앙'을 의미하는 이름의 '브리아'라 부름으로써 첫 가족의 지역적인 학살을 기린다.

브리아의 이야기는 4 : 9~10의 야베스 이야기를 상기시켜 주며, 그와 마찬가지로 매우 오래 되었을 것이다. 그러나 브리아 이야기의 가장 흥미로운 특징은 에브라임이, 창세기의 이야기에 따르면 이집트에서 태어나 살고 죽었을 때, 그 땅에 살았다는 주장이다. 랍비들은 이 문제를 에브라임을 위한 초기 출애굽(b. Sanhedrin 92.2)을 제안함으로써 해결하려 시도하였다. 역대기는 여기서 출애굽 이야기에 대한 다른 전승을 제시해 주고 있음이 분명하다.

이 이야기는 에브라임의 지파를 그 땅의 원주민으로 간주한다. 나아가 여기에서 에브라임은 해안 평야의 부유한 원주민을 습격함으로써 적어도 일부는 살아 있다. 이것은 주전 13세기의 팔레스타인의 사회상에 맞는다. 이때 이집트의 팔레스타인 점령이 약화되었고, 가나안의 성읍 도시들은 서로 전쟁하였으며, 습격하는 해양 민족이 해안을 따라 가드와 같은 정착지를 건설했고, 법 없는 백성이 고원에 정착했다. 고고학자들은 이집트의 텔 엘-아마르나에서 가나안 성읍 도시가 파라오 아켄아톤에 보낸 수많은 편지들을 발견했는데, 이것들은 우리에게 이 시대를 그려 보게 해 준다. 아마르나 편지는 '하비루'라 불리는 고원에 사는 추방자들에 대한 염려를 담고 있다. 많은 학자들은 이 용어가 '히브리'라는 단어와 관련되어 있다고 믿는다. 간단히 말해 에브라임의 비극적 이야기는 이스라엘의 땅 정착을 오경에서의 주된 관점과는 매우 다른 관점으로 바라보게 하는 창을 제공해 줄 것이다. 역대기 사가의 전승 가운데 그러한 이상하고 작은 덩어리가 보존된 것은 우리에게 이스라엘 전승이 눈부실 정도로 다양하다는 것을 기억하게 해 준다. 여기서 이러한 이야기의 사용은 다양한 자료와 전승들을 함께 엮는 역대기 사가의 기술을 보여 준다.

아셀(7 : 30-40)

아셀과 그 아들의 자손의 이름들은 창세기 46 : 17에서 직접 인용한 것이다(민 26 : 44-46을 보라). 아셀은 "……출전할 만한 자를 그들의 계보대로 계수"되었다(7 : 40)고 전하는 바를 주목하라. 분명히 아셀의 족보는 잇사갈과 베냐민 족속의 첫 번째 목록처럼 군사 통계조사에서 나온 것이다.

두 번째 베냐민 족보(8 : 1-40)

두 번째 베냐민 족속의 목록은 첫 번째와는 다른 자료에서 나온 것이다. 가령 벨라를 제외하고, 이 두 베냐민 목록 사이에 베냐민 자손의 이름과 수에 대해 일치되는 곳이 없다. 8 : 1~40은 베냐민과 남왕국과의 관계를 강조한다. 8 : 13에서 베냐민 족속의 브리아와 세마는 아얄론과 관련되어 있다(대하 11 : 10에 따르면 유대 왕 르호보암에 의해 강화된 곳이다). 반면에 8 : 28, 32에서는 베냐민 족속의 족장들은 예루살렘에 살았다고 전한다. 지파 족보의 끝에 있는 이 계보는 출생 순서 배열을 중단하고 제일 작은 지파들 순서로 배열하기에 적절하다. 그래서 이스라엘의 막내 아들 베냐민은 마지막으로 취급된다.

사울의 자리가 베냐민 족보에 놓인 이야기를 제공하는 것은 바로 이 두 번째 목록이다(8 : 33-34). 다른 곳과 마찬가지로(가령 삼상 9 : 1 ; 삼하 21 : 14 ; 대상 12 : 1, 26 : 28) 여기서도 사울은 기스의 아들이라 불린다. 사울의 조부의 이름은 역대기 사가나 그의 자료에 의해 사무엘상 14 : 49~51에서 파생되었다. 아브넬은 사울의 사촌이라기보다는 삼촌이었다고 가정하면(삼상 14 : 50-51을 이렇게 읽을 수 있다.), 아브넬의 아버지 넬이 (삼상 9 : 1, 14 : 51에 언급된 것처럼 아비엘보다는) 사울의 조부가 되어야 한다. 8 : 33의 사울의 네 아들 이름은 사무엘상 14 : 49에서(요나단, 말기수아, 이스위/에스바알) 그리고 31 : 2에서(아비나답) 온 것이다. 이스위는 에스바알(8 : 33, 9 : 39)이나 이스보셋(가령 삼하 2 : 8, 3 : 7-8, 4 : 1)의 다른 이름인 것 같다. 사무엘하의 맛소라 본문은 사울의 이 아들에 대해 말한다. 그는 북에서 그의 선왕의 죽음 이후 7년 반 동안 이스보셋으로 통치했다. 서기관들은 이스라엘 왕의 아들을 '바알의 남자'(문자대로는 에스바알)로 칭하기보다는 가나안 신의 이름인 '수치'를 의미하는 히브리 단어 '보쉐트'로 대체하였다. 이와 유사하게 사무엘하에서 므비보셋이라 불리는 요나단의 아들(삼하 4 : 4, 9 : 6, 10-13을 보라.)은 역대상 8 : 34과 9 : 40에서 므립바알이라 불린다.

지파 족보의 결론(9 : 1-44)

베냐민 지파의 제2목록(8 : 1-40)을 뒤이어, 지파 족보의 본문은 "온 이스라엘이 그 계보대로 계수되어 그들은 이스라엘 왕조실록에 기록되니라……"라고 요약하는 9 : 1에서 끝난다. 여기서 독자는 "유다가 범죄함으로 말미암아" 사로잡혀 갔음을 알게 된다. 10장에서 사울의 죽음으로 시작하는 다윗의 이야기에서 사울도 마찬가지로 "사울이 죽은 것은 여호와께 범죄하였기 때문이라……"(10 : 13)는 것이 드러난다. 그래서 역대기에서 족보의 끝과 이야기의 시작은 역대기 사가의 주제를 확실히 상기시켜 주는 것으로 연결된다. 여호와께 대한 성실과 여호와의 말씀에 대한 순종은 축복과 생명을 가져다주고, 반면 불성실과 불순종은 파멸과 죽음을 가져다준다.

지파의 족보에 대한 부록으로 9 : 2~34은 포로 시대가 끝난 후 예루살렘으로 돌아온 자들을 기술한다. 목록은 예루살렘의 정착에 관한 일반적인 기록이 아니라 제사장과 레위 가문에 초점을 맞추고 있다. 이 목록은 다시 나중에 약간 변형되어 역대기 역사서에 나타난다(느 11 : 4-19). 그 자리는 역대기의 도입 부분에서 포로 사건 다음에 있는 성전과 성전 예배의 재확립 사건을 미리 보여 준다. 3장의 다윗 족보처럼 귀환자의 목록은 역대기 사가의 '오늘날'과 연결해 준다.

족보는 사울의 조상과 후손을 보여 주는 베냐민 족보(8 : 29-38에서 취하여)의 두 번째 부분으로 종결된다(9 : 35-44). 족보의 끝에 있는 베냐민 계보의 이 부분을 반복함으로써 역대기 사가는 족보에서부터 베냐민의 가장 유명한 아들 사울의 죽음으로 시작하는(10 : 1-14) 다윗 이야기로 단절 없이 이어지는 세구에(segue)를 제공해 준다.

다윗의 혈통이 절정에 이르는 방식으로 계보들을 구성함으로써 역대기 사가는 그의 백성에게 하나님의 계획에서 다윗과 그 혈통이 차지하는 중심 자리를 제시했다. 나아가 우리가 본 대로 족보는 성실한 순종과 경건은 축복으로 인도하지만, 불순종과 거짓 예배는 저주로 이끈다는 역대기 역사서의 중심 주제를 소개해 주었다. 마지막으로 족보는 우리에게 역대기 사가가 성서를 읽는 한 방법을 보여 주었다. 역대기 사가는 본문을 비평적으로 측정하기보다는 모든 성서를 같은 무게와 가치를 가진 것으로 취급하는 데 만족하는 것 같다. 역대기 사가의 접근은 분석적이지 않고 종합적이다. 이것 아니면 저것이 아니라 둘 다이다. 족보에서 역대기 사가는 다양한 전승들을 서로 상보하는 새로운 전체로 모았다. 이와 같은 사상과 자세와 접근법이 역대기 사가가 다윗 이야기를 다룰 때 표현되는 것을 우리는 보게 될 것이다.

INTERPRETATION

제2부

다 윗

역대상 10：1~29：30

다윗

대상 10 : 1~29 : 30

역대상의 다윗 이야기는 신명기 역사서에서 끌어 왔지만 그 방향과 모양에 있어서 그와 매우 다르다. 사무엘~열왕기에서 다윗은 다양한 인물로 나타난다. 젊은 영웅, 용감한 무사, 선한 이방인, 승리의 왕이요 과거 영광의 껍질뿐인 비극적인 노인이다. 그러나 역대기에서 다윗은 출중한 인물로만 나타난다. 다윗은 예루살렘 성전 제의의 창설자이다. 그의 인물됨과 행적은 모두 이에 이바지하기 위한 것이다. 역대기 사가는 다윗의 정치나 인간적인 모습에만 관심을 두는 것은 아니다. 역대기에서의 다윗의 모습은 이상화되기보다는 한 면에 제한되어 있고, 정확하게 집중되어 있다. 예배 지도자요, 예배 창시자로서의 다윗이다. 솔로몬이 실제로 성전을 건설하지만 그와 그의 후손이 예루살렘 성전을 강화하고 보존하기 위해 하고자 하는 모든 것은 이미 다윗에 의해 준비되었다.

사울의 죽음(10 : 1-14)을 기술하는 서론 다음으로 역대기는 다윗의 이야기를 크게 세 방향으로 제시한다(Wright 1998, 49-59를 보라. 그러나 여기서 따르는 윤곽은 몇 가지 점에서 그의 견해와 다르다). 첫째 11 : 1~12 : 40의 단락에 나타나는 다윗은 이스라엘의 모든 지파에 의해 선포된 왕이다. 다윗은 "하나님의 군대와 같은 큰 군대"(12 : 22)의 지지를 받아 예루살렘을 정복하고 수도로 삼는다.

다음으로 13 : 1~21 : 30에는 다윗 통치의 성과와 실패가 기술되어 있다. 예루살렘 제의의 설립자이듯이 다윗의 첫 번째 가장 위대한 행적은 언약궤를 예루살렘으로 옮긴 것이다(13 : 1-16 : 43). 다윗이 전쟁에서 승리하고 내적으로 성공한 것은 하나님의 축복이 그에게 달려 있음을 제시해 준다. 실제로 하나님은 다윗의 혈통을 영속하게 하겠노라는 약속을 하신다(17 : 1-15). 이 약속은 교만하여 온 이스라엘의 인구조사를 실시한 다윗의 죄에 의해 위협을 받는다(21 : 1-30). 그러나 다윗의 악한 것에서 선한 것이 나온다. 즉, 다윗이 하나님의 분노를 피하기 위해 제단을 쌓고 희생 제사를 드린 오르난의 타작 마당은 미래에 하나님의 성전이 자리할 장소로 계시된다(22 : 1).

22 : 1~29 : 30에서 다윗 이야기의 마지막 행위는 다윗에 관한 것뿐만 아니라 솔로몬에 관한 것이다. 그러나 주요 초점은 솔로몬이 건축할 성전에 있다. 다윗은 성전 건축을 위한 물자와 그것의 유지와 제의를 위해 필요한 성전 관리들을 모은다. 그 다음 다윗은 솔로몬에게 성전에 대한 계획은 물론 왕위도 물려준다. 후에 다윗은 평화로운 죽음을 맞는다.

역대상 10 : 1~14

서문 : 사울의 죽음(삼상 31 : 1-13)

사무엘상에서처럼 역대기에서도 이스라엘의 왕권 이야기는 사울로 시작된다. 그러나 역대기 사가는 사울을 완전한 의미의 왕으로 간주하지 않는다. 역대기에서 이스라엘에서 통치했다고 전하는 첫 사람은 사울이 아니라 다윗이다(3 : 4). 사울이 통치했다고 추정되는 기간 동안조차도 다윗은 사실 임무 중에 있다(11 : 2 ; 삼하 5 : 2을 보라). 사울이 언급되는데 왜냐하면 다윗이 곧 장악할 권력에 대한 상황을 수립하기 위해 그가 언급되어야 하기 때문이다. 족보를 통해 우리는 역대기 사가가 전승을 창조적으로 사용하지만, 새로운 전승을 창안하지는 않는다는 것을 알았다. 그래서 역대기는 다윗이 왕위를 승계하는 것을 밝히는 전승에 충실하다. 다윗은 왕권의 자연스런 계승자가 아니라 오히려 다른 혈통에 의해 이식된 것이었다.

그러나 역대기 사가는 사울이 길보아 전쟁에서 실패한 것과 자살한 이야기만을 말하면서 그가 해야 하는 것 이상의 많은 시간을 낭비하지 않는다. 역대기 사가의 설명은 그의 저본(삼상 31 : 1-13)과는 약간 다르지만 의미가 있다. 역대상 10 : 6(삼상 31 : 6)은 군사적인 상실을 강조하면서 죽은 이는 사울의 사람들이 아니라 "그의 온 집"이었다고 말한다. 이와 유사하게 "계곡의 다른 편과 요르단 건너 계곡"(삼상 31 : 7)에서의 이스라엘 사람들의 대탈출을 기록한 사무엘상과는 대조적으로 역대기는 계곡(길보아 계곡 아래로 추정된다.)에 있는 이스라엘 사람들만이 도주했다고 말한다. 이러한 수정은 이중의 효과를 낸다. 첫째, 역대기 사가의 관점에 따르면 사울 왕위에 대한 적통의 왕권을 지닌 누구도 길보아 전쟁에서 살아남지 않았다. 다윗이 왕위를 주장하는데 어떤 장애물도 남지 않은 것이다. 그래서 사무엘하 첫 네 장에 기술된 7년간의 국내 전쟁은 전혀 언급되지 않고 생략되었다. 둘째, 블레셋의 약탈이 축소되었기 때문에 다윗 왕국의 범위는 처음부터 사무엘상에 그려진 것보다 훨씬 광대하다.

10 : 10에 따르면 사울의 머리는 다곤 신전에 놓인다. 이것은 아마도 상징적인 의미와 관련 있을 것이다(Mosis 1973, 24-25). 언약궤 이야기에서(삼상 4 : 1-7 : 1) 이동된 것은 다곤의 머리, 즉 언약궤에 영광을 둔 이스라엘의 전사 하나님의 트로피였음을 기억하라(삼상 5 : 4). 역대기 사가에게 사울의 패배는, 다곤이 언약궤 앞에 굴복했듯이, 이스라엘이 블레셋 신 앞에 굴복했다는 것을 의미했을 것이다. 어떤 경우든 야베스 길르앗 군대의 영웅적인 행동은 이러한 불명예를 경감시킨다. 사울의 남은 자와 그의 아들들은 그에 맞게 매장된다.

10 : 13~14의 해석적인 결론은 전체 장면을 읽는 데 중요하다. 사울은 "여호와께 범죄하여" 특히 여호와의 말씀(10 : 13, NRSV에서는 '여호와의

명령'으로 번역된다.)을 지키지 않았으므로 '죽었다'라고 한다. 여기서 다시 한번 역대기 사가의 관심이 성서에 집중되어 있음을 볼 수 있다. 긍정적이기보다는 부정적인 의미이지만 말이다. 하나님 말씀에 대한 사울의 거부는 하나님의 말씀을 듣고 순종하고자 한 다윗 자손의 주된 흐름과 대조를 이루고 있다.

예언자의 말씀이나 성서의 합법적인 수단을 통해 하나님을 찾는 대신 사울은 중개자에게 묻는(삼상 28 : 3-25) 금지된 수단을 통해 초자연적인 통찰을 얻고자 했다. 이러한 이유로 하나님은 그를 죽였다(10 : 14). 이것은 사울의 자살 상황을 냉정하게 읽은 것이다. 자살이 히브리 성서에서 그러한 것으로 혹평되지 않음을 기억하라. 분명하게 명시된 여섯 번의 자살, 즉 아비멜렉, 삼손, 사울과 그의 무기든 자, 아히도벨, 시므리의 자살은 수치를 피하거나 반전시키는 목적을 갖는다는 데 일치한다. 그리하여 명예가 보존되거나 회복된다. 사울의 죽음처럼 아비멜렉의 죽음도 전장에서 발생했다. 둘 다 심히 상처를 입었다. 그러나 사울은 고문과 욕과 굴욕을 피하고자 자살했다. 아비멜렉의 죽음은 도움을 입은 자살이었다. 그는 그의 병기든 자에게 자신을 죽이라고 명령했으며, 여자에 의해 가해진 상처로 죽는 수치를 당하려 하지 않았다(삿 9 : 54). 삼손의 자살은 더욱 목적을 지니고 있다. 그는 죽을 때 그가 전 생애에서 행한 것보다도 더 많은 블레셋인을 죽였으며(삿 16 : 30), 그리하여 눈멀고 굴욕당함으로 잃은 그의 명예를 회복했다. 자신의 지혜로운 제안이 압살롬에 의해 무시된 것을 본 고문관 아히도벨은 다윗이 권력을 다시 회복할 것을 예언하고(조심스럽게 자신의 일을 정상화한 후) 목매달아 굴욕을 피하였다(삼하 17 : 23). 마지막으로 오므리에 의한 자신의 패배가 임박한 것을 본 북왕국의 왕 시므리는 자신의 궁궐을 불사르고 갇혀 죽었다(왕상 16 : 18). 오직 사울의 자살만이 명예롭게 나타나지만 이 가운데 어느 경우에서도 행위 그 자체는 비판받지 않는다. 그러므로 사울의 죽음에 관한 이야기는 독자들에게 동정과 아쉬움을 일으키는 비극으로 볼 수 있다.

그러나 역대기 사가에게 사울의 죽음은 동정을 불러일으키는 것이 아니라 냉혹한 만족을 일으킨다. 사울의 자살에 대한 역대기 사가의 평가는 신명기 사가가 여로보암의 길로 행하며 여호와 보시기에 악을 행하여 범죄하였기 때문에, 또 이스라엘로 범죄하게 한 죄 때문에(왕상 16 : 19) 죽었다고 하면서 시므리에 대하여 말한 것을 강하게 상기시켜 준다. 그러나 역대기 사가는 한 걸음 더 나아가 하나님을 사울의 죽음에 대하여 책임이 있는 행위자로 본다. 사울은 검을 취했을 것이다. 그러나 역대기 사가의 관점에 따르면 그를 죽음으로 몰은 이는 하나님이었다. 사울은 범죄를 행하였고 자신의 죄의 열매를 거두었다. 범죄한 유다가 마침내 패배와 파멸을 겪듯이 말이다(9 : 1을 보라). 그러나 사울의 패배는 하나님의 최종 말씀이 아니다. 그것은 결코 아니다! 사울의 이야기를 끝맺는 피와 죽음과 파멸로부터 대이스라엘의 진정한 출발이 다윗 아래 시작된다. 역대기 사가의 역사의 흐름에서 포로 사건이 하나님의 마지막 말씀이 아니라 오히려 이스라엘의 정화와 재생을 위한 풀무로 이바지하듯이 말이다.

마지막으로 역대기 사가의 사울에 대한 평가는 신명기 역사서에 나타나는 평가와 일치한다. 비록 그 역사가 사울에 호의적인 초기 자료를 사용했다 할지라도 그 본문의 마지막 형태는 그를 미치광이로, 하나님의 말씀에 반역적이며, 하나님에 의해 거부된 후에는 전장에서 쓰러진 자로 간주한다. 이 관점에 역대기 사가는 전적으로 동의한다. 사울의 죽음을 뒤이은 국내 전쟁의 시기를 그의 시야에서 제거함으로써 역대기 사가는 이미 신명기 역사서의 마지막 형태에 명백하게 나타난 경향을 유지하여 그 칠 년간 계속된 갈등의 규모와 의미를 줄여 나간다. 신명기 사가나 역대기 사가는 다윗에게로 가려고 서두르는 것 같다. 역대기 사가의 성급함이 더 표현된 것은 그가 다윗과 그의 혈통에 더 큰 의미를 부여하고 있다는 표시일 뿐이다.

역대상 11 : 1~12 : 40

다윗이 왕이 되다

사울의 죽음으로 다윗은 왕위를 얻는다. 11 : 1~9(삼하 5 : 1-10)은 다윗의 등극과 예루살렘의 정복을 기술한다. 이어 다윗의 영웅들, 삼 인과 삼십 인, 그리고 그의 군대의 대표적 인물(11 : 10-47)과 그들의 업적에 관한 보고가 나온다. 다윗을 섬긴 큰 용사들의 이 목록은 약간 다른 형태로 사무엘하 23 : 8~39에 나온다. 다윗 영웅들의 전공에 관한 이야기들 뒤에 다윗을 지지한 첫 사람들에 대한 세 이야기가 나온다(12 : 1-22). 이 이야기들이 때로는 사무엘~열왕기에 대한 지식을 가정하지만 이들은 그 자료에서 나온 것이 아니다. 또다시 역대기 사가는 우리에게 알려지지 않은 자료와 전승을 끌어 온다. 다윗의 대군대의 지파 목록도 역대기에만 유일하게 나온다(12 : 23-40).

역대기에서 다윗의 통치에 대한 반대는 처음부터 없다. 예루살렘은 사실상 전쟁 없이 그의 수중에 떨어지고, 처음부터 다윗의 도성이 된다. 이스라엘에서 다윗은 만장일치로 모든 지파의 지지를 받고, 특히 이스라엘의 큰 영웅과 용사들의 지지를 받는다. 이러한 방식으로 역대기 사가는 다음에 이어질 중요한 활동, 특히 예루살렘으로의 언약궤 이동과 제의 구축과 성전 관리, 또 다윗의 아들 솔로몬이 건축할 성전을 위한 계획과 물자를 수집하는 일을 위한 든든한 기초를 쌓는다.

다윗이 그의 통치를 시작하다(11 : 1-9 ; 삼하 5 : 1-10)

모든 이스라엘의 장로들은 헤브론에 있는 다윗에게로 모여 그를 왕으로 선포한다. 사무엘하에서 '이스라엘'은 칠 년 반의 내전 후에야 다윗의 통치권을 수락한 북지파를 말한다. 그러나 전쟁을 언급하지 않는 역대기에서 '이스라엘'은 집합적으로 남북을 말하는 것으로 이해된다(12 : 23-40을 보라). 요점은 다윗이 모든 지파의 절대적인 지지를 받고 있다는 것이다. 역대기 사가는 다윗이 하나님의 말씀에 순종적으로 응답하는 가운데 지목되었음을 — 이 예에서는 예언자 사무엘의 말씀을 통해 관련되어 있다 (11 : 3). — 전형적으로 강조한다. 사울 왕국이 하나님의 말씀을 버림으로써 파멸된 것처럼, 다윗 왕국은 처음부터 여호와의 말씀에 기초하고 있다.

물론 왕은 궁전과 도성이 필요하다. 그래서 모든 이스라엘의 통일된 군대를 거느린(11 : 4) 다윗은 여부스 족의 요새, 당시에는 여부스라고 불린 예루살렘으로 진군한다. 이 정복에 관한 역대기 사가의 이야기는 빈약하고 직접적이다. 여부스 족이 "네가 이리로 들어오지 못하리라"(11 : 5) 장담하지만 성은 상해 없이 취해진다. 다윗은 여부스 족을 치는 첫 사람에게 그 군대의 지휘권을 제안한다. 요압은 왕의 대적에 대한 첫 돌격을 주도함으로써 지휘권을 획득한다. 그러나 요압은 역대기에서 용사 이상이다. 다윗이 개인적으로 '밀로'('채우다'를 의미한다.)라고 불리는 시온의 동쪽 벼랑에 놓인 테라스를 포함하여 중앙 요새의 건축을 감독한 반면, 그 성의 나머지는 요압이 중수했다고 한다(11 : 8).

물론 방비를 강화한 수도의 획득은 어떤 새 왕에게든 필수적인 요소이다. 그러나 역대기 사가의 넓은 관점은 훨씬 더 중요한, 여호와의 성전의 장소로서의 예루살렘에 있다. 우리가 앞으로 보겠지만 역대기 사가는 다윗의 등극과 예루살렘의 정복에서 재빨리 언약궤를 도성으로 들이는 일로 이동한다(13장). 도성이 정복되고 보수되어야 하는 것은 이러한 이유에서이다. 다윗을 위한 도성이 아니라 다윗이 수립한 성소에, 그리고 다윗의 후손이 세우고 보호할 성전에 여호와가 등극할 준비를 하기 위함이다. 그래서 예루살렘의 점령은 다윗의 위대한 업적의 시작이다. 이 일 후에 만군의 여호와께서 함께 계시니 다윗이 점점 강성해졌다(11 : 9 ; 삼하 5 : 10).

다윗의 용사들(11 : 10-47 ; **삼하** 23 : 8-39)

사무엘하에서 다윗을 섬기는 큰 용사들의 목록은 다윗 이야기 끝에 나타난다. 이 목록을 다윗 통치의 초두에 놓음으로써 처음부터 역대기 사가는 다윗의 권력과 다윗에 대한 추종자들의 지지에 훨씬 압도적인 의미를 부가한다. 사실 이들 큰 용사들은 다윗 용사들의 우두머리라고만(11 : 10 ; 삼하 23 : 8과 비교하라.) 말함으로써, 역대기 사가는 큰 인물을 넘어서는 힘을 암시하고 있다. 다윗의 등극 자체처럼 이들 용사들의 다윗에 대한 — 다윗

뿐만이 아니라 온 이스라엘과 관련된 — 지지는 하나님 말씀과 일치한다고 역대기 사가는 말한다(11 : 10). 그 요점은 분명하다. 다시 한번 통일 이스라엘에 대한 다윗의 의문의 여지없는 지도력이 처음부터 강조되고 있다. 다윗의 권위는 역대기에 중요한 문제이다. 다윗이 예루살렘 성전 제의의 창시자이기 때문이다. 정통성을 확고히 하기 위해 다윗이 처음부터 존경과 순종을 명령한 것으로 보여 주는 것이 필수적이었다. 바로 그때 독자들은 다윗이 권한을 가진 자로 영감 받은 제의가 하나님이 명령한 것과 같이 실제로 확립되고 보존되었다고 확신할 수 있다.

용사들의 점호는 다윗의 가장 가까운 동료와 큰 용사들인 세 장수의 공적으로 시작한다. 역대기에서의 목록은 약간 혼란스럽다. 세 용사 가운데 야소브암(11 : 11)과 엘르아살(11 : 12-14) 둘만이 언급된다. 이 엘리트 집단의 셋째 멤버인 삼마(삼상 23 : 11-12를 보라.)는 역대기에 언급되지 않는다. 그러나 역대기에서 엘르아살의 공적은 사무엘상에 설명된 엘르아살과 삼마의 활동의 결합으로 보이고, 두 사람이 한 사람으로 합쳐져 있음을 암시하고 있음에 유의하라. 세 용사가 아무리 인상적이라 할지라도(야소브암만이 한꺼번에 삼백 명을 죽였다고 한다.) 다윗을 이스라엘의 가장 위대한 자로 자리 매기는 것에는 질문의 여지가 없다. 그러므로 역대기에서 엘르아살의 승리는 다윗과 공유된다. 두 사람은 바스담밈에서 함께 섰으며 "……여호와께서 큰 구원으로 구원하심이었더라"(11 : 14).

베들레헴의 우물 이야기(11 : 15-19 ; 삼하 23 : 13-17)는 상관에 대한 이들 용사들의 사랑을 완전하게 그려 줄 뿐만 아니라, 그러한 강한 충성을 얻을 만한 다윗의 자격을 보여 준다. 이 배경은 다윗이 사울로부터 도주하여 도망자로 보낸 세월 동안 군사사령부였던 아둘람 굴이다(삼상 22 : 1을 보라. 시 57편과 142편의 제목을 보라). 역대기 사가는 이 기간을 기술하지 않고 독자가 전체 다윗 이야기를 알고 있다고 가정한다. 아둘람은 다윗의 출생지요 고향인 베들레헴으로부터 겨우 약 15마일 떨어져 있다. 고향이 그렇게 가까웠으나 그는 그곳에 갈 수가 없었다. 블레셋이 베들레헴에 진을 치고 있었기 때문이다. 다윗은 어릴 적부터 그의 가족이 사용했던 그 지역 우물의 물맛을 기억하기 시작했다. 세 장수는 다윗의 애처로운 요청("베들레헴 성문 곁 우물 물을 누가 내게 마시게 할꼬", 11 : 17)을 듣고, 그것을 선사하기로 결정한다. 그들은 번개처럼 재빠른 습격에 착수하여 적의 캠프를 뚫고 들어가 우물에서 넉넉한 물을 길어 온다. 다윗의 반응은 매우 귀중하다. 물을 마시는 대신 다윗은 그것을 여호와 앞에(관제로) 부어 드린다. 그렇게 함으로써 이것이 사람이 받기에는 너무나 귀중한 선물임을 보여 준다. 그때 다윗은 말한다. "이르되 내 하나님이여 내가 결단코 이런 일을 하지 아니하리이다 생명을 돌아보지 아니하고 갔던 이 사람들의 피를 어찌 마시리이까……"(11 : 19). 다윗의 어려운 시절을 회고하는 이 성찰은 독자들에게 그가 왕이 되기 전에조차도 다윗은 백성들의 사랑과 충성을 얻었다는 것을 상기시켜 준다.

세 용사들의 영웅심을 보여 준 후 역대기 사가는 이제 다윗의 엘리트 부대인 삼십 인의 활동으로 방향을 튼다. 이 영웅들 가운데 첫째는 요압의 형제이자 삼십 인의 지휘관인 아비새이다(11 : 20-21). 삼십 인 가운데 브나야도 들어 있다. 그가 행한 일 중에는 짐승들이 여위고 굶주려 더욱 난폭한 겨울철에 한 손으로 사자 한 마리를 죽인 일과(11 : 22) 거의 8피트에 가까운 장대한 키에 "베틀채 같은 창을 가진" 애굽 사람을 죽인 일(11 : 23 ; 삼상 17 : 4-7 ; 대상 20 : 5을 참고하라.)이 포함된다. 이 이방 거인을 무기도 가지지 않은 채 막대기만을 사용하여 승리한 브나야는 목자의 무기(다윗의 경우에는 물매이다. 삼상 17 : 1-58을 보라.)를 사용하여 승리한 블레셋의 거인 골리앗을 이긴 다윗 이야기를 강하게 상기시켜 준다.

대표적인 삼십 인들에 관한 언급 이후 일부 사병들이 나온다. 다윗의 용사에 관한 역대기의 목록은 밧세바의 남편인 헷사람 우리야로 끝나는 사무엘의 평행 본문보다 약간 더 길다. 역대기 사가가 세 명의 장수 가운데 오로지 둘 만을, 그리고 삼십 인 가운데 두 사람의 대표자만 열거하듯이, 이 목록도 대표적인 예로 의도되어 있다. 다윗에게 모여들어 그를 왕으로 주장한 이들은 이처럼 기량 있는 용사들이었다. 그들이 다윗의 궤도 안에 있을 때 나온 이러한 영웅들의 영광은 그들이 섬긴 왕의 권력과 영광을 보여 준다.

다윗의 첫 추종자들(12 : 1-22)

베들레헴 우물의 이야기에서와 같이 역대기 사가는 다윗이 사울로부터 도망쳐 나온 추방자 시절을 비추고 있다. 다윗이 약자였던 그때조차도 그는 그의 대의(大義)를 위해 큰 용사들을 — 사울에게 속한 사람이라 해도 — 자신에게로 영입했다. 그리하여 다윗의 첫 추종자들로 열거된 자들 가운데 첫째는 "사울의 동족"(12 : 2)인 베냐민 지파의 활 쏘는 자와 물매 던지는 자였다. 사울을 추종할 것으로 기대되었던 자들 가운데서도 갓 사람 중 "그의 얼굴은 사자 같고 빠르기는 산의 사슴 같은"(12 : 8) 무기고 용장이 있었다. 완고한 갓 사람들은 좋을 때만 다윗의 대의에 전향한 자들이 아니었다. 그들은 요단 강이 넘쳐 도하하기 어려울 뿐만 아니라 위험하기까지 한(12 : 15) 봄철에 다윗과 연합하기 위해 넘어왔다. 갓 사람 중 열한 명의 용사가 다윗을 지지하였다. 말 그대로 순수하고 뜨거운 마음으로!

12 : 16~18은 베냐민과 유다 자손의 군대가 다윗의 요새에 도착한 것을 다루고 있다. 다윗은 그들에게 "……만일 너희가 평화로이 내게 와서 나를 돕고자 하면 내 마음이 너희 마음과 하나가 되려니와 만일 너희가 나를 속여 내 대적에게 넘기고자 하면 내 손에 불의함이 없으니 우리 조상들의 하나님이 감찰하시고 책망하시기를 원하노라……"(12 : 17)라고 말한다. NRSV의 개정된 단어 '우정'(friendship)은 히브리어로 복지, 건강, 평화를 의미하는 '샬롬'이다. 평화와 우정을 제공하는 이들에게 다윗은 자신의 개인적인 헌신과 의무를 이렇게 약속한다. "내 마음이 너희 마음과 하나가 되리라." 고대 이스라엘 사람들의 인간관에서 마음은 의지가 자리하는 곳이며 자아의 중심이었다. 여기서 다윗이 서약하듯이 자신의 마음이 다른 사람의 마음과 하나가 되는 것은 감상적이거나 낭만적인 행위가 아니었다. 그것은 충성과 의무를 보증하는 것이었다.

다윗은 이 약속이 상쇄될 것에 대해 위협하지 않는다. 이 군대들이 우정을 맺기보다 배신하고자 왔다면, 다윗은 "조상들의 하나님이 감찰하시고 책망하시리라" 믿는다(12 : 17 ; 조상들의 하나님에 관한 부록을 보라). 다윗의 하나님 신뢰는 예로부터 전승된 이스라엘 신앙을 신뢰하기보다는 오히려 죽은 자의 제의에서 살길을 찾은 사울의 불신과 뚜렷하게 대조를 이루고 있다.

다윗의 믿음의 기초가 단단함이 드러났다. 여호와가 행동을 취하여 다윗의 문제에 극적으로 응답하고 있기 때문이다. 이 용사들의 우두머리인 아마새(여기서 '삼십 명의 우두머리'로 불린다. 그러나 11 : 20-21 ; 삼하 23 : 18을 보라.)는 갑자기 영과 예언에 사로잡힌다. 히브리어로는 문자적으로 "영이 아마새를 감쌌다"이다. 단어 '옷 입히다'의 은유적인 용법은 히브리 성서에서 세 번만 나타난다. 첫 번째로 사사기 6 : 34에서 '옷 입히다'는 기드온이 전쟁의 지도자로서 능력을 부여받는 것과 관련이 있다. 거기서 NRSV 성경은 "주의 영이 기드온을 사로잡았다"라고 옮기고 있다. 욥기 29 : 14의 두 번째 경우는 욥이 무죄하고 의롭다고 주장하는 것과 연관되어 있다. "내가 의를 옷으로 삼아 입었으며 나의 정의는 겉옷과 모자 같았느니라" 세 번째는 역대기에서 나타나는데(대하 24 : 20) 역대상 12 : 18처럼 즉각적인 예언 말씀과 관련되어 있다. 이번에는 예언자 스가랴의 말씀이다. 독자는 물론 믿는 자들도 "예수 그리스도의 옷을 입었다"(롬 13 : 14) 말하면서 "누구든지 그리스도와 합하기 위하여 세례를 받은 자는 그리스도로 옷 입었느니라"(갈 3 : 27)라고 주장한 사도 바울의 언어를 기억할 것이다. 신약의 이 본문과 히브리 성경의 칠십인경 본문은 특히 같은 헬라어 단어 형태를 사용하며, 바울이 여기서 특히 역대기에서 끌어온 사상을 사용하고 있음을 암시해 준다. 어쨌든 이 구절 모두의 요점은 같다. 욥은 그의 의가 자신을 말해 준다고 주장하며 — 욥은 실제로 의인이 되었다. 유사하게 바울은 신자들이 그리스도로 젖어 예수가 바로 그들의 존재를 그의 성품으로 인장 찍었다고 주장한다. 사사기의 평행구에서 NRSV 성경에 사용된 점유의 언어는 기이하고도 극단적으로 보이는 것 같다. 여전히 그것은 이 모든 본문의 중심 개념을 표현한다. 즉, 사람은 어떤 의미에서 자신의 정체성에 대한 지휘권을 다른 통제권에 넘겨 주었다는 것이다.

간단히 말해서 역대기는 하나님의 영이 아마새를 덮고, 그를 통해 말하고 있다고 확증한다. 아마새가 이를 기대했거나 의도했다는 암시는 없다. 그는 예언자가 아니라 용사였다. 그러나 영은 그를 통해 다윗의 샬롬에 대한 기대를 공명하는 말로 말한다.

> 다윗이여 우리가 당신에게 속하겠고
> 이새의 아들이여 우리가 당신과 함께하리니
> 원컨대 평안(샬롬)하소서 당신도 평안하고 당신을 돕는 자에게도 평안이 있을지니
> 이는 당신의 하나님이 당신을 도우심이니이다.

이러한 샬롬이라는 열렬한 선포로 아마새와 그의 백성은 다윗의 군대로 수용되고, 그는 군대 지휘관이 된다. 다시 한번 더 다윗의 임무는 여호와의 말씀으로 확증된다.

12 : 19~22에서 역대기 사가는 사울과 그의 집이 종말을 맞았던 기브아산에서의 전투 시대로 옮겨 간다. 역대기 사가는 독자가 블레셋 군대의 용병이었던 다윗의 경력에 대해 알고 있다고 가정한다(삼상 27 : 1-28 : 2를 보라). 블레셋 사람이 직접 주의를 줌으로써 다윗이 전쟁에 참여하지 않았다는 것을 상기시켜 주는 것을 제외하면(12 : 19 ; 삼상 29 : 1-11과 견주어 보라.) 역대기 사가는 그것에 대해 다시 말하기를 꺼리지 않는다. 블레셋은 다윗이 사울에게로 돌아갈 것에 대하여 우려했음에도 불구하고 므낫세의 분견대는 사울을 버리고 다윗을 따랐다. 이 군인들은 다윗과 함께 시글락에 있는 이전의 기지로 가서 다윗을 도와 그가 없을 때 도시를 약탈하고 소멸했던 아말렉의 도둑 떼를 추격하여 패퇴시켰다. 전체 이야기는 (므낫세의 전향자들의 협조에 대한 언급이 없을지라도) 사무엘상 30 : 1~31에 나타난다. 역대기 사가는 다시 우리가 "도둑 떼"(12 : 21)가 누구이며, 다윗이 그들을 추격한 이유를 알고 있다고 가정한다.

이렇게 확장된 회고는 다윗에 대한 폭넓은 지지를 확증하는 것으로 결론짓는다. "그때에 사람이 날마다 다윗에게로 돌아와서 돕고자 하매 큰

군대를 이루어 하나님의 군대와 같았더라"(12 : 22). 여기서 요점은 두 가지다. 첫째, 다윗의 권위는 그가 공식적으로 왕이 되기도 전에 남과 북, 온 이스라엘의 지지를 받았다는 것에 대한 확증을 다시 한번 강조한다. 둘째, 다윗의 군대가 '하나님의 군대와 같았다'는 언급(NRSV에서 사용된 비한정 형태보다 더 나은 읽기이다.)은 이 장들 전체를 관통하는 현재의 의미를 전달해 준다. 하나님이 그가 하는 모든 일에 그와 함께 있다는 것이다. 11 : 9은 "만군의 여호와께서 함께 계시니 다윗이 점점 강성하여 가니라"고 전하고 있다. 이제 하늘의 만군은 다윗의 만군과 동일하다. 다윗의 군대가 하나님의 군대와 같다는 것은 다윗의 군대에 대한 저항할 수 없는 힘뿐만 아니라 다윗의 대의명분의 정당함을 강조한다.

다윗의 군대(12 : 23-40)

다윗이 "하나님의 군대와 같은 큰 군대"를 이루었다(12 : 22)고 말하면서 역대기 사가는 이제 '큰 군대'의 정도를 좀더 자세하게 기술한다. 이 자료는 역대기에 유일한 것으로 우리에게 알려지지 않은 전승에 기초하고 있음이 분명하다. 수는 비현실적으로 크다(도입 부분에서 언급된 역대기에서의 큰 수에 관한 논의를 보라). 그러나 이 본문의 중요성은 역사적인 정확성이나 정확성의 결핍에 있는 것이 아니다. 역대기 사가는 모든 지파 — 열 둘(요셉 대신 에브라임과 므낫세)에 레위가 추가된다. — 의 다윗에 대한 지지를 효과적으로 제시하고 있다. 역대기의 이야기 선상에서 이 부분은 우리로 하여금 모든 지파 출신의 군대 지휘관들이 여호와의 말씀대로 사울의 나라를 그에게 돌리고자(12 : 23) 왔던 곳인 헤브론에서의 다윗의 등극 시기와 장소로 다시 이동하게 한다.

이 목록의 몇 가지 특징들은 언급할 만한 가치가 있다. 첫째, 가까운 유다와 베냐민 지파는 비교적 신중하게 지지하고, 가장 먼 북지파와 동요르단 지파들은 큰 분견대를 파견한다. 즉 유다의 6,800명, 베냐민의 3,000명, 르우벤, 갓, 그리고 므낫세 반 지파의 120,000명, 또는 멀리 떨어진 단 지파의 28,600명의 용사들을 비교해 보라. 이러한 방식으로 역대기는 다윗에 대한 온 이스라엘의 지지를 강조한다. 결코 주저하지 않는 충성으로 북지파들은 다윗 자신의 지파보다도 훨씬 더 다윗에 대한 열정을 보여 준다.

역대기는 이스라엘을 계속 괴롭힐 지역적인 반목을 완전히 무시하지 않는다. 12 : 29에서 베냐민의 적은 수의 분견대에 대한 다른 이유가 다음과 같이 주어져 있다. 결국 이들은 "사울의 동족"이었으며, 그들 가운데 아직도 태반이나 사울의 집을 따랐다. 이것은 역대기 사가가 사울의 죽음과 다윗의 등극 사이에 있었던 동족 전쟁의 분열 시기를 인정하게 된 것에 가깝다.

그러나 베냐민이 예외이다. 요단 강 서쪽에 사는 므낫세 반 지파의 18,000명은 특히 이름이 기록된 자로서 와서 다윗을 세워 왕으로 삼으려 하였다(12 : 31). 이와 비슷하게 잇사갈은 시세를 알고 이스라엘이 마땅히 행할 것을 알았다(12 : 32). 이 언급은 기독교 독자들에게 시대의 징조를 읽어 내는 것의 중요성에 대한 예수의 말씀을 상기시켜 준다(마 16 : 2-3 ; 눅 12 : 54-56). 현명한 잇사갈은 다윗 위에 있는 하나님의 손을 감지하는 분별력, 성령이 인도하심의 방향을 감지하는 지혜, 그리고 실천하는 용기를 지녔다. 마지막으로 스불론은 "두 마음을 품지 아니하고" 다윗을 도우러 왔다(12 : 33). NRSV 성경에 "한 뜻으로"라고 번역된 표현은 문자적으로 '이중 마음 없이' 또는 히브리어 마음에 함축된 '두 가지 마음을 품지 않고'를 의미한다. 이 표현도 시편 12 : 2에서 나타나는데 "아첨하는 입술과 두 가지 마음을 가지고" 말하는 자들로부터 하나님께서 구원해 주실 것을 기도하고 있다. 이와 유사하게 야고보의 편지는 의심하는 자, 두 마음을 품어 모든 일에 정함이 없는 자는 무엇이든지 주께 얻기를 생각하지 말라(약 1 : 7)고 말한다. 그러나 스불론 가운데 그러한 이중 마음을 품은 자는 없었다. 우리가 말하듯이 스불론의 오만 군인들은 다윗을 온전히 지지했다.

사실 12 : 38은 모든 이스라엘 지파로부터 온 전체 군사 339,600명이 성심으로 헤브론에 이르러 다윗으로 온 이스라엘 왕을 삼고자 하고, 또 이스라엘의 남은 자도 다 한 마음으로(문자적으로 '한 심장으로') 다윗을 왕으로 삼고자 하였다고 확증해 준다. 그것은 다윗의 모든 군중이 함께 연합하여 먹고 마시는 기쁜 축제 행사였다. 의기 충전한 군사들만이 다윗을 도와 싸우고자 그에게로 온 것이 아니었다. 그들은 또한 많은 음식과 술을 가지고 와 서로 나누었다. "……이는 이스라엘 가운데에 기쁨이 있음이었더라"(12 : 40).

역대상 13 : 1~21 : 30
다윗의 통치

예루살렘에서 다윗의 자리가 공고해지자 이제 역대기 사가는 그의 통치 시기의 대사건으로 향한다. 다윗이 왕으로서 행사한 첫 번째이자 가장 위대한 활동은 언약궤를 예루살렘으로 옮기는 일이었고, 그런 후 언약궤 앞에서 예배 의식을 갖춰 취임식을 가진 것이었다(13 : 1-16 : 43). 이 후에 역대기는 하나님이 다윗에게 주신 영원한 왕조 약속(17 : 1-15)과 그에 대한 응답으로 다윗의 감사 기도(17 : 16-27)를 언급한다. 전장에서나 평화로운 정치적 활동에서 다윗의 성공은(18 : 1-20 : 8) 하나님의 축복을 보여 준다. 불행하게도 역대기 사가는 다윗이 인구 조사와 관련된, 하나님의 뜻을 불순종한 그의 대실수도 언급해야 했다(21 : 1-30). 그러나 이러한 실패는 다윗의 대유산으로 도약하기 위한 발판으로 입증하고자 한다. 그것은 다윗의 아들 솔로몬이 건축할 예루살렘 대성전을 계획하고 준비하는 것이다.

언약궤가 예루살렘으로 오다(13 : 1-16 : 43)

왕권이 확립되자 다윗은 고대 이스라엘 전승 가운데 가장 신성한 물체인 하나님의 궤에 주의를 돌린다. 궤는 정교하게 장식된 상자로서(다른 신성한 물체 가운데) 십계명 돌판을 담고 있어서 흔히 '언약궤'라 불린다(역대기에서만 12회 나타난다. 가령 대상 15 : 25-29 ; 대하 5 : 2, 7). 그러나 궤는 그것이 보여 주는 것만큼 담고 있는 것이 외경할 만하지는 않다. 궤 위에는 흔히 '시은좌'라고 번역되는 '카포레트'가 있다. 체루빔(그룹)으로 불리는 반(半) 신적인 것의 형상으로 둘러싸인 금으로 된 넓은 후판(厚板)이다(출 25 : 17-22). 바깥으로 펼쳐진 그룹의 날개는 왕좌 형태로 되어 있고, 그 위에 "그룹에 좌정하신 주"(13 : 6 ; 삼하 6 : 2 ; 또한 삼상 4 : 4 ; 시 80 : 1 ; 겔 10 : 1도 보라.)라는 신의 칭호가 말해 주듯이, 보이지는 않지만 주님이 현존하신 것으로 믿는다. 궤는 신의 발이 땅을 밟는 곳, 즉 주의 발등상이 되어 준다. 그래서 궤는 신과 인간 세계의 교차점이었으며, 그래서 주님의 특별한 현존 장소와 동일시되었다. 사실 이스라엘의 광야 유랑 시절에 궤는 모세와 아론이 주님을 만나던 장소였다(출 25 : 22). 궤를 예루살렘으로 가져옴으로써 다윗은 이 도성을 하나님의 즉위 장소로 확립한다. 예루살렘은 단순히 한 왕국의 수도일 뿐만 아니라 세계의 중심이기도 했다.

13 : 1~16 : 43의 자료는 사무엘하 5 : 11~6 : 20에서 끌어 온 것이지만, 역대기 사가는 이 이야기를 약간 재배치한다. 사무엘하에서 다윗과 두로 히람과의 교제, 다윗 궁전의 건축, 블레셋의 패배 이야기는 궤를 예루살렘으로 가져오려는 두 가지 시도 이야기 앞에 오고 있다. 그러나 역대기에서 이 이야기들은 두 개의 궤 이야기 사이에 끼어 있어서 전자, 즉 궤를 이동하려는 시도의 실패가 앞에 온다.

이러한 변화는 두 가지 주요 효과를 내고 있다. 첫째, 다윗의 즉위, 예루살렘 정복, 그리고 궤 이동은 역대기에서 빠른 속도로 전개되며 차례차례 나온다. 예루살렘을 정복한 뒤에 다윗이 왕으로서 한 첫 번째 행동은 궤를 그의 새 수도로 가져오는 것이었다. 이런 방식으로 다윗의 첫 우월성은 예루살렘 예배의 확립이었음이 명확해진다. 둘째, 역대기 사가는 다윗이 제기한 문제를 다룬다. "그날에 다윗이 하나님을 두려워하여 이르되 내가 어떻게 하나님의 궤를 내 곳으로 오게 하리요 하고"(13 : 12 ; 삼하 6 : 9). 독자들은 당연히 웃사의 죽음이 하나님이 다윗에 대해 언짢아한 표시였다고 결론지을 것이다. 그러나 다윗이 전쟁과 외교에서 성공한 이야기들은 궤를 예루살렘으로 옮기려는 첫 시도의 실패 다음 자리로 옮김으로써 역대기 사가는 이 경우가 아님을 분명히 한다. 하나님의 손은 계속하여 그를 축복하기 위해 그 위에 있었고, 마찬가지로 다윗은 하나님의 말씀에 신실하고 순종하였다. 우리가 앞으로 보게 되듯이 실제로 첫 실패의 원인을 깨닫고, 또 그에 맞는 적절한 종교적 인력을 재정비함으로써 이를 치유한 이는 다윗이었다.

첫 실패(13 : 1-14 ; 삼하 6 : 2-11)

역대상 13 : 1에서 다윗은 '천부장'과 '백부장'과 함께 상의한다. 더 앞에서(11 : 1-9) 이스라엘의 군대는 헤브론에 있는 다윗에게 와 그를 왕으로 선포하였고, 그를 따라 예루살렘을 정복하였다. 이제 그의 군대의 명성과 힘을 통해 다윗의 영광을 보여 주는 확장된 플래시백 후에 역대기 사가는 예루살렘 정복과 복구 이후의 시간으로 다시 돌아간다.

다윗은 소집된 군대의 지휘관들에게 그가 무엇을 하려고 하는지를 말해준다. "초원이 딸린 성읍"(13 : 2 ; 6 : 54-81을 보라.)에 온 땅에 흩어져 사는 제사장과 레위인이 예루살렘으로 소집된다. 실로 이스라엘의 모든 주민이 오도록 촉구된다. 다윗은 "우리가 우리 하나님의 궤를 우리에게로 옮겨 오자 사울 때에는 우리가 궤 앞에서 묻지 아니하였느니라……"(13 : 3)라고 말한다. 다시 한번 더 사울 통치의 불신앙이 다윗의 경건한 헌신과 대조적으로 자리하고 있다. 다윗은 오랫동안 버려진 궤를 도성으로 가져오려고 한다. 뿐만 아니라 제사장과 레위인을 소환한 것은 예루살렘을 왕국의 종교적 중심지로 확립하려는 그의 결단을 보여 준다.

다윗은 그의 지휘관들에게 이 사업을 지지할 것을 부탁한다. 다윗은 궤를 예루살렘으로 가져오기로 결심하였지만 그들이 "좋게 여기고 우리 하나님께로 말미암았을"(13 : 2) 때에만 이 일을 하고자 한다.

전체적으로 역대기는 독자들에게 첫 조건만을 확신시켜 준다. "뭇 백성의 눈이 이 일을 좋게 여기므로 온 회중이 그대로 행하겠다 한지라"(13 :

4). 이 문제에서 하나님의 뜻을 확신하지 못하면 비극적인 결과를 가져올 것이다.

백성들이 "애굽의 시홀 시내에서부터 하맛 어귀까지"(13 : 5) 다윗 왕국의 사면에서 예루살렘으로 온다. 민수기 34 : 5, 8에서 여호와가 이스라엘에게 약속한 땅이 가장 멀리 북쪽으로는 하맛 어귀가 남쪽으로는 애굽 시내가 경계를 이룬다(겔 47 : 19-20 ; 암 6 : 14를 보라). 역대기 사가는 이러한 경계가 다윗 왕국의 초기부터 이루어졌다고 주장한다. 나아가 역대기 사가는 '애굽 시내'를 네게브와 시내 광야 사이의 사막을 가로지르는 엘-아리스 와디가 아니라 시홀, 즉 나일 강(수 13 : 3 ; 렘 2 : 18 ; 사 23 : 3)으로 이해한다. 이스라엘의 모든 지파들이 다윗에게 충성했을 뿐만 아니라 모든 이스라엘의 법적 영역 이상이 이미 그의 소유였다.

예루살렘으로 가는 언약궤의 여정 이야기는 사무엘하 6 : 2~11에서 온 것이다. 역대기와 사무엘이 다른 것은 역대기 사가가 변형시켰기 때문이 아니라 역대기가 자료로 사용하는 본문이 다르기 때문이다. 그래서 사무엘하 6 : 2의 맛소라 본문은 다윗과 백성이 언약궤 때문에 바알레유다로 갔다고 말한다. 이것은 기이하다. 왜냐하면 사무엘상 6 : 21~7 : 1은 궤가 기럇여아림에 있었다고 말하기 때문이다. 역대기는 고대 팔레스타인 본문의 읽기를 따르고 있다(현재 우리에게 유용한 것으로 쿰란에서 나온 $4QSam^{a}$라고 불리는 사무엘 단편의 본문에). 이 본문은 바알레유다와 기럇여아림을 동일한 것으로 본다.

노래하고 춤추며 다윗을 뒤따르는 무리가 새로운 소가 끄는 수레에 실린 궤와 동행하고 있다. 이 기쁨은 궤 실은 수레를 끄는 웃사가 신성한 궤를 잡기 위해 손을 올렸을 때 일어난 비극으로 누그러진다. 이 순간에 여호와께서 진노하사 치시매 그가 거기 하나님 앞에서 죽었다(13 : 10 ; 삼하 6 : 7). 기독교인 독자에게 이것은 매우 불공정해 보인다. 그러나 고대 이스라엘에서 궤가 차지한 중요성을 기억하라. 하나님의 발등상으로서의 궤는 바로 신의 힘과 신의 현존에 결부되어 있다. 궤를 둘러 뛰놀며 노래하는 다윗과 그의 동행자들이 "하나님 앞에서 춤추었다"는 것을 주목하라(13 : 8). 궤는 주의 현존과 분명히 동일하다. 그래서 웃사는 하나님 앞에서 죽었다(13 : 10). 그는 인간적인 이해와 인내를 넘어서는, 궤에 현시된 위험한 거룩의 희생자였다.

하나님이 위험하고 무섭고 두렵다는 것은 많은 독자들을 혼란하게 한다. 그러나 성서는 흔히 하나님과의 만남을 두려운 것으로 기술하고 있다. 예를 들면, 벧엘에서 꿈을 꾸고 난 후 야곱은 '두려워하여' 말한다. "두렵도다(KJV 성경은 dreadful로 읽는다.) 이곳이여"(창 28 : 17). 타는 덤불에서 모세는 하나님 뵈옵기를 두려워하여 얼굴을 가렸다(출 3 : 6). 신약 성서에서 제자들은 하나님이 하늘로부터 예수가 그의 아들이라 말씀하실 때 공포에 질려 엎드렸다(마 17 : 6). 그들은 또한 예수가 폭풍을 잔잔하게 하는 그의 권세를 보여 주셨을 때도 두려워하였다(막 4 : 40-41).

이 모든 본문의 요점은 하나님의 현존 가운데 서 있는 것은 일순간 놀랍고 두렵다는 것이다. 종교학자 루돌프 오토(Rudolf Otto 1958, 12-19)는 거룩을 '두려운 신비'라는 뜻의 라틴어 'Mysterium Tremendum'으로 정의하였다. 하나님의 거룩성은 고대의 의미로 경이로움이었다. 경외로 가득 찬 것은 동시에 놀랍고 무서운 것이다. 우리가 일단 사랑과 경외의 단단한 실에 의해 하나님께로 이끌리면, 우리는 하나님을 두려워하며 그 하나님이 크신 하나님(GOD)이며 결국 이 세상에 어느 것과도 같지 않다는 인식에 압도된다.

웃사의 죽음은 다윗의 대행렬을 중단시킨다. 다윗은 물론 노하고 두려워하며 물러선다. 그리고 궤를 예루살렘으로 인도하기보다는 갓 사람 오벧에돔으로 하여금 지키도록 한다(13 : 13 ; 삼하 6 : 11). 다윗이 한 걸음 진보하기 위해 그것을 계속하기보다는 하나님의 궤를 이방인에게 버려두었다 할지라도 이것은 두려움과 낙망의 행위로 보인다. 그러나 역대기는 오벧에돔에게 레위인의 혈통을 부여해 줌으로써 — 고라자손의 노래하는 자와 문지기 가운데(예를 들면 15 : 18, 16 : 38, 26 : 4-5를 보라.) — 불명예를 대폭 경감시킨다. 어쨌든, 잘못이 궤에 있지 않음이 재빨리 분명해진다. 궤의 안전을 지키는 부담 아래 고통당하지 않고 오벧에돔과 그의 집은 축복을 받는다(13 : 14 ; 삼하 6 : 11).

하나님이 다윗을 축복하시다(14 : 1-17 ; 삼하 5 : 11-25)

실로 다윗은 당연히 하나님으로부터 축복을 경험한다. 이것은 궤를 예루살렘으로 옮기는 일을 실패했음에도 불구하고 그가 하나님의 분노 아래 있지 않다는 것을 입증해 준다. 이것은 무엇보다도 두로 왕 히람과의 교제를 통해 드러난다. 그는 다윗에게 궁을 건축할 수 있는 자재와 일꾼들을 보낸다(14 : 1). 다윗에 대한 이러한 호의가 가진 효과는 놀랄 만하다. "다윗이 여호와께서 자기를 이스라엘의 왕으로 삼으신 줄을 깨달았으니 이는 그의 백성 이스라엘을 위하여 나라가 높이 들림을 받았음을 앎이었더라"(14 : 2). 역대기의 이 문맥에서 웃사의 죽음과 다윗의 실패로 인한 어려움 가운데 이러한 확신의 경험은 특히 놀라운 것이다. 다윗의 왕국이 축복을 받았을 뿐만 아니라 다윗도 많은 아내와 자녀를 통해 개인적인 축복을 받는다(14 : 3-7 ; 삼하 5 : 13-16 ; 대상 3 : 5-8을 보라).

다윗의 성공은 이전 주인인 블레셋 사람들의 적대감을 산다. 다윗은 이제 "기름 부음을 받아 온 이스라엘의 왕이 되었다"(14 : 8) 하니 쓰러뜨려야 할 경쟁자인 것이다. 블레셋 사람들은 르바임을 공격한다. 그러나 다윗은 그들을 치기 전에 여호와의 뜻과 인도를 구한다(14 : 10). 이것은 다윗이 실패했던 언약궤 이동의 첫 번째 시도에서 못했던 것이다. 다윗은 여호와께서 공격을 원하시고 이스라엘의 승리를 보장한다는 것을 알게 되었을 때 공격하여 바알브라심에서 대승리를 거둔다. 블레셋 사람들은 두려움에 싸여 그들의 신을 버리고 갔으며, 그것을 다윗과 그의 사람들이 불태운다(14 : 12). 역대기 사가가 다윗과 그의 부하들이 이방신의 "제단을 헐며, 주상을 깨뜨리며 목상을 찍으며 조각한 우상을 불사를 것이라"(신 7 : 5 ; 신 12 : 3도 보라.)고 토라가 지시한 대로 수행한 것으로 기록하고 있음을 주목하라.

우리에게 전해진 바알브라심이라는 이름은 다윗의 외침에서 나온 것이다. "……하나님이 물을 쪼갬같이 내 손으로 내 대적을 흩으셨다……"(바알브라심은 '발하시는 주'를 의미함 ; 14 : 11). 여기서 웃사 이야기와의 대조가 중요하다. 웃사가 죽은 곳은 베레스 웃사라고 칭해졌다(13 : 11에서 '웃사를 향해 발하심'이라는 의미로 이해된다. Mosis 1973, 60-61을 보라). 그곳에서처럼 주의 분노가 다윗의 대적을 향해 터져 나왔다.

다시 한번 블레셋 사람들이 공격하기 위해 집결한다. 또 다시 다윗은 무엇을 해야 할지 여호와께 묻는다. 이번에는 정면 공격하는 대신 다윗과 그의 군대는 뽕나무 수풀 맞은편에서 발하여 기습하라는 명령을 받는다. 하나님은 공격 신호를 주신다. "뽕나무 꼭대기에서 걸음 걷는 소리가 들리거든 곧 나가서 싸우라 너보다 하나님이 앞서 나아가서 블레셋 사람들의 군대를 치리라 하신지라"(14 : 15). 이번에 블레셋 사람들은 '기브온에서 게셀까지' 이스라엘의 땅을 돌아 자국으로 물러난다. 블레셋에 대한 다윗의 승리의 결과로 다윗의 명성이 온 세상에 퍼졌고 여호와께서 모든 이방 민족으로 그를 두려워하게 하셨다(14 : 17). 이제 하나님의 계획에서 다윗의 위치가 공고해지고 다윗의 진가에 대한 모든 의구심이 제거되자 역대기 사가는 궤를 예루살렘으로 옮기려는 다윗의 두 번째 시도로 향한다.

궤가 예루살렘으로 오다(15 : 1-16 : 43)

다시 한번 궤는 예루살렘으로 옮겨진다. 이번에는 성공적이다(15 : 1-29). 궤를 이동하는 두 번째 시도에 관한 이야기는 첫 번째 이야기보다 훨씬 길다. 성공을 보장하는 모든 준비가 조심스럽게 기술되어 있다. 예루살렘 성소의 헌당식도 그와 같이 기술되어 있다(16 : 1-43). 이야기의 윤곽과 많은 내용들이 사무엘하의 것인 반면 이야기의 최종 형태는 역대기 사가 고유의 것이다.

다윗의 준비(15 : 1-24)

역대상 15 : 1은 다윗이 자기를 위해 궁전을 세우고, 또 여호와를 위해 장막을 쳤다고 말한다. 이러한 작업으로 예루살렘은 이스라엘 백성의 정치적, 영적 중심이 될 준비가 되었다. 여호와가 장엄하게 이 도성으로 입성하는 일만 남았다. 다시 한번 다윗은 궤를 도성으로 이동할 준비를 한다. 이번에 그는 준비가 되었다. 이렇게 기쁜 일을 그르칠 비극은 더 이상 없을 것이다.

이번에는 다윗이 율법의 가르침대로 언약궤를 다루기로 결심한다. 15 : 2은 "……레위 사람 외에는 하나님의 궤를 멜 수 없나니 이는 여호와께서 그들을 택하사 여호와의 궤를 메고 영원히 그를 섬기게 하셨음이라……" 라고 말한다. 이 선포는 궤를 맡을 책임은 물론 하나님과 관련된 일과 축복하는 일을 레위인에게 부여하는 신명기 10 : 8과 조화를 이룬다(신 31 : 25도 보라). 신명기 저자에게 궤를 메는 일은 제사장의 일로 간주된다(신 31 : 9 ; 삼상 6 : 15 ; 삼하 15 : 24-25 ; 왕상 8 : 4도 보라). 비록 레위인이 아론계 제사장에게 종속된 집단으로 나타나지만(민 3 : 31, 4 : 4-20) 제사장 문서에서도 궤를 메는 일은 레위인에게 주어져 있다. 15 : 4에서 다윗은 모든 것이 제대로 이루어졌음을 확인하기 위해 "아론 자손과 레위 사람"을 모은다.

다윗이 소집한 것은 특수 집단이다. 우리가 본 바대로 레위인들은 레위의 세 아들인 게르솜과 고라, 그리고 므라리의 후손들에 따라 세 가족으로 분류된다. 이 세 가족 외에 엘리사반, 헤브론, 웃시엘의 가족도 있다. 헤브론과 웃시엘은 고라의 네 아들 가운데 속하며, 다른 두 사람은 아론의 조상인 아므람과 이스할/암미나답이다(출 6 : 18 ; 대상 6 : 18 ; 민 3 : 19도 보라). 엘리사반은 분명히 웃시엘의 아들이다(출 6 : 22). 외관상 고핫의 세 족속은 다른 고핫 자손과는 달리 우세한 지위를 획득하여 그들의 권한에 따라 등록되었다. 그들 가운데 이 여섯 레위인 족속은 전부 862명이며 그들 모두가 다윗의 지휘 아래 예루살렘으로 왔다.

여섯 족속의 지도자들과 또 제사장 사독과 아비아달에게 다윗은 말한다. "너희는 레위 사람의 지도자이니 너희와 너희 형제는 몸을 성결하게 하고 내가 마련한 곳으로 이스라엘의 하나님 여호와의 궤를 메어 올리라"(15 : 12). 다윗은 이전에 겪은 재앙의 이유가 궤를 '그에 맞게 다루지' 않았기 때문에, 문자적으로는 "우리가 규례대로 구하지 아니하였기"(15 :

13) 때문임을 배웠다. 이것은 다윗과 사울 통치의 또다른 점을 보여 준다. 13 : 3에서 우리는 이스라엘이 '사울 시대에' 언약궤로 '향하지' 않았음을, 문자적으로 '구하지' 않았음을 알게 된다. 첫 번째 시도에서 다윗과 그의 백성들이 언약궤를 찾지만 틀린 방식으로, 즉 언약궤의 운반에 관한 토라의 규정들을 유의하지 않고 찾는다. 이제 마침내 다윗 덕분에 규정들이 그에 맞게 주지된다(Japhet 1993, 301).

출애굽기 25 : 12~15에 따르면 궤는 고리와 막대기로 고정되어 있어서 손으로 운반될 수 있다. 제사장 전승에서 레위인인 고라 자손은 성막 안에 있는 지극히 거룩한 다른 품목들뿐만 아니라 궤를 운반할 책임이 있다(민 4 : 2-16). 나아가 궤는 레위인의 어깨에 메어 옮겨져야 했다(민 7 : 9). 이 모든 것에 있어서 다윗은 "모세가 여호와의 말씀을 따라 명령한 대로" 행했다(15 : 15).

다시 한번 궤는 승전 행렬을 수반한다. 그러나 이번에는 레위인이 음악가이며 특히 이 임무를 위해 부름 받는다(15 : 16-24). 레위인 음악가와 함께 다른 세 집단, 즉 문지기(15 : 18, 23-24)와 "그 다음의" 레위인(15 : 18)과 그리고 "하나님의 궤 앞에서 나팔을 부는 자"(15 : 24)가 이 목록에 언급되고 있음을 유의하라.

역대기에서 문지기들은 단순히 레위인으로 지칭된다. 그러나 신명기 역사서에서 문지방을 지키는 자들은 제사장으로 불린다(왕하 12 : 9와 평행구인 대하 24 : 8, 그리고 왕하 22 : 4과 대하 34 : 9를 대조해 보라. 문지기에 관한 또다른 구절 왕하 23 : 4과 25 : 18은 역대기에 평행구가 없다). 역대기는 여기서 민수기 3 : 14~39과 에스겔 44 : 11, 14과 연속선상에 있다. 이들은 성전 문을 지키는 일을 제사장이 아닌 레위인에게 부여하고 있다. 열왕기하에서 두 가지 임무가 분명하게 문지기에게 주어져 있다. 그들은 제단이 놓인 성전 안뜰로 통하는 문을 지켜야 하며 성전 유지를 위한 세금을 백성들로부터 수금하는 일을 한다.

포로기 이전 문지기들은 포로기 이후 문지기와 구별되어야 할 것 같다. 어쨌든 9 : 22에 따르면 212명의 문지기들은 포로에서 돌아왔다(139명이라고 말하는 에스라 2 : 42, 138명이라고 하는 느헤미야 7 : 45, 172명이라고 하는 느헤미야 11 : 19과 비교하라). 그러나 열왕기하 25 : 18은 포로로 사로잡혀 간 세 명의 문지기에 대해 말한다. 역대상 15 : 18에서는 열왕기하 23 : 4에서처럼 "다음으로"(副)와 성전 문지기들이 함께 나오면서 이 집단들 간의 연속성을 역대기에서도 암시해 준다.

열왕기하 23 : 4에서 제2의(副) 사람들은 제사장들이다. "다음으로"(副)라는 표현은 열왕기하 25 : 18에서도 나타난다. 여기서 스라야가 대제사장이며 세 명의 문지기들이 '부제사장' 스바냐와 함께 사로잡혀 갔다고 말한다. 다음가는 자들의 임무는 어디에도 분명하게 언급되어 있지 않다. 열왕기하 23 : 4의 문맥은 그러나 암시적이다. 대제사장 힐기야, 다음 사람, 그리고 문지기들이 요시야에 의해 성전을 정화하도록 소환된다. 바알, 아세라, 천군을 섬기기 위해 사용된 모든 신상과 숭배 대상물들을 제거하도록 말이다. 이것은 버금가는 자의 임무가 성전을 관리하는 일과 관련되어 있음을 말해 준다. 이 집단이 성전 유지를 위한 기부금 모으는 일을 담당한 문지기들과 관련을 맺고 있듯이 말이다. 에스겔 40 : 45~46에서 두 제사장 집단을 기술하고 있음을 주목하라. '성전을 담당한 제사장'과 '제단을 맡은 제사장'이다. 후자는 "레위의 후손으로서 여호와께 가까이 나아가 수종드는 사독의 자손"(겔 40 : 46)으로 다시 정의된다. 에스겔의 첫 번째 그룹으로 제단 사제와 대조되는 성전 관리는 두 번째 가는(副) 제사장일 것이다.

그러나 역대기에서 제단에서 봉사하는 관리만이 제사장으로 불린다. 이상하게도 하나님의 궤 앞에서 나팔을 부는 일은 제사장에게 주어진 과제이다(15 : 24, 16 : 6). 이것은 성경의 다른 곳에서 제사장의 책임에 속한다. 그래서 민수기 31 : 6에서 아론의 손자 비느하스는 전쟁터에서 나팔을 부는 책임을 맡고 있다(제사장이 전쟁 나팔을 부는 대하 13 : 12를 보라). 반면에 여호수아 6 : 9, 13에서는 여리고에서 나팔을 부는 이는 제사장이다. 역대기 저자는 다시 한번 성경 전체를 이 이야기와 관련시킨다.

부록 : 제사장과 레위인

분명히 제2의 직책과 문지기는 성전을 관리하고 성전에서 제의를 지휘했다. 그러나 역대기에서 그들은 성전 음악가처럼 단순히 '레위인'으로 불린다. 결코 제사장으로 불리지 않는다. 여기에서 나타나는 역대기 역사서와 신명기 역사서 사이의 긴장은 제사장을 전체 레위인 지파에 속한 것으로 보는 신명기(신 18 : 1)와 제사장이 아론의 자손들로 한정되어 있는 제사장 문서(가령 출 28 : 40-41, 40 : 12-15 ; 민 17 : 1-11) 사이의 토라에서 접하게 되는 것과 유사하다. 이러한 전환을 이해하기 위해 우리는 이스라엘의 제사장 역사를 회고해 볼 필요가 있다.

히브리 성서에서 상반되는 전승들에 포함된 증거들을 사용하여 우리는 이스라엘의 두 제사장 가문 사이에 존재하는 지속적이고도 종종은 쓰디쓴 경쟁을 재구성할 수 있다(Cross 1973, 195-215). 한 가문은 모세로부터 내려와 실로와 단에서 또 아랏과 가데스의 지방 성소에서 지배했다. 다른 가문은 아론을 창립자로 간주하며 벧엘과 헤브론에서 세력을 갖고 있었다. 다윗이 주전 1,000년경 남북 지파들을 통합하여 통일 국가를 이루었을 때 그는 예루살렘 성소에 두 대제사장을 세웠다(삼하 20 : 25 ; 대상 15 : 11, 18 : 16, 24 : 6도 보라). 모세의 후손으로 북쪽 레위계 가문에 속하는 아비아달과(우리가 본 것처럼) 아론과 연결되어 남쪽 제사장단의 주장을 대변하는 사독이었다. 이런 식으로 남북 지파들, 즉 무스 가문과 아론계 제사장 가문은 예루살렘에서 대표가 되었다.

불행하게도 이 두 제사장단은 다윗의 아들 솔로몬에 의해 종말을 맞게 된다. 다윗이 죽어 갈 때 그의 큰아들 아도니야가 아비아달의 지지를 받아 왕위를 주장하였다(왕상 1 : 7). 그러나 다윗은(사독의 후원을 받는) 그의 어린 아들 솔로몬에게(왕상 1 : 8을 보라.) 합법적인 상속자임을 선포한다. 솔로몬은 왕위에 오르자 아비아달을 아나돗으로 추방하게 되고(왕상 2 : 26-27. 이에 대한 평행구가 역대기에는 없다.) 사독은 유일한 대제사장이 된다.

삼백 년 넘게 사독의 후손들은 예루살렘 성전을 감독하게 되었을 것이다. 아론 제사장단들의 배타성과는 달리 무스 제사장 가문은 모든 레위인을 껴안으며 좀더 포괄적인 제사장 개념을 지녔다. 제사권과 제의에서의 주도권은 대체로 부인되었지만 레위인 가문들은 계속하여 그들의 전승을 가르치고 보존하였다. 신명기와 토라에 보존된 북쪽 전승들은 북쪽 레위인들의 작품일 것이다. 주전 587년 예루살렘이 멸망하자 다윗 가문에 충성을 보인 제사장 집단인 사독의 후손은 포로로 사로잡혀 갔다. 북쪽의 옛 레위인 가문들은 그곳에 남았던 것으로 보인다.

포로 시대 말에 귀환한 사독 제사장들은 새 페르시아 정부의 후원을 받아 그 권위 아래 활동하면서 땅에 남은 레위 제사장들의 요구를 제어하고 거부하면서 재건된 성전에서 레위인의 어떤 역할도 부인하였다. 이러한 귀환에 의해 발생된 긴장들은 이 시기에 나온 두 본문에 강하게 기술되어 있다. 에스겔 40~48장의 마지막 형태 혹은 성전법(겔 43 : 12 ; Tuell 1992, 44-46을 보라.)과 말라기이다. 귀환한 사독 제사장들에 대한 사상과 태도를 대변하면서 성전법은 절대적으로 레위인들의 제사장권을 막는다. "그들이 내게 가까이 나아와 제사장의 직분을 행하지 못하며 또 내 성물 곧 지성물에 가까이 오지 못하리니……"(겔 44 : 13). 그러나 "이스라엘 족속이 그릇 행하여 나를 떠날 때에 사독의 자손 레위 사람 제사장들은 내 성소의 직분을 지켰은즉 그들은 내게 가까이 나아와 수종을 들되 내 앞에 서서 기름과 피를 내게 드릴지니라……"(겔 44 : 15)라고 말한다. 그의 편에서 레위인 말라기는 포로기 이후의 제사장들의 제의적 부정과 정치적 타락을 고발한다(말 1 : 6-13). 사독계의 배타적인 주장의 자리에서 말라기는 레위의 어느 한 가문보다는 모든 레위인들에게 제사장으로 봉사할 기회가 주어진 레위의 언약으로 돌아갈 것을 요청한다(말 2 : 4, 8 ; 신 18 : 1과 렘 33 : 19-22도 보라).

최종 형태의 토라는 이러한 상반된 사상들의 타협이다. 포괄적인 제사장 개념을 지닌 신명기는 제사장직을 아론계에 제한하는 제사장 전승과 나란히 서 있다. 그러나 아론계는 두 아들, 사독의 궁극적 조상인 엘르아살은 물론 이다말을 통해 확장된다.

토라에서 엘르아살은 레위인 가운데 지파들이 이동할 때 지성물과(금으로 된 제단과 궤를 포함하여) 성막 안에 든 물건들을 운반하는(민 4 : 2-16) 고라 자손을 감독하는 책임을 맡는다. 그는 개인적으로 기름과 향, 정규적인 화목제를 담당한다. 그에 반해 이다말은 성막과 그 구조물, 또다른 부피가 큰(덜 거룩한) 품목들(출 38 : 21 ; 민 4 : 28, 33, 7 : 6-8)을 거두는 힘든 일을 하는 게르손과 므라리 자손을 책임진다. 요약하면 엘르아살은 가장 거룩한 것 특히 제사 업무에 수반된 것과 관련되어 있다. 이다말은 희생 제사가 아닌 것과 관련되어 있다. 엘르아살과 이다말로 구분된 제사장 노선은 에스겔 40 : 45~48에서 기술된 성전 책임자와 제단 책임자의 구분과 신명기 역사서에 언급된 제2제사장들을 상기시켜 준다. 이다말은 아론 가문에 의해 인식된 옛 무스 가문의 제사장권을 대변할 것이다 (McBride 1973이 이렇게 본다).

역대기는 또한 옛 갈등들을 해소하려고 노력한다(Hanson 1975, 270을 보라). 제사장이라는 칭호가 아론의 후손에게 한정되어 있다 할지라도, 역대기 사가는 레위인의 임무에 깊은 관심을 보이며 그들의 임무에 큰 위엄과 중요성을 부여한다. 24 : 3에서 아비아달의 아들 아히멜렉이 이다말계에 속해 있음을 주목하라. 확실히 역대기 사가는 이 문제에 별 선택권을 가지고 있지 않다. 역대기 사가가 사용한 자료가 주장하듯이 만일 아비아달이 제사장이었고, 아론계만이 제사장이라면 아비아달은 어쨌든 아론에게로까지 연결된다. 오경의 마지막 형태에 있는 제사장 전승들과 같이 역대기 사가는 비사독계 레위인 가문에 속한 자들을 제사장으로 인정할 준비가 되었다. 그러나 제사장과 레위인의 구분은 유지된다.

궤가 도성으로 들어오다(15 : 25-16 : 6 ; 삼하 6 : 12-16)

다윗이 초대한 사람들은 오벧에돔의 집에서부터 시작한 기쁨의 행렬에 참여한다. 그들은 일곱 마리의 소와 양을 여호와께 바친다. 역대기는 "하나님이 여호와의 언약궤를 멘 레위 사람을 도우셨으므로"(15 : 26)라고 이

제사에 대한 특별한 동기를 제시한다. 웃사의 운명을 당하지 않은 레위인의 안도는 명백하다. 우리는 기독교인 수필가 애니 딜라드(Annie Dillard)의 관찰을 기억한다. "나는 정해진 제의를 사람들이 죽임을 당하지 아니하고 하나님께 성공적으로 말한 어떤 말이라고 생각한다"(1984, 59).

역대기 사가는 다윗이 '세마포 겉옷'과 '에봇'을 입었다고 전해 준다(15 : 27 ; 삼하 6 : 14에서 다윗은 에봇만을 입는다). 레위인들은 세마포 겉옷을 입고 궤를 옮기며 레위인 음악가들은 행렬을 따른다. 다윗은 궤를 따르는 성직자들 속에 포함된다. 그는 또한 제사장복인 에봇을 입음으로써 구별된다(삼상 22 : 18 ; 출 28 : 31, 39 : 22을 보라). 역대기 사가는 다윗을 명예 제사장으로 간주하는 것 같다.

전체적으로 볼 때 역대기 사가가 예루살렘으로 입성하는 궤에 대해 설명하는 것은 사무엘하의 기술보다 더욱 정돈되고 차분하다. 두 본문이 큰 소리와 나팔 소리를 외치며 궤가 도성으로 들어왔다고 말하는 반면, 역대기는 "뿔나팔, 나팔, 제금, 비파, 수금"(15 : 28)을 추가하고 있다는 것이 주목된다. 그러나 이것들은 사무엘하에서 나타나는 것처럼 즉흥적인 폭발이 아니라 권위 있는 레위인 음악가들에 의해 수행되었다. 바울이 수세기 후에 경고하듯이 궤 행렬의 예배는 "품위 있고 질서 있게" 이루어졌다(고전 14 : 40).

사울의 딸이자 다윗의 아내인 미갈이 왕의 춤에 대하여 보인 반응을 이해하기 위해서는 대조가 중요하다(15 : 29 ; 삼하 6 : 16). 사무엘하에서 미갈의 경시는 간신히 몸을 덮는 에봇을 입고 춤추는 이스라엘 왕의 거칠고 외설적인 모습 때문에 나온 것이었다(삼하 6 : 20). 그러나 역대기에는 미갈의 경멸에 대한 그러한 이유가 나오지 않는다. 다윗의 춤은 흥에 젖어 열광적이지만 무례하지는 않다. 그의 아버지 사울의 불신앙처럼 미갈의 무시는 경건한 다윗과 불경한 사람들과의 대조를 드러내는 것이다.

마지막으로 궤는 다윗이 준비한 장막으로 옮겨진다. 제사가 드려지고 모든 백성에게 먹을 것이 주어진다(16 : 1-3 ; 삼하 6 : 17-19). 그러나 역대기에서 축제는 아직도 진행 중이다. 예루살렘 성소에서 봉사하도록 다윗이 지명한(16 : 4-6) 레위인과 제사장, 음악가의 설명을 뒤이어 역대기 사가는 성소에 바치기 위해 불리는 시로 전환한다.

궤 앞에서 예배하다(16 : 7-43 ; 시 105 : 1-15, 96, 106 : 1, 48)

세 편의 시편이 16 : 8~36에서 인용되고 있다. 105 : 1~15(대상 16 : 8-36)과 96편(대상 16 : 23-33), 그리고 106편의 첫 번째 구절과 마지막 구절이다(대상 16 : 34-36). 이 세 편 모두를 역대기 저자는 "아삽과 그의 가족"(16 : 7)의 것으로 귀속시킨다. 많은 다른 시편들도 이와 연관되어 있다(시 50, 73-83편). 아삽과 그의 가족은 다윗의 명령에 따라 노래한다. 예루살렘 제의의 창시자는 다윗이다(16 : 7).

형태상 시편 105편은 찬양시이다. 하나님에 대한 찬양 노래이다. 이 시에서 찬양의 동기는 백성 이스라엘에 대한 하나님의 권능 있는 행위를 기억하는 것이다. 시편 96편도 마찬가지로 찬양시이다. 그러나 이 시편에서는 찬양의 주제가 세계의 심판자이며 통치자이신 하나님의 능력이다. 공동체 감사시인 시편 106편은 해석적인 면에서 시편 105편과 짝을 이룬다. 이 두 시편은 시편과 역대상 16장에서도 함께 나타나며 둘 다 '할렐루야' 표현을 담고 있다(NRSV 성경에서는 "주를 찬양하라"로 고치고 있다. 105 : 45, 106 : 1, 48을 보라). 가장 중요한 것은 두 편의 시가 이스라엘의 과거에 있었던 — 완전히 다른 관점이기는 하지만 — 사건을 상기한다는 데 있다. 시편 105편은 이스라엘의 과거를 하나님 구원의 역사로 강조한다. 시편 106편에서는 같은 과거가 이스라엘의 반역의 역사로 간주된다(시 78편과 겔 20 : 1-26도 보라). 이 시편들을 함께 고찰하면 독자들은 하나님의 의가 하나님 백성의 죄와 대조를 이루고 있음을 볼 수 있다. 이 두 편의 시에서 기억되는 이스라엘의 과거는 신앙과 책임의 응답을 요청하는 시인에 의해 사용된다. 제임스 메이스(James Mays)가 105편과 106편을 관찰한 대로 "전자는 신뢰를 요청하고 후자는 회개를 요청한다"(Mays 1994, 337).

16장에서 인용된 세 편의 시는 역대기의 중심 주제를 말해 준다. 하나님이 의로운 사사이자 세계의 통치자이기 때문에 독자는 하나님이 신실한 자들에게 축복으로 응답하고자 한다는 것을 확신한다. 그러나 또한 하나님의 의 때문에 불의와 불순종은 파멸을 초래한다. 시편 105편과 106편과 같이 역대기는 신의 정의와 의의 주제가 하나님 백성의 역사에 제시된다고 본다. 실로 역대기 저자가 이스라엘의 역사를 다시 말하는 것은 이 목적을 위함이다.

16 : 8~13(시 105 : 1-6)에서 다윗의 성소를 성결해야 할 임무는 주님을 찬양하라는 확장된 초대를 열어 놓는다. 첫 두 구절에서 공동체는 "그의 행위를 백성들 가운데 알리며", "그의 놀라운 업적을" 특히 이스라엘 역사에서 하나님의 구원 행위를 말하도록 요청 받는다. 노래하고 기억하라고 요청된 공동체는 "그의 종 이스라엘의 후손 곧 야곱의 택하신 자손"(16 : 13)이다. 시편 105 : 6에서 아브라함은 이스라엘 대신 사용되며, 이것은 시인의 요점에 들어맞는다. 그 요점은 하나님이 아브라함과 맺은 약속에 대한 신실함은 이스라엘 전 역사의 열쇠가 된다는 것이다. 그러나 역대기에서 야곱과 이스라엘이 짝을 이루는 것은 성서적인 용법에 있어서 훨씬 더 전형적이다(예를 들면 민 24 : 5 ; 신 33 : 10 ; 사 41 : 8). 역대기에서 열두 지파들의 조상은 항상 이스라엘로 칭해진다. '야곱'이라는 이름은 여기서만 시편 105편에서 인용되어 확장된 형태로 나온다(16 : 13, 17). 역대기 저자에게 이스라엘의 지명은 역대기의 주요 관심 중의 하나가 다윗 아래 모든 이스라엘의 통일인 것만큼이나 중요하다.

16 : 13에서 이스라엘은 하나님의 종으로 불린다. 겉으로 보기에 겸손한 이 이름은 단지 겸손한 칭호와 짝을 이룬다. 야곱의 아들들은 하나님의 '선택된 자들'이라 칭해진다(16 : 13). 사실 하나님은 이스라엘 백성을 '내 예언자'와 심지어는 '나의 기름 부음 받은 자', 즉 나의 "메시야"(16 : 22)로 부른다. 유사한 말이 이사야 55 : 3에 나타난다. 거기서 주님은 "내가 너희를 위하여 영원한 계약을 맺으리니 곧 다윗에게 허락한 확실한 은혜이니라"라고 하셨다. 여기서 역대기 저자가 채택한 시편에서처럼 영원한 언약이라는 옛 사상은 변형된다. 제2이사야에게 하나님은 백성과 영원한 언약

을 맹세한다. 그들은 하나님이 다윗에게 먼저 보여 주었던 '확실한 은혜'의 합법적인 상속자이다.

다윗 혈통이 이스라엘의 전승과 중요하게 연결되어 있다고 여기는 역대기 저자는 여기까지 가지는 않을 것이다. 그럼에도 불구하고 다윗과 그의 상속자들이 하나님의 기름 부음 받은 자들일 뿐만 아니라 공동체 전체가 기름 부음 받았으며 그들 각자가 어느 누구도 수행할 수 없는 이 임무를 위해 특별히 선택받았다는 것은 분명하다. 바울 사도는 교회를 그리스도의 몸(고전 12 : 12-31)이요, 그리스도와 함께 십자가에 못 박혔다고 말한다(갈 2 : 19-20). 바울의 요점은 그리스도의 삶과 사역이 신자들을 통해 계속된다는 것이다. 이와 유사하게 다윗은 역대기 저자에게 이기기 위해 애쓰라고 공동체를 부르시는 하나님께 신실하게 응답한 자의 모델이다.

16 : 14~18은 찬양시의 몸체 부분이며, 여기서 이스라엘 역사에서 하나님이 행하신 위대한 구원의 역사가 찬양된다.

> 너희는 그의 언약 곧 천 대에 명령하신 말씀을 영원히 기억할지어다
> 이것은 아브라함에게 하신 언약이며 이삭에게 하신 맹세이며(15-16절).

하나님은 즉각 하나님의 약속에 성실한 것 같다. 아브라함과 언약도 그의 아들 이삭에게 서약되었으며, 이삭의 아들 야곱에게 확증되었다(16 : 17). 그 약속의 내용에 대하여 어떤 질문을 한다면, 시편은 그 의미를 분명하게 해 준다. "이르시기를 내가 가나안 땅을 네게 주어 너희 기업의 지경이 되게 하리라 하셨도다"(16 : 18). 이 약속은 바벨론 포로 후에 땅을 요구하는 역대기 저자의 공동체에게 특히 적합하다.

하나님과 아브라함의 계약에 관한 이야기는 창세기 12 : 1~3에서 시작된다. 이 약속이 선물로 주어진 언약임을 주목하라. 이것은 분명한 선물(하나님의 주도로), 아브라함에게 주어진 어떤 줄도 딸리지 않은 약속이다. 선물인 언약은 군주가 호의의 표시로 그의 봉주와 그 후손에게 거저 주는 봉토를 포함했다. 그와 마찬가지로 하나님은 아브라함에게 그의 후손들

이 큰 민족이 될 것이며, 그들이 그들의 땅을 소유하게 될 것이라고 조건 없이 약속하신다. 다윗의 통치, 특히 다윗의 예루살렘 제의 확립은 역대기 저자에게 이 약속의 완전한 성취를 표시해 주는 것이다(대상 13 : 5에서 다윗의 왕국에게 주어진 땅의 경계를 기억하라). 역대기 저자에게 이 시에서 회상되는 하나님의 성실에 대한 옛 이야기는 이스라엘의 과거를 이해하는 열쇠이며, 이스라엘의 미래에 대한 희망의 근거이다. 하나님은 약속하셨고, 하나님은 그의 약속을 지키신다.

시편 105 : 12~45에서 이스라엘의 역사는 선택적으로 이야기된다. 이 시편의 도입 부분은 아브라함에게 주어진 약속을 강조한다 할지라도 아브라함에, 또는 족장들 가운데 어느 누구의 문제에 별 주목하지 않는다. 단지 네 구절이 매우 일반적으로 이집트 포로 이전 시대의 이스라엘에 대하여 말할 뿐이다(시 105 : 12-15). 그러나 역대기 저자가 인용하고자 선택한 것은 분명히 이 구절들이다. 원칙적으로 출애굽 사건을 다루는 이 시편을 상기시켜 주는 것은 무시되고 있다. 그러나 역대기 저자가 출애굽 전승과 반목한다고 결론 내리는 것은 잘못일 것이다. 우리가 여러 차례 본 것처럼 역대기 저자는 그의 독자들이 그가 인용하는 자료를 잘 알고 있다고 생각한다. 후대의 역대기 저자의 역사서 에스라~느헤미야에서 출애굽 주제는 훨씬 더 중요하다. 이제 역대기 저자의 관심은 다윗과 다윗의 통치를 지지하고 해석하는 전승에 초점이 있다. 아브라함에 대한 무조건적인 약속은 다윗에 대한 하나님의 무조건적인 약속을 통해 17 : 1~15에 잘 드러난다. 나아가 족장 시대의 유목민 이스라엘의 상이 역대기 저자의 공동체와 조화를 이룬다. 또한 그들은 이렇게 알려져 있다.

> 그때에 너희 사람 수가 적어서 보잘것없으며 그 땅에 객이 되어 이 민족에게서 저 민족에게로, 이 나라에서 다른 백성에게로 유랑하였도다(16 : 19-20).

그러나 하나님이 아브라함, 이삭, 야곱을 지키신 것처럼 하나님은 포로 공동체를 지키셨으며 그들을 땅에 다시 세우셨다. 시편 105편의 이 구절들을 인용함으로써 역대기 저자는 이 공동체에게 하나님의 약속을 상기시켜 준다.

다음으로 역대기 저자는 하나님의 정의와 권위를 찬양하는 찬양시 96편으로 향한다. 이 찬양시의 구조는 약간 평범하지가 않다. 왜냐하면 이 시는 찬양하라는 요청을 하나가 아닌 두 개를 갖고 있기 때문이다(16 : 23-24과 16 : 28-30상). 또한 이 시는 찬양에 대한 두 개의 동기를 보여준다. 그것은 모든 우상들에 대한 여호와의 우월성이며(16 : 25-27) 세상과 모든 민족에 대한 하나님의 정의로운 통치이다(16 : 30하-33).

시편 24, 29, 47, 93, 95, 97~99편과 함께 96편은 대관 노래이다. 대관 노래에서 하나님은 "주님이 왕이시다"라고 큰 소리로 모든 하늘과 땅을 통치하는 통치자로 선포된다(시 93 : 1, 96 : 10, 97 : 1, 99 : 1을 보라). 역대기 저자가 언약궤 천막의 입당식에서 불리는 노래들에 대관 노래를 포함시켰다는 것은 그리 놀라운 일이 아니다. 궤는 하나님이 가시적으로 즉위한 여호와의 발등상으로 이해되었다(예를 들면 출 25 : 22 ; 삼하 6 : 2 ; 시 80 : 1 ; 사 37 : 16). 시편 96편은 — 아래서 보겠지만 약간 이상하게 변형되었다 할지라도 — 초기 대관 노래인 29편에서 인용된 것이다(시 96 : 7-9와 29 : 1-2를 비교하라).

16 : 23은 예배 공동체를 초대한다. "온 땅이여 여호와께 노래하며 그의 구원을 날마다 선포할지어다" 감리교 교회(the United Methodist Church)에서 16 : 23~24은 세례와 세례를 확증하는 예식중 수중에서 하는 기도로 사용되고 있다(The United Methodist Hymnal 1989, 36, 41-42, 51-52를 보라). 세례에 의해 구성된 계약 공동체의 사상은 여호와의 구원 행위에 의해 구성된 예배 공동체와 관련 있는 역대기의 분위기와 그 상황에 확실히 알맞다.

16 : 25~27에서 우상에 대한 하나님의 우월함(이 시에서 찬양에 대한 두 개의 동기 가운데 하나이다.)이 확증되고 있다. '우상'으로 번역되는 단어는 문자대로 '쓸모없는 것'을 의미한다. 인간적인 숭배에 관한 모든 요

구들은 '하늘을 만드신' 유일하신 참하나님과 비교할 때 무용한 것이다(이와 유사한 관점에 대해서는 사 40 : 18-26을 보라). 역대기 사가에 따르면 우상숭배는 북왕국을 멸망으로 이끌었다(5 : 25). 그와 비슷하게 불신은 유다의 멸망을 초래하였으며(9 : 1), 여호와에게서 길을 찾지 않고 오히려 죽은 자의 제의에 의지한 것은 사울의 종말을 초래했다(10 : 13-14). 대조적으로 블레셋 우상들을 다윗이 파괴한 것은 무용한 우상들에 대한 바른 태도를 보여 준다(14 : 12).

시편 96 : 6이 "능력과 아름다움이 그의 성소에 있다"라고 읽는 반면, 역대상 16 : 27의 평행 구절은 "능력과 즐거움이 그의 처소에 있다"고 한다. 이것은 문맥을 위해 시편을 의도적으로 편집한 것임을 말해 준다. 역대기 사가의 이야기에서 시편이 궤의 장막에서 불린다는 것을 기억하라. 성전의 성소는 아직 건축되지 않았다.

찬양하라는 두 번째 초청(16 : 28-30상)은 가나안 폭풍의 신 바알과 연관된 이미지를 여호와께 적용한 매우 오래된 시편 29편이 변형된 것이다. 이 시의 앞 구절은 모든 신들에게 여호와를 찬양하라고 요청한다.

> 너희 권능 있는 자들아
> 영광과 능력을 여호와께 돌리고 돌릴지어다
> 여호와께 그의 이름에 합당한 영광을 돌리며
> 거룩한 옷을 입고 여호와께 예배할지어다(29 : 1-2).

16 : 28~30상 ; 시편 96 : 7~9에서 거의 똑같은 단어가 나온다. 그러나 여호와께 영광을 돌리도록 요청 받는 이는 천상의 존재가 아니라 '백성들의 식구들'이다. 이러한 변화는 '신들'이 텅 비었으며 무용한 우상들(16 : 26)이라는 시편의 진술의 빛 아래서 그 의미가 완벽하게 통한다. 그래서 다음 구절에서 신의 회의에 모이도록 요청 받는 것은 신적 존재가 아니라 여호와 앞에(즉, 역대기의 문맥에서는 언약궤 앞에) 모인 예배 공동체이다.

16 : 30하~31에서는 시편 96 : 10~11이 어느 정도 재배열되어 있는데

"그가 만민을 공평하게 판단하시리라"(시 96 : 10)는 언급은 빠져 있다. 이와 유사하게 "그가 의로 세계를 심판하시며 그의 진실하심으로 백성을 심판하시리로다"(96 : 13)는 구절도 역대기에는 빠져 있는데, 이러한 생략은 번역상의 오류가 아니라 역대기 사가의 의도적인 수정임을 암시해 준다. 결국 역대기 사가의 요점은 온 백성에 대한 여호와의 심판에 있는 것이 아니라 특별히 이스라엘에 대한 심판에 있다. 하늘이나 장막에서가 아니라 "모든 나라 중에서" 여호와의 통치에 대해 언급되고 있다(16 : 31 ; 시 96 : 13). 다윗이 블레셋을 승리한 것이 "모든 민족에게 그를 두려워하게 한" 것처럼 말이다(14 : 17). 하나님이 백성 이스라엘 가운데 선악 간에 하시는 것은 세계 무대에서 모든 민족이 보는 가운데서 행해진다.

다음 구절에서 하나님의 통치는 인간의 자연 세상에서 나타난다. 자연 세계에서 명시되는 질서와 안정은 하나님 통치의 신뢰성을 보여 준다. 역대기 사가는 하나님의 인간 세계에 대한 통치가 궁극적으로는 믿을 만큼 정당함을 보여 줄 것이라고 확신한다.

16 : 32~33에서 온 세계는 하나님을 찬양하도록 초청된다(사 55 : 12-13과 비교하라). 그러나 자연은 특히 인간 영역에서의 하나님의 정의를 찬양한다. "그리 할 때에 숲 속의 나무들이 여호와 앞에서 즐거이 노래하리니 주께서 땅을 심판하러 오실 것임이로다"(16 : 33). 유사하게 로마서 8 : 18~25에서 바울은 "피조물이 하나님의 아들들이 나타나기를 간절히 고대한다"고 말하고 있다(롬 8 : 19). 인간의 정의와 불의는 자연 세계에 결과를 낳는다. 천연자원의 낭비와 오염 때문에 인간의 결정들은 이 지구의 미래의 삶을 위협할 수 있다. 바다와 들과 숲이 하나님의 정의로운 질서 확립을 찬양할 것이다.

역대기에서 시편 96편의 인용은 시편 105편에 있는 약속을 확증해 준다. 이스라엘의 역사가 진행되는 동안 하나님은 항상 성실하셨다. 그러나 세상의 심판관처럼 하나님도 이스라엘을 문책할 것이다. 바로 이 메시지가 마지막 시편 106 : 1, 48의 인용에서 표현되었다(대상 16 : 34-36 ; 첫 번째 '할렐루야'가 빠져 있음을 주목하라. 이것은 역대기 저자 시대 이후에 시편에 추가되었을 수 있다는 것을 암시해 준다).

이 구절들은 역대기 저자의 공동체에 알맞은 태도를 표현해 준다. 하나님이 행하신 일에 대한 감사와 그의 계속된 도움과 구원에 대한 겸손한 기도이다. 그러나 이 구절들도 이스라엘의 역사를 반역의 역사로 보는 한 편의 시를 담고 있다. "우리가 우리의 조상들처럼 범죄하여 사악을 행하며 악을 지었나이다"(시 106 : 6). 이 시는 이스라엘의 이집트의 억압에서 바벨론 포로까지의 이야기에서 불평하고 반역한 일을 상기시킨다. 그것은 이스라엘로 하여금 회개의 무릎을 꿇게 하도록 의도된 이야기이다. 106편은 역대기 저자가 그의 공동체가 보기를 원하는 그림을 완성하고 있다. 이스라엘의 과거는 하나님의 사랑과 정의를 보여 준다. 하나님의 사랑은 역대기 저자의 공동체를 약속의 땅에 데려다 놓고, 그들에게 또다른 기회를 주었다. 그러나 하나님의 정의는 흔적과 같아서 공동체에게 계속하여 주께 신실하게 순종할 것을 요구한다.

역대기 사가는 106편의 마지막 구절을 상황에 맞게 편집하였다. 그것은 찬양하고 복종하라는 초대라기보다는("백성들아 말하라, '아멘!' 주를 찬양하라"), 헌신의 신조에 대한 공동체의 응답이 된다. "여호와 이스라엘의 하나님을 영원부터 영원까지 송축할지로다 하매 모든 백성이 아멘 하고 여호와를 찬양하였더라"(16 : 36).

궤 앞에서의 예배는 홀로 있도록 의도되지 않았다. 오히려 이 축제의 날은 계속되는 전승의 출발을 신호해 준다. "다윗이 아삽과 그의 형제를 여호와의 언약궤 앞에 있게 하며 항상 그 궤 앞에서 섬기게 하되 날마다 그 일대로 하게 하였고"(16 : 37). 신기하게도 사독과 다른 제사장들에 의해 수행된 제의 봉사는 예루살렘의 궤 앞에서가 아니라 "기브온 산당에 있는 여호와의 성막 앞"에서 이루어졌다(16 : 39). 궤가 예루살렘으로 이동되었지만 역대기 사가의 자료에는 거기로 옮겨진 다른 성물에 관하여는 전혀 언급되지 않는다. 그래서 역대기 사가는 성막과 번제단이 그들이 있던 기브온에 그대로 있다고 가정한다(21 : 29 ; 대하 1 : 3-6, 13을 보라). 역대기에서만 기브온은 성막과 제단이 놓인 곳으로 언급된다. 아마도 역대기 사가는 왜 솔로몬이 일천 번제를 기브온에서 드렸는지를 설명하기 위해 이렇게 가정하는 것 같다(1 : 6 ; 왕상 3 : 4).

장막이 성결하게 되고 상번제를 위한 준비가 완료되자 백성들과 왕은 그들의 집으로 돌아간다(16 : 43 ; 삼하 6 : 19하-20상). 전체 공동체가 다윗 제의의 증인으로 참여했다는 것은 역대기 사가에게 중요하다. 이 전승은 그래서 산 증인에 의해 믿을 만한 것으로 확증된다. 나아가 역대기 사가에게 예배 — 영어 단어 liturgy가 유래한 헬라어 leitourgia의 문자적 의미이다. — 는 '백성의 일'이다. 전승을 기억하고 지켜야 하는 것은 공동체의 책임이다. 우리가 위에서 본 것처럼 역대기는 미갈과 다윗의 지엽적인 일은 기록하지 않고 있다는 것이(삼하 6 : 20-23) 주목된다. 이러한 방식으로 미갈의 경멸은 다윗에 대한 경멸에 있는 것이 아니라 다윗의 열렬한 신앙에 있다. 미갈은 그의 아버지를 죽음으로 인도했으며 유다를 파멸과 포로사건으로 인도할 불성실한 방식의 부정적인 본보기로 있다.

다윗의 성공(17 : 1-20 : 8)

역대기 사가의 언약궤 이야기에 구축된 양식은 다윗에게 주어진 영원한 왕권에 대한 하나님의 약속과 다윗의 성공적인 통치를 기술하는 17~20장에서도 계속된다. 전자와 마찬가지로 언약궤를 이동하는 일에서 나타난 실패한 시도 다음에 다윗의 중요성에 대한 확증이 나오고, 후자처럼 성공적인 시도 다음에 다윗 노선에 대한 하나님의 확언이 예언의 말씀과 다윗의 군사, 정치적인 업적을 통해 나온다. 14 : 1~7에서 다윗은 먼저는 이스라엘 왕을 위한 집에 대한 히람의 공헌으로, 다음으로는 자녀의 출생으로 확증된다. 그래서 다음 장에서 하나님은 다윗에게 집을, 즉 영원한 왕조를 세워 주겠노라고 약속한다(17 : 10). 다윗의 아들들은 그들의 조상 다윗에 대한 하나님의 신실하심이 나타나는 것으로써 다윗을 이어 통치할 것이다. 나아가 14 : 8~17에서 다윗이 블레셋을 이긴 것은 다윗의 힘과 권위를 확증했다. 이와 같이 앞선 장에서 다윗은 행정면에서 정당할 뿐만 아니라(18 : 14-17) 그의 모든 대적들에 대한 승리를 입증할 것이다(18 : 1-13, 19 : 1-20 : 8).

나단의 신탁 : 다윗에게 영원한 왕조가 약속되다(17 : 1-15 ; 삼하 7 : 1-17)

원래의 본문에서 나단의 예언은 다윗의 혈통이 영원히 통치하리라는 하나님의 무조건적인 약속을 확증해 주는 데 이바지한다. 이것은 또한 시편 89 : 36~37과 같은 본문에 반영되어 있다.

> 그의 후손이 장구하고 그의 왕위는 해같이 내 앞에 항상 있으며
> 또 궁창의 확실한 증인인 달같이 영원히 견고하게 되리라 하셨도다(셀라).

물론 이 확언은 바벨론인들이 예루살렘을 정복하고 궁전을 파괴하며 통치 중에 있던 왕의 아들을 죽이고 왕을 사슬에 결박하여 바벨론으로 사로잡아 갔던 주전 587년에 심각한 문제가 되었다. 사실 그 이후로 다시는 다윗의 자손이 예루살렘에서 왕위에 오르지 않았다. 백성 이스라엘이 겪은 충격과 황당함은 시편 89편의 후반부에 고통스럽게 나타나 있다.

> 그러나 주께서 주의 기름 부음 받은 자에게 노하사 물리치셔서 버리셨으며 주의 종의 언약을 미워하사 그의 관을 땅에 던져 욕되게 하셨으며(38-39절).

다윗과 맺은 하나님의 영원한 계약이 이제는 무엇을 의미할 수 있을까?

분명히 이 약속은 그들이 그것이 의미한다고 생각했던 것, 즉 이스라엘의 정치적 영속을 의미하지는 않았다. 후대의 기독교 해석자들은 다윗의 영원한 통치에 대한 약속을 부활의 권세로 살아나시고 영원히 통치하신 예수 그리스도에서 성취된 것으로 보았다(가령 마 12 : 35-37 ; 행 2 : 25-36 ; 계 5 : 5). 그러나 히브리 성서 내에서는 하나님이 다윗과 맺은 계약은 새로운 방식으로 이해하게 되었다. 신명기 역사서의 마지막 형태

에서 백성과 그 왕들의, 특히 므낫세의 악행(왕하 21 : 10-15)은 계약에서 신명기의 저주 — 포로 사건을 포함하는 — 를 강조한다(신 28 : 63-68). 이것은 성실함으로 돌아서는 것이 하나님의 축복의 회복을 가져올 것이라는 희망을 암시한다. 시편에서는 시온에 있는 지상의 왕을 높이는 것에서(가령 시 2편) 천상의 왕인 여호와에 대한 찬양으로(가령 시 95-99편) 변화가 일어난다. 예언서에서 무조건적이고 영원한 축복의 약속은 다윗과 여호와 사이의 것이 아니라 여호와와 전체 백성 이스라엘 사이의 것으로 나타나게 된다(예를 들면 렘 32 : 40 ; 겔 37 : 25-26 ; 사 55 : 3).

우리는 다음으로 역대기에서도 다윗에 대한 하나님의 무조건적인 약속에 대한 재사고를 발견할 수 있다고 기대할 것이다. 적어도 우리는 근본적인 의미로는 발견하지 못한다. 확실히 17 : 1~15과 그의 자료 본문인 사무엘하 7장 사이에는 차이가 있다. 그러나 이 차이점들 가운데 많은 것은 미미한 것으로 설명이 가능하며 서기관의 실수이거나 사무엘하의 맛소라 본문과는 다른 역대기 사가의 특수 자료의 예이다. 밑바닥에서 두 본문은 똑같이 근본적으로 확증하고 있다. 사무엘하에서와 같이 역대상에서 다윗의 혈통은 영원하다.

이 단락은 다윗이 새로 지은 궁전에 "그의 집에 거주했다"로 시작한다(17 : 1 ; 삼하 7 : 1). 그의 자료와는 달리(삼하 7 : 1) 역대기 사가는 다윗에 대하여 이 시점에서 그의 대적으로부터 쉼을 얻었다는 언급을 하지 않는다(17 : 10도 보라. 삼하 7 : 11). 이것은 그러한 쉼이 그의 대적 블레셋에 대한 다윗의 승리로부터 이미 전제되기 때문이다(14 : 16-17). 더 유사하게 역대기 사가는 다윗의 대적으로부터의 쉼에 대해 말하지 않는다. 더 많은 전쟁이 아직도 있을 것이기 때문이다(18-20장). 이스라엘의 안식은 다윗 아들의 통치가 시작될 때까지 실현되지 않을 것이다(22 : 9, 23 : 25).

집에서 누리는 다윗의 평안은 그로 하여금 여호와의 거주지, 즉 언약궤의 장막이 상대적으로 누추하다는 것을 성찰하게 하였다. 그는 그의 예언자 나단에게 말하고 그의 생각을 선언한다. 나단은 "……하나님이 왕과 함께 계시니 마음에 있는 바를 모두 행하소서"(17 : 2 ; 삼하 7 : 3)라고 대답한다. 다윗의 의도는 명시되지 않지만 분명하다. 왕은 여호와를 위해 성전을 자신의 큰 궁전과 같이 백향목으로 세우고자 한다.

그러나 그날 밤 나단은 여호와로부터 다윗을 위한 응답을 받는다. "가서 내 종 다윗에게 말하기를 여호와의 말씀이 너는 내가 거할 집을 건축하지 말라"(17 : 4). NRSV 성경에서 본문을 '한 집'을 말하는 것으로 수정한다 할지라도(칠십인경이나 평행 본문인 사무엘하를 따라) 17 : 4의 맛소라 본문은 예루살렘에 있는 하나의 특별한 성전을 말하는 '그 집'이라고 읽는다. 금지를 확장하여 여호와는 "내가 이스라엘을 애굽에서 올라오게 한 날부터 오늘까지 집에 있지 아니하고 오직 이 장막과 저 장막에 있으며 이 성막과 저 성막에 있었나니"(17 : 5)라고 말씀하신다.

사무엘하 7 : 6과는 대조적으로 역대기는 이집트를 언급하지 않아서 어떤 학자들은 17 : 5을 '역대기 사가가 적어도 좁게는 출애굽의 역할을 생략하는 예들'(Japhet 1993, 330) 중의 하나로 간주한다. 그러나 우리는 본문의 의미가 변하지 않은 것으로 간주해야 한다. 물론 독자는 이스라엘이 '나왔던' 곳은 애굽인 것과 여기서 의도하는 것이 출애굽임을 알고 있다. 나아가 역대기 사가에게 중요한 모세 율법의 의미는 역대기가 출애굽을 거부한다는 것을 불가능하게 한다(17 : 21에서 출애굽이 실제로 언급되고 있는 것을 보라). 여기서 우리가 발견하는 것은 출애굽 사상의 확장된 의미일 것이다. 이집트 이름을 언급하지 않음으로써 본문은 독자에게 하나님의 구원을 어떤 상황에서나 하나님이 존재한다는 증거로 발견할 수 있는 가능성을 열어 놓는다. 역대기 사가의 공동체에게 바벨론으로부터 구원은 에스라~느헤미야가 보여 주듯이, 특히 하나님의 은혜로운 구원을 보여 주었다.

역대상은 자료에 충실하면서 여호와가 성전을 요구한 것이 아니며 어느 누구에게도 성전 건축을 명령하지 않았다는 진술을 기록한다(17 : 5-6). 그러나 역대기 사가에게 여기서 문제가 되는 것은 일반적인 성전 제도가 아니라 오히려 특수적인 것으로 예루살렘에 성전을 짓고자 하는 다윗의 권리이다. 문제는 성전이 건축되어야 하느냐 아니냐가 아니라 오히려 누가 건축해야 하는가이다. 하나님은 다윗의 요구를 거절했다. 이 금지에 대한 이유를 우리는 나중에 알게 된다(22 : 8).

하나님이 다윗에게 성건 건축을 금지하는 것은 다윗이 불성실하거나 가치 없다는 것을 의미하지는 않는다. 궤를 예루살렘으로 이동하려는 다윗의 첫 번째 실패가 의미하는 것 이상의 것이다. 역대상 17 : 6~10은 하나님이 다윗을 선택하셨음을 강조한다. 그를 목자였던 비천한 자리에서 취하여 왕으로 삼으신 이는 하나님이었다. 나아가 "네가 어디로 가든지 내가 너와 함께 있어 네 모든 대적을 네 앞에서 멸하였은즉 세상에서 존귀한 자들의 이름 같은 이름을 네게 만들어 주리라"(17 : 8)고 선언하신 이도 하나님이시다. 다윗의 승격은 안정과 안전, 그리고 그의 모든 대적에 대한 승리의 약속을 받은(17 : 9-10) 그의 백성의 승격과 연결되어 있다.

이제 신탁의 두 번째 요점에 우리는 이르게 된다. 다윗에게 여호와를 위한 집의 건축이 금지된 반면, 그는 "……여호와가 너를 위하여 한 왕조를 세울지라"는 약속을 듣는다(17 : 10). 다윗은 그의 혈통을 이을 한 아들을 약속 받는다. 여호와가 "그는 나를 위하여 집을 건축할 것이요 나는 그의 왕위를 영원히 견고하게 하리라"(17 : 12)고 한 자는 바로 이 아들(정확하게는 솔로몬)이다. 사무엘하 7 : 13의 평행 본문은 "내 이름을 위한 한 집"이라고 읽고 있음에 유의하라. 하나님 이름의 중요성이 신명기 신학에 주어졌기 때문에 여기서 역대기 저자의 자료는 사무엘하의 맛소라 본문보다 훨씬 더 원본에 가까운 또다른 본문으로 간주될 수도 있을 것이다. 그러나 사무엘하 7 : 13~14을 말하는 22 : 10은 "그가 내 이름을 위하여 성전을 건축할지라……"고 읽는다. 이것은 역대기 사가의 자료가 이러한 읽기를 취했음을 보여 준다. 겉으로 보기에 역대기 사가는 하나님 이름의 현존과 하나님의 현존을 동일한 것으로 간주하여서 '나'와 '내 이름'을 서로 교환할 수 있었던 것 같다. 그러나 신명기 사가는 이 이름을 사용하여 하나님을 모호하지 않게 어떤 다른 지상의 제도와 동일시하는 것을 피한다. 그리하여 하나님은 문자적으로 성전에 거하지 않는다. 하나님의 이름이 거기에 있다(신 12 : 5 ; 왕상 8 : 18-19, 27-30을 보라). 그러나 우리가 이미 언약궤와 관련하여 보았던 것처럼 역대기 사가는 하나님의 현존을 상당히 직접적으로 예루살렘 성소에서 행해진 제의와 동일시한다. 역대기 사가에게 성전은 여호와의 집이다(22 : 6을 보라).

사무엘하 본문에서 이탈되는 것 가운데 가장 중요한 것이 다음 구절에 나온다. 사무엘하 7 : 14~15과는 대조적으로 역대기는 하나님이 다윗의 후손을 채찍질하는 것에 관하여 언급하지 않는다. 어떤 학자들은 이것을 하나님이 다윗의 후손을 징벌한다 할지라도 그 혈통 자체는 영원하다는 사무엘하 7장의 무조건적인 약속을 수정하는 것으로 보았다(예를 들면 Japhet 1993, 334). 물론 우리는 그러한 수정을 발견하기를 기대한다. 역대기 사가는 다윗의 혈통이 영원히 통치하지 않았다는 것을 — 실로 자신의 시대에 이스라엘의 왕위에 오른 다윗 자손의 왕이 없었다는 것을 — 확실히 알았다. 그러나 역대기에서 하나님은 아직도 다윗의 후손에 대하여 "그의 왕위가 영원히 견고하리라"(17 : 14)고 확증한다. 이상하게도 다윗 혈통에 대한 무조건적인 약속은 유지된다.

그렇다면 역대기 사가는 어떻게 주전 587년에 있었던 다윗 왕권의 종말을 설명할 수 있을까? 왜 17장은 하나님의 징벌을 언급하지 않는가? 그럴듯한 설명은 역대기의 다른 두 가지 변화에 나타나 있다. 17 : 14에서(삼하 7 : 16과 비교하라.) 영원히 세워진 것은 다윗의 집과 그 왕조가 아니라 하나님의 집과 하나님의 왕조이다. 나아가 하나님은 다윗의 아들과 관련하여 "내가 영원히 그를 내 집과 내 나라에 세우리니 그의 왕위가 영원히 견고하리라……"(17 : 14)고 선언한다. 여기서 '영원히 세워진 것'은 다윗의 왕위가 아니라 솔로몬의 왕위이다.

이렇게 나타나는 역대기 사가의 관점은 나단 예언을 두 가지 주된 방법으로 개정한다. 첫째, 17장에서 하나님의 집과 왕조에 대한 강조는 훨씬 더 신앙으로 채색되게 하고, 왕권에 대한 특별한 관점은 덜 역사적이 되게 한다. 다윗의 정치적 왕국은 분명히 실패한 반면(사실 그러한 실패는 대체로 역대기 역사서의 계기를 마련해 주었다.) 하나님의 왕국은 계속된다. 나아가 하나님의 성실하심의 확증으로써 다윗의 혈통은 계속될 것이다. 최초의 육화를 통해 역대기 역사서는 다윗 혈통 스룹바벨에 의해 실행된 성전 건축을 합법화하여 다윗 혈통에 대한 후원을 중요시하였다. 나중에 1~9장의 족보에서처럼 다윗의 혈통은 하나님의 계속되는 은혜의 증거로써 또 비록 다윗의 후손이 더 이상 통치하지 않는다 할지라도, 이스라엘의 과거와의 연결점으로써 역대기 사가의 공동체를 위해 봉사하였다. 다른 곳에서와 마찬가지로 여기서도 역대기 사가는 신앙보다는 정치적인 면에 관심이 훨씬 덜하다.

둘째, 다윗 혈통 전체보다는 좁게 솔로몬에 초점이 맞춰져 있기 때문에 사무엘하 7장에 기술된 징벌은 역대기 사가에게는 적절하지 않게 된다. 솔로몬을 약간은 편견으로 비뚤어진 눈으로 바라보는 신명기 사가와는 매우 대조적으로, 역대기 사가는(우리가 보게 될 것처럼) 솔로몬을 성전을 건축함으로써 자신의 소명을 다하는(대하 8 : 16을 보라.) 다윗의 순종적인 아들로 간주한다. 역대기에서 나단의 예언은 성전 사상에 대한 비판과 관련된 것이 아니라 오히려 누가 예루살렘에 성전을 건축해도 되는지, 해서는 안 되는지에 대한 진술과 관련된다. 그 임무는 다윗의 아들 솔로몬에게 주어졌다. 역대기 저자에게 그 길은 이제 다윗의 계승자를 위해 준비되었다.

다윗의 감사 기도시(17 : 16-27 ; 삼하 7 : 18-29)

나단 예언에 대한 다윗의 응답은 하나님께 대한, 즉 다윗과 이스라엘에게 베푸신 하나님의 은혜와 하나님의 왕조 약속에 대한 찬양과 감사의 뛰어난 기도이다. 이 기도의 배경은 역대기에서 이제 막 세워져 성결된 언약궤의 장막이다(16 : 1-43). 다윗은 성막에 들어가 여호와 앞에 앉아 기도한다. 기도의 어조는 처음부터 결정되어 있다. 다윗은 그도 그의 집도 이스라엘도 하나님의 은혜를 받을 자격이 없음을 철저히 알고 있다. 다윗의 축복과 이스라엘의 현 존재는 값없이 은혜로 주어진 하나님의 백성에 대한 하나님의 사랑에 대한 증거이다. 다윗의 기도 내용은 교회에서 가장 사랑 받은 찬양 가운데 하나인 존 뉴턴(John Newton)의 "나 같은 죄인

살리신"을 상기시켜 준다. 뉴턴은 하나님의 의외이면서 받을 자격 없는 사랑을 경외감으로 기억하고 있다.

> 나 같은 죄인 살리신 주 은혜 놀라와
> 잃었던 생명 찾았고

이렇게 다윗도 하나님의 은혜로운 선택에 대한 놀라움을 표현한다. "……여호와 하나님이여 나는 누구이오며 내 집은 무엇이기에 나에게 이에 이르게 하셨나이까"(17 : 16).

다윗의 비천한 신분에도 불구하고(나단의 예언에서 상기하고 있다. 17 : 7을 보라.) 하나님은 그를 "존귀한 자들같이" 여기신다(17 : 17 ; 삼하 7 : 19 ; 두 곳의 본문은 어렵다. 그러나 NRSV의 역대기의 개정이 최고의 것으로 보인다). 그리하여 다윗은 존귀한 자가 되었다. 실로 그는 온 이스라엘의 왕이 되었다. 그러나 다윗은 자신의 내적 위대함이나 존귀함에 대하여 환상을 갖고 있지 않다. 그는 하나님께 "……주께서는 주의 종을 아시나이다"(17 : 18)라고 말한다. 여전히 하나님은 하나님의 종을 위하여 큰 일을 행하셨으며 더 큰 일을 약속하셨다. 이 말씀은 시편, 특히 시편 139편을 강하게 상기시켜 준다. 하나님 앞에서 다윗의 확신은 자기의 의에 있는 것이 아니라 하나님의 사랑과 은혜에 있다.

그 사랑과 은혜가 가장 극적으로 제시된 것은 바로 이스라엘의 존재이다. "땅의 어느 한 나라가 주의 백성 이스라엘과 같으리이까 하나님이 자기 백성을 구속하시려고 나가사……"(17 : 21). 세계 모든 민족 가운데 유일하게 이스라엘은 하나님에 의해 창조된 나라이다. 이스라엘의 대적에 대한 승리에서 특히 이집트로부터의 구원에서 나타난 하나님의 위대한 행사(17 : 21 ; 삼하 7 : 23 ; NRSV 성경이 이것을 상기시키지 않지만 이집트는 삼하 7 : 23의 맛소라에서 언급되어 있다.)는 이스라엘이 하나님에 의해 훨씬 더 사랑 받은 백성임을 나타낸다. 그러나 이스라엘의 과거는 이스라엘이 하나님의 은혜를 의지한다는 것을 상기시켜 주며, 그렇게 또한 성실함의 필요를 상기시켜 준다.

특히 출애굽에서 나타난 이스라엘에 대한 하나님의 성실하심을 성찰하는 것은 다윗에게 자신의 혈통과 관련된 하나님의 약속도 믿을 만하다는 확신을 준다. 하나님의 약속에 다윗은 자신의 아멘을 덧붙인다. "여호와여 이제 주의 종과 그의 집에 대하여 말씀하신 것을 영원히 견고하게 하시며 말씀하신 대로 행하사"(17 : 23). 다윗의 혈통과 이스라엘의 끊임없는 성실한 증거는 다가올 세대에 계속하여 하나님을 증거하는 것에서 입증될 것이다. "……주의 종 다윗의 왕조가 주 앞에서 견고히 서게 하옵소서"(17 : 24).

하나님의 은혜는 다윗의 기도의 주제일 뿐만 아니라 기도하게 하는 기초가 되기도 하다. "나의 하나님이여 주께서 종을 위하여 왕조를 세우실 것을 이미 듣게 하셨으므로 주의 종이 주 앞에서 이 기도로 간구할 마음이 생겼나이다"(17 : 25). 그가 기도할 수 있는 것은 다윗이 하나님의 은혜와 그를 향한 사랑을 잘 알기 때문이다. 그렇지 않다면 어떻게 그가 감히 세상의 주라고 말할 수 있겠는가? 유사하게 히브리서의 저자는 신자로 하여금 은혜의 보좌 앞에 담대히 나아가 우리가 긍휼하심을 받고 때를 따라 돕는 은혜를 얻을 수 있게 하는 것은 그리스도 안에 나타난 하나님의 은혜라고 말한다(히 4 : 16). 바리새인과 세리의 비유 가운데(눅 18 : 9-14) 예수는 자신의 의에 기초한 기도는 기도가 아니라고 한다. 우리의 기도가 의미와 힘을 갖게 되는 것은 우리가 우리 자신의 무용성을 깨달을 때이며, 우리가 하나님의 은혜를 절대적으로 의지할 때이다. 다윗의 기도는 기도의 모형이며 의미 있는 기도가 무엇인지에 대한 신학적인 진술이기도 하다.

역대기에서 다윗 기도의 결론은 저본(底本)으로부터 이탈하는데 그것은 미미하지만 중요하다. 사무엘하에서 하나님의 축복은 미래로 간주된다. "이제 청하기건대 종의 집에 복을 주사 주 앞에 영원히 있게 하옵소서 주 여호와께서 말씀하였사오니 주의 종의 집이 영원히 복을 받게 하옵소서"(삼하 7 : 29). 그러나 역대기에서 다윗은 이미 받은 복, 즉 하나님의 영광을 높여 주는 복에 대해 하나님을 찬양한다. "……여호와여 주께서 복을 주셨사오니 이 복을 영원히 누리리이다 하니라"(17 : 27). 역대기에서 하나님의 은혜에 있어서 다윗의 안전과 평안이 강조된다. 성전을 건축하고픈 다윗의 욕심은 비록 거절되었지만 다윗은 자신의 삶과 후손의 삶을 위한 하나님의 계획에 대해 확신을 갖는다.

가정과 전장에서의 다윗의 성과(18 : 1-20 : 8)

다윗이 성공한 이야기는 군사적 업적으로 이루어져 있으며(18 : 1-13, 19 : 1-20 : 8) 그의 정당한 행정에 관한 짧은 이야기(18 : 14-17)가 사이에 끼어 있다. 다음에 나오는 머리말에서 평행하는 목록을 일견해 보면 역대기 저자는 여기서 자료를 사용하는 데 있어서 다윗 이야기의 다른 부분보다 훨씬 더 선택적임을 알 수 있다. 역대기 저자의 자료가 그 이유를 제시해 준다. 역대기에서 사용되지 않는 사무엘하 9장은 다윗이 요나단의 절뚝발이 아들 므비보셋에게 관대한 내용을 담고 있다. 므비보셋이 역대기의 족보에 등록되어 있기는 하지만(므립바알이라 불린다. 8 : 34, 9 : 40을 보라.) 그도 또 사울의 다른 자손도 역대기에서 중요하게 나타나지 않는다. 역대기는 사울의 죽음 이후에 일어난 내란 시기를 중요하게 여기지 않고 실제로 사울의 집이 길보아 산에서 종말을 맞이했다고 주장한다(10 : 7). 나아가 다윗과 요나단의 우정은 역대기 역사서에 언급되지 않는다. 역대기 저자가 다윗이 므비보셋과의 거래를 기술하지 않기로 결정한 것은 그리 놀라운 일이 아니다. 마찬가지로 다윗에 비판적인 자료인 밧세바 이야기 전체(삼하 11 : 1-12 : 25)와 압살롬과 세바의 반역에 관한 전체 자료(삼하 13 : 1-20 : 22)도 역대기 사가는 건너뛴다.

그러나 앞에서 관찰한 것처럼 역대기 사가가 다윗을 완전히 정화한 모습으로 보여 주기 위함은 아니다. 결국 역대기 사가는 독자가 이 모든 이야기를 알고 있다고 가정한다. 사실 역대기 사가는 집중된, 중요한 이야기를 제공하면서 그의 목적에 중요한 다윗 이야기의 그러한 면들을 보존하고 있다. 랍비 허버트 타르(Herbert Tarr)는 역대기 사가가 이스라엘 역사의 많은 불필요한 것을 전수했다는 주장에 대하여 반박한다고 생각한다. "나는 실제로 일어난 일이 아니라 실로 중요한 것을 기록하였다. 세계는 사실에 잠겨 있으며 숫자에 질식한다. 필요한 것은 의미이다"(Tarr 1987, 499).

다윗 이야기의 의미는 우리가 본 바대로 역대기 저자에게 예루살렘 성전 제의의 확립에서 발견된다. 역대기에는 궤와 성소 이야기 다음으로 다윗에 대한 축복이 나오고, 다음으로 그 축복의 증거가 나온다. 우리 시대에 우리는 과거의 남녀 영웅들을 흠이 있는 가여운 남녀로 보여 주는 수많은 전기문과 진술을 보았다. 물론 우리가 누군가를 우상화해서는 안 된다. 그러나 찾을 수 있는 어디서든 약함을 들춰내는데 사로잡힌 것에는 변변찮고 관음증(觀淫症)적이거나 비루한 것이 있다. 다윗의 실패는 잘 알려져 있다. 이미 사무엘~열왕기에 지독할 만큼 자세하게 기록되었다. 그러나 역대기 사가는 이 실패와 죄가 있다 해도 다윗의 실제 업적이 손상되어서는 안 된다고 결정한 것이다.

다윗의 승리(18 : 1-13 ; 삼하 8 : 1-14)

다윗은 블레셋(18 : 1), 모압(18 : 2), 소바 왕 하닷에셀(18 : 3-4), 아람(18 : 5-8), 에돔(18 : 12-13)과의 전쟁을 지휘하여 승리한다. 하닷에셀에 대한 승리로 다윗은 하닷에셀의 대적 하맛 왕 도우의 감사와 관대함을 얻는다. 도우는 정복을 통해 얻은 다윗의 재산에 자신의 것을 추가한다(18 : 9-11). 이 저장된 것이 "에돔과 모압과 암몬 자손과 블레셋 사람들과 아말렉 등 모든 이방 민족에게서 빼앗아 온 은금과 함께" 여호와께 드려진다(18 : 11).

이 부분에 나타나는 사무엘과 역대기의 차이는 주로 서기관의 오류, 그의 자료를 단순화시킨 역대기 저자에게서 기인되거나(삼하 8 : 1에서 모호한 블레셋의 성읍 메덱암마는 18 : 1에서 잘 알려지고 더 중요한 것이 된다.) 맛소라 본문의 사무엘과는 다른 역대기의 자료에서 기인된다(18 : 4에서의 전차에 관한 언급은 비록 삼하 8 : 4의 맛소라 본문에서 발견되지는 않지만 칠십인경과 4QSam[a]에서 나타난다).

세 가지 점은 특별히 언급될 만하다. 첫째 18 : 2에서 모압은 다윗에 의해 패배를 당하고 복종하며 조공을 바쳐야 했다. 그러나 사무엘하 8 : 2에서 다윗은 모압 군대를 땅에 엎드리게 하여 줄로 잰다. 매 석 줄 길이의 군대를 재어서 한 줄 길이만 살려 준다. 다른 말로 하면 패배한 모압 군대 중 3분의 2가 처형되었다. 역대기 사가는 이 잔인한 장면을 언급하지 않는다. 모압 군대 학살은 역대기 사가의 자료에 없었을 수도 있을 것이다. 그러나 이 광경이 칠십인경의 사무엘하에 나타나기 때문에 역대기 사가가 그것을 빼놓았을 가능성이 더 높다. 이것은 역대기 사가도 피하는 간음, 살인, 반역 이야기처럼 이 이야기가 다윗을 나쁘게 보고 있기 때문일 수도 있다. 그러나 역대기 저자가 그의 유다의 특수 자료를 통해 이 어두운 보도가 전설임을 알고 있기 때문일 수도 있다.

둘째, 18 : 8은 "솔로몬이 놋대야와 기둥과 놋그릇을 만든" 하닷에셀의 전리품인 놋에 대해 말한다. 이것은 역대기 저자가 확장한 것 같다. 왜냐하면 역대기 사가의 목적에 확실히 맞기 때문이다. 다윗이 전쟁에서 취한 전리품은 분명히 솔로몬의 성전 건축에 사용하기 위해 따로 놓았다. 그러나 칠십인경의 사무엘하 8 : 11도 이렇게 보고 있음을 주목하라. 역대기의 자료는 하닷에셀의 청동이 솔로몬에 의해 성전 물자로 사용되었다고 이미 말했을 것이다. 다시 한번 역대기는 그 자료에 충실하고 있다.

셋째, 사무엘하 8 : 13은 에돔에 대한 승리를 바로 다윗에게 돌리고 있는 반면, 18 : 12은 삼십 인의 대장인 스루야의 아들 아비새에게 공적을 돌리고 있다(11 : 20-21을 보라). 이러한 전환은 서기관의 오류일 수 있지만 역대기 사가가 여기서 더 정확한 자신의 유다 자료를 사용했을 가능성이 더 크다. 어쨌든 승리 후에 다윗은 에돔으로 하여금 모압처럼 다윗의 권위에 복종하게 하며 그 지역에 군부대를 둔다.

이 단락의 요점은 분명하다. 18 : 13이 말하듯 "여호와께서 다윗이 어디를 가든지 이기게" 하셨다. 다윗의 승리는 하나님의 축복을 나타내며 이것은 이미 앞장에서 약속된 것이었다. 다윗이 여호와께 대한 충성심에 발로되어 전쟁에서 취한 전리품을 그의 아들이 건축할 성전을 위해 사용되도록 떼어 두었다. 이 또한 하나님의 약속에 맞는다.

다윗의 정의로운 통치(18 : 14-17 ; 삼하 8 : 15-18)

그의 자료에 충실하여 역대기 사가는 이제 다윗의 군사적 승리에 대한 설명에서 관료정치에 대한 기술로 돌아온다. 이 짧은 언급의 요점이 처음부터 나타난다. "다윗이 온 이스라엘을 다스려 모든 백성에게 정의와 공의를 행할새"(18 : 14). 다윗은 성공한 군대 지휘관일 뿐만 아니라 국내적으로는 모범적인 통치자이다.

다윗의 관료정치는 애굽의 모델에 기초한 것으로 보인다(Myers 1965, 138). 이 모델에 의하면 여호사밧(NRSV에서는 'recorder'라고 불린다.)은 다윗의 '서기관'이었으며 왕에게로 오는 모든 문제에 대한 책임을 맡는다. 오늘날의 비서 실장 정도에 해당할 것이다. 유일하게 아버지의 이름이 언급되지 않은 서기관 사워사는 실제로 애굽인이었다(Myers 1965, 135). 왕의 비서처럼 그는 모든 왕의 문서와 선언문, 법, 칙령들을 다루었을 것이다.

다윗 행정부의 핵심 인물 가운데 많은 이들은 익숙한 인물이다. 요압은 우리가 다윗의 행정관으로 알고 있다(11 : 6을 보라). 세 사람 가운데 하나인 여호야다의 아들 브나야(11 : 22-24를 보라.)도 익숙한 이름이다. 브나야의 수하에 있는 그렛과 블렛 사람들(18 : 17)은 분명히 외국 용병 경호원이었으며 아마도 블레셋과 같은 해양 민족이었을 것이다(예를 들면 그렛 사람들은 원래 크레타 출신이다). 다윗이 블레셋에 있을 때 용병처럼 섬겼다. 이제 그는 고용한 군대를 갖고 있다.

사독과 아비아달 또한 우리는 알고 있다. 그러나 18 : 16(삼하 8 : 17) 본문은 혼동되어 있음이 분명하다. 다윗 시대에 사독과 동시대 사람은 아히멜렉이 아니라 아비아달이었다(15 : 11). 나아가 이름의 순서(사독-아히둡-아히멜렉-아비멜렉)는 아비아달이 아히둡의 손자요 아히멜렉의 아들로 언급되어 있는 사무엘상 22 : 9, 20과 본래 연결되어 있음을 암시해 주고 있다. 다수 학자들은 원본이 "아히둡의 손자요 아히멜렉의 아들 아비아달과 사독"으로 증거하고 있다고 생각한다. 사독의 파가 사독에게 우선권을 부여하여 그를 합법적인 제사장 조상으로 만들기 위해 순서를 바꾸었다는 것이다(아히둡 ; Cody 1969, 89를 보라). 벨 하우젠은 사독의 파는 "(만일 우리가 그 당시에 전혀 알려지지 않은 개념을 적용하고자 한다면) 본래 자격이 없었으며, 그들의 조상으로부터 권리를 물려받은 것이 아니라 다윗과 솔로몬으로부터 물려받았다."고 결론짓는다(1957, 139).

그러나 훼손된 본문 사무엘하 8 : 17에서 적법한 사독 계열을 접하게 된다. 우리는 보통 본문비평 원칙의 기초에서 '아히둡의 손자요 아히멜렉의 아들 사독'을 밝혀 주는 원문을 재구성할 수 있다(Cross 1973, 213-214 ; 다음을 보라. 6 : 8, 52-53). 사독의 아버지로 밝혀지는 아히둡은 물론 아비아달의 할아버지였던 아히둡이 아닐 것이다. 여기서 우리는 제사장 집단의 경향으로서 동일한 이름군을 사용하고 재사용하는 또다른 예를 발견하게 된다. 그러나 역대기 사가는 잘못된 본문인 사무엘하 8 : 17을 성실하게 따를 뿐만 아니라, 그것을 일관적으로 이어지는 이야기에 적용시킨다. 15 : 11에서 사독과 아비아달은 다윗의 제사장인 반면, 24 : 3, 6에서 이 역할을 맡은 사람은 사독과 아히멜렉이다.

마지막으로 사무엘하 8 : 18의 맛소라 본문이 다윗의 아들들을 제사장으로 언급하고 있는 반면, 18 : 17은 그들이 "왕을 섬기는 주요 관리들"이었다고 말하고 있다는 것을 주목해야 한다. 이것을 역대기 사가가 본문을 자유자재로 다루는 예로 볼 수도 있지만, 칠십인경의 사무엘하도 다윗의 아들들을 단순히 왕궁 관리로 기술하고 있어 역대기 사가가 그의 자료에 충실하고 있음을 암시해 준다.

다윗의 백전백승(19 : 1-20 : 8 ; **삼하** 10 : 1-19, 11 : 1, 12 : 26, 30, 31, 21 : 18-22)

먼저 이 장들은 다윗의 암몬 전쟁을 다루고 있다. 첫째, 암몬과의 전쟁에서 일어난 상황이 전해진다. 다윗은 부왕의 죽음을 뒤이은 새 임금 하눈의 궁정에 조문할 관리를 보내며 "그의 아버지가 나와 충성스럽게 대했다"는 말을 한다(19 : 2). 역대기 사가는 독자들이 나하스가 다윗의 적이었던 사울의 적이었음을 알고 있다고 생각한다(삼상 11장을 보라). 하눈의 충성스러운 관리들은 젊은 왕에게 조문객이 분명히 첩자라 확신시키고, 하눈은 공개적으로 그들을 부끄럽게 하여(그들의 머리를 밀고 그들의 옷을 짧게 잘라 개인적인 부분이 노출되게 한다.) 집으로 돌려보낸다.

"자기가 다윗에게 밉게 한"(19 : 6) 것을 깨달은 암몬 사람들은 선제공격하기로 결정한다. 암몬 사람들은 아람에서 삼만 이천의 용병을 고용하고 이스라엘 군과 전쟁하기 위해 출발한다. 역대기에 따르면 전쟁은 — 왜 이스라엘과 아람과 암몬과 관련된 전쟁이 그렇게 먼 남쪽에서 벌어졌는지 이해하기 어렵기는 하지만(Japhet 1993, 359) — 모압 도성인 메드바에서 일어났다(19 : 7 ; 다음을 보라. 민 21 : 30 ; 수 13 : 9).

암몬군과 아람 용병군과 맞선 요압은 군대를 나눠 이 위협을 직면하려 한다. 아람 사람들이 가장 큰 위협임을 판단하고, 그는 뽑은 군대 중에서 다시 뽑은 분견대를 취하여 기병과 합세하게 한다. 다른 진은 형제 아비새(이전에 에돔인을 패배시켰다. 18 : 12를 보라.)에게 맡기고, 그에게 암몬 사람을 공격하도록 지휘한다. 두 군대 사이에 꼭 낀 요압과 아비새는 필요에 따라 상대편을 도울 수 있어서 그들의 불리함을 유리함으로 전환할 수 있었다(19 : 12). 하나님께 대한 전쟁의 결과를 신뢰한 요압(19 : 13)은 극적으로 승리한다. 아비새는 성읍을 점령하고, 반면 요압은 예루살렘으로 돌아온다.

아람 용병이 패배하자 하닷에셀은(18 : 3-4를 보라.) 그의 장군 소박의 지휘 아래 아람 동맹을 조직하고 공격하여 체면을 세워 준다. 이번에 다윗은 이스라엘 군의 사병을 취하고(19 : 17), 전쟁의 노선을 요르단 동쪽으로 정한다. 아람의 공격은 실패하고 하닷에셀의 군대는 도주하지만 많은 희생자를 낸다. 하닷에셀은 다윗의 우월을 인정하지 않으면 안 되었으며 "아람 사람들은 암몬 사람들을 더 이상 돕고자 하지 않았다"(19 : 19).

아람 동맹군을 잃은 암몬 사람들은 공격당하기 쉽게 되었다. 공격은 겨울 우기가 그치자마자 길이 마르면 시작된다. "해가 바뀌어 왕들이 출전할 때가 되매……"(20 : 1). 다윗이 요압을 전장으로 보내고 그는 예루살렘에 있었다는 언급은 사무엘하 11 : 1의 간접적인 비난을 전해 준다. 거기서 이 문장은 다윗을 매우 비판하는 신명기 역사서의 한 부분인 '궁정사'(삼하

11-왕상 2)의 도입구이다. 사실 다윗이 밧세바와의 정사에 휘말리게 된 것은 그가 예루살렘에 남았기 때문이었다. 그러나 역대기에서 이 언급에 특별한 의미를 더하지 않는다. 부하 장수에 대한 다윗의 신임은 다윗의 계속된 전장에서의 역량이 나타났을 때(19 : 17) 이미 드러났다(18 : 13, 19 : 8을 보라). 그래서 다윗이 랍바의 포위를 요압에게 맡겼다는 것은 전혀 이상한 일이 아니다.

역대기 사가는 그의 자료로부터 포위 성공의 소식과(20 : 1하 ; 삼하 12 : 26) 랍바의 패배 다음에 오는 다윗의 행동에 대한 소식(20 : 2-3 ; 삼하 12 : 30-31)을 선택한다. 그는 만일 다윗이 와서 점령하지 않는다면 자신의 것이 될 것이라는 요압의 위협(삼하 12 : 27-29)을 건너뛴다. 왜냐하면 요압의 정복에 대한 다윗의 신뢰가 역대기 사가에게는 부끄럽지 않기 때문이다. 아비새의 에돔 정복(18 : 12-13)에서와 같이 여전히 다윗은 거기에서 종결되었고, 실제적인 점령에 대한 책임을 질 것이라고 생각하고 있다. 20 : 2의 맛소라 본문과 사무엘하 12 : 30은 랍바를 취한 후에 다윗이 그 왕의 왕관을 취하고, 그것을 머리에 썼다고 말하고 있다. 왕관이 "금 한 달란트"(20 : 2) 곧 75파운드가 넘는 무게였다는 것을 제외하고는 이것은 정복자 편에서 보자면 매우 이성적인 행동이다. 매우 적합한 읽기 형태는 다윗이 암몬의 국가신인 밀곰 상(왕상 11 : 5, 33 ; 왕하 23 : 13)에서 왕관을 취하였다는 것이며, 이것은 라틴어, 아랍어, 몇 가지 헬라어 사본에 암시되어 있고 NRSV 성경도 이를 따르고 있다. 페니키아의 신인 멜카르트와 몰렉처럼 밀곰은 고대 가나안의 폭풍신인 바알의 한 형태였음이 분명하다. 이 세 이름 모두는 히브리어로 '왕'을 의미하는 '멜렉'과 같은 셈어의 어근에서 유래하였다. 사실 '그들의 왕'이라는 구와 이름 '밀곰'은 히브리어로 거의 유사하다. 이들은 분명히 다른 곳에서 혼용되어(렘 49 : 1, 3 ; 습 1 : 5을 보라. 이 경우에 히브리어는 문자적으로 '그들의 왕'을 의미하지만 NRSV 성경은 '밀곰'이라고 바르게 읽고 있다.) 여기서도 '밀곰'으로 읽혀야 하는 것이 더 옳은 것으로 보여 준다. 암몬의 신상을 손상시킴으로써, 그리고 밀곰의 왕관을 자신을 위해 요구함으로써 다윗은 암몬의 복종과 굴복을 성취한다.

랍바의 백성, 실제로는 "암몬 자손의 모든 성읍"(20 : 3) 사람들을 다윗은 역군으로 삼아 "톱과 쇠도끼와 돌써래로 일하게" 하였다. 20 : 3의 맛소라 본문은 훨씬 더 잔인한 대우를 암시해 주는데, 히브리어는 분명히 "그가 그들을 톱으로 켰다."고 말한다(강조되어 있다). 그러나 이 단어는 여기서만 나타나며 서기관의 오류임을 암시해 준다. 사무엘하 12 : 31의 평행 본문은 그들로 "톱질과 써래질과 철도끼질"을 하게 하였다고 하며, 역대상의 읽기도 그러함을 암시해 준다. 마지막으로 전 백성들을 고문했다는 것은 고대 폭군들이 아무리 잔인하다 하더라도 너무나 극단적으로 보인다. 다윗은 결코 그러한 성격의 소유자가 아니다.

암몬의 일이 평온해지자 본문은 다윗이 블레셋과 계속적으로 겪는 갈등으로 전환한다. 이 갈등은 그러나 신화적 색조를 띠고 있다. 왜냐하면 이야기의 중심이 두 군대의 영역 다툼을 둘러싼 전투가 아니라 거인과의 단판에 있기 때문이다. 사무엘하 21 : 18~22의 맛소라 본문은 블레셋 군인들을 단순히 '라파에서 내려온' 또는 '하라파에서(NRSV 성경은 '거인'으로 번역) 내려온' 것으로 기술하는 반면, 역대기 사가는 그들을 분명히 르바임이라고 말한다(대상 20 : 4 ; NRSV 성경은 '거인들의 후손'으로 읽는다). 이 용어는 히브리 성경에서 고대인들을 위하여, 즉 이스라엘 이전에 있던 가나안 주민(창 14 : 5, 15 : 20 ; 신 2 : 10-11)과 지하 세계의 죽은 자를 위해 사용된다(예를 들면 시 88 : 10 ; 사 14 : 9). 이 두 가지 개념의 연결은 고대 가나안 신화에 나타난다. 거기서 르바임은 고대 시대에 타락한 영웅이나 왕의 혈통에 있고, 지금은 죽은 자의 장소에 맡겨져 있다(Smith 1992, 675-676). 신명기 3 : 11은 르바임 족속의 남은 자 바산 왕 옥의 철 침상이 랍바에 전시되어 있었다고 말한다. 그 침대는 보통 규빗으로 길이가 아홉 규빗이요 너비가 네 규빗이라고 한다. 대략 길이가 14피트 너비가 6피트라는 말이다. 분명히 르바임은 거인으로 여겨졌을 것이다.

르바임의 신화적인 인물 또한 르바임을 아낙 족속으로 밝혀 주는 신명기 2 : 11에 강조되어 있다. 아낙 자손은 민수기에서는 네피림으로 나타나며 그 앞에서 "……우리는 스스로 보기에도 메뚜기 같으니 그들이 보기에도 그와 같았을 것이라"(민 13 : 33)고 기술되어 있다. 마지막으로 네피림은 창세 시대에 "하나님의 아들이 사람의 딸들에게로 들어갔을 때" 나온 거인 후예였다(창 6 : 4). 이러한 배경에서 역대기는 블레셋 군대를 르바임으로 기술하는 것 같다.

사무엘하에서 라파의 후손들을 거인 용사로 간주할 가능성이 있다. 그러나 이 블레셋 영웅들을 르바임과 동일시함으로써 역대기 사가는 풍부하고도 신화적인 어조를 이야기에 더해 준다. 블레셋 사람들은 고대 거인들의 소멸된 종족의 후손에 의해 지지되었다. 아직도 다윗의 영웅 십브게, 엘하난, 오나단은 이 임무에 훨씬 더 뛰어난 것으로 입증된다. 거인들은 도살되고 블레셋 사람들은 굴복한다.

여기서 역대상과 사무엘하의 숨겨진 차이에 주목할 필요가 있다. 사무엘하 21 : 19에서 엘하난에 의해 살해되는 거인은 "가드 사람 골리앗으로 그의 창 자루는 베틀 채 같았다"(11 : 23과 삼상 17 : 4-7과 비교하라). 20 : 5에서 엘하난은 골리앗의 아우 라흐미를 죽이고 — 이것은 다윗의 명예를 위해 역대기 사가가 의도적으로 개정한 것으로 간주되고 있다. 그러니까 골리앗을 죽인 자는 다윗이었다고 말이다(삼상 17장). 그러나 역대기 사가는 다윗과 골리앗의 이야기에 대하여 말하거나 언급하지 않는다. 나아가 우리가 본 바대로 역대기 사가는 흔히 그의 자료들 사이에 존재하는 불일치한 것들로 인해 어려움을 겪지 않는다. 이러한 차이는 우연이든(히브리어로 된 두 본문의 자음들은 매우 유사하다.) 아니면 고안되었든 — 더 그럴 것인데 — 이미 역대기 사가가 사용한 자료에 존재했었기 때문일 수 있다.

다윗의 실패 : 인구조사와 그 파장(21 : 1-30)

우리가 관찰한 대로 역대기 사가는 선과 악, 축복과 저주의 시기가 교체하는 유형을 따르고 있다. 이 시점까지 다윗의 통치는 통일적으로 축복받았다. 웃사의 죽음조차도 하나님이 다윗을 달갑지 않게 생각한다는 표시가 아니었다. 사실 잘못된 것을 밝히고 합법적인 종교적 인력으로 적법한 언약궤의 운송을 해결함으로써 잘못된 것을 시정한 이는 다윗이었다. 그러나 이제 다윗의 큰 죄가 나타나는데, 그것은 역대기 사가의 관점에 의하면 인구조사였다.

또 다시 역대기 사가는 그의 자료를 사용하는 데 있어서 선택적임을 보여 준다. 역대기 사가는 다윗의 노래(삼하 22장 ; 시 18편)와 마지막 유언(삼하 23 : 1-7)은 생략하고 다윗의 마지막 행위와 말에 대한 설명을 선호한다(22 : 1-29 : 30을 보라). 사무엘하 23 : 8~39장의 다윗 참모들의 목록을 역대기 사가는 다윗 이야기의 첫 부분(11 : 10-47) 쪽으로 위치해 두고 있다. 역대기 사가의 인구조사, 징벌, 다윗의 오르난 타작마당에서의 희생제에 관한 설명은 사무엘하 24 : 1~25에서 가져온 것이다. 여기서 역대기와 사무엘하의 맛소라 본문이 실질적으로 다를지라도, 4QSam[a]와 칠십인경을 비교해 보면 역대기 사가가 그의 자료에 일반적으로 성실했음을 확인할 수 있다.

다윗이 인구조사를 명령하다(21 : 1-6 ; 삼하 24 : 1-9)

모든 이스라엘의 인구조사를 결정한 후 다윗은 요압과 그의 군대 장관들에게 명령한다. "……가서 브엘세바에서부터 단까지 이스라엘을 계수하고 돌아와 내게 보고하여 그 수효를 알게 하라 하니"(21 : 2 ; 삼하 24 : 2). 역대기에나 그 자료에나 이 결정에 대한 정치적이거나 경제적인 동기는 나타나 있지 않다. 그러나 둘 다 인구조사를 악하다고 생각한다. 현대 독자들은 이를 이상히 여길 것이다. 그러나 인구조사가 악하다는 인식은 이 평행 본문에 제한된 것은 아니다. 출애굽기 30 : 11~16에 따르면 인구조사는 각자에 대하여 반 세겔의 속전을 성소에 내야 하는 것으로 간주된다. "그것을 계수할 때에 그들 중에 질병이 없게 하려 함이라" 사도행전 5 : 37에서 가말리엘은 공회로 하여금 주후 6세기경 퀴리누스(Quirinus)에 의해 시행된 인구조사에 대한 응답으로 시작된 갈릴리 사람 유다의 유혈 사태를 상기시킨다.

인구조사가 왜 그렇게 악하고 위해를 주는 평판을 얻게 되었는지 이해하기란 어렵지 않다. 왕은 세 가지 주된 이유에서 — 그 가운데 어떤 것도 일반 국민에게는 희소식이 아니다. — 백성의 수를 파악해야 할 필요를 느낄 것이다. 첫째, 인구의 수는 통치자로 하여금 조공을 정하게 한다. 인구조사는 보통 세금이 오를 것을 의미했다. 둘째, 인구조사는 강제 노역에 유용한 백성의 크기를 결정한다(대하 2 : 17 ; 또한 다윗이 랍바의 백성들을 동원하는 것을 기억하라). 셋째, 인구조사는 행정부로 하여금 얼마나 큰 부대가 군대에 징병될 수 있는가 하는 감각을 갖게 해 준다(민 1 : 3, 26 : 2 ; 대하 25 : 5-6). 다윗의 인구조사는 분명히 이 세 번째 부류였다. 인구조사는 군대에 의해 실시되었고, 또 계수된 백성이 "칼을 지닌 자"(21 : 5, 삼하 24 : 9와 비교하라.)였다는 것도 유의하라. 요점은 역대기 사가에게나 그의 자료에서나 인구조사는 이스라엘에 신적 응징을 가져다줄 악한 행위라는 것이다.

요압은 그의 주군에 항변한 후(21 : 3) 복종하여 인구조사를 시행한다. 그러나 그는 선택적으로 복종한다. 역대기에서 요압은 의도적으로 레위인과 베냐민을 인구조사에서 제외시킨다(21 : 6). 레위인을 계수하지 않음으로써 요압은 레위인을 군사적 인구조사에서 배제하라는(민 1 : 49) 율법에 순종한다. 베냐민을 제외하는 이유는 더 복잡하다. 우리가 이미 본 바대로 베냐민은 역대기 사가의 역사에서 특별한 역할을 한다(7 : 6-12에 대한 주석을 보라). 족보에서 세 개의 분리된 목록은 베냐민에게 할애되어 있는데, 유다와 레위만이 매우 세부적으로 취급된다. 나아가 전 역사를 통해 '유다와 베냐민'을 역대기 사가는 충실한 이스라엘로 지정한다. 베냐민을 배제하는 다른 이유는 기브온에 있는 산당이 베냐민 지역에 위치했기 때문일 것이다(수 18 : 25). 역대기 사가에 따르면 장막과 제단은 기브온에 위치했다(16 : 39, 21 : 29 ; 대하 1 : 3-6, 13). 그것은 그러므로 솔로몬의 성전이 건축되기까지 이스라엘의 희생 제사 자리에 있었다. 하나님의 제단에 대한 존경은 요압으로 하여금 베냐민 땅에 대한 인구조사, 즉 그가 악한 것으로 인식했던 명령의 수행을 막았다(Meyers 1965, 147).

아마도 레위와 베냐민을 배제하였기 때문에 21 : 5의 숫자는 사무엘하 24 : 9의 것과 매우 상이할 것이다. 사무엘하는 북쪽의 이스라엘로는 팔십만 명을, 남쪽의 유다로부터는 오십만 명을, 총 일백삼십만 명이라고 기록하고 있다. 역대기에서 '모든 이스라엘'(사무엘하에서처럼 북지파만이 아닌)은 보병 일백십만 명으로 그 가운데 사십칠만 명은 유다 출신이다. 역대기에서 온 이스라엘의 통일에 강조가 주어져 있다는 것뿐만 아니라 이십만 군대가 부족하다는 것에 유의하라. 아마도 역대기 사가는 이 이십만 명을 빠진 두 지파에 속한 것으로 간주하는 것 같다. 유다의 부족은 유다와 연관된 베냐민 군대의 일부이기 때문일 것이다(8 : 1-40을 보라).

부록 : 사탄

사무엘하 24 : 1에서 이스라엘에 대하여 분노하여 다윗으로 하여금 모든 이스라엘의 인구조사를 하도록 악한 조치를 취하게 한 이는 여호와였다. 그러나 역대기에서는 "사탄이 일어나 이스라엘을 대적하고 다윗을 충동하여 이스라엘을 계수하게 하였다"(21 : 1). 이것은 독자들에게 두 가지 질문을 불러일으킨다. 첫째는 이 '사탄'이 누구인가 하는 것이며, 둘째는 역대기에서 여호와가 아닌 사탄이 왜 다윗의 인구조사를 충동한 것인가 하는 것이다.

기독교인들은 다윗의 유혹자를 즉시 — 너무 빨리 — 신약성서에 나타나는 인간의 악이나 영적인 적대자와 동일시할 것이다. 신약성서에서 개인적인 이름 사탄은 35회나 사용된다. 그러나 히브리 성서에서 이 용어는 흔히 인간 대적을 말하는 것으로 나타난다(히브리어 사탄은 NRSV의 삼상 29 : 4 ; 삼하 19 : 22 ; 왕상 5 : 4, 11 : 14, 23, 25에서 '대적'으로, 시 109 : 6에는 '고발자'로 번역된다). 사탄은 세 경우에 완전히 천상 존재를 말하는데 사용된다. 첫 번째 것은 예언자 발람에게 잠깐 동안 사탄이 되는(민 22 : 22, 32) 여호와의 천사와 관련된다. 다른 두 경우인 욥기 1~2장과 스가랴 3 : 1~2에서는 관사를 가진 '사탄'의 칭호로 나타난다. 두 자리에서 NRSV 성경은 바로 사탄이라는 이름을 사용한다. 그러나 더 나은 히브리어의 개정은 '대적자' 또는 '고발자'일 것이다. 각 경우에 사탄은 여호와의 천상 회의의 일원이며 천상에서 일종의 검사의 기능을 한다. 그래서 욥기에서 사탄은 의인 욥이 하나님이 항상 그를 축복하기 때문에 자기 유익을 위하여 여호와를 섬긴다고 기소한다. 사탄은 "이제 주의 손을 펴서 그의 모든 소유물을 치소서 그리하시면 틀림없이 주를 향하여 욕하지 않겠나이까"(욥 1 : 11)라고 주장한다. 비슷하게 여호와로부터 질책당할 때까지 사탄은 스가랴 3장에서 대제사장 여호수아를 고발하기 위해 대령하고 있다.

이것은 우리를 21 : 1로 인도한다. 여기서 본문은 관사 있는 그 사탄 대신 관사 없이 단순히 사탄이라고 읽고 있다. 대부분의 해석자들은 이것을 여기서의 사탄이 고유명사 — 성서에서 이러한 용법은 처음으로 나타나며 히브리 성서에는 단 한 번이다. — 라는 것을 의미하는 것으로 여긴다. 그러나 이 용어를 '대적자'라고 번역할 수도 있다(Japhet 1993, 374-375). 이 경우에 어떤 무명의 인간 조언자는 다윗의 결정에 영향을 끼친 책임이 있을 것이다. 이러한 일반적인 읽기를 선호하면 역대기에 인격적인 사탄의 다른 흔적은 없게 된다. 다른 한편 역대상 21 : 1의 칠십인경은 신약성서에서 일반적으로 '악'으로 번역되는 헬라어인 디아볼로스(diabolos)로 읽는다. 이것은 칠십인경이 디아볼로스를 세 번이나 인간 대적자를 말하는 데 사용하는 것만큼(시 109 : 6의 무명의 고발자 ; 에 7 : 1과 8 : 1의 하만 ; 마카비 상 1 : 36의 안티오쿠스) 절대적이지는 않다. 그러나 다른 데서 칠십인경은 천상의 초자연적인 사탄을 말하는 모든 히브리어를 디아볼로스로 옮긴다. 이것은 역대상의 인물이 칠십인경의 번역자에 의해서는 초자연적인 대적자로 이해되었음을 암시해 준다(Wis. 2 : 24도 주의하라. "악〈헬라어 디아볼로스〉의 시기를 통하여 죽음이 세상에 들어왔으며, 그 무리에 속하는 자들이 그것을 경험한다"). 21장에서 초자연적인 다른 요소들은(21 : 8-13에서 갓을 통한 하나님과 다윗의 대화 ; 21 : 18-27에서 뺀 검을 가진 천사와 하늘로부터 내려온 불) 사탄이 또한 초자연적 존재라는 가능성을 더욱 지지해 준다.

다윗의 사탄이 초자연적 존재였는지 아니었는지, 그리고 왜 역대기가 다윗의 시험을 하나님이 아니라 이 인물에게 속하게 하는가 하는 질문이 남아 있다. 역대기 사가가 악을 하나님께 귀속시키기 편하지 않았다는 것이 하나의 답이 될 수 있을 것이다. 그럼에도 불구하고 역대기는 의도적으로 속이거나 악을 종결시키고자 행동하는 하나님에 관한 다른 이야기들은 그대로 두고 있음을 유의하라. 예를 들면 아합의 예언자를 통해 말하는 여호와로부터 온 속이는 영의 이야기를 생각해 보라(대하 18 : 18-22 ; 왕상 22 : 19-23). 그러한 이야기들은 현대 독자들을 어지럽힐 수 있다. 반면에 그러한 이야기들은 하나님만이 주권자라는 이스라엘의 근본적 고백의 피할 수 없는 부분이다. 그래서 제2이사야는 기록하기를,

> 나는 여호와라 다른 이가 없느니라
> 나는 빛도 짓고 어둠도 창조하며
> 나는 평안도 짓고 환난도 창조하나니
> 나는 여호와라 이 모든 일들을 행하는 자니라 하였노라(사 45 : 6하-7).

역대기 사가는 악을 하나님께로 기인시키는 것에 큰 어려움을 느끼기보다는 다윗이 그의 행위에 대하여 문책 당해야 한다고 해결한다. 역대기에서 다윗은 하나님에 의해 조종되는 수동적인 꼭두각시가 아니다. 사탄으로부터 유혹을 받았을 때 그는 유혹에 자신을 내주었으며, 그가 잘못된 것이라고 알고 있던 일을, 나아가 그의 부하 장군 요압이 경고했던 일을(21 : 3) 행동으로 옮겼다. 여기서 유혹에 대한 역대기 사가의 입장은 신약성서의 야고보에서 다루는 것을 생각나게 한다. "사람이 시험을 받을 때에 내가 하나님께 시험을 받는다 하지 말지니 하나님은 악에게 시험을 받지도 아니하시고 친히 아무도 시험하지 아니하시느니라"(약 1 : 13). 야고보에 의하면 하나님이 시험에 개입하는 것은 우리에게 그것을 이기도록 힘을 주시는 것이다. 그래서 '시련을 견디어' 낸다면, 우리는 "하나님이 자기

를 사랑하는 자들에게 약속하신 생명의 면류관을 얻을" 것이다(약 1 : 12).

역대기 사가처럼 야고보는 하나님이 시험한다고 불평하는 것은 우리 자신의 영적 안전에 대한 책임을 부인하는 것이라고 주장한다. 시련은 인내를, 인내는 온전함을 이룬다(약 1 : 3-4). 그러나 욕심을 잉태하면 죄로 가게 되며, 죄는 야고보의 뛰어난 표현을 빌려 오자면 "사망을 낳는다"(약 1 : 15). 잘못은 시험 그 자체에 있는 것이 아니며, 더구나 시험으로 하여금 힘을 갖게 하는 욕구에 있는 것도 아니다. 잘못은 시험에 굴복하는 데 있다. 복음서에 나오는 예수의 시험(마 4 : 1-11 ; 눅 4 : 1-13)은 이 원리를 보여 준다. 사탄은 예수로 하여금 돌이 빵이 되게 하라고 시험할 수 있었다. 예수가 배가 고팠기 때문이다. 그는 예수로 하여금 성전 꼭대기에서 뛰어 내리라고 시험할 수 있었다. 예수는 천사가 실로 자신을 도울 것을 알고 있었기 때문이다. 사탄은 예수로 하여금 하나님에게서 돌아서서 자신을 경배하라고 시험할 수 있었다. 하나님의 길은 골고다로 향해 있었기 때문이며, 또 예수는 고통을 당하는 것도 죽는 것도 원치 않으셨기 때문이다. 이 모든 욕구들 가운데 그 어느 것도 그 자체로 죄는 아니다. 그의 욕망이 예수로 하여금 시험에 내준다면 그때 예수는 죄를 짓는 것이다. 그러나 예수는 시험을 이기셨다. 그러므로 히브리서의 저자는 말하기를 예수가 "모든 일에 우리와 똑같이 시험을 받으신 이로되 죄는 없으시기"(히 4 : 15-16) 때문에 우리의 안간힘 쓰는 투쟁을 아신다고 한다.

사탄의 시험은 다윗의 욕심과 약함에 임했다. 특히 그것은 그의 자만에 있는 것 같다. 요압이 다윗의 명령에 하는 대답은 그처럼 도가 지나친 교만에 대한 비난이다. "요압이 아뢰되 여호와께서 그 백성을 지금보다 백배나 더하시기를 원하나이다 내 주 왕이여 이 백성이 다 내 주의 종이 아니니이까 내 주께서 어찌하여 이 일을 명령하시나이까 어찌하여 이스라엘이 범죄하게 하시나이까 하나"(대상 21 : 3). 다윗이 그의 백성을 조사할 필요는, 자신의 금을 세려는 수전노의 충동처럼, 소유에 대한 교만과 정신적인 불안감을 말해 준다. 하나님은 다윗의 왕국을 보존하시리라 약속하셨다. 그런데 왜 다윗은 그가 전장에 얼마나 많은 무력을 둘 수 있을 것인가 걱정하였는가? 역대기에서 의로운 다윗은 역대기 사가 공동체의 모델이었다. 그래서 그의 자만과 반역으로 다윗은 경고의 자리에 서 있다. 만일 다윗조차도 타락한다면, 그리고 그의 실패의 결과를 직면해야 했다면, 역대기 사가의 공동체는 훨씬 더 하나님의 뜻에 주의해야 하고 복종해야 할 필요가 있는 것이다.

하나님의 심판(21 : 7-30 ; **삼하** 24 : 10-25)

역대기에서 하나님의 불쾌감은 인구조사 이전에 원인이 나타나지 않으며 나중에 그 결과로 나타난다(21 : 7). 하나님이 이스라엘을 치기 시작할 때 다윗은 자신의 죄를 깨닫고 용서를 구한다. 하나님의 응답은 다윗의 선견자 갓을 통해 나온다. 다윗은 세 가지 징벌 가운데 하나를 선택할 수 있게 된다. 삼 년 동안의 기근이거나 다윗이 그의 대적을 피해 석 달 동안 쫓기거나 아니면 "여호와의 칼 곧 전염병이 사흘 동안 이 땅에 유행하며 여호와의 천사가 이스라엘 온 지경을 멸할 일"이다(21 : 12). 다윗은 그가 직접 하나님으로부터 오는 벌, 온역을 받을 것을 선택한다. 독자에게 이것은, 특히 다윗이 "내가 사람의 손에 빠지지 아니하기를 원하나이다"라고 구할 때 겁쟁이 같은 행동으로 보일 것이다. 왜 백성이 다윗의 죄로 인해 고통을 받아야 하는가? 그러나 다윗이 "내가 하나님의 손에 빠지기를 원하나이다."라고 말하는 바를 주목해야 한다. 다윗은 그 자신의 생명 구하기를 요구하지 않는다. 결국 다윗의 죽음은 약속을 위협하지 않는다. 그의 아들 솔로몬은 비록 어리지만 인계 받을 준비가 되었다. 그러나 만일 이스라엘이 대적에게 쫓긴다면, 또는 긴 기근으로 축소되거나 망하게 된다면 솔로몬은 이어받을 왕국을 갖지 못하게 된다. 나아가 다윗은 여호와를 신뢰한다. "여호와께서는 긍휼이 심히 크시니" 그의 징벌에서조차도 다윗은 하나님의 뜻에 맡긴다.

온역은 온 땅을 쓸었다. 칠만의 인명을 앗아 갔다. 예루살렘을 파괴할 파괴자를 보낸 후에 여호와는 중단할 것을 명령한다. 오르난의 타작마당에서 지켜보던 다윗은 "주의 천사가 땅과 하늘에 서 있고 그의 손이 예루살렘을 향해 있음을"(21 : 16) 본다. 이러한 경이로운 환상에 대한 응답으로 다윗은 하나님께 그와 그의 집만을 문책해 줄 것을 간청한다. "……악을 행한 자는 곧 나이니이다 이 양 떼는 무엇을 행하였나이까……"(21 : 17). 예루살렘을 구하기 위하여 다윗은 하나님이 그에게 약속하신 전부를 포기하고자 한다.

하나님의 응답은 천사를 통하여, 다윗의 예언자 갓을 경유하여 임한다(21 : 18 ; 삼하 24 : 18과 비교하라). 하나님의 말씀을 전달하는 천상 존재의 개념은 매우 오래된 것이다. 실로 히브리어에서 '천사'로 번역된 단어는 '사자'(使者)를 뜻한다. 그러나 하나님의 전언을 예언자에게 전달하는 천사의 개념은 후대 예언의 영향을 반영하고 있다. 특히 예언자가 '나와 함께 말하는 천사'라고 부르는 천사가 스가랴의 환상을 안내하고 해석하는 스가랴서에서 그렇다(예를 들면 슥 1 : 9, 2 : 3-5, 4 : 11-14 ; 대조적으로 사 6 : 1-13 ; 렘 1 : 4-10 ; 겔 2 : 1-3 : 3과 같은 초기 본문을 보라. 여기서 하나님은 직접 예언자에게 말씀하신다). 천사의 중재는 후대에 다니엘(가령 단 8 : 15-17)과 계시록(예를 들면 계 1 : 1) 같은 묵시록에서 중요한 특징으로 나타나게 된다.

고라의 반역 뒤에 아론이 이스라엘과 여호와 사이에 재앙을 막기 위해 제물을 가지고 서듯이(민 16 : 46-50) 갓은 다윗에게 오르난의 타작마당을 사도록 가르치고, 그곳에서 여호와께 제단을 세우며, 하나님의 심판을 돌리기 위해 희생 제사를 드린다. 역대기에서 오르난과 그의 아들들 또한 천사를 본다. 그러나 그의 아들들이 천사의 환상을 피하는 반면 오르난은 타작하는 곡식 마당으로 간다(21 : 20). 다윗이 왜 타작마당이 필요한지 설명하자 오르난은 즉시 그의 왕에게 땅은 물론 희생 제물로 소와 곡식을, 화목으로 곡식 떠는 기계를 드리고자 한다. 곡식은 사무엘하에 언급되지 않는다. 그러나 역대기에 언급된 것은 모든 번제와 함께 소제를 포함하는 율법의 규정과 조화를 이루고 있다(Myers 1965, 149 ; 출 29 : 38-41 ; 민 15 : 1-10을 보라).

오르난의 관대한 인심에도 불구하고 다윗은 지불하지 아니하면 희생 제사가 아님을 인식한다. 그래서 다윗은 그 땅을 산다. 다윗이 소와 땅을 전부 오십 세겔 은에 산다고 말하는 사무엘하 24 : 24과는 달리 역대상 21 : 25에서 다윗은 땅 매입을 위해서만 육백 세겔의 금을 지불한다. 랍비 라쉬의 성서에는 역대기에서 금으로 지불된 가격이 사무엘하에서 지불된 은의 가격의 열두 배임을 언급하면서 다윗이 각 지파 당 오십 세겔을 지불했음을 암시했다. 증가된 것은 확실히 역대기 사가의 성찰의 결과이다. 첫째는 다윗의 공명정대함(오르난은 그 땅에 대하여 '완전한 가격'〈21 : 24〉을 받았다.)이며, 둘째는 이 성지(城地)의 가치이다.

다윗이 제단을 세우고 그 위에 희생 제물을 드려 "여호와께 아뢰었더니 여호와께서 하늘에서부터 번제단 위에 불을 내려 응답하셨다"(21 : 26). 단순히 이 극적인 하나님의 수용 표현은 엘리야의 예언적 대결 이야기에 의해 영향을 받은 것이다. 열왕기상 18장에서 여호와는 예언자에게 그의 제물을 사르는 하늘의 불로 응답하신다. 이것은 단순하고 강력하게 하나님의 은혜를 표현하는 환상과 결합되었다. 그때 "여호와께서 천사를 명령하시매 그가 칼을 칼집에 꽂았더라"(21 : 27). 그러나 칼을 물렸다 할지라도 다윗은 그의 현존 앞에 두려워 떨고 있다(21 : 30). 하나님의 분노와 은혜가 모두 오르난의 타작마당에 나타났던 것이다. 이것은 분명히 하나님이 기브온의 장막 터가 아닌 예루살렘에 있는 이곳을 하나님의 특별한 현존 장소로 택하셨다는 것을 의미한다.

역대상 22 : 1~29 : 30

다윗 통치의 끝

역대상 22 : 1은 다윗 통치의 끝으로의 전환을 표시해 준다. 이제부터 왕 다윗이 하는 모든 것은 그의 계승자, 특히 예루살렘 성전 건축으로 초점이 맞추어질 것이다. 다른 본문들에 대한 암시들이 여러 면에서 발견되지만 이 부분에 흐르는 자료는 역대기에만 있다.

다윗 이야기의 마지막 단위는 구조적으로 솔로몬(22 : 6-19)과 고관들

(28 : 1-21), 그리고 온 이스라엘(29 : 1-9)에게 하는 다윗의 고별설교 세 편에 둘러싸여 있다. 또한 성전과 왕궁 관리들의 긴 목록(23 : 1-27 : 34)도 여기서 찾아볼 수 있다. 많은 학자들은 이 자료의 많은 것을 역대기의 이차 확장으로 간주한다(예를 들면, Mosis 1973, 44). 역대기 사가가 이 부분 전체에 걸쳐 다양한 자료를 끌어 오며, 사용된 여러 자료는 서로 일치하거나 역대기 다른 곳의 자료와 항상 일치하는 것은 아니다. 그러나 이제 이것은 놀라운 일이 아닐 것이다. 이 부분에 걸친 분명한 기술과 전체적인 주제들은 역대기 사가의 다른 곳의 방법과 신학에 일치한다.

성전 준비(22 : 1-19)

역대기 사가의 양식과 조화하면서 다윗의 악으로부터 선이 나온다. 예루살렘의 재앙을 막기 위해 다윗이 희생 제사를 드렸던 오르난의 타작마당은 솔로몬의 성전이 세워지는 장소로 드러난다(22 : 1). 다음에 이어지는 몇 장들은 모두 이런저런 방식으로 다윗이 자신의 계승자 솔로몬을 위해 마련한 성전 건축을 다룬다. 무엇보다도 이 도입 부분은 특히 성전 건축을 위한 준비를 다룬다.

성전 건축을 위한 물자(22 : 2-5)

성전 자리를 알게 된 후, 다윗은 건축을 준비하기 시작한다. 철과 동을 준비하고 페니키아의 백향목을 모으고 큰 돌을 채석하고 다듬기 위하여 정리한다. 준비 부분처럼 다윗은 특히 어렵고 위험한 채석 작업을 위해서 일군의 노동력을 동원한다(22 : 2). 역대기 사가에 따르면 다윗도 솔로몬도 순수한 이스라엘 사람을 노동력으로 사용하지 않는다는 점을 주목하라. 대신 외국인들이 이를 위해 사용되었다(예를 들면 20 : 3 ; 대하 2 : 17).

다윗은 성전이 크지만 솔로몬은 "어리고 미숙하기"(22 : 5) 때문에 이 준비들이 필요하다고 선포한다. 다윗은 비록 늙었지만 역대기에서 그의 권세는 아직 절정에 있다. 그는 필요한 물자를 얻기 위하여 성공적인 무역과 협정에 필수적인 관심을 명령할 수 있다. 솔로몬이 그러한 확신을 얻기까지는 시간이 걸릴 것이다. 그래서 "죽음을 앞둔"(22 : 5) 왕답게 다윗은 그의 마지막 일로써 필요한 준비를 한다.

다윗의 첫 고별설교(22 : 6-19)

다윗의 첫 번째 고별설교는 원칙적으로 그의 아들 솔로몬에게 행한 것이다. 이 연설의 무게는 도입구에 들어 있다. "다윗이 그의 아들 솔로몬을 불러 이스라엘 하나님 여호와를 위하여 성전 건축하기를 부탁하여"(22 : 6). 다윗이 아들에게 하는 고별은 다윗 자신의 통치가 그러했던 것처럼 바른 예배를 위한 준비에 집중되어 있다. 이것은 설교의 본론이 반대파와 가능한 경쟁자를 제거하는 것을 다루고 있는 열왕기상 2 : 1~9에서 솔로몬에게 하는 마지막 고별과는 완전히 대조를 이룬다. 다윗의 연설은 역대기의 문맥과 구성에 알맞다. 신명기 역사서가 정치적 혼돈과 다윗에게서 솔로몬에게로 권력 이동의 불확실성을 기술하고 있는 반면, 역대기 사가는 하나님의 약속의 확실성에 머물러 있다. 물론 솔로몬은 왕이 되어야 한다. 하나님이 그렇게 말씀하셨기 때문이다. 나단의 예언이 선포한 것처럼 그렇게 솔로몬이 성전을 건축할 것이다.

다윗은 자신이 성전을 지을 수 없다는 말씀을 듣는 17장 나단의 예언의 상황을 상기시킴으로써 자신의 말을 시작한다. 이제 우리는 왜 승낙이 거절되었는지를 알게 된다. 다윗은 여호와께서 그에게 "너는 피를 심히 많이 흘렸고 크게 전쟁하였느니라 네가 내 앞에서 땅에 피를 많이 흘렸은즉 내 이름을 위하여 성전을 건축하지 못하리라"(22 : 8)고 말씀하셨다고 말한다. 이러한 설명은 역대기에만 나타난다. 열왕기상 5 : 3에서 솔로몬은 두로의 히람에게 다윗의 여러 전쟁 때문에 그가 성전 건축을 방해받았다고 말한다. 그러나 역대기의 언급은 다윗이 전쟁으로 너무 바빠서 성전 건축하기가 어려웠다는 언급을 뛰어넘는다. 오히려 그의 전쟁 때문에 하나님은 다윗이 건축하는 것을 거절한다.

역대기에서 전쟁은 하나님의 분노의 표시이며 죄의 결과가 될 수 있다

(대하 16 : 9이 그렇다). 이상하게도 다윗의 전쟁은 결코 역대기의 다윗 통치에 관한 설명에서 불인가(不認可)에 대한 이유가 되지 않는다. 우리가 본 것처럼 전쟁에서의 승리는 다윗에 대한 하나님의 축복과 은혜의 표시 가운데 하나였다. 어떤 해석자들은 다윗의 문제가 제의적인 부정과 관련되었다고 말한다. 이스라엘의 고대법에 따르면 피조물의 생명은 피에 있고, 그래서 피는 하나님께 속하고 합법적으로 인간에 의해 사용되거나 취급될 수 없다(레 17 : 10-16 ; 또한 창 9 : 4-6 ; 신 12 : 15-16을 보라). 혈육을 지닌 사람으로서 다윗은 제의적으로 부정하게 되어 하나님의 정(淨)하고 거룩한 처소를 건축할 수 없었다.

역대기에서 성전 건축에 대한 거부는 다윗의 소명이 용사가 되는 것이지 평화의 사람이 되는 것이 아니기 때문으로 보는 것이 훨씬 더 그럴 듯하다. 성전은 혼돈과 악에 대한 하나님의 승리를 선포하며(시 29편과 46편을 보라.), 그래서 성전은 갈등의 장소가 아니라 평화의 장소이다. 그러므로 성전은 평화의 사람에 의해 건축되어야 한다. 17장은 다윗에게 그의 대적으로부터 안식이 주어졌다고 언급한다(삼하 7 : 1, 11에 있는 역대기 사가의 자료와는 대조적으로). 그 안식은 솔로몬을 위해 마련되었다(22 : 9 ; 또한 23 : 25을 보라). 실로 히브리어로 샬롬과 비슷하게 들리는 솔로몬의 그 이름은 그가 그의 통치 기간 동안에 여호와께서 "이스라엘에게 평안과 안일함을 주실"(22 : 9) 평화의 사람임을 보여 준다. 기독교인 독자는 고린도전서 12 : 27~31에 있는 바울의 말을 기억할 것이다. 예수 그리스도의 지체 안에 다양한 은사와 부르심이 있지만 모든 것이 하나님이 한 영으로 부여하신 것이다. 용사가 되는 것은 다윗의 은사였으며, 다윗에게는 불행하지만, 그가 성전을 건축하기에 부적합한 것은 그 부르심이었다. 그러나 평화의 사람으로 부름 받은 솔로몬은 "내 이름을 위한 집"(22 : 10 ; 위 17 : 12-14에 대한 주석을 보라.)을 건축할 명령을 실행할 수 있었다.

다윗의 영광이 그의 내재된 위대함 때문이 아니라 하나님의 은혜였던 것처럼(17 : 17-18) 솔로몬은 여호와가 그와 함께 할 때만 성전을 건축할 수 있었다(22 : 11). 결국 다윗은 "여호와께서 네게 지혜와 총명을 주사 네게 이스라엘을 다스리게 하시고 네 하나님 여호와의 율법을 지키게 하시기를 더욱 원하노라"라고 기도한다(22 : 12). 솔로몬에게 '지혜와 총명'을 주시기를 구하는 다윗의 기도는 지혜를 구하는 솔로몬의 기도를 예시하고 있다(대하 1 : 10 ; 왕상 3 : 9과 비교하라). 솔로몬이 율법 지키기를 구하는 다윗의 기도는 매우 중요하다. 사울의 통치는 하나님의 말씀에 주의하지 않았기 때문에 멸망하게 되었다(10 : 13). 대조적으로 다윗의 통치는 하나님의 말씀에 대한 순종으로 시작했으며(11 : 3), 다윗이 하나님의 뜻을 구하는 한 성공은 지속되었다. 그래서 이제 다윗은 솔로몬이 토라에 계시된 하나님의 말씀에 충실할 것을 기도한다.

22 : 13의 다윗의 설교는 부분적으로 신명기 역사서에서 솔로몬에게 하는 다윗의 마지막 말을 반영하고 있다(왕상 2 : 2-3). 거기에서처럼 다윗은 그의 아들에게 강할 것을 촉구하고 모세의 규례와 법을 지킬 것을 촉구한다. 이 본문에 가장 근접한 평행 본문은 많은 학자들이 관찰하듯이 여호수아 1 : 6~9의 여호수아에게 하는 하나님의 말씀에서 찾아볼 수 있다. 이것은 역대기 사가가 유형적인 평행 본문을 생각하고 있다는 것을 암시해 준다. 모세의 권위가 여호수아에게 옮겨지듯이 그렇게 다윗의 권위가 솔로몬에게 이동된다. 다윗과 모세의 비교는 특히 놀랍다. 다윗과 모세 둘 다 역대기 사가에게는 이스라엘 제의의 창시자이다. 궁극적인 의미로 모세는 토라를 계시 받은 자이고, 다윗은 모세의 원칙들을 실행에 옮길 권한을 부여받은 사람이다. 다윗의 두 번째 고별설교(28 : 1-21)에서 보듯이 이 평행은 특히 성전 건축에 적용될 만하다. 역대기 사가에게 있어 다윗과 모세는 바른 예배를 제정하는 궁극적인 권위자로서 어깨를 나란히 한다.

다음으로 다윗은 솔로몬에게 그가 성전을 위해 해야 할 준비에 대하여 물질은 물론(22 : 11-14) 전문적인, 비전문적인 노동자에 대하여(22 : 15-16) 말하고 있다. 솔로몬에게 남은 모든 것은 "역사를 시작하는" 것이었다(22 : 16). 다윗이 수집한 전체 물자의 양은 미심쩍다. 십만 달란트의 금(약 3,775톤)과 백만 달란트의 은(37,750톤), 또 '무게를 달 수 없을 정도'

의 동과 철이었다. 이 숫자는 분명히 과장되어 있다. 오늘날의 방식으로 금만 계산해도 35억만 달러이다. 그러나 다윗은 그의 아들에게 여기에 "너는 더할 것이라"(22 : 14)고 말하고 있다. 여기의 요점은 분명하다. 하나님의 성전은 인간이 충당할 수 있는 최선의 것과 최고의 것을 요구하고 그만한 가치가 있다는 것이다. 오스월드 챔버스(Oswald Chambers)의 말을 끌어오면, 하나님의 최고(最高)의 것을 위한 우리의 최선(最善)의 것이다. 현대 독자들은 이러한 과도함에 당연히 기분이 상할 것이다. 우리의 자원이 부정과 싸우기 위해, 가난한 자를 먹이고 벌거벗은 자를 입히는 데 사용되어서는 안 되는가? 우리는 옥합을 깨뜨려 귀중한 것이 못쓰게 되자 예수를 따르던 자들이 마음 상하였을 때 하셨던 예수의 말씀을 기억해야 할 것이다(마 26 : 6-13 ; 막 14 : 3-9). 우리가 언제 어디서나 우리의 자원을 부족한 것을 돕기 위해 사용하도록 부름 받았지만, 우리의 최고의 소명은, 웨스터민스터 교리문답의 표현을 빌리자면 "하나님을 영화롭게 하며 그를 영원히 기쁘게 하는 것이다." 하나님의 영광을 위하여 낭비하는 것은 낭비가 아니다.

이스라엘의 지도자들을 따로 놓고(다윗이 28 : 1-21에서 말하는 같은 그룹일 것이다.) 다윗은 그들에게 하나님으로부터 소명 받은 솔로몬을 지지해 줄 것을 요청한다. 여기에 있는 다윗의 말은 민수기 32 : 22의 땅의 정복 신학을 반영하고 있다(Japhet 1993, 403). 이제 다윗 아래 땅은 마침내 "여호와와 그의 백성 앞에 복종하였다"(22 : 18). 이제 다윗이 얻은 평화시대에 평화의 사람 솔로몬이 소명을 완성하고 성전을 건축할 때와 장소가 마련되었다. 다윗이 과거에 궤를 찾음으로써(13 : 3, 15 : 13) 이스라엘을 인도했던 것처럼 그렇게 그는 이스라엘의 지도자들에게 방향을 인도한다. "이제 너희는 마음과 뜻을 바쳐서 너희 하나님 여호와를 구하라 그리고 일어나서 여호와 하나님의 성전을 건축하고 여호와의 언약궤와 하나님 성전의 기물을 가져다가 여호와의 이름을 위하여 건축한 성전에 들이게 하라 하였더라"(22 : 19).

새 왕을 위한 준비(23 : 1-28 : 21)

신명기 역사서와 마찬가지로 역대기에서 솔로몬은 그의 통치를 다윗의 섭정으로 시작한다(23 : 1). 그러나 역대기에서 다윗은 끝까지 확신 있고 강하다. "나이가 많아 늙으매"(23 : 1) 다윗은 솔로몬을 왕으로 선포한다. 그러므로 권력의 이양은 평온하고 평화롭게 진행된다. 다윗은 먼저 그의 종교 및 정치 관리들을 소집한다(23 : 2-27 : 34). 그리고 나서 그들에게 두 번째 고별설교를 행한다. 그들에게 그들의 새 왕이 성전을 건축할 때 그를 도울 것을 촉구한다(28 : 1-21).

종교적 정치적 행정(23 : 2-27 : 34)

다윗이 물자들을 수집하고 노동자들을 모음으로써 솔로몬의 성전 건축을 준비한 것처럼, 그는 믿을 만한 관료들을 소집함으로써 솔로몬이 권력을 취할 준비를 한다. 솔로몬을 그의 섭정 왕으로 세운 후 다윗은 "이스라엘 모든 방백과 제사장과 레위 사람"들에게 설교한다(23 : 2). 이 설교의 목적은 다음 장에서, 그러니까(23 : 2에 있는 목록과는 반대되는 순서로) 다윗과 솔로몬 왕국의 종교, 정치적 행정 관리들이 출범되었을 때 분명해진다. 뒤따르는 자료는 두 개의 주요 부분으로 나뉜다. 가장 길고 중요한 첫 번째는 예배와 행정을 위한 레위인과 제사장의 조직에 관한 것이다(23 : 2-26 : 32). 두 번째 것은 다윗 정부의 군사, 정치적 구조를 다룬다(27 : 1-34).

종교적 행정(23 : 3-26 : 32)

이 부분 전체에서 레위인에게 주어진 중요성은 흔히 학자들로 하여금 역대기 사가가 레위인(또는 레위학파)이라는 생각을 하게 한다. 그러나 역대기에서 제사장과 레위인 사이에 있는 특징이 계속해서 유지되고 있음을 기억하라(제사장과 레위인에 관한 앞의 부록을 보라). 역대기 역사서의 어디에서도 제사장직이(말하자면 신명기나 말라기에서와 같이) 전 레위 지파의 영역이어야 한다고 암시되어 있지 않다. 역대기는 오경의 제사장 문서, 에스겔 40~48장에 있는 성전법, 그리고 포로기 이후의 예언자인 학개와 스가랴의 정신에 더 가깝다. 확실히 역대기는 다른 본문들보다 그 접근법에 있어서 더 융화적이고 레위인에 대하여 훨씬 더 긍정적이다.

레위인과 의무(23 : 3-32)

레위인에 대한 인구조사는 "삼십 세 이상"(23 : 3) 계수하여 삼십팔만에 달한다. 레위인들은 군사적인 계수로부터는 제외되었다. 이스라엘을 위한 봉사가 성전에서의 업무에 의해 완성되는 것으로 간주되기 때문이다(민 1 : 49). 그러므로 우리가 본 바와 같이 요압이 다윗이 인구조사를 명령했을 때 레위인들을 세지 않았던 것은 옳은 것이었다(21 : 6). 그러나 이제 그들은 정당한 이유로 계수된다. 그들에게 성전 업무를 위한 자리를 부여하기 위해서이다.

레위인들의 봉사를 위해 여기서 말하는 적합한 연령이 의심스럽다. 23 : 3과 같이 민수기 4 : 3, 23, 30도 레위인의 봉사 시작 나이를 삼십 세로 정하고 있다(민수기가 비록 오십이라는 은퇴의 나이를 규정하고 있지만). 그러나 이제 민수기 8 : 24은 적합한 나이를 이십오 세로 낮추고 있는 반면 역대상 23 : 24, 27은 20세로 낮춘다. 레위인이 봉사를 시작할 연령과 관련된 전승이 분명히 여러 가지가 있었다. 이러한 적합한 나이는 유용한 레위인의 수에 따라 위아래로 왔다 갔다 한다. 역대기 사가가 여기서 여러 자료를 사용하면서(1-9장에서의 경우처럼) 그들을 조화시키려고 하지 않고 나란히 두고 있을 수 있다. 그러나 역대상 23 : 3의 '삼십'은 그 앞에 나온 삼십팔만의 숫자에 의해 나온 서기관의 오류일 수 있어서 본문은 거기서 '이십'으로 읽어야 한다(Japhet 1993, 412). 이러한 독법은 그의 비극적 인구조사에서 "다윗이 이십 세 아래로는 그들을 세지 않았다."고 말하는 27 : 23과 히스기야 시대의 레위인들이 이십 세에 봉사를 시작한다고 말하는 역대하 31 : 17에 의해 지지된다.

23장에서 봉사 연령의 변화는 26절에서 기술된 변화된 환경을 반영하고 있을 것이다. 성숙, 인내, 지혜뿐만 아니라 육체적 힘은 장막과 그 기물을 운반하는 데 요구되었다(역대기 사가의 궤 이야기가 보여 주듯이). 그러나 성전의 건축으로 장막과 그 내용물의 운반은 더 이상 필요하지 않을 것이다. 결과적으로 더 어리고 덜 성숙한 레위인이 이제는 성공적으로 봉사할 수 있다고 생각되었을 것이다. 23장에서 레위인의 봉사 나이의 윗부분이 빠진 것은 이러한 변화된 환경 때문일 수 있다. 장막을 나르는 심한 노동과 같은 것이 더 이상 레위인의 책임이 아닌 것처럼 레위인이 오십 세에 은퇴할 필요가 없게 될 것이다.

다윗은 레위인을 네 그룹으로 나눈다. 가장 큰 이만 사천에게는 "여호와의 성전 일을 보살피는" 일이 부여된다(23 : 4). 이들은 15 : 18의 '제2군' 일 수 있다. 다음으로 행정관들이 나온다. 육천 명의 레위인들은 "관원과 재판관"으로 임명된다(23 : 4, 26 : 20-32를 보라). 마지막으로 사천 명의 레위인에게는 문지기의 임무(23 : 5, 26 : 1-19를 보라.)와 성전 음악가의 임무가(23 : 5, 25 : 1-31을 보라.) 부여된다. 이러한 마지막 세 그룹은 다음 장에서 반대 순서로 다루어진다.

23 : 6~23에서 레위인의 구분이 레위 족장에 기초하여 이루어진다. 여기서 족장 목록은 역대기와 다른 데 있는 것과 일반적으로 유사하게 레위의 세 아들 게르손, 고라, 므라리로부터 파생한 세 그룹으로 분류된다(23 : 6, 6 : 16과 15 : 5-7을 보라). 그러나 이 목록은 15 : 5~10에 있는 레위인 족장 목록이나 6 : 16~30에 있는 레위 족보와 완전히 일치하지 않는다(예를 들면 게르손 자손에서 차이가 나타난다). 족보 목록과 공통적으로 서기관의 오류가 있고(23 : 9-10에서 라단과 시므이 자손들과 관련된 혼동 같은) 다른 어려움도 있다. 이 가운데 어떤 것도 이 목록이 이 본문에 후대에 첨가된 것으로 생각하게 하지 않는다. 더 믿을 만한 것은 23 : 6~23이 역대기 사가가 여러 자료들을 의지했음을 보여 주는 또다른 것이다.

이 목록에 나타나는 두 가지 특징은 매우 인상적이다. 아므람의 아들들 가운데 "아론은 그 자손들과 함께 구별되어 몸을 성결하게 하여 영원토록 심히 거룩한 자가 되어 여호와 앞에 분향하고 섬기며 영원토록 그 이름으로 축복하게 되었다"(23 : 13). 그러므로 아론 계열은 레위인의 지파 가운데 들지 않고 레위인의 목록 뒤에 나오는 제사장의 스물 네 반열을 설명하는 데에서(24 : 1-19) 따로 취급된다. 이와 유사한 조직의 원칙이 역대기 사가의 계보의 유다 부분에서 관찰한 것에 있을 수 있다(2 : 3-4 : 23). 거기서처럼 다윗 계통은(3 : 1-24) 두 개의 유다 족보로 둘러싸여 있다(2 : 3-55와 4 : 1-23). 그처럼 여기서도 아론의 족보(24 : 1-19)는 두 개의 레위인의 족보로 싸여 있다(23 : 3-22와 24 : 20-31).

아론 계통이 따로 취급되는 반면 아론의 형제 모세의 자손은 "레위 지파 중에 기록된다"(23 : 14). 이것은 제사장직에 관한 고대 이스라엘의 논쟁에서 역대기 사가가 차지하는 입장을 보여 주는 또다른 암시이다. 다윗이 사독과 아비아달을 예루살렘 중앙 성소의 제사장으로 선택한 것은 두 대제사장 가문, 즉 아비아달로 대표되는 실로의 모세 제사장권과 사독으로 대표되는 헤브론의 아론 제사장권을 중재하려는 외교적 조치였다. 역사적으로 사독의 가문이 우세하였지만 그 논쟁은 이스라엘의 종교문학에서 계속되었다. 역대기 사가의 입장은 분명하다. 그가 "하나님의 사람 모세"(23 : 14)를 대단히 존중하지만 모세 후손들의 제사장권은 거절한다. 제사장 독점권을 지닌 아론의 후손들과 구분되는 모세의 후손들은 단순히 레위인들이다. 그러나 앞에서 관찰하였듯이 역대상 24 : 3에서 아비아달의 가문이 아론의 계통으로 흡수되는 것은 흥미롭다.

23 : 24~32에 드러난 레위인의 임무와 책임, 그리고 권리에 관한 언급은 특히 흥미롭다. 레위인들은 등록되어 중요한 목적을 위한 반열에 자리한다. "……여호와의 성전에서 섬기는 일을 하는 이십세 이상 된 우두머리들이라"(23 : 24). NRSV 성경에서 '일'(히브리어로 '아보다')이라 번역된 단어는 장막과 그 기구들을 해체하고 운반하고 재조립하는 힘든 육체적 노동을 기술하기 위해 오경의 제사장 전승에서 전형적으로 사용된다(Milgrom 1970, 61-76 ; 특히 민 4장을 보라). 그러나 예루살렘이 여호와의 성소로 건축된 지금 레위인들은 더 이상 이러한 운반 임무의 책임이 없다. "다윗이 이르기를 이스라엘 하나님 여호와께서 평강을 그의 백성에

게 주시고 예루살렘에 영원히 거하시나니"(23 : 25).

예루살렘에 여호와를 위한 영원한 성소를 세움으로써 레위인의 '일'은 새로운 의미를 띠게 되었다. 이제 레위인들은 여호와를 위해 봉사할 것이다. 그러나 육체적인 봉사가 아니라 영적인 봉사이며 예루살렘 성전의 제의와 관리와 행정 일을 할 것이다. 영어 단어 'service'의 이중 의미는 이러한 변용과 같은 것을 표현하고 있다. 'service'는 ('self-service' 주유소나 군대 '복무 중'에 있는 사람의) 노동이나 의무를 기술하거나 예배를 위한 모임(일요일 예배 'services')을 기술하는 데 사용될 수 있다. 그와 같이 다윗은 레위인의 일이 앞으로는 예루살렘 성전의 예배에서 이루어질 것이라고 선포한다. "섬기는 일(히브리어로 '아보다')을 위하여"로 시작하고 끝나는 23 : 28~32은 이러한 새로운 상황에서 레위인들이 행할 일의 성격과 내용을 기술해 주고 있다.

NRSV의 23 : 28은 레위인들은 '하나님의 성전에서 섬기는 일'을 위해 '아론의 자손을 도와야' 한다. 이것은 레위인들이 제사장에 종속되어 있음을 암시해 준다. 그러나 히브리어는 레위인들이 '아론 자손들'과 함께 섬겨야 한다고 읽는 JPSV가 더 낫게 번역되어 있다. 역대기에서 레위인들은 제사장이 아니다. 그러나 그들은 성전의 종도 '잡역부'('janitors', Myers 1965, 161의 표현처럼)도 아니다. 오히려 역대기 사가는 "레위인과 아론 사람들의 책임을 일반적으로 상보적으로 나타내 주고 있다"(Knoppers 1999, 59). 23장에서 기술된 상황은 성전 관리와 제의 관리가 나란히 봉사하고 있는 에스겔 40 : 45~46에서 기술된 것과 상당히 유사하다. 역대기 사가가 에스겔과는 달리 그의 성전 직원을 제사장이라 칭하지 않는 것을 제외한다면 말이다.

23 : 28~32에 기술된 레위인의 특별한 책임은 어떤 경우에는 토라 전승으로부터 나왔고, 어떤 경우에는 유일하고 예상치 않은 것이다. 그래서 레위인들이 "뜰과 골방과 모든 성물을 정결하게 하는 일, 하나님의 집에서 섬기는 일"(23 : 28)을 맡고 있다는 것은 신명기 역사서의 '제2규정'을 상기시켜 주며 잡역부의 일 같은 하찮은 것보다 더한 것 같다. 그러나 성전의

골방들은 다른 데서는 제사장을 위해 마련되었으며, 이것은 레위인의 책임과 접근의 확장을 암시한다(Knoppers 1999, 65). 비슷하게 23 : 29은 레위인들이 "진설병과 고운 가루의 소제물 곧 무교전병이나 과자를 굽는 것이나 반죽하는 것이나 또 모든 저울과 자를 맡아"(9 : 29-32를 보라.) 도와야 한다고 말한다. 여기서 사용된 용어는 제사장 전승에서 끌어온 것이다. 그러나 역대기 밖에서 레위인들은 이러한 다른 특별한 제물과 관련하여 결코 언급되지 않는다. 실로 '진설병'은 토라에서는 엄격히 제사장들만의 책임으로 한정하고 있다(레 24 : 8-9 ; Knoppers 1999, 65).

레위인들이 꼭 맞는 양을 지켜야 하는 책임을 맡고 있다는 것은 특별히 더욱 놀랍다(23 : 29). 저울과 자가 히브리 성서에서 반복적으로 주장되는 것처럼 잘못된 저울은 하나님이 싫어하고 미워하는 것으로 불린다(예를 들면 레 19 : 35-36 ; 잠 11 : 1 ; 암 8 : 5). 고대 근동에서 규정된 저울과 자를 지키는 것은 왕궁의 대표적인 책임이었다. 그래서 우르남무의 고대 수메르 법전의 서문에서 그의 다른 업적 가운데 우르남무가 "silá라는 청동자를 만들어 일 미나(mina)의 무게를 규정했으며 일 미나에 해당하는 은 한 세겔의 돌 무게를 규정하였다"(Finkelstein 1969, 523-524 번역). 그처럼 성전법은 공동체의 지도자와 왕을 '정의와 바른 실천'의 책임자로 간주한다. 특히 바른 측량 제도를 확실히 함으로써(겔 45 : 9-12) 말이다. 오로지 이곳 역대기에서만 바른 측량을 유지하는 것은 레위인의 책임 가운데 하나이다.

23 : 30~31은 레위인에게 제의를 지휘하는 책임을 부여한다. "아침과 저녁마다 서서 여호와께 감사하고 찬송하며 또 안식일과 초하루와 절기에 모든 번제를 여호와께 드리되 그가 명령하신 규례의 정한 수효대로 항상 여호와 앞에 드리며" 이것은 특히 레위인 가수와 음악가에게 해당된다. 시편들을 아삽에게(50편과 73-83편), 헤만에게(88편), 에단(89편), 여두둔(39, 62, 77편), 고라자손(42, 44-49, 84, 85, 87과 88편), 또는 단순히 '지도자에게'(55회 발견되는 규명으로 일흔 세 편이 귀속되는 다윗에게와 거의 비슷한 수이다.) 기인시키는 것은 예배에서 레위인의 강한 지도자적

역할을 지지해 준다.

마지막으로 레위인들은 "회막과 성소의 직무를 지킨다"(23 : 32). 이 용어는 제사장적이다(민 3 : 28 ; 18 : 4-5). 그러나 역대기의 문맥은 새로운 해석을 요구한다(Knoppers 1999, 63-64). 민수기에서 성막의 가장 거룩한 것들을 운송하는 것과 관련하여 성소를 맡는 것은 고라 자손의 책임이다. 성막이 쉴 때는 제사장만이 지성소에 들어갈 수 있다. 그러나 역대기에서는 영원한 성소가 있으며, 성소의 직무를 맡는 책임은 고라 자손이 아니라 일반 레위인에게 주어진다. 레위인이 성소 자체에 접근해야 한다는 것을 암시한다. 그런데 '직무를 맡다'라는 히브리어의 표현은 '성전을 맡는 제사장'과 '제단을 맡는 제사장'으로 칭하는 에스겔 40 : 45~46에 나타나는 것과 매우 유사하다.

솔로몬의 성전과 결합하여 고대의 회막에 대한 언급은 역대기 사가가 결국 여기서 본문들을 처리하고 있음을 — 그의 자료에서 나온 정보를 창조적이고 유례 없는 식으로 결합한다. — 암시해 준다고 생각될 수 있다. 그러나 회막이나 장막은 궤와 "모든 거룩한 기구들"과 함께 솔로몬에 의해 성전 안으로 들여온다(대하 5 : 5 ; 왕상 8 : 4). 실로 궤가 보존된 솔로몬 성전의 지성소에 튀어나온 거대한 그룹의 날개들 아래의 공간은 장막의 차원에 상응한다(Friedman 1987, 174-187을 보라. 그는 장막이 실제로 성전 구조에 흡수되었고, 지성소의 그룹 아래 고정되었다고 가정한다). 레위인의 책임에 관한 언급에서 역대기 사가는 비역사적인 환상에 참여하지 않는다. 그는 언젠가 존재했던 제사장과 레위인의 보완성을 요구하며 다시 한번 존재할 것이라고 희망한다.

제사장의 24반열(24 : 1-19)

레위인의 족장들과 그들의 임무를 다룬 후 역대기 사가는 아론의 제사장 계열로 돌아온다. 엘르아살 계통만을 다루는 6 : 4~15의 대제사장 족보와는 달리 24 : 1은 아론의 네 아들인 나답, 아비후, 엘르아살, 이다말(출 6 : 23 ; 민 3 : 2) 모두를 열거하고 있다. 역대기 사가는 나답과 아비후의 죽음에 대한 기묘한 정황(민 3 : 4)은 언급하지 않는다. 그들이 후손을 남기지 못하고 죽어서 아론 계열이 엘르아살과 이다말을 통해 계속되었다는 것만 언급한다.

다음에 역대기는 다윗의 시대로, 또 엘르아살과 이다말로부터 내려온 제사장 가문의 두 족장인 사독과 아히멜렉에게로 훌쩍 뛰어넘는다(18 : 16을 보라). 엘르아살의 집이 이다말의 집보다 수적으로 더 많게 되었지만(엘르아살의 가문은 16, 이다말의 가문은 8), 이 둘은 동일하게 취급되어 제의 봉사에 참여하는 지도자의 순서는 제비뽑기로 결정된다(24 : 5). 제사 임무를 조직하는 이러한 방법은 세례 요한의 아버지인 스가랴가 제비뽑기로 성소에서 분향하는 일에 선발되는 누가복음 1 : 9에 반영되어 있다. 여기서 역대기 사가의 방법은 엘르아살과 이다말이 거룩함의 다른 차원을 소유하고 있는 율법의 제사장 전승으로부터 구별된다(예를 들면 출 38 : 21 ; 민 4 : 2-16). 그러나 24 : 5에서 각 가문은 희생 제의 관리(하나님의 관리)와 일반 관리(성소의 관리)를 함유하며, 그래서 엘르아살이 이다말에 대한 우월권의 기초가 없다고 언급된다.

제사장과 레위인을 구별하는 분명한 토대는 여전히 있다. 랄프 클라인(Ralph Klein)이 관찰하듯이, "제사장의 임무는 하나님에 의해 부여되었다. 23장에 있는 레위인의 임무는 다윗에 의해 주어졌다"(Klein 1993, 638). 유사하게 다윗은 스스로 레위인을 그 반열대로 조직하는(히브리어 동사 할락) 반면 제비뽑기로 조직된(다시 히브리어 동사 '할락'이 쓰인다.) 제사장의 반열은 하나님의 손에 남겨진다(24 : 5). 성서에서 자주 제비뽑기를 하는 것은 하나님의 뜻을 결정하는 수단으로 사용된다(예를 들면 민 26 : 55 ; 삼상 10 : 17-26 ; 행 1 : 26). 사실 제사장의 중요한 임무는 거룩한 제비에 해당하는 우림과 둠밈을 지키고 사용하는 것이다(출 28 : 30 ; 민 27 : 21 ; 삼상 14 : 41을 보라). 역대기 사가에게 있어서 제사장의 임무는 훨씬 더 중요한 거룩을 지니며 레위인의 봉사보다 훨씬 더 고대의 증거를 소유하고 있다. 레위인과 제사장이 역대기에서 상호 보완적인 역할을 완성하는 반면, 그들의 역할은 결코 상호 교체될 수 없다.

다른 레위인 목록(24 : 20-31)

두 번째 레위인의 족장 목록은 우리가 본 것처럼 두 레위인의 목록 사이에 있는 아론 계열을 감싸고 있다. 23 : 3~32에 있는 첫 번째 레위인 목록과의 관계는 불분명하다. 두 번째 목록은 초기 목록에 있는 가족들 가운데 일부를 확장하는 반면, 헤브론(24 : 23 ; 23 : 19)과 무시(24 : 30상 ; 23 : 23)를 변화시키지 않기 때문에 24 : 20~31은 앞에 있는 목록에 대한 부록이 될 수 있다(Myers 1965, 166). 그러나 완전히 새로운 계열이 므라리(24 : 27) 아래 나타나지만 게르손은 전혀 언급되지 않는다는 것에 주의하라. 이것은 24 : 20~31이 보충이 아니라 또다른 목록임을 암시해 준다.

24 : 1~19에 있는 제사장의 목록처럼 두 번째 레위인의 목록은 23 : 6처럼 왕의 선포에 의한 것이라기보다는 제비뽑기에 의한 조직과 관련된다(24 : 31). 성전 음악가(25 : 8)와 문지기(26 : 13)의 봉사 순서도 제비뽑기에 의해 결정된다. 이것은 24 : 31에 나타나는 것과 유사한 언어로 기술되어 있다(24 : 31의 "가장 어린 형제뿐만 아니라 우두머리"와 25 : 8의 "크고 작은, 스승이나 제자나"를 비교하라. 또 26 : 13의 "작고 크나"). 그러나 23 : 1이나 24 : 5(제사장과 레위인이 '조직되었다')과는 다르게 사용된 용어는 이 세 문장(각각 레위인들은 '제비를 던지다')에서 사용되어 다윗의 조직과 제비뽑기에 의해 봉사의 순서를 결정하는 것과 아무런 갈등이 없다는 것을 암시해 준다.

24 : 5과 25 : 8, 그리고 26 : 13 모두가 레위인이나 제사장 가문이 봉사할 순서를 결정하는 목적을 지니고 있는 반면, 24 : 31의 제비뽑기에 대한 정당성은 없으며 무슨 목적으로 여기서 제비를 뽑는지 불분명한 채로 남아 있다. 아마도 24 : 31은 편집적인 확장일 것이며, 역대기 사가가 24 : 20하~30에서 두 레위인의 족장 목록을 제사장 목록과 훨씬 더 잘 조화시키기 위하여 그의 자료 본문에 추가하였을 것이다(Japhet 1993, 423). 사실 본문은 레위인들이 "그들의 후손, 아론의 자손에게 해당하는 제비를 던지다"라고 언급하고 있다(24 : 31). 의아하게도 요세푸스는 제사장의 24반열에 상응하는 레위인의 24반열에 대하여 말하고 있다(Antiquities

7.17). 31절의 확장에 의해 이루어진 24 : 1~19, 20~31의 평행은 24 : 20~31의 이름들이 24개를 내기 위해 얼마나 기술적으로 다루어질 수 있는지, 불분명하지만 이 숫자들도 평행해야 할 것을 암시해 준다.

성전 음악가(25 : 1-31)

이것은 역대기에서 레위인 음악가의 다섯 번째 목록으로 역대기 사가의 관점에 따른 바른 예배에 중요한 어떤 것을 보여 준다. 다윗이 음악과 시를 생각하는 점은 분명히 역대기의 독특한 점은 아니다. 다윗은 사무엘상 16 : 14~23과 사무엘하 1 : 17~27에서 음악가와 시인으로 나타나며 73편의 시편이 다윗의 것이다. 역대기가 예루살렘의 제의를 다윗에게 귀속시키듯이 음악과 시의 후견인으로서 그의 역할은 여기서 특히 중요하다.

6 : 31~48에 있는 성전 음악가의 첫 번째 목록은 다윗의 가수 헤만과 아삽과 에단을 레위까지, 각각 고라, 게르솜과 므라리까지 거꾸로 추적해 가는 족보이다. 15 : 16~22에 있는 두 번째 목록은 레위인 지도자들이 다윗의 명령에 따라 헤만, 아삽, 에단을 지명하는 것을 다룬다. 16 : 4~6에서 다윗은 아삽을 궤 앞에서 제의를 돌보도록 임명한다. 16 : 37~42에서는 아삽에 의해 인도되어 궤 앞에서 찬양을 계속하도록 한다. 뿐만 아니라 헤브론에 있는 장막 앞에서 헤만과 여두둔 — 분명히 에단에 대한 다른 이름일 것이다(시 39, 62, 77편이 여두둔에게 귀속된다는 것을 기억하라). — 에 의해 지휘되어 계속하게 한다.

25 : 1~31의 다섯 번째 목록은 성전 음악가의 분류를 이와 같은 세 명의 지도자들 아래 둔다고 주장한다. 여기서 다시 세 번째 가수가 여두둔이라 불리고 있음을 주목하라. 실로 '에단'이라는 이름은 역대기 사가의 역사서에 다시 나타나지 않는다. 그러나 이 목록이 지닌 허위의 성격은 단순하다. 가수들은 아론의 제사장들처럼 24반열의 도식으로 나타나 있다. 목록을 채우기 위해서 역대기 사가는 거침없이 많은 이름들을 인위적으로 제조하였다. 특히 헤만의 "아들들"로 주장되는 이들은(25 : 4) 실제로 위로 하나

니로부터 일련의 노래 제목이거나 이상한 짧은 시이다. 약간 재배열한 후에 헤만 아들들의 '이름들'은 다음과 같이 번역된다.

> 내게 은혜를 베푸소서 여호와여 내게 은혜를 베푸소서
> 당신은 나의 하나님이시라
> 나는 (나의) 돕는 자를 높였으며 찬양하리라
> 재난 가운데 앉아 내가 말하였나니
> 명백한 증거가 넘치나이다(Myers 1965, 173).

역대기 사가는 분명히 그의 기술을 간파하는 독자들을 염두에 두지 않는다. 그의 요점은 23 : 28에서처럼 여기서도 레위인의 제의적인 임무가 제사장의 희생 제사적인 임무에 상보적이라는 것이다.

25 : 1~31의 다른 두 개의 이상한 특징은 언급할 만하다. 첫째, 음악가들에게 임무를 부여하기 위해 그들을 따로 지정할 때 "군대장관들"(25 : 1)이 다윗과 연관되어 있다는 것이 이상하다. 그러나 여기서 NRSV가 '군대'라고 번역한 단어는 다른 곳에서 신성한 임무를 위해 소집된 레위인들에게 사용된다(Japhet 1993, 439 ; 예를 들면 민 4 : 3, 8 : 24-25). 그렇다면 25 : 1이 아삽과 헤만과 에단/여두둔을 지명할 책임자가 "레위인의 족장들"이라고 하는 15 : 16을 단순히 재언급하고 있을 개연성이 매우 높다.

또다른 특이한 점은 성전 음악가의 사역을 '예언'이라고 기술하는 것과 관계 있다(25 : 1, 3). 아삽이 "왕의 지도 아래 예언하였다"고 말하고(25 : 2), 반면 헤만은 "왕의 선견자"라 불린다(25 : 5). 실제로 초기 이스라엘 예언에서 예언과 음악과의 연계는 전혀 범상한 것이 아니었다. 예언자라고 불리는(출 15 : 20 ; 민 12 : 1-16 ; 대상 6 : 2-3 ; 미 6 : 4도 보라.) 모세의 누나 미리암은 소고를 치며 이스라엘 여인들을 이끌고 노래하고 춤을 춘다(출 15 : 20-21). 사무엘상 10 : 5에서 사무엘은 사울에게 그가 "산당에서부터 비파와 소고와 저와 수금을 앞세우고 예언하며 내려오는" 예언자 집단을 만날 것이며, 그들이 "예언적 황홀경에 있을 것"이라고 말한다. 사울에게 여호와의 영이 임하여 그는 예언자들과 함께 예언을 한다.

이와 비슷하게 열왕기하 3 : 15에서 엘리사는 음악가를 불러 그들이 연주하는 동안 예언한다. 예언과 음악과의 연관성은 처음 나오는 것처럼 기이한 것이 아니다. 사실 우리 자신의 예배 경험은 우리 안에 있는 깊은 심금을 울리는 음악적 능력을 가르쳐 주며 우리에게 하나님의 현존과 능력, 사랑과 위엄에 대한 인식을 고조시켜 준다. 복음성가 가수 프레드 프랫 그린(Fred Pratt Green)은 쓰기를

> 음악을 하며 우리는 얼마나 자주
> 소리 세계의 새로운 차원을 발견하는가!
> 예배가 우리를 더 심오한 세계로 인도할 때
> 할렐루야!(The United Methodies Hymnal 1989, no. 68)

하나님 영의 영감 아래 연주하는 레위인 음악가들은 분명히 하나님 말씀의 통로로 간주되었을 것이다.

문지기(26 : 1-19)

이것은 역대기에서 문지기의 네 번째 목록이다. 9 : 17~32의 첫 번째 목록은 포로에서 예루살렘으로 돌아온 문지기들을 다룬다. 전체 212명인 네 가문들이 열거되어 있다. 그러나 이 목록도 문지기의 책임의 정도를 상술한다. 그것은 다양하게 성전 예배 장치를 돕는 단순히 지키는 의무를 넘어선다(9 : 28-32를 보라). 15 : 18하, 23의 두 번째 목록은 다윗의 궤 행렬과 연관된 네 이름, 오벧에돔, 여이엘, 베레갸와 엘가나를 언급한다. 16 : 38의 세 번째 목록은 다윗 시대의 두 문지기 가문인 오벧에돔과 호사를 언급하고 문지기로 일한 오벧에돔 가문의 68명을 언급한다(13 : 13-14에 있는 오벧에돔에 대한 논의를 보라). 26 : 1~19의 네 번째 목록은 임무의 순서와 각 가문이 지켜야 할 문을 결정하기 위해 제비뽑는 것을 기술하고 있다. 여기서 세 가문의 93명이 나타난다. 62명은 오벧에돔의 가문에 속하고, 18명은 므셀레먀의 가문에 속하고, 13명은 호사의

가문에 속한다(26 : 8-11).

문지기들이 본래 레위인으로 간주된 지의 여부에 대하여 논의가 이루어지고 있다. 예를 들면 오벧에돔은 사무엘하 6 : 10~11에서 깃 족속으로 불린다. 그러나 우리가 본 것처럼(15 : 18, 23-24에 관한 주석을 보라.) 문지기들은 신명기 역사서에서 문지방을 지키는 레위인들과 관련될 수 있다(왕하 12 : 9, 22 : 4, 23 : 4, 25 : 18). 어쨌든 성소를 지키는 일은 토라에서도 레위인의 임무에 해당한다(민 1 : 50-53, 3-4). 그러므로 역대기 사가의 역사서에서 레위인에게 성전 문을 지키는 자로서의 임무를 부여하는 것에 대한 분명한 선례가 있다.

성전 관리(26 : 20-32)

마지막으로 역대기는 성전 유지에 중요한 행정과 재정 임무 부여를 레위인과 관련시킨다. 모든 목회자들이 알고 있듯이 행정은 쉽지도 영광스럽지도 않다. 그러나 그것은 목회이며 신앙 공동체의 생활에 본질적인 것이다(26 : 20-28). 특히 그들은 전쟁에서 취한 전리품과 여호와께 헌납된 것에 대한 책임이 있으며(18 : 8을 보라.), 이것은 사울에게로 소급된다(26 : 28). 여기서 사울의 죽음 이후 칠 년 반 동안 계속된 갈등 속에서 아브넬과 이스바알의 장군으로부터 헌정을 발견하는 것도 흥미롭다. 역대기 사가가 국내 전쟁을 언급하지 않는다 할지라도 그 독자들이 그것에 대해 또 아브넬이 누구인지에 대하여 알고 있다고 가정한다.

다음으로 26 : 29~32은 정치적, 법적 역할을 하는 레위인에 대하여 말한다. 이스할 자손은 "이스라엘을 위한 외부의 임무인 관리와 재판관으로 지명된다"(26 : 29). 또 "여호와의 모든 일과 왕을 섬기는 직임을 맡은" 헤브론 사람들은 요르단의 서쪽과 동쪽을 맡았다(26 : 30, 32 ; 이스할과 헤브론의 레위인 계통에 대하여는 6 : 2, 18, 23 : 12, 18-19를 보라). 오경의 제사장 전승에서 레위인들은 재판관으로 일하지 않는다. 그러나 법정에서의 봉사는 신명기에서(17 : 8-13, 21 : 5), 에스겔 40~48장의 성전법에서(겔 44 : 24) 레위인 제사장의 중요한 부분을 차지한다. 신명기 사가나 에스겔의 사독 편집자와는 달리 역대기 사가는 재판을 제사장의 책임으로 간주하지 않는다. 레위인을 재판관과 관리로 지명하는 것은 매우 신중하게 취해진다. 역대기 사가는 봉사할 최고의 백성을 찾기 위한 모든 시도가 이루어지고 있음을 강조한다(26 : 31을 보라).

레위인의 목록과 제사장의 목록은 22장에 기술된 성전을 위한 물질적인 준비에 필요한 대응물로 이바지한다. 다윗은 솔로몬에게 제사장과 제의 관리로부터 행정가와 성전을 지키는 자에 이르기까지 완전하고 기능적인 성전 제도를 물려준다. 빠진 것은 성전 자체이다.

정치 관리(27 : 1-34)

레위인의 임명을 다룬 후에 역대기 사가는 이제 다윗의 비종교적 관리들로 돌아온다. 이스라엘의 정치 행정은 네 부분으로 취급된다. 군사(27 : 1-15), 지파의 족장(27 : 16-24), 다윗의 부하(27 : 25-31), 다윗의 개인적인 조문관(27 : 32-34)이다. 많은 학자들은 이 자료를 역대기에 부가된 이차 보충물로 간주한다. 성전이나 성전 인력을 다루지 않기 때문이다. 그러나 이스라엘의 종교 문서에는 종교와 정치를 혼합하는 것에 대한 선례가 많이 있다. 신명기에서 왕의 책임(신 17 : 14-20)은 제사장(신 18 : 1-8)과 예언자(신 18 : 9-22)의 책임과 밀접하게 관련되어 있다. 비슷하게 성전법에서 제사장과 레위인의 책임(겔 44 : 1-31)과 군주들의 책임(겔 45 : 7-46 : 18)은 밀접하게 관련되어 있다.

사실 23 : 1~28 : 21의 구조는 이스라엘의 종교적 지도자뿐만 아니라 비종교적 지도자를 포함할 것을 요구한다. 23 : 2에서 다윗은 "이스라엘의 모든 지도자와 제사장과 레위인"에게 호소한다. 우리가 본 것처럼 그 다음 장은 레위인(23 : 3-32, 24 : 20-26 : 32에 확장되어 있다.)과 제사장(24 : 1-19)을 반대의 순서로 다룬다. 다음으로 이스라엘의 지도자들이 논의될 것이 기대된다. 나아가 우리는 28 : 1에서 "다윗이 이스라엘 모든 고관들 곧 각 지파의 어른과 왕을 섬기는 반장들과 천부장들과 백부장들과 및 왕과 왕자의 모든 소유와 가축의 감독과 내시와 장사와 모든 용사를 예루살렘으로 소집하였다."고 읽는다. 이들은 27장에서 논의되는 바로 그 집단들이다. 그러므로 27 : 1~34을 후대의 삽입으로 간주해야 할 하등의 이유가 없다.

군대(27 : 1-15)

역대기 사가는 다윗의 군대 지휘관을 설계하기 시작한다. 본문은 이만 사천으로 이루어져 월 교대로 봉사하는 열두 반열로 시작한다(27 : 1). 열두 반열의 지휘관의 이름은 모두 다윗의 영웅들의 목록에 있는 첫 열여섯 이름 가운데 나타난다(11 : 10-30). 역대기 사가는 이 사람들을 '다윗 용사들의 우두머리'라고 칭한다(11 : 10). 이제 그들 우두머리들은 그들의 능력과 어울린다. 학자들은 역대기 사가가 실제 자료를 끌어 쓰면서 이스라엘 역사의 어떤 시점에 있는 실제적인 관행을 기술하는 것인지, 아니면 (성전 음악가의 명단처럼) 이념적인 효과를 위해 이상적으로 제시하고자 창작하고 있는 것인지에 관하여 의견을 달리하고 있다. 둘 다 역대기 본문의 기능은 같다. 다윗은 솔로몬에게 온전하고 기능적인, 전적으로 발전할 수 있는 군대를 남겨 준다. 다윗이 날선 검으로 그의 왕국을 개척했다면 솔로몬은 힘 있고 안정된 상태에서 통치를 시작하며, 이것은 그에게 성전을 건축한 평화의 사람이 되게 한다.

지파의 지도자(27 : 16-24)

역대기 사가가 나열한 이스라엘 지도자의 두 번째 그룹은 지파의 지도자이다. 2 : 1~2(창 35 : 22하-26 ; 민 1 : 5-15)이 여기서 지파들 순서에 사용된다. 요셉의 지파인 에브라임과 므낫세 지파가 분리되어 있고, 단 지파가 제대로 된 자리를 잡고 있기는 하지만 말이다. 제사장과 레위인 사이의 차이를 계속 유지하면서 레위 지파는 레위와 아론으로 분류된다(27 : 17). 므낫세 지파도 지리적인 현실을 반영하여 두 지파 반으로 분할된다(27 : 20하-21상). 기대되는 순서에서의 변화 한 가지, 즉 납달리를 목록의 끝에서 스불론 다음의 자리로 옮긴 것도 지리적인 관심사를 반영하고 있을 것이다(Japhet 1993, 471). 갓과 아셀 지파는 빠져 있다. 아마도 그들은 서기관의 실수로 목록의 끝에서 탈락되었을 것이다.

지파의 지도자들 목록은 다윗의 인구조사와 관련된 이상한 기록으로 끝난다. 첫째, 우리는 "이스라엘 사람의 이십세 이하의 수효는 다윗이 조사하지 아니하였으니 이는 여호와께서 전에 말씀하시기를 이스라엘 사람을 하늘의 별같이 많게 하리라 하셨음이라"(27 : 23 ; 또한 23 : 24, 27도 보라.)고 듣게 된다. 분명히 다윗의 인구조사에서 20세 이하는 계수되지 않았다. 그들이 없다 해도 하나님의 축복은 많은 수를 보장하기 때문이다. 이것은 주제넘고 교만한 생각이다. 인구조사에도 불구하고 지파들의 인구는 여기에 올라와 있지 않다. 요압이 레위와 베냐민 지파 계수를 거부해서 인구조사가 완성되지 않았을 것이기 때문이기도 하고(21 : 6), '이 일로' 즉 이를 완성하지 못한 요압의 실수 때문이 아니라 인구조사로 인한(21 : 7-17 ; 다른 관점은 Wright 1998, 54-55를 보라.) 진노가 이스라엘에 임했기 때문(27 : 24)이기도 하다.

역대기 사가의 시대에 지파 제도는 더 이상 존재하지 않았다. 지파의 지도자들을 나열하는 것은 그럼에도 불구하고 중요하다. 모든 지파의 모든 지도자들이 기꺼이 다윗의 권위 아래 봉사했다는 것은 모든 이스라엘이 다윗의 통치를 지지했다는 것을 다시 역대기 사가의 요점으로 삼는다. 역대기에서 다윗은 솔로몬에게 완전하고 통일된 왕국을 물려준다.

다윗을 모시는 사람들(27 : 25-31)

열거된 지도자들의 마지막 집단은 왕에 가장 가까운 사람들이다. 왕의 재산을 취급하는 자들과 왕의 주의를 끄는 자들이다. 첫째 다윗의 종들이 그들의 책임 영역과 함께 열거되어 있다. 다윗의 부를 인상적으로 제시하는데 기여하는 것 외에도 이 문장은 역대기 사가의 이야기에서 중요한 기능을 지니고 있다. 다윗의 개인적인 행운과 안전이 보장되어 있다. 그러므로 그는 솔로몬에게 군사적 정치적 안전은 물론 경제적 안전도 물려준다. 솔로몬은 성전을 건축할 수 있다.

다윗을 섬기는 고문(27 : 32-34)

요압과 아비아달(그리고 여호야다의 아들 브나야도 ; 아래를 보라.)을 제외하고 다윗 고문들의 목록은 18 : 14~17에 설명된 왕의 행정에 상응하지 않는다. 그 목록이 공적 행정을 열거하는 반면, 이들은 다윗의 '사적 고문'들일 것이다(Myers 1965, 185). 그들은 신기한 집단이다. 다윗의 숙부 요나단은 성서에서 오직 여기에만 나타난다. '왕자들의 수종자'이자 솔로몬의 교사인 듯한(27 : 32) 여히엘은 다윗이나 솔로몬에 관한 이야기에서 언급되지 않는다. 브나야의 아들 여호야다도, 다윗의 삼십 인과 경호원의 우두머리 가운데 있는 새 용사인 여호야다의 아들 브나야에 대한 서기관의 오류가 아니라면 수수께끼 인물이다(11 : 22-25, 18 : 17).

그러나 다른 데서 알려지지 않은 고문관들이 의문스럽다면 익숙한 이름들은 훨씬 더 의문스러울 것이다. 아히도벨은 사무엘하 16 : 23에서 가장 지혜로운 고문관으로 칭송된다. 그러나 그는 그의 자문을 다윗을 반역한 아들 압살롬에게 주어 압살롬이 그의 아버지에게 반란을 일으킬 때 압살롬에게 치명타를 가한다(삼하 15 : 12, 31, 16 : 15-17 : 4). 반역은 후새(27 : 33에서 왕의 친구라 불린다. 삼하 15 : 37을 보라.)가 압살롬 편으로 위장 전향하여 아히도벨의 지혜로운 계략을 좋지 못한 조언으로 역습하기 때문에(삼하 15 : 32-37, 17 : 5-14) 큰 낭패를 본다. 그의 계략이 거부되는 것을 보고 압살롬의 대의가 저주받을 것을 알자 아히도벨은 스스로 목숨을 끊는다(삼하 17 : 23). 아비아달은 다윗의 용병 시절부터 오랜 친구이자(삼상 22 : 20-23) 다윗의 예루살렘 대제사장 가운데 한 사람이지만, 솔로몬의 경쟁자인 아도니야가 다윗의 왕위를 요구할 때 그와 함께 했다(왕상 1 : 7). 확실히 요압은 신명기 역사서에서보다는 역대기에서 훨씬 매력적인 인물이다. 그러나 역대기에서 요압이 왕에게 조언을 했던 한 경우에(21 : 3에서 인구조사와 관련하여) 다윗은 이를 거부한다. 열왕기상 2 : 13~35에 따르면 솔로몬은 여호야다의 아들 브나야에게 요압을 암살하라고 명령하며 아비아달을 아나돗으로 추방한다. 고문관들은 가장 역설적인 유산이다.

결국 다윗의 고문관은 실제로 역대기 사가의 공동체에게 메시지가 된다. 가장 지혜롭고 최고인 사람조차도 실수를 범한다. 가장 신실하고 신임받은 자조차도 틀릴 수 있다. 역대기는 항상 약속과 함께 경고를 준다. 솔로몬과 같이 역대기 사가의 공동체는 대전승을 물려받았으며 성전을 건축한다. 그러나 불신과 죄의 위협은 그들이 물려받은 유산의 일부이기도 하다. 그들은 그들의 경계를 누그러뜨릴 수 없다. 그들이 그리 한다면 어두운 과거는 반복될 것이기 때문이다.

다윗의 두 번째 고별설교(28 : 1-21)

다윗의 두 번째 고별설교는 원칙적으로 27장에 나와 있는 이스라엘의 지도자들에게 행해진 것이다. 여러 가지 면에서 이 구절은 솔로몬에게 행한 다윗의 첫 번째 설교와 17장에 있는 나단의 예언을 상기시켜 준다. 다윗은 다시 성전을 건축하고자 하는 소망과 다윗이 피를 흘렸다는 이유로 하나님이 거절했다는 것을 상기시켜 준다(28 : 2-3). 그럼에도 불구하고 다윗과 그의 혈통은 왕위를 위해 선택되었다. 이스라엘의 모든 지파들로부터 하나님은 유다를 선택하였으며 유다의 모든 가문으로부터 다윗의 집을 선택하셨다. 이제 다윗의 아들들 가운데("여호와께서 내게 여러 아들을 주시고……" 28 : 5) 여호와는 솔로몬을 택하셨다.

그러나 17 : 14에서 솔로몬과 그의 자손에 대한 영원한 왕권 약속이 무조건적인 반면, 여기서 여호와는 "그가 만일 나의 계명과 법도를 힘써 준행하기를 오늘과 같이 하면 내가 그의 나라를 영원히 견고하게 하리라"(28 : 7)고 말씀하신다. 솔로몬 왕국의 생존은 하나님의 말씀을 따르는 성실성에 달려 있다. 그러나 이상하게도 28 : 8에 있는 동사들은 복수이다. 하나님과 이스라엘 전체 공동체가 함께 증인으로써 "너희 하나님 여호와의 모든 계명을 구하여 지키기로 하라 그리하면 너희가 이 아름다운 땅을 누리고 너희 후손에게 끼쳐 영원한 기업이 되게 하리라"고 명령을 받는 이는 솔로몬이 아니라 설교에서 언급되는 지도자들이다. 역대기 사가가 그 자신의 공동체에게 말하고 있으며 그들에게 성실을 요구하고 있음은 매우 분명하다. 그들 모두는 불성실이 궁극적으로 솔로몬의 후손에게 희생시킨 것이 무엇이었는지를 잘 알았다.

다윗의 첫 번째 고별설교는 첫 번째 땅의 정복을 상기시킨다(22 : 18 ; 민 32 : 22와 비교하라). 이 두 번째 설교 또한 특히 신명기에 기술된 것과 같은(예를 들면 15 : 4-5) 초기 시절을 상기시켜 준다. 특히 '아름다운 땅'이라는 표현이 역대상 28 : 8을 제외하면 신명기(1 : 35, 3 : 25, 4 : 21-22, 9 : 6)와 여호수아(23 : 16)에서만 나타나고 있음을 주목하라. 여기서 사용된 언어와 가장 근접하게 평행하는 것은 신명기 4 : 21~22일 것이다. 이스라엘에게 호렙산에서 계시된 율법을 복종할 것을 촉구한 후 모세는 그의 임박한 죽음에 대하여 말한다. "나는 이 땅에서 죽고 요단을 건너지 못하려니와 너희는 건너가서 그 아름다운 땅을 얻으리니"(신 4 : 22). 역대상 28장에서 그의 대업의 완성을 다른 이들에게 맡기고 죽게 되는 이는 다윗이다. 그러나 여호수아가 백성들을 약속의 땅으로 인도한 것처럼 솔로몬은 성전을 건축할 것이다. 다시 한번 더 첫 번째 설교에서와 같이 다윗과 모세와의 평행이 뚜렷하다.

솔로몬에게 향한 첫 번째 설교에서 지도자들에게도 마찬가지로 말했던 것처럼(22 : 18-19) 28 : 9~10은 솔로몬에게 따로 언급된다. 솔로몬은 "모든 마음을 감찰하사 모든 의도를 아시는"(28 : 9 ; 17 : 18을 보라.) 여호와께 헌신하도록 촉구된다. 역대기의 '황금 본문'으로 간주될 수 있는 언급에서 다윗은 그의 아들에게 확언한다. "내 아들 솔로몬아 너는 네 아버지의 하나님을 알고 온전한 마음과 기쁜 뜻으로 섬길지어다 여호와께서는 모든 마음을 감찰하사 모든 의도를 아시나니 네가 만일 그를 찾으면 만날 것이요 만일 네가 그를 버리면 그가 너를 영원히 버리시리라"(28 : 9). 이 본문에 있는 약속과 위협이라는 이중의 날은 우리가 종종 보고 또 보게 될 것처럼 역대기 사가의 주제이다. 기독교인 독자들은 의심할 것도 없이 산상수훈에 있는 예수의 말씀을 기억할 것이다. "구하라 그리하면 너희에게 주실 것이요 찾으라 그리하면 찾아낼 것이요 문을 두드리라 그리하면 너희에게 열릴 것이니"(마 7 : 7). 그러나 신실하고 진지하게 찾는 자에게 하나님이 현존한다는 확신은 역대기에서 과거에는 한편에 제쳐 두었던 신앙을 다시 경미하게 취해서는 안 된다는 어두운 경고와 결합되어 있다. 신약성서에서 이 경고는 히브리서 6 : 4~6의 강한 말씀에 나타난다. "한 번 빛을 받고 하늘의 은사를 맛보고 성령에 참여한 바 되고 하나님의 선한 말씀과 내세의 능력을 맛보고도 타락한 자들은 다시 새롭게 하여 회개하게 할 수 없나니 이는 그들이 하나님의 아들을 다시 십자가에 못 박아 드러내 놓고 욕되게 함이라"(또한 히 10 : 26-31을 보라). 물론 이 냉혹한 말씀은 하나님의 용서에 대한 확신을 주는 구약과 신약성서에 있는 다른 본문에 의해 완화된다. 그러나 역대기에서나 히브리서에서 분노와 최종적인 냉혹한 어조를 얼버무리는 것은 잘못일 것이다. 히브리서의 전도자에게처럼 역대기 사가에게 신앙은 결코 가벼운 문제가 아니었다. 믿는 자에게는 절대적인 용어로 책임이 요구된다. 이 책임이 솔로몬에게 무엇을 의미했는지는 간단하다. 다시 한번 그의 첫 설교에서처럼 다윗은 그의 아들에게 "힘써 행하라"(28 : 10 ; 22 : 13과 비교하라.)고, 즉 그의 소명에 따라 성전 건축할 것을 촉구한다.

다윗과 모세와의 평행은 또다시 28 : 11~19에서 나타난다. 장막의 양식(히브리어로 '타브니트')이 모세에게 계시되어 토라에 보존되었듯이(출 25 : 9, 40), 또한 성전 건축(히브리어로 '타브니트')도 다윗에게 계시되었으며 그에 의해 솔로몬에게 기록된 형태로 전수되었다(28 : 11, 12, 18, 19 ; de Vries 1988, 626을 보라). 출애굽기에서처럼 다윗에게 계시된 건축 설계도는 성소(28 : 11-12)와 모든 기구들(28 : 13하-18)의 양식으로 나타난다. 그러나 하나님에 의해 계시된 계획은 또한 "제사장과 레위 사람의 반열과 여호와의 성전에서 섬기는 모든 일"(28 : 13상)과 관련된다. 다윗은 성전 건축의 건축가일 뿐만 아니라 기구 디자이너이다. 그는 성전 제의의 창립자이며, 제의의 실행과 보존을 보장하는 권위와 인력 구조를 설립하는 유일한 책임자이다.

그러나 이 언급은 잘못 이해될 수 있다. 다윗의 설계도는 그 자신의 창작성에 의한 것이 아니다. 모세처럼 다윗은 그에게 계시된 양식을 전해 받았다고 언급된다. 이상하게도 그 양식은 다윗에게 기록된 문서로 계시되었다. "다윗이 이르되 여호와의 손이 내게 임하여 이 모든 일의 설계를 그려 나에게 알려 주셨느니라"(28 : 19). 이 사상의 선례는 예언자 에스겔로부터 나온다(겔 2 : 8-3 : 3). 그의 소명 환상에서 에스겔은 앞뒤가 "애가와 애곡과 재앙의 말"(겔 2 : 10)로 덮인 두루마리를 본다. 그는 이 두루마리를 먹으라는 명령을 받는다. 그리고 그 말은 그의 일부가 된다. 그래서 에스겔의 예언은 자의식의 문학이다. 초기 예언서가 분명히 구전의 모음집이었다면 에스겔은 기록된 책을 가지고 있다.

역대기 사가는 이와 같은 전승에 서 있다. 28 : 19에서 기록된 문서로서의 하나님의 계시에 대한 강조는 역대기 전체에 대한 우리의 관찰과 일관된다. 역대기 사가는 성서를 배우는 학생이며, 하나님의 뜻이 기록된 말을 통해 표현된다고 이해한다. 그러므로 이스라엘의 성소와 그 인력에 대한 설계도가 하나의 책으로서 다윗에게 내려왔다는 것은 놀랍지 않다. 역대기 역사서에서 포로기 이후의 유다의 재건을 다루는 부분은(즉, 에스라-느헤미야) 같은 주제를 계속하고 있다. 학개와 스가랴를 제외하고 예언자들과 예언은 더 이상 하나님 계시의 수단으로 기능하지 않는다. 그래서 에스라는 예언자가 아니라 오히려 "영감 받은 본문의 해석자"(Schniedewind 1995, 250)이다. 성서의 본문이 신의 계시의 수단이 된다. 쿰란에서 나온 대성전 두루마리는 이러한 계속되는 궤적에 요점을 두고 있다. 이 책, 즉 대성전 건축 설계도는 그 자체로 원래 모세에게 계시되고 다음으로는 다윗에 의해 솔로몬에게 계승된 '타브니트'로 나타난다(Yadin 1983, 177과 182). 쿰란 공동체에게 모세와 다윗에게 임한 계시가 하나이자 동일하였을 뿐만 아니라 이 통일된 계시는 환상이 아니라 책에 담겨 있었다.

솔로몬에게 베푼 설교는 28 : 20~21에서 요약된다. 솔로몬에게 "강하고 담대하게 이 일을 행하라"(28 : 20)고 촉구된다. 그러나 새 왕은 그가 혼자가 아님을 확신한다. 솔로몬은 하나님의 도움을 기대할 수 있다. 나아가 그는 제사장과 레위인의 후원과 자원자들의 숙련된 보조와 관리와 백성들의 도움에 의지할 수 있다. 간단히 말해 앞장에서 기술된 집단들, 그리고 이 두 번째 고별설교에서 앞서 언급된 집단들은 솔로몬을 위해 봉사하며 그 일이 실행되었다고 확신한다.

왕권이 솔로몬에게로(29 : 1-30)

이제 우리는 다윗이 그의 왕관을 아들 솔로몬에게 넘겨주는 다윗 이야기의 끝에 이르게 된다. 다윗의 통치가 백성들의 확증으로 시작된 것처럼(11 : 1-2) 다윗이 백성들에게 그의 계승자를 확증할 것을 요구하는 것으로 끝난다. 이 장이 역대기의 마지막 형태에 잘 어울린다 할지라도 그 중 많은 것은 이 작품의 후대 편집 단계에 추가되었을 것으로 보인다. 역대상 29 : 1, 19에서 '성전'으로 번역된 단어(히브리어로 '비라')는 페르시아어에서 빌려온 후기 히브리어이다. 다른 곳에서 '비라'는 대개 바벨론의 수사 성읍에 있는 요새인 성채를 말하며 히브리 성서 후대의 책인 느헤미야(1 : 1), 에스더(10회, 예로는 1 : 2, 2 : 8, 9 : 12), 다니엘(8 : 2)에서 나타난다. 예루살렘의 성전에 대하여는 여기서만(29 : 1, 19), 그리고 느헤미야에서(느 2 : 8, 7 : 2) 사용되고 있다. 나아가 이 장 전체에서 부유한 기부자로부터 넉넉한 후원이 있었다는 것에 대한 언급은 유다 회복기의 어렵고 빈곤한 초기 시대(학 1 : 1-11을 보라.)가 아니라 주전 450년 이후 훨씬 더 풍요로운 시대를 성찰하고 있다(Meyers and Meyers 1993, 22-26). 아마도 다윗 이야기의 마지막 장의 많은 것은 역대기 역사서의 편집 마지막 단계에서 나온 것일 것이다.

다윗의 세 번째 고별설교(29 : 1-9)

마지막 설교에서 이스라엘 전체 회중에게 언급된다. 두 번째 설교처럼 이 세 번째 설교는 초기 설교들의 언어와 주제들과 다윗이 성전을 준비하는 것에 대한 기술(22 : 2-5, 11-16)을 상기시킨다. 한번 더 다윗은 솔로몬이 "어리고 미숙하다"(29 : 1 ; 22 : 5와 비교하라.)고 말하며 그래서 전 공동체의 도움과 후원이 필요하다고 말한다. 다윗은 회중에게 도전장을 낸다. "……오늘 누가 즐거이 손에 채워 여호와께 드리겠느냐"(29 : 5). 첫째 그는 자신의 개인 재산을 성전에 드림으로써(29 : 3-4) 주는 것에 대한 모범이 된다. 백성들은 지파, 군사, 정치 관리들(간단히 말해 두 번째 설교에서 언급된 백성)에 의해 인도되어 열심히 응답한다. 봉헌 목록의 두 가지 특징은 특히 흥미롭다. 첫째, 봉헌은 주전 515년경 다리우스에 의해 도입된 다릭으로 이루어진다(Klein 1993, 645). 이러한 시대착오는 저작 시기가 페르시아 시대임을 말해 준다. 6세기 후기보다 더 앞서지는 않는다. 둘째, 게르손 사람 여히엘에 의해 인도된(29 : 8), 봉헌에 대한 레위인 감독은 26 : 20~28에서 특히 21~22절에서 강조된 보석 관리인으로서 레위인의 역할을 반영하고 있다.

다윗의 유언(29 : 10-22상)

역대기에서 다윗의 마지막 유언이 하나님에 대한 찬양과 백성들을 예배와 찬양에 초대하는 것이라는 것은 타당하다. 특히 29 : 11은 익숙하게 들린다. "여호와여 위대하심과 권능과 영광과 승리와 위엄이 다 주께 속하였사오니 천지에 있는 것이 다 주의 것이로소이다 여호와여 주권도 주께 속하였사오니 주는 높으사 만물의 머리이심이니이다" 주의 기도의 결론 송영 —"주의 나라와 권세와 영광이 영원히 있사옵나이다"— 은 간단히 이 문장에서 나온 것이다. 다윗의 마지막 말에서 이 말들은 그의 기도를 결론짓지 않고 오히려 기도를 시작한다. 하나님의 왕권은 다윗 기도의 출발점이다. 하나님은 모든 부의 근거일 뿐만 아니라 모든 권능과 통치권의 근거이다(29 : 12-13).

다윗은 "나와 내 백성이 무엇이기에 이처럼 즐거운 마음으로 드릴 힘이 있었나이까?"(29 : 14 ; 17 : 16-18과 비교하라.)라고 묻는다. 하나님의 큰 영광과는 대조적으로 "우리는 우리 조상들과 같이 주님 앞에서 이방 나그네와 거류민들이라 세상에 있는 날이 그림자 같아서 희망이 없나이다"(29 : 15). 17 : 16~27의 감사 기도에서와 같이 다윗은 여기에서 이스라엘이 하나님을 온전히 의지한다고 말한다. 하나님께 드리는 이스라엘의 봉헌조차도 먼저 하나님으로부터 나온다. "모든 것이 주께로 말미암았사오니 우리가 주의 손에서 받은 것으로 주께 드렸을 뿐이니이다"(29 : 14하). 무명의 기독교인 작곡가가 음악으로 만든 다윗의 말은 기독교에서 가장 익숙한 봉헌 문장 가운데 하나가 되고 있다. "모든 것이 주께로부터 왔으니"(United Methodist Hymnal 1989, 588).

드림의 신학은 궁극적으로는 레위기 25장에서 나온 것이다. 거기서 땅은 옛날부터 아브라함, 이삭, 야곱에게까지 약속된 것이지만, 결국은 이스라엘의 재산이 될 것으로 계시된 것이 아니라 여호와께서 "토지는 다 내 것임이니라 너희는 거류민이요 동거하는 자로서 나와 함께 있느니라"(레 25 : 23 ; 29 : 15과 비교하라.)고 선포하신다. '거류민과 동거하는 자'라는 용어는 보통 그 땅에 사는 비이스라엘인을 말한다. 그들은 자신의 땅을 하나도 갖지 않고, 그들의 생활을 위해 이스라엘 사람들을 의지했으며 흔히 속박된 종이나 노예로 일했다. 이 사람들이 이스라엘을 의지한 것처럼 이스라엘은 여호와를 의지했다. 이스라엘은 땅을 소유하지 않았으며, 주인인 이스라엘을 위해 땅을 일군 소작인들 이상도 아니었다.

유사하게 다윗은 그와 그의 백성이 집도 없고 하나님의 은혜로부터 먼 희망도 없는 '나그네와 거류민'이라고 선포한다. 포로 사건을 아직도 생생한 기억으로 간직하는 역대기 사가의 공동체에게 이 말들은 특별히 공명했을 것이다. 성전을 건축함으로써 그들은 — 비록 하나님이 예배를 필요로 한다 해도 — 하나님께 호의를 베풀지 않았다. 실로 "우리가 주의 거룩한 이름을 위하여 성전을 건축하려고 미리 저축한 이 모든 물건이 다 주의 손에서 왔사오니 다 주의 것이니이다"(29 : 16). 하나님이 이스라엘이 드릴 수 있는 어떠한 것도 필요로 하지 않다 할지라도 하나님은 이스라엘의 의와 헌신에 기뻐하신다. 그러므로 다윗은 자기 자신과 그의 관대함을 위해 기도하는 것이 아니라 모든 미래 세대를 위해 "우리 조상들 아브라함과 이삭과 이스라엘의 하나님 여호와여 주께서 이것을 주의 백성의 심중에 영원히 두어 생각하게 하시고, 그 마음을 준비하여 주께로 돌아오게 하시오며"(29 : 18)라고 기도한다. 역대기 사가의 공동체는 분명히 이 기도에 포함되어 있고, 이에 의해 도전을 받았을 것이다.

마지막으로 다윗은 아들 솔로몬을 위해 기도한다(29 : 19). 그는 먼저 솔로몬이 한 마음으로 분명히 토라를 말하는 '주의 계명과 권면과 율례'를 지키기를 기도한다. 다윗은 하나님의 말씀에 순종함으로 자신의 통치를 시작했다. 그래서 그는 그의 아들이 자신과 같이 신실하기를 기도한다. 둘째, 다윗은 솔로몬이 그가 시작한 프로젝트를 완성하기를, 즉 성전이 건축되기를 기도한다.

역대상 29 : 20에서 다윗은 여호와를 찬양하기 위해 모든 회중을 소집한다. 그들은 일천 마리의 수송아지와 숫양과 어린 양 풍성한 헌물로 — 도가 지나친 헌신과 헌물이다. — 응답한다. 그러나 이것은 상실의 어두운 날이 아니다. 역대기 사가는 모든 이스라엘이 "이 날에 무리가 크게 기뻐하여 여호와 앞에서 먹으며 마셨더라"(29 : 22상)고 말한다. 사람들은 바울이 주는 것에 대하여 말한 것을 기억할 것이다. "각각 그 마음에 정한 대로 할 것이요 인색함으로나 억지로 하지 말지니 하나님은 즐겨 내는 자를 사랑하시느니라"(고후 9 : 7). 여호와께 봉사하는 삶은 기쁨과 축제의 삶이 된다.

솔로몬 왕권의 재확증(29 : 22하-25)

역대기 사가는 이미 23 : 1에서 다윗으로 하여금 솔로몬을 왕으로 선포하게 했다. 이제 솔로몬은 두 번째로 기름 부음 받은 왕이다. '두 번째'라는 구절은 맛소라 본문에 나타나지만 칠십인경에는 이 언급이 빠져 있음을 주목하라. 역대기 사가의 다윗 통치에 관한 이야기의 마지막 부분이 하나의 사건으로 읽혀지도록 의도되어 있다는 것이 가장 가능성이 높은 것 같다. 맛소라 본문의 29 : 22하에서 솔로몬이 두 번째로 기름 부음 받았다는 언급은 그러므로 서기관에 의해 잘못 이해된 것을 반영하고 있다. 그러나 우리가 본 바대로 다윗의 세 번째 설교와 그의 마지막 말씀에 대한 이야기는 역대기 역사서 편집의 후기 시점에 아마도 느헤미야의 고백록이 삽입될 때쯤 추가되었을 가능성이 있다. '두 번째'는 다윗 이야기에 대한 이 두 번째 후대의 종결이며 솔로몬이 왕위에 오른 것에 대한 두 번째 설명을 말한다.

어쨌든 권력의 이양은 평온하고 순조롭게 진행되었다. 이스라엘의 지도자들뿐만 아니라 특히 다윗의 다른 아들들도 솔로몬에게 굴복한다. 나아가 솔로몬 통치의 성공에 대한 전조를 보게 된다. "솔로몬이 여호와께서 주신 왕위에 앉아 아버지 다윗을 이어 왕이 되어 형통하니 온 이스라엘이 그의 명령에 순종하며"(29 : 23). 실로 "여호와께서 솔로몬을 모든 이스라엘의 목전에서 심히 크게 하시고 또 왕의 위엄을 그에게 주사 그 전 이스라엘 모든 왕보다 뛰어나게 하셨다"(29 : 25).

다윗의 죽음(29 : 26-30)

마침내 다윗은 "나이가 많아 늙도록 부하고 존귀를 누리다가" 죽는다(29 : 28). 역대기 사가는 다윗이 40년 동안, 헤브론에서 7년, 예루살렘에서 33년을 다스렸다고 말한다. 다시 한번 역대기는 다윗이 실제로 유다 지역만을 통치했던 전쟁 시기를 무시한다.

이제 처음으로 우리는 역대기를 관통하는 한 양식을 접하게 된다. 각 왕의 통치 끝에서 역대기 사가는 흔히 왕의 이야기에 사용된 자료들을 기록한다. 이 통치에 대한 일곱 개의 예외는 주지할 만하다. 악한 왕 여호람, 아하시야, 아달랴(대하 21-23장)와 암살된 아몬(대하 33 : 21-25), 폐위된 여호아하스(대하 36 : 1-4), 사로잡혀 간 여호야긴(대하 36 : 9-10), 또 유다의 마지막 왕 시드기야의 통치(대하 36 : 11-21)에 대한 자료는 나와 있지 않다. 이것이 빠진 것의 의미는 각 문맥에서 논의될 것이다.

다윗의 통치에 대하여 역대기 사가는 선견자 사무엘과 예언자 나단과 선견자 갓의 기록을 참고하였다(29 : 29). 이들은 실제 자료이며, 우리가 역대기 사가가 사용했다고 알고 있는 성서 본문과 다르다는 것은 분명하지 않다. 예를 들어, 우리가 보게 되겠지만 솔로몬의 이야기는 완전히 열왕기에서 끌어 쓰고 있지만 역대기 사가는 솔로몬의 업적에 대하여 세 가지 중요한 예언 자료를 인용하고 있다(대하 9 : 29 ; Klein 1992, 996을 보라). 때로 역대기 사가는 우리에게 알려지지 않은 자료를 사용한다. 그러나 29 : 29과 다른 유사한 본문은 역대기 사가의 성서 외의 자료에 대해서가 아니라 신의 계시와 같은 성서의 본질에 대하여 말하고 있는 것 같다. 이스라엘의 성전과 제의에 관한 양식은 하나의 기록된 문서로 다윗에게 임했다는 것을 기억하라. 역대기 사가는 예언자들을 본문의 저자로 이해하고 본문을 하나님의 말씀이 알려지는 수단으로 이해한다. 그래서 그는 신명기 역사서에서 그가 사용한 다윗 통치에 대한 성서의 자료가 주로 다윗 이야기에 두드러진 예언자들인 사무엘(11 : 3), 나단(17 : 1-15), 갓(21 : 9-13, 18-19)에 의해 저작되었다고 생각한다.

다윗에 관한 예언자의 하나님 말씀은 다윗과 그의 후손을 훨씬 뛰어넘는 의미를 담고 있다. 역대기 사가는 이들 기록이 "그의 왕 된 일과 그의 권세와 그와 이스라엘과 온 세상 모든 나라의 지난날의 역사"(29 : 30)에 관한 것이라고 한다. 다윗을 위한 하나님의 계획은 궁극적으로 이스라엘의 국경을 넘어서는 큰 나라들, 즉 앗수르, 이집트, 바벨론, 그리고 먼 페르시아와 관련된다. 페르시아의 고레스를 여호와의 기름 부음 받은 자로 말하는 제2이사야처럼(사 45 : 1) 역대기 사가는 하나님을 하나님의 목적을 완성하기 위해 세계적인 무대에서 활동하시는 것으로 이해한다.

역대기 사가에게 다윗의 의미는 과소 평가될 수 없다. 다윗은 통일 왕국 이스라엘의 첫 번째 왕이자 대왕이다. 그의 가족은 역대기 사가의 시대부터 대이스라엘의 영광 시대에 이르기까지, 그리고 실로 역대상 1~9장에 제시된 것처럼 역사의 개벽 시대까지 거슬러 올라가 중단되지 않는 연속성을 이루고 있다.

그러나 가장 중요한 것은 다윗이 모세와 함께 이스라엘 제의의 창설자로서 있다는 것이다. 그는 이스라엘 제의의 창립자요, 이스라엘 성전의 건축가이다. 역대기 사가의 이야기를 상기시켜 주는 것은 여기 다윗의 역사에서 이미 계시된 주제들을 풀어내는 것이다. 솔로몬은 실제로 성전을 건축한다. 다른 왕들은 성전과 그 제의를 후원하고 새롭게 할 때 그 신실함으로 칭송될 것이다. 또는 불신으로 행하여 성전의 부패와 파괴를 초래하면 저주를 받을 것이다. 다윗은 경고나 약속에서 항상 그 배후에서 과거에 있었던 것의 이미지와 다시 시작될 것의 이상적인 표현으로 남아 있다. 역대기에서 다윗의 긴 그림자는 이어질 모든 왕들과 시대들에 드리워 있다.

역대하

INTERPRETATION

제1부

솔로몬

역대하 1 : 1~9 : 31

솔로몬

역대하 1 : 1~9 : 31

역대기 사가의 관심은 부왕 다윗에게와 같이 솔로몬에게도 집중되어 있다. 역대기에서 다윗이 예루살렘 제의의 창시자인 것처럼 솔로몬은 예루살렘 성전의 건축자이다. 이미 다윗 이야기에서 우리는 솔로몬에게 성전을 건축하게 하는 임무가 하나님으로부터 주어진 것을 볼 수 있었다(대상 17 : 12). 죽음을 앞둔 다윗은 아들이 이 임무를 수행하도록 거듭 촉구했다(대상 22 : 16, 28 : 10, 20, 29 : 19). 그러므로 솔로몬 즉위에 관한 역대기 사가의 진술이 이 임무에 집중되어 있는 것을 발견하는 것은 결코 놀라운 일이 아니다. 솔로몬과 관련된 역대하 아홉 장 가운데 여섯 장이 성전을 위한 준비, 즉 성전 건축과 그 봉헌을 다룬다. 그러므로 솔로몬 이야기의 태반은 성전 건축에 관련되어 있다.

그러니까 역대기 사가는 그의 자료인 열왕기상을 사용하는 데 있어서 선택적이었다. 역대기 사가가 맛소라 본문과는 다른(더 나은) 히브리 본문에 접근했던 것으로 보이는 사무엘하의 상황과는 달리 열왕기에 대한 역대기 사가의 자료는 우리가 현재 가진 히브리 본문과 대동소이한 것 같다. 비록 역대기 사가의 편집이 전반적으로 짧고 요점이 분명한 이야기를 만들었지만 솔로몬 이야기에서 그 자료는 약간 재배열되거나 적소에서 확장되었다. 다윗의 경우에 그러했듯이 역대기 사가는 인간 솔로몬에게는 별 관심을 보이지 않는다. 솔로몬의 전설적인 지혜를 그리고 있는 이야기들도 역대기 사가는 다시 말하기 위해 거의 선택하지 않는다(비록 대하 9 : 1-12가 왕상 10 : 1-13에 나오는 스바 여왕과 솔로몬과의 관계를 자세히 말하고 있지만 왕상 3 : 16-28과 4 : 29-34는 빠져 있다). 역대기는 또한 이스라엘 사람을 강제 노역으로 사용한 것(왕상 5 : 13-14), 혹은 그의 많은 아내들과 그들을 위해 지은 산당들(왕상 11 : 1-13)과 같은 솔로몬의 통치를 폄훼하는 악폐와 과오들도 기록하지 않고 있다. 그 결과 본문은 솔로몬 이야기에 대한 역대기 사가의 요점인 성전 건축에 더욱 의도적으로 초점을 맞추게 되었다.

역대하는 왕좌를 솔로몬이 계승하는 기사로 시작한다(1 : 1-17). 그에 맞게 솔로몬이 왕으로서 하는 첫 번째 행동은 경건한 행동이다. 그는 기브온에서 브살렐이 만든 고대의 청동 제단 위에 일천 번제를 여호와께 드린다. 거기에서 솔로몬의 기도에 대한 응답으로 하나님은 왕에게 물질적인 축복을 약속할 뿐만 아니라 지혜와 지식을 선사한다. 솔로몬의 부와 권세에 대한 간단한 기술은 하나님의 약속이 지켜지고 있음을 보여 주고, 솔로몬이 여호와를 위해 성전을 건축할 수단과 권위를 지니고 있음을 확증해 준다.

솔로몬 이야기의 주요 단락인 두 번째 부분은 성전과 관련되어 있다. 두로의 후람과의 협상을 포함하는 솔로몬의 건축 준비는 2 : 1~18에 나타난다. 다음으로 성전의 실제 건축 상황과 그에 대한 기술은 3 : 1~5 : 1에 나온다. 마지막으로 5 : 2~7 : 22에서 언약궤가 완공된 건물 안으로 들여지고 성전이 봉헌된다.

성전이 건축되자 역대기 사가는 솔로몬 통치와 관련된 몇 가지 포괄적인 문제들을 고려한다(8 : 1-9 : 31). 솔로몬의 건축 계획들, 군사적 업적들, 파라오 딸과의 결혼, 그의 신앙, 그리고 무역과 외교에서의 성공들이 전부 간단히 기술된다. 스바 여왕의 방문(9 : 1-12)에 더 많은 관심이 주어지는데 아마도 이 방문이 그의 전설적인 지혜를 증명해 줄 뿐만 아니라 솔로몬 명성의 정도를 보여 주기 때문이다. 끝으로 역대기 사가는 솔로몬 이야기의 첫 부분에 놓인 그의 막대한 부의 문제로 돌아가서(9 : 13-28) 왕의 죽음으로 이야기를 마무리한다(9 : 29-31).

역대하 1 : 1~17

솔로몬이 왕이 되다

다윗 이야기를 마무리하는 장들은 다윗에서 솔로몬으로의 승계가 매끄럽고 순탄했음을 강조한다. 특별히 다윗의 다른 아들들이 솔로몬의 왕권을 인정했다고 한다(대상 29 : 24). 역대기에서 솔로몬 이야기는 왕위 계승에 대한 싸움으로 시작하는 것이 아니라 견고한 통치권을 지닌 솔로몬으로 시작한다. 히브리 성서에서 역대하 1 : 1의 도입 문장은 열왕기상 3 : 1의 도입 문장과 거의 동일하다. 그러나 역대기에서 이 이야기는 이집트 공주와 솔로몬의 결혼 대신 솔로몬의 권위에 대한 뚜렷한 진술로 시작한다. “다윗의 아들 솔로몬의 왕위가 견고하여 가며 그의 하나님 여호와께서 그와 함께하사 심히 창대하게 하시니라”(대하 1 : 1).

솔로몬이 기브온에서 드린 번제와 지혜를 구하는 기도는 열왕기상 3 : 1~15에서 끌어 온 것으로 솔로몬을 이미 성숙하고 능력 있는 통치자로서 제시하기 위해 약간 편집되었다(솔로몬이 “종은 작은 아이라 출입할 줄을 알지 못하고”라고 말하는 왕상 3 : 7은 역대기 사가에 의해 사용되지 않는다). 역대하 1 : 14~17에 있는 솔로몬의 부에 대한 묘사는 신명기 역사서의 솔로몬 이야기 끝 부분에서 온 것이다(왕상 10 : 26-29). 이것은 다윗의 영웅들과 용사들에 관한 기사가 다윗 이야기의 끝 부분에서부터 시작 부분으로 옮겨졌던 것과 같다. 다윗의 통치는 그에게 임한 하나님의 축복을 확신시켜 주는 그의 군사력에 의해 규정되었다. 장수 다윗은 한 나라를 건국할 수 있었다. 특히 그는 왕으로서의 첫 행동으로 하나님의 성소인 예루살렘을 정복할 수 있었다. 그러나 솔로몬은 평화의 사람이다.

그의 통치도 마찬가지로 솔로몬에게 임한 하나님의 축복을 확증하는 막대한 부에 의해 규정될 것이다. 솔로몬 이야기의 두 번째 부분이 밝혀 주듯이, 이러한 부요는 솔로몬이 왕으로서 한 첫 번째 행위인 성전 건축을 통하여 하나님께 예배하는 자리에 놓여 있다. 솔로몬의 부는 하나님 성전의 위엄을 보장한다.

하나님이 솔로몬에게 지혜를 주다(1 : 1-13 ; 왕상 3 : 1-15)

솔로몬의 칙령에 따라 "온 이스라엘"은 번제를 드리기 위해 기브온에 모인다(1 : 2-3). 이와 유사하게 다윗의 즉위 초기에 온 이스라엘은 다윗의 통치권을 승인하기 위해 헤브론으로 갔고(대상 11 : 1), 예루살렘 성읍을 정복하기 위해 그를 따라갔다(대상 11 : 4). 그러나 이 장면에 가장 근접한 것은 법궤를 예루살렘으로 옮기기 위해 모인 온 회중의 모임일 것이다(대상 13 : 1-5이 대하 1 : 4에서 회상된다). 솔로몬 역시 순례와 예배의 행위로 그의 통치를 시작한다. 역대기에서 굳이 기브온에서 이루어진 번제에 대하여 해명할 필요는 없다(대하 1 : 3-6과 왕상 3 : 2-4를 견주어 보라). 예루살렘에 성전이 완공될 때까지 기브온은 희생 제의를 위해 적합한 장소였다. 제단과 회막이 거기에 있었기 때문이다(대하 1 : 5 ; 또한 대상 16 : 39, 21 : 29를 보라). 실로 여기서 장막 앞에 있는 청동 제단은 모세의 기술자 '훌의 손자 우리의 아들 브살렐'이 모세에게 계시된 양식을 따라 제조한 바로 그 제단이라고 언급된다(대하 1 : 5 ; 출 35 : 30-33, 38 : 1-2을 보라). 그러므로 이곳은 여호와의 뜻을 구하기에 적합한 장소이며, 이것이 솔로몬과 회중들이 기브온에 왔던 이유이다(대하 1 : 5).

여호와는 솔로몬의 방대한 희생 제사에 극적으로 응답한다(일천 번제 ; 대하 1 : 6 ; 왕하 3 : 4을 보라). 그 밤에 하나님은 환상으로 왕에게 나타나 놀라운 제안을 하신다. "……내가 네게 무엇을 주랴 너는 구하라 하시니"(1 : 7). 놀랍게도 이 무제한적인 제안은 복음서에 나오는 다음의 비슷한 구절들을 상기시켜 준다. "너희가 기도할 때에 무엇이든지 믿고 구하는 것은 다 받으리라 하시니라"(마 21 : 22). "그러므로 내가 너희에게 말하노니 무엇이든지 기도하고 구하는 것은 받은 줄로 믿으라 그리하면 너희에게 그대로 되리라"(막 11 : 24). "내 이름으로 무엇이든지 내게 구하면 내가 행하리라"(요 14 : 14). 특히 우리의 개인적 경험은 기도가 우리의 원하는 방식대로 자주 응답되지 않는다는 것을 드러내 주는데, 그렇다면 믿는 자는 이러한 본문들을 어떻게 해석해야 할까?

역대기에서 요점은 하나님의 제안에 있는 것이 아니라 솔로몬의 반응에 있다. "주는 이제 내게 지혜와 지식을 주사 이 백성 앞에서 출입하게 하옵소서 이렇게 많은 주의 백성을 누가 능히 재판하리이까 하니"(대하 1 : 10 ; 왕상 3 : 9과 견주어 보라). 솔로몬이 원하는 것은 하나님이 그를 부르신 바대로 되는 것이다. 솔로몬의 소명은 오래 전에 부왕 다윗에게 계시된 후 분명해졌다(대상 17 : 16). 실로 솔로몬은 그의 왕권을 하나님이 "전에 내 아버지 다윗에게 베푸신 큰 은혜" 덕으로 돌린다(대하 1 : 8 ; 왕상 3 : 6). 솔로몬의 소망은 지혜로 잘 통치하는 것이다. 하나님은 솔로몬의 요구에 매우 흡족했다. 그래서 하나님은 그에게 그가 구했던 능력들을 줄 뿐만 아니라 "부와 재물과 영광도 주리니 네 전의 왕들도 이런 일이 없었거니와 네 후에도 이런 일이 없으리라."고 약속하신다(대하 1 : 12 ; 왕상 3 : 13).

솔로몬의 간구에 대한 하나님의 응답은 예수의 산상수훈의 가르침을 상기시켜 준다. "그런즉 너희는 먼저 그의 나라와 그의 의를 구하라 그리하면 이 모든 것을 너희에게 더하시리라"(마 6 : 33). 실로 솔로몬에 대한 하나님의 응답은 신약성서에 있는 이 놀랍고 무제한적인 약속의 요점으로 보인다. 믿는 자의 목적은 하나님으로부터 어떻게 더 많이 얻어내느냐가 아니라 오히려 우리 자신을 구하도록 도전해 온다. 즉, 우리가 진정 원하는 것은 무엇인가? 우리의 소원이 우리를 위한 하나님의 소원과 조화를 이루는가? 우리는 우리의 인생을 위한 하나님의 계획을 신뢰하는가? 만일 그렇다면 솔로몬처럼 우리를 향한 하나님의 뜻 안에서 이루어지는 성취를 확실히 신뢰할 수 있다.

이제 지혜와 지식과 권세, 그리고 부에 대한 하나님의 약속을 안고 솔로몬은 통치를 시작하기 위해 예루살렘으로 간다(1 : 13). 이어지는 구절들은 하나님의 신실함을 보여 줄 것이다. 솔로몬에게 그의 지혜를 보완해 줄 부와 권세가 주어질 것이다. 역대기 사가에게 있어서는 성전 건축이 솔로몬의 지혜를 보여 줄 것이다.

솔로몬의 부(富)(1 : 14-17 ; 왕상 10 : 26-29)

말이 끄는 무장한 병거는 철기 시대의 군사 기술에 있어 정점을 이루었다. 병거들이 굴러갈 수 있는 공간이 있는 곳은 어디든지 항상 병거군이 보병을 압도한다. 일천사백 대의 병거(대하 1 : 14 ; 왕상 10 : 26)를 보유한 솔로몬의 능력은 그의 군사적 위력과 안정을 보여 준다.

안정은 백성의 풍요를 대가로 얻을 수 있다. 의심의 여지없이 이 이유 때문에 신명기 17 : 16은 왕이 "병마를 많이 얻으려고" 백성들을 노예로 삼는 것을 금지하고 있다. 그러나 역대기에서 솔로몬은 그 경우가 아니었다. 오히려 왕의 안정과 부는 전체 왕국을 번영으로 이끌었다. "왕이 예루살렘에서 은금을 돌같이 흔하게 하고 백향목을 평지의 뽕나무같이 많게 하였더라"(대하 1 : 15). 이러한 부의 출처는 역대하 1 : 16~17에 서술되어 있다. 솔로몬은 말로 유명한 지역인 구에에서 말들을 사들였고 이집트 전문 기술자들로부터 병거들을 획득했다. 그리고 나서 그는 그것들을 다른 나라들, 일명 힛타이트인들과 아람인들에게 팔았다. 간단히 말하면 솔로몬은 무기 거래상이었다. 평화의 사람에게는 이상한 장사이지만 말이다. 역대기 사가는 이러한 무역에서 어떠한 도덕적인 교훈도 끌어내지 않는다. 이 이야기에는 확실히 솔로몬을 폄훼하는 흔적이 하나도 없다. 역대기에서 이 본문의 목적은 여호와의 신실함을 나타내는 것이다. 하나님이 약속하신 대로 솔로몬은 부유하게 되었다.

역대하 2 : 1~7 : 22

솔로몬이 성전을 건축하다

솔로몬 이야기의 가장 많은 부분이 성전을 위한 준비, 즉 건축과 봉헌과 관련된다. 그 단락은 2 : 1에서 "솔로몬이 여호와의 이름을 위하여 성전을 건축하고 자기 왕위를 위하여 궁궐 건축하기를 결심하니라"라는 진술로 시작한다. 7 : 11에서 이 사업의 완성이 보도된다. "솔로몬이 여호와의 전과 왕국 건축을 마치고 솔로몬의 심중에 여호와의 전과 자기의 궁궐에 그가 이루고자 한 것을 다 형통하게 이루니라" 그리고 나서 하나님이 약속과 경고의 말씀으로 솔로몬의 성전 봉헌 기도에 응답하셨다는 에필로그로 마무리된다(7 : 12-22). 이 단락은 성전과 궁전을 모두 짓기로 하는 솔로몬의 결심으로 시작해서 그가 이 두 사업을 모두 완수했다는 진술로 끝맺고 있지만, 솔로몬 궁전에 대한 다른 언급은 유일하게 후람의 편지 속에만 있다(2 : 12). 이 장(障) 전체를 통해 볼 때 솔로몬의 관심은 성전에 있다.

여기서 다시 역대기 사가는 그의 자료를 요약한다. 기브온에서의 솔로몬의 꿈에서 그의 성전 준비로 바로 옮겨 감으로써(왕상 4장을 건너뛰고) 역대기 사가는 성전 건축자로서의 솔로몬의 역할을 강조한다. 성전 건축은 솔로몬이 왕으로서 첫 번째 한 사업이며, 그의 지혜를 가장 잘 드러내 준다(Japhet 1993, 523과 536). 이상하게도 역대기 사가의 편집은 특히 성전에 대한 기술과 측정과 연관해서 나타난다. 이 부분에 대한 역대기 사가의 본문은 열왕기상에 나오는 자료에 비해 겨우 반 정도의 길이밖에 안 된다. 이것은 이상하게 보이고 심지어 놀랍기까지 하다. 성전 건축은 여기에 이르기까지 역대기의 목적이 아니었던가? 그렇다면 왜 역대기 사가는 이 건축물을 짧게 서술하는 것인가?

사실상 역대기 사가의 관심을 끄는 것은 건물로서의 성전이 아니라 오히려 이스라엘 예배의 중심으로서의 성전이다(Myers 1965, 16). 성전 제의에 대한 강조는 후람과 나눈 솔로몬의 서신 속에서 이미 발견된다. "누가 능히 하나님을 위하여 성전을 건축하리요 하늘과 하늘들의 하늘이라도 주를 용납하지 못하겠거든 내가 누구이기에 어찌 능히 그를 위하여 성전을 건축하리요 그 앞에 분향하려 할 따름이니이다"(2 : 6). 다윗의 예전이 솔로몬의 성전에서 시행되지만 역대기 사가가 가장 중요하다고 간주하는 것은 성전이 아니라 바로 예전이다.

솔로몬 이야기의 성전 부분은 에필로그와 함께 세 부분으로 나누어져 있다. 첫 번째 부분은 솔로몬의 성전 준비, 구체적으로 강제 노역으로 외국인들을 징발하는 것과 성전을 위한 목재와 잘 숙련된 장인 후람아비를 두로왕 후람에게 얻는 것을 기록하고 있다(2 : 1-18). 다음으로 실질적인 성전 건축과 그것의 부속물들이 묘사된다(3 : 1-5 : 1). 마지막으로 가장 거룩한 장소에 법궤를 들임으로써 성전은 완성되고 봉헌 기도가 드려진다(5 : 2-7 : 11). 에필로그에서 여호와는 솔로몬의 성전 봉헌 기도에 나타나 응답한다(7 : 12-22). 여호와는 성전을 향하여 드리는 기도들을 듣겠다는 약속을 다시 반복하신다. 그리고 불신실과 우상숭배가 포로와 멸망으로 이끌 것을 엄하게 경고하신다.

솔로몬의 성전 준비(2 : 1-18 ; 왕상 5 : 1-12)

솔로몬은 다윗으로부터 성전 건축을 위한 준비를 하도록 지시를 받아 부왕이 이미 마련한 막대한 준비물에 추가하였다(대상 22 : 14). 다윗이 건축을 위해 값비싼 목재와 금속, 그리고 돌을 채석하기 위해 외국인들을 모았던 것처럼(대상 22 : 2-5) 솔로몬은 두로에서 물자와 숙련된 일꾼을 마련하였고(대하 2 : 3-10), 특별히 돌 떠내는 일을 위해 이스라엘의 이방인들 가운데서 역군을 창출했다(대하 2 : 2, 17-18).

솔로몬의 역군 징발에 관한 두 개의 기사들은 두로 왕 후람과 나눈 솔로몬의 서신 앞뒤에 나오면서, 솔로몬의 성전 건축 준비에 대한 역대기 사가의 기술의 틀을 이루고 있다(2 : 3-16 ; 다른 곳에서는 두로 왕이 히람이라고 불린다). 역대기는 솔로몬과 그의 아버지 다윗이 강제 노역을 활용했음을 부인하지 않는다. 그러나 징발된 자들이 이방인이었지 이스라엘인이 아니라고 주장한다(대하 2 : 17-18 ; 대상 20 : 3, 22 : 2과 견주어 보라). 그래서 역대기 사가는 솔로몬이 이스라엘인을 노역으로 사용하는 그의 자료(왕상 5 : 13-18)와는 대조적인 입장에 서 있다.

솔로몬은 후람이 다윗의 궁전을 위해 백향목을 제공했던 것을 상기시킴으로써 두로 왕 후람과의 접촉을 주도한다(대하 2 : 3 ; 대상 14 : 1을 보라). 그는 왜 다윗이 직접 여호와를 위한 성전 짓는 일을 시작하지 않았는지 설명할 필요가 없다(왕상 5 : 3-4과 비교해 보라). 역대기에서 다윗은 그 임무를 위해 부름 받지 않았기 때문이다. 성전 건축은 솔로몬에게 남겨진 것이었다. 솔로몬 왕은 후람에게 이스라엘 예배 집행(대하 2 : 4)이나 여호와의 위엄을 나타내는 것으로써 성전이 중요함을 강조한다. 그 까닭은 "우리 하나님은 모든 신들 보다 크심이라"(2 : 5). 이와 연관하여 역대기는 후람에게 보내는 편지에 기도 언어를 포함함으로써 성전 봉헌식에서의 솔로몬의 기도를 미리 보여 준다. "누가 능히 하나님을 위하여 성전을 건축하리요 하늘과 하늘들의 하늘이라도 주를 용납하지 못하겠거든 내가 누구이기에 어찌 능히 그를 위하여 성전을 건축하리요 그 앞에 분향하려 할 따름이니이다"(대하 2 : 6 ; 이와 함께 6 : 18, 왕상 8 : 27을 견주어 보라).

역대기에서 솔로몬은 후람에게 두 가지를 요청한다. 첫째, 그는 "금, 은, 동, 철로 제조하며 자색 홍색 청색 실로 직조하며 또 아로새길 줄 아는 재주 있는 사람 하나를 내게 보내어 내 아버지 다윗이 유다와 예루살렘에서 준비한 나의 재주 있는 사람들과 함께 일하게" 할 것을 청한다(대하 2 : 7 ; 다윗이 숙련된 기술자들을 준비한 것에 대해서는 대상 22 : 15-16을 보라). 둘째, 그는 성전을 위한 희귀하고 소중한 목재를 청한다. "또 레바논에서 백향목과 잣나무와 백단목을 내게로 보내소서……"(대하 2 : 8 ; 비교 왕상 5 : 6). 뿐만 아니라 나무들을 베어 그것을 운하할 수 있는 숙련된 벌목공을 요청한다. 그 대가로 솔로몬은 "찧은 밀 이만 고르와 보리 이만 고르와 포도주 이만 밧과 기름 이만 밧"을 제공한다(대하 2 : 10 ; 왕상 5 : 11-12에는 오직 밀과 기름만 언급되어 있음을 참고하라). 열왕기에서 이 물품들은 매년 후람에게 제공되며 예루살렘과 두로 사이에 맺은 조약의 일부로 나타난다. 그러나 역대기 사가는 타협 정책에는 관심이 없다. 역대기에서 이 외교의 유일한 요점은 성전을 위한 준비이다. 두로가 팔레스타인 산물에 의존하였다는 것은 역사적으로 정확한 것으로 보인다(겔 27 : 17도 보라).

후람은 솔로몬에 대한 지나친 칭송으로 반응한다. "여호와께서 자기 백성을 사랑하시므로 당신을 세워 그들의 왕을 삼으셨도다"(2 : 11). 특히 후람은 성전 건축 계획에서 명백히 드러난 솔로몬의 지혜를 찬양한다(2 : 12). 특이하게도 이방 나라 왕 역시 여호와를 찬양한다. "후람이 또 이르되 천지를 지으신 이스라엘의 하나님 여호와는 송축을 받으실지로다……"(2 : 12 ; 왕상 5 : 7과 견주어 보라). 여기에서 사용된 용어는 "아후라 마즈다는 위대한 신, 이 땅을 창조하시고 저 하늘을 창조하셨도다"(Boyce 1984, 290)라는 전형적인 글로 시작하는 다리우스 왕의 기념 비문을 상기시켜 준다. 또한 이 언어는 페르시아의 군주 다리우스(스 6 : 9-10)와 아닥사스다(스 7 : 12, 21, 23)가 여호와를 '하늘의 하나님'으로 언급한 에스라서에 보존된 페르시아 시대의 아람 문서들 속에 반영된 것으로 보인다(대하 36 : 23 ; 스 1 : 2에 있는 고레스 칙령의 히브리어 본문을 보라). 그렇다면 후람은 역대기 사가 시대의 페르시아 통치자들이 사용한 것과 비슷한 용어로 여호와에 대해 말하고 있는 것이다.

후람은 솔로몬의 모든 제안에 동의한다. 벌목한 목재들은 떼로 엮어 바다에 띄어 욥바로 보내질 것이다(2 : 16). 숙련된 장인에 대한 솔로몬의 요청에 따라 후람은 능력 있기로 유명한 후람아비를 보낼 것이다. "금, 은, 동, 철과 돌과 나무와 자색 청색 홍색 실과 가는 베로 일을 잘하며 또 모든 아로새기는 일에 익숙하고 모든 기묘한 양식에 능한 자이다"(2 : 14).

역대기에서 후람아비는 두로의 남자와 단의 여자 사이에서 출생한 아들이라고 언급된다. 반면에 그는 (그가 히람으로 불리는) 열왕기상 7 : 13~14에서는 납달리 지파 출신으로 언급된다. 지파가 달리 나타나는 혼동은 다루기 쉬웠을 것이다. 단과 납달리는 모두 라헬의 여종 빌하의 자손이었고 둘 다 북쪽 끝 두로 근처에 정착했다. 그러나 더 개연성이 있는 것은 역대기 사가가 후람아비를 장막과 그 부속물을 제조하는 브살렐의 협력자 오홀리압과 일치시키기 위하여 단 지파로 만들었다는 것이다(가령 출 31 : 6 ; 또 대하 1 : 5에서 브살렐이 언급되는 것도 유의해 보라). Pseudo-Rashi 같은 유대인 랍비 주석가들은 후람아비를 오홀리압의 자손으로 보았는데, 이와 같은 생각을 반영하고 있는 것이다(Japhet 1993, 541). 후람아비를 단 지파와 연결시키는 또다른 이유는 단 지역에서 발견된 고대의 금속 세공품들 때문이다. 고고학자 아브라함 비란(Avraham Biran)에 의하면, "두로의 왕은 그 사람이 정녕 전문가이며 금속 세공 기술자의 전통을 지녔고 금속 세공에서 이미 특출한 단 지파 출신임을"(Shanks 1999, 74) 솔로몬에게 보여 주려고 노력하였다.

성전이 건축되다(3 : 1-5 : 1 ; 왕상 6 : 1-30, 7 : 15-51)

준비가 마무리되자 솔로몬은 "왕위에 오른 지 넷째 해 둘째 달 둘째 날"에 성전 건축을 시작한다(3 : 1). 건물의 자리는 다윗에게 계시된 장소, 즉 오르난의 타작마당으로 확인되었다(대상 21 : 28-22 : 1을 보라). 이곳은 모리아 산으로도 알려져 있다. 아브라함이 이삭을 제물로 바치도록 명령받았던 모리아 지역에 있는 산일 것이다(창 22장을 보라). 전통적인 유대인 해석(가령 탈굼 Jonathan과 Rashi의 주석)에서 추정되는 이삭의 번제 산과 성전 산의 연관은 분명히 이 본문에서 파생된 것이다(Japhet 1993, 551). 역대기 사가에게 성전의 위치는 가볍게 선택된 것이 아니다. 이 장소의 거룩성과 희생 제사와의 연관은 다윗을 넘어 이스라엘 전승이 막 시작하던 때까지 거슬러 올라간다.

성전의 규모는 "옛날에 쓰던 자"(3 : 3) 규빗으로 측정되었다. 분명히 역대기 사가 시대의 규빗의 길이는 솔로몬 시대의 것과 동일하지 않다. 그럴듯한 설명은 페르시아가 이스라엘의 전통적인 측량 단위들과는 다른 새로운 기준을 부여했다는 것이다(더 긴 페르시아 시대의 규빗에 대한 또다른 암시에 대하여는 겔 40 : 5와 43 : 13을 보라. 또 Tuell 1992, 27-29도 보라). 그의 독자들이 솔로몬의 성전을 그에 맞게 눈에 그려 보도록, 역대기 사가는 솔로몬이 사용한 것은 페르시아의 새로운 자가 아니라 옛날에 쓰던 자였음을 독자들에게 상기시켜 줄 필요가 있다.

역대기에서 성전에 관한 것은 열왕기상 6 : 1~7 : 51에서 끌어 와 대충의 윤곽만이 묘사된다(비록 왕상 7 : 1-12의 솔로몬 궁전 건축을 건너뛰고 있기는 하지만, 왕상 7 : 13-14에서 확인되는 장인 후람은 이미 대하 2 : 13-14에서 소개되었다). 성전의 전체적인 규모가 나오고 이어 낭실에 관해서 기술된다(3 : 3-4상). 낭실의 높이가 120규빗이라는 진술은 확실히 훼손된 것이다. 역대기 사가가 숫자를 과장하는 경향이 있다고 할지라도 이 수치는 한마디로 터무니없다.

다음으로 역대기는 성전 내부의 장식으로 이동한다(3 : 4하-7 ; 왕상 6 : 14-18, 21-22, 29-30). 어떤 세부 항목들, 특히 보석들(3 : 6 ; 왕상 7 : 9-11의 솔로몬 궁전에 대한 기술에서 가져왔다.)에 관한 것은 역대기에만 나온다. 역대기에서 사용된 대량의 금은 놀랄 만하다. "순금 육백 달란트"가 성전의 내부를 입히는 데 사용된다(3 : 8). 3 : 9에서 '다락들'이 언급되는데 이 수치는 지성소뿐만 아니라 전체 성전 내부에 해당되는 것이 가장 그럴듯하다. 그렇다 해도 이것은 너무 많은 양이다(Japhet 1993, 555). 3 : 9에 따르면 "못 무게가 금 오십 세겔"이었다. 낭실의 높이처럼 이것을 단순히 과장이라고 보기에는 좀 의심스럽다. 50세겔의 못은 20온스가 될 것이다. 못(nail)이라기보다는 대못(spike)이리라! 다른 한편으로는 50세겔의 무게가 성전 내부에 금을 입히는 데 필요한 전체 못으로는 충분하지 않다. 금은 못으로 사용하기에 너무 무르기 때문에 여기서 의도한 것은 심지어 못까지도 금박을 입혔다는 것이리라. 이 목적으로 50세겔의 금은 충분할 것이다(Japhet 1993,555). 분명히 역대기는 성전의 화려함에 독자들이 감탄하기를 의도하고 있다. 성전 내부 전체를 금으로 입혔고 금 못으로 고정하였다.

그 날개가 궤를 감싸고 있는 거대한 그룹들이 있는 지성소는 특히 중요하다(3 : 8-13 ; 왕상 6 : 19-28). 두 그룹은 성전 내전을 향하여 마주 보고 나란히 서 있으며, 안쪽 날개들은 서로 닿아 있고, 바깥 날개들은 성전 벽면들을 향해 펼쳐져 있다. 이런 식으로 그룹들은 거대한 왕좌를 형성하고 있으며, 이것은 고대 근동의 예술에서 그려지는(가령 주전 13세기에서 12세기에 므깃도에서 나온 상아 장식품 위에 그려져 있다. Harper's Bible Commentary 1988, A4 그림을 보라.) 그룹 왕좌와 같다. 그러나 왕좌는 비어 있다. 여호와에 대한 어떠한 상도 지성소에 없다. 오히려 여호와는 법궤 위에 신성한 발을 올려놓고 그룹 위에 보이지 않게 좌정해 계신다고 믿어졌다.

역대기에서 지성소로 들어가는 문은 그룹이 수놓인 "청색 자색 홍색 실과 고운 베로 된 휘장"으로 덮여 있다(3 : 14). 그러나 열왕기상 6 : 31~32에 따르면 솔로몬 성전은 감람나무로 된 문을 가지고 있다. 역대기 사가는 여기에서 제2성전의 형태를 묘사하고 있는 것 같다(마 27 : 51 ; 막 15 : 38 ; 눅 23 : 45에 나오는 성전의 휘장에 대한 언급을 보라).

성전 내부를 기술하고 난 후 본문은 성전 앞으로 이동하여 솔로몬에 의해 이곳에 놓인 기념비적인 청동 구조물, 즉 두 기둥과 번제단, 그리고 바다를 묘사한다(3 : 15-4 : 6). 먼저 두 개의 청동 기둥인 야긴과 보아스가 기술된다(3 : 15-17 ; 왕상 7 : 15-22의 더 자세한 기사와 비교하라). 역대기에서 전체 성전을 요약적으로 묘사하는 특징은 청동 기둥의 크기로 생생하게 표현되어 있다. 3 : 15에서 기둥의 높이는 열왕기상에 나오는 수치를 종합하여 나온 것 같다. 즉 높이 18규빗, 기둥 5규빗, 둘레 12규빗을 더하면 35규빗이 된다(Japhet 1993, 557). 이렇게 자유롭게 서 있는 기둥들의 목적은 알려져 있지 않다. 야긴과 보아스는 문기둥으로써 신성한 장소로의 출입문에 제사장 외에는 누구도 접근할 수 없음을 표시해 주었을 것이다(Meyers 1992, 598). 이 청동 기둥에 이름이 붙여졌다는 것은 그들이 성전 문지방의 문지기로 의인화되었을 수도 있음을 암시해 준다(시 24 : 7-10을 보라).

다음으로 역대기 사가는 놋으로 만든 제단으로 이동한다(4 : 1). 놋제단은 신명기 역사서에서 단지 두 번 언급된다(왕상 8 : 64과 왕하 16 : 14-15).

놋제단은 솔로몬 성전에 대한 묘사에서 나타나지 않고, 기이하게도 바벨론 사람들에 의해 파괴되고 약탈된 청동 기물에도 올라와 있지 않다(왕하 25 : 13–17). 열왕기에서 제단은 신명기 역사서가 '제단 성직자'의 관점보다는 오히려 레위인 혹은 '성전 성직자'의 관점에서 기록되었기 때문에 경시된 것 같다. 그러나 역대기에서는 성전 예배에서의 희생 제사에 중요성이 부여되어 있기 때문에 제단은 반드시 기술되어야 한다(대상 21 : 18–27 ; 대하 2 : 4–6을 보라. 대하 1 : 5에서 브살렐의 놋제단의 중요성을 주의하라). 번제단에 대한 또다른 설명은 에스겔 43 : 13~17에 나타난다(비록 놋으로 만들어졌다고 언급되어 있지는 않지만, 그러나 겔 9 : 2에서는 성전 앞의 제단이 "놋제단"으로 불리고 있음을 보라). 에스겔에 쓰여진 제단의 기단(겔 43 : 13)이 밑으로 가라앉은 하부 구조라면 거기에 명시된 제단의 높이는 역대하 4 : 1에서 설명하는 것과 일치할 것이다(Albright 1920, 139). 그러나 에스겔의 제단이 12평방 규빗인 반면에 역대기의 제단은 20평방 규빗이다. 역대기의 규모는 아하스가 다메섹에 있는 제단을 모델로 하여 건축한 더 큰 제단을 말하는 것일 수 있다(왕하 16 : 10–16 ; 역대기의 것과 일치하지 않는다). 혹은 그 규모가 단순히 역대기 사가의 과장적인 경향을 반영하는 것일 수도 있다.

부어 만든 바다(4 : 2–5 ; 왕상 7 : 23–26)는 신선한 물을 담는 거대한 놋대야로서 제단 남쪽 방향으로 성전 앞뜰에 자리하고 있다(4 : 10). 이 바다를 세 마리씩 사방을 향하여 있는 놋쇠 황소 열두 마리가 등으로 받치고 있다. 이것은 어쩌면 이스라엘의 열두 지파를 상징할 것이다. 여기서 '부어 만든'이라는 표현의 의미는 얇은 청동판을 망치로 두드려서(청동 그릇이나 용기를 만드는 보통의 방법) 주조된 것과는 정반대로 청동을 녹여 바다가 주조되었다는 것이다. 그러나 바다의 실제 크기는 그것이 하나로 주조되었다는 것을 믿기 어렵게 만든다.

NRSV 성경은 바다의 가장자리 아래 있는 장식에 대하여 사용된 용어를 'panels'(바탕과는 다른 종류나 색으로 댄 구획이나 틀 : 역자주)로 번역한다(4 : 3 ; 왕상 7 : 24). 실제로 역대기에서 그 장식들은 들소나 황소의 형상이지만 열왕기에서 그것은 둥글고 호리병 같은 구슬들이다(이 구절에 대한 NIV와 JPSV 성경을 보라). 이 차이는 잘못 필사된 것일 수 있다. 여기서 사용된 용어 둘은 히브리어에서 다소 비슷하다. 그러나 신명기 역사서에 나오는 여로보암의 금송아지 상에 대한 두려움이 있기 때문에(왕상 12 : 25-33을 보라.) 역대기 사가는 그 바다를 정확하게 묘사하고 있다는 것이 더 그럴듯하다. 열왕기상의 최종 형태가 이러한 기술을 개정하였던 것이다.

역대기와 열왕기는 청동 바다의 높이와 지름과 둘레에 대해 동일한 수치를 제시해 주고 있다(둥근 용기의 크기를 말할 때 이스라엘 사람들은 파이〈pi〉를 3으로 계산한다. 소수점 네 자리까지 하면 실제 치수는 3.1416이다). 그러나 역대기에서 바다의 부피는 3000밧이다. 1000밧은 열왕기상에서 주어진 것보다 더 크다. 몇몇 학자들이 이러한 차이는 바다의 모양이 다르다고 생각한 것(열왕기에서는 반구, 역대기에서는 원통형)으로 설명될 수 있다고 제안했지만, 더 개연성 있는 설명은 역대기 사가가 과장하고 있거나 아니면 (규빗과 같이) 역대기 사가의 부피에 대한 표준자가 그의 자료가 계산하는 것과 다르다는 것이다.

역대기는 계속해서 그 기념비적인 바다와 함께 있는 열 개의 더 작은 물두멍에 대해 간단히 묘사한다(4 : 6 ; 왕상 7 : 38-39 ; 물두멍에 달린 바퀴 받침들에 대해 자세히 묘사하는 왕상 7 : 27-37은 역대기에는 나타나지 않는다). 물두멍과 바다의 용도는 제의적 정결을 위한 것이라고 한다. 작은 물두멍들은 희생 제물들을 씻기 위한 것이고 반면 바다는 제사장들의 목욕재계를 위한 것이다. 그러나 제시된 바다의 용도는 그 용기의 가장자리가 땅에서부터 약 10피트나 떨어져 있기 때문에 개연성이 없어 보인다(미쉬나는 제사장으로 기술자인 Ben Kattin이 고안한 구멍 마개들을 바다에 달아서 이 문제를 빠져 나간다. 예를 들면 b. Yoma 25b ; 37a를 보라). 부어 만든 바다는 실용적으로 사용하기에는 너무 크다.

이 거대한 청동 솥에 부여된 이름으로 미루어 알 수 있듯이 바다는 상징적인 기능이 훨씬 더 많은 것 같다. 고대 근동에서 바다는 신들이 세상에 질서를 부여하기 전에, 세상을 지배하였던 원초적인 혼돈의 상징으로 간주되었다. 혼돈의 물을 압도하는 창조신의 권위는 신화와 시에서 강조되었고, 신선한 물을 담은 커다란 용기를 신전 경내에 둠으로써 구체적으로 상징되었다. 바벨론에서 이 용기는 아프수(apsû) 혹은 심연의 바다라고 불렸다. 지하에 흐르는 혼돈의 물이 지상의 결실의 근원으로 간주되었던 것처럼 이 성전 용기들은 나아가 풍요에 대한 신의 통제를 상징하였다(Stinespring 1962, 541). 바다의 물에 대한 여호와의 승리와 우월성은 히브리 성서 전반에 걸쳐 특히 시편(예를 들어 시 24 : 46을 보라.)에 선포되고 있다. 나아가 역대기에서 바다와 연관된 황소 이미지는 고대 근동 전역에서 일반적인 풍요의 모티프이다. 그러므로 바다는 혼돈의 물에 대한 여호와의 승리와 — 그 승리 때문에 — 생명을 주는 풍요의 생명력인 물에 대한 여호와의 통제권을 표현했다는 것이 가장 그럴듯하다.

성전과 그 내용물들에 대한 기술을 끝마친 후에 역대기 사가는 요약하는 방식으로 성전 경내의 모든 청동 기물들을 후람의 작품으로 주의를 돌린다(일찍이 그는 후람아비라 불렸다. 4 : 11-18 ; 왕상 7 : 40-47). 그러나 성전 내부에 있는 기구들 가운데 값진 금장식 작품은 직접 솔로몬에게 돌린다(4 : 19-22 ; 왕상 7 : 48-50). 그 작업의 완성은 5 : 1에서 확인된다(왕상 7 : 51). "솔로몬이 여호와의 성전을 위하여 만드는 모든 일을 마친지라" 다윗이 모은 값진 기구들이 성전 보물창고에 저장된다. 이제 남은 것은 여호와가 들어와 여호와의 집으로 선언하는 것이다.

성전이 봉헌되다(5 : 2-7 : 11)

성전 건축의 물리적 작업이 끝나자 여호와가 임재함으로써 건축이 완성될 시간이 되었다. 여기서 역대기는 열왕기상 8 : 1~66에 있는 자료를 따르면서 이스라엘과 근동에 있는 다른 성전 본문들의 유형에 맞춘다. 출애굽기 40 : 34~38에서 성막이 완성되자 여호와의 영광으로 가득 찼다. 에스겔의 성전 환상에서 성전의 구조가 예언자에게 계시된 후에 여호와의 영광이 성소에 가득 찼다(겔 43 : 5). 바로 그렇게 법궤가 지성소로 이동되자 솔로몬의 성전은 영광의 구름으로 가득 찼으며, 하나님이 그렇게 임재하였다(5 : 13-14 ; 왕상 8 : 10-11). 각각의 경우에 '영광'(히브리어로 '카보드'는 무게와 강제적인 임재의 의미를 전달한다.)이라 불리는 여호와의 현존의 실체적인 현시는 성소를 '채웠다'라는 말로 표현된다. 바로 그때 성소는 진정으로 완성된다.

비슷한 유형이 고대 세계의 다른 곳에서도 나타난다. 바알 신전 건축에 대한 옛 가나안 신화에서 폭풍의 신은 건축이 완성되자마자 기뻐하며 그 안으로 들어와 성대한 잔치를 벌이기 위해 모든 남녀 신들을 불러 모은다(Herdner 1963, 4.6.44-59). 주전 22세기의 구데아(Gudea) 실린더들은 이 개념의 고대성을 보여 준다. 실린더 A에는 성전 건축과 그 재료들과 가구들의 화려함을 묘사하고 실린더 B는 신이 새로 지은 건축물에 거하기 위해 들어오는 것을 자세히 전하고 있다. 구데아는 "닝기르수, 내가 여기에 당신을 위해 집을 지었습니다. 기쁨으로 들어오십시오!"(Jacobsen 1987, 427의 번역)라고 기도한다. 아래에 나오는 구절들은 이어지는 준비들을 세세히 기술한다. 즉, 희생 제사와 특별한 헌물과 관제가 이루어지고, 행렬의 길이 열리고 닦이자 백성들은 엎드린다. 그리고 나서 신의 입장이 기술된다.

> 전사 닝기르수가 집에 드나니
> 이 집의 주인이 왔도다
> 독수리를 낚아채는 야생 황소의 바로 그 눈!
> 집에 드시는 전사의 입성은
> 전쟁에서 으르렁거리는 폭풍이도다
> 닝기르수가 집을 거니노니
> 아프수 성전 경내에서 들리는 소리구나
> 축제의 흥이 오를 때
> 주인이 집에서 나올 준비를 하니
> 라가스 땅에 떠오르는 태양과 같도다!
>
> (Jacobsen 1987, 429의 번역)

행렬 중에 있는 신상이 성전에 들어오고 신성이 성전을 장악한 바로 그때 성전은 진실로 완성되었다고 말할 수 있다.

구데아 실린더의 유형은 역대기 사가의 솔로몬 성전 기사에 반영되어 있다. 우리는 이미 성전의 위엄과 화려함을 강조하는 성전에 관한 기술을 알고 있다(3 : 1–5 : 1). 그러나 여호와의 영광이 없다면 그 성전은 비어 있는 것이며 지속적인 의미가 없다. 그것은 단지 하나의 건물인 것이다. — 아무리 멋지고 값비싼 건물이라 할지라도 건물에 불과하다. 이제 우리는 성전이 여호와에 의해 소유되는 의식에 이른다. 물론 이스라엘에는 여호와가 어떠한 형상으로 행렬 가운데 운반되지 않는다. 대신에 여호와의 발등상인 궤가 성소에 대한 여호와의 소유권을 상징화하기 위해 지성소 안으로 운반된다(5 : 2–6 : 2). 영광의 구름, 하나님 임재의 현시는 이것이 결코 공허한 의식이 아님을 보여 준다. 여호와가 여기 계시며, 성전은 이제 하나님의 집이 된다. 여호와 영광의 장엄한 현시에 대한 솔로몬의 응답은 놀랄 정도로 구데아의 말과 유사하다. "내가 주를 위하여 거하실 성전을 건축하였사오니 주께서 영원히 계실 처소로소이다 하고"(6 : 2 ; 왕상 8 : 13).

법궤의 행진 다음에 봉헌과 헌당을 위한 솔로몬의 기도가 나온다(6 : 3–42). 회중에게 연설한 후에(6 : 3–11) 솔로몬은 길고 장황한 신학적 기도를 여호와께 드린다(6 : 12–42). 그리고 나서 왕과 백성들이 희생 제사를 드린다(7 : 1–10). 전체 봉헌 예식이 끝났을 때에야 성전은 진정으로 완성된다. 오직 그때에만 "솔로몬이 여호와의 전 건축을 마쳤다"라고 말할 수 있다(7 : 11).

언약궤 이동(5 : 2–6 : 2 ; 왕상 8 : 1–13)

온 이스라엘은 또 다시 솔로몬의 명령에 따라 장엄한 순례 행렬에 참여하기 위해 소집된다(5 : 2–3 ; 이와 1 : 2–3과 비교해 보라). 이번에 그들은 다윗의 장막에서 솔로몬이 지은 성전으로 궤를 이동하기 위해 기브온이 아닌 예루살렘에 모인다. 다윗의 법궤 행렬과 유사한 점이 나타난다. 그때

온 이스라엘 백성이 궤를 예루살렘으로 가져오기 위해 모였던 것과 똑같이(대상 13 : 1-4, 15 : 3을 보라.), 온 이스라엘 백성들은 이제 궤를 영원한 집에 모셔 들이기 위해 모였다. 역대하 5 : 4에서도 역대상 25 : 2에서와 같이 궤가 레위인들에 의한 행렬로 운반되고 있다는 것을 주목하라(제사장들이 이 임무를 수행하고 있는 왕상 8 : 3과 대조적이다. 역대기에서는 궤를 나르는 일이 제사장의 책임이기보다는 레위인들의 책임으로 두는 것에 대하여 대상 15 : 2에 관한 앞의 논의를 보라). 궤를 그가 지은 성전에 들여 놓음으로써 솔로몬은 다윗이 시작했던 바를 완성한다.

궤 행렬 의식은 "일곱째 달 절기"(대하 5 : 3)인 숙곳(Sukkoth) 다시 말해 초막절에 이루어진다(레 23 : 33-35를 보라). 역대기 역사서의 뒷부분으로 가면 포로 생활에서 돌아온 후 (새로 지어진 번제단에서) 드리는 첫 번째 희생 제사도 숙곳 절기에 있다(스 3 : 1-6). 더구나 이 절기는 에스라가 회중들에게 토라를 처음 낭독한 후에 시작된다(느 8 : 1-18). 신명기 31 : 10~13에 따르면 매 칠 년마다 장막절기에 율법이 온 이스라엘 회중에게 낭독되어야 한다. 솔로몬의 성전이 이 율법이 정하는 절기 동안에 봉헌된다는 것은 얼핏 보기에 이상하다. 사회 정의 추구와 하나님 은혜에 대한 기념이 두 개의 서로 다른 행동 영역이지만 우리는 올바른 예배와 올바른 행동을 구별하는 경향이 있다. 그러나 성서에서 이 두 현실은 항상 함께 결합되어 있다. 그래서 시편 24 : 4에서 여호와의 성전으로 예배를 드리고 축복을 받으러 올라가는 자들은 "손이 깨끗하며 마음이 청결하며 뜻을 허탄한 데에 두지 아니하며 거짓 맹세하지 아니하는 자로다"라고 말한다. 이와 유사하게 야고보도 "영혼 없는 몸이 죽은 것같이 행함이 없는 믿음은 죽은 것이다"라고 과감하게 선언한다(약 2 : 26). 역대기에서 이 원리는 율법 수여자인 모세와 하나님의 은혜로운 왕권 약속의 수혜자인 다윗의 연결 속에 반영된 것을 찾아볼 수 있다(대상 22 : 13, 28 : 11-19). 왜냐하면 초막절기에 봉헌되는 솔로몬의 성전은 다시금 이 연관성을 상기시켜 주기 때문이다.

솔로몬의 궤 이동도 다윗의 궤 이동처럼 희생 제사와 관련된다. 그러나 솔로몬이 "기록할 수도 없고 셀 수도 없을 만큼 매우 많은 양들과 황소들"을 제사로 드린 반면에(대하 5 : 6 ; 왕상 8 : 5), 다윗은 송아지 일곱 마리와 숫양 일곱 마리로 한 번의 제사를 드렸다(대상 15 : 26 ; 4Qsam[a]의 삼하 6 : 13, 맛소라 본문의 삼하 6 : 13은 분명히 왕상 8 : 5에 더 가깝게 수정되었다). 솔로몬과 그의 왕국의 막대한 재산은 다시 한번 여호와께 드리는 예배에서 사용된다.

궤는 그룹의 날개 아래 있는 안식처로 이동된다. 궤를 운반하는 데 사용된 금으로 입힌 긴 채들은 적소에 놓인다. 성전의 본전에서 지성소를 들여다보면 그 채의 끝부분이 내실의 어두움 속에서 희미하게 반짝일 것이다. 그들이 그곳에 "오늘까지" 있다고 한다(5 : 9 ; 왕상 8 : 8). 역대기가 열왕기에서 가져온 이 진술을 보존하고 있다는 것이 이상하다. 물론 역대기 사가의 시대에 채는 없었다. 실제로 궤 자체는 고통스러운 먼 기억일 뿐이었다. 예루살렘이 주전 587년에 바벨론의 수중에 들어왔을 때 궤는 역사에서 사라졌다. 아마도 입혀진 금 때문에 도둑맞았거나 산산조각이 났을 것이다. 궤에 대한 기억과 그것이 상징했던 바는 여전히 이스라엘 백성들에게 강력하게 남아 있었다. 하나님의 주권에 대한 최고의 상징물이 손실되었음에도 불구하고 그들은 하나님의 용서와 은혜와 구원을 경험했으며 하나님이 아직도 통치하신다는 것을 알았다. 비록 그들이 땅으로 돌아와 성전과 그들의 삶을 재건했지만 패배와 포로의 경험은 그들을 돌이킬 수 없게 바꾸어 놓았다. 그 어떤 것도 예전과 같지 않았다. 역대하 5 : 9은 잃어버린 것과 결코 다시 찾을 수 없는 것이 무엇인지 공동체에게 상기시켜 주는 일을 하고 있다.

이상하게도 5 : 10은 궤 안에 율법의 두 돌판 외에 아무것도 없었다고 진술한다. 역대기는 여기서 열왕기상 8 : 9에 있는 자료 본문을 충실히 전해 주고 있다. 그것은 분명히 궤 안에 넣어 둔 만나 항아리(출 16 : 32-34)와 아론의 싹 난 지팡이(민 17 : 10-11)에 관한 제사장 전승이 추가되기 전에 기록되었다(히 9 : 4을 보라). 실제로 역대기 사가는 이 점에서 그의 자료를 보충하지 않기 때문에 이것은 역대기가 기록될 때 토라가 아직 최종 형태에 이르지 않았다는 것을 말할 수 있으며, 역대기 역사서의 초기 단계들에 대하여 더 이른 연대를 지지해 준다.

5 : 11~13에 있는 많은 자료들은 역대기에만 나온다. 다윗의 궤 이동 경우와 같이(대상 15 : 16-24) 레위인 가수들과 음악가들이 중요한 역할을 행한다. 다시 한번 그들은 아삽과 헤만과 여두둔에 의해 인도된다(대상 16 : 4-6, 37-42 ; 25 : 1-31). 궤 행렬의 절정, 즉 지성소에 궤를 안치할 때 음악이 수반되어야 한다는 것은 역대기 사가가 예배에서 음악이 수행했던 역할을 중요하게 여겼음을 보여 준다. 다윗의 음악가들이 예언자로 불린 것을 기억하라(대상 25 : 1-5). 역대기에서 하나님은 음악을 통해 교통하시며, 그것은 우리에게 음악에 대한 것뿐 아니라 하나님에 대한 중요한 무엇을 말해 준다. 하나님과 인생에 대한 가장 깊은 진리는 이성적이지 않다. 이사야 55 : 8~9이 확증해 주듯이, 이성보다 중요한 것은 믿음이다.

> 이는 내 생각이 너희의 생각과 다르며
> 내 길은 너희의 길과 다름이니라 여호와의 말씀이니라
> 이는 하늘이 땅보다 높음같이
> 내 길은 너희의 길보다 높으며
> 내 생각은 너희의 생각보다 높음이니라

어쨌든 만일 이것이 이해할 수 없는 하나님에 대한 우리의 경험에 적합하다면 예배는 이성보다 더 깊은 차원에서 말해야 한다. 미술과 시와 음악은 첨가된 장식물이 아니다. 이들은 신과 우리들의 만남에 있어서 전 영역을 표현하고 일깨우는 없어서는 안 될 수단이다.

레위인 찬양대는 "여호와를 찬송하여 이르되 선하시도다 그의 자비하심이 영원히 있도다"라고 노래한다(5 : 13). 예레미야 33 : 11(학자들에 의해 일반적으로 후대의 삽입으로 간주되는 한 부분에 있다.)을 제외하면 이 친숙한 후렴구는 역대기 역사서와 시편에만 나타난다(시 106 : 1, 107 : 1, 118 : 1-4, 29 ; 또 시 136편에서 반복되는 후렴구로). NRSV 성경에서

'steadfast love'(지속적인 사랑, 히브리어로 '헤세드')로 번역된 단어는 간단히 영어로 옮기기에는 불가능하다. '헤세드'가 '사랑'을 의미하지만 이를 서구적이고 감상적으로 이해해서는 안 된다. 흔히 '헤세드'는 계약 당사자들이 서로에게 갖게 되는 책임을 표현한다. '계약적 충성'(covenant loyalty)이 '지속적인 사랑'(steadfast love) 만큼이나 좋은 번역이 될 수 있다. 하나님이 하나님의 백성에게 헌신적이라는 것, 그리고 그들을 신실하고 지속적으로 사랑하리라는 약속은 정녕 복음이다.

역대기 사가의 역사서에서 여호와의 선함과 불변함에 대한 찬양은 특히 예루살렘 성전 예배의 맥락에 속한다. 하나님의 헌신적인 사랑은 다윗에 의해 확립되고, 그의 후손들에 의해 보존된 고대 예식에서 경험되고, 그것을 통해 증명된다. 역대기에서 "여호와께 감사하라 그는 선하시며 그의 인자하심이 영원함이로다"라는 후렴구는 다윗이 예루살렘 성소에 궤를 안치한 후에 드린 예배에서 처음으로 나타난다(대상 16 : 34, 시 106 : 1에서 인용함). 이것은 다윗에 의해 제정되어 솔로몬의 성전이 완성될 때까지 기브온 제단에서 수행된 희생 제의의 일부로써 헤만과 여두둔의 지휘 아래 있는 음악가들에 의해 불렸다(대상 16 : 41). 역대하 5 : 13에서 대구 "그는 선하시며, 그의 인자하심이 영원하심이라"는 다시 한번 궤와 연결되어 불리며, 여기서는 궤가 솔로몬 성전의 지성소에 있는 최후의 안식처에 안치될 때 불린다. 나중에 성전 봉헌식에서 이 노래는 하늘에서 임한 불이 솔로몬의 희생 제물을 사를 때 이스라엘 회중들에 의해 불린다(대하 7 : 3). 다윗의 노래하는 레위인들이 새롭게 완성된 솔로몬의 성전에서 예배를 시작할 때(대하 7 : 6), 이 후렴구는 그들 사역의 본질을 말해 준다. 이와 비슷하게 에스라 3 : 11에서 재건된 성전의 기초들이 놓일 때 회중들은 "그는 선하시고 이스라엘을 향한 그의 자비하심이 영원함이라"라고 노래한다. 실제로 이 구절이 성전 제의와 직접 연관되지 않고 언급되는 유일한 것은 여호사밧의 군대가 에돔과 싸우기 위해 진군할 때, 그들을 동행했던 찬양대들에 의해 사용된 것이다(대하 20 : 21). 그러나 거기에서조차도 찬양대들은 거룩한 전쟁의 일부이며, 이것은 여호와가 레위인 스가랴에게 계시를 통하여 — 성전 앞에서 드린 여호사밧의 기도에 대한 응답으로 주어진 계시이다(대하 20 : 5-17). — 명령한 것이다. 하나님의 끊임없는 사랑이 드러나고, 그에 맞게 기념되는 곳은 바로 예루살렘 성전의 옛 제의이다.

궤가 수반된 음악과 노래에 따라 지성소에 들어갈 때 여호와의 임재가 더욱더 분명해진다. "……여호와의 전에 구름이 가득한지라 제사장들이 그 구름으로 말미암아 능히 서서 섬기지 못하였으니 이는 여호와의 영광이 하나님의 전에 가득함이었더라"(대하 5 : 13-14). 여호와가 집에 오셨고, 성전은 하나님의 집이 되었다.

여호와 영광의 현시에 대한 반응으로 솔로몬은 "여호와께서 캄캄한 데 계시겠다 말씀하셨사오나 내가 주를 위하여 거하실 성전을 건축하였사오니 주께서 영원히 계실 처소로소이다"라고 선포한다(6 : 1-2 ; 왕상 8 : 12-13). NRSV 성경에서 '캄캄한 데'라고 옮겨진 단어는 다른 곳에서는 하나님이 하늘에 계시다는 불가해하고 접근할 수 없는 구름을 말한다(예를 들면 출 20 : 21 ; 시 97 : 2 ; 욥 22 : 12-14). 여호와의 거주지를 '캄캄한 데'로 말하는 것은 성소를 가득 채운 구름 때문에 생겨났을 것이다. 다른 한편으로는 '캄캄한 데'는 창문이 없는 성전의 내실, 지성소를 말할 수도 있다. 둘 다를 약간씩 의도하고 있는 것이 가장 맞을 것이다. 결국 역대기 사가에게 전자는 후자에 의해 상징적으로 이루어졌다. 지성소의 어두움 속에, 거룩한 궤를 덮고 있는 날개를 가진 그룹 위 '캄캄한 데', 즉 여호와 영광의 구름이 거하게 되었다.

솔로몬의 성전 기도에 포함된 고대의 대구는 예루살렘 성전을 명백하게 여호와를 위한 지상의 거주지로 묘사하고 있다. 여호와가 영원히 살게 될 '거룩한 집'이다. 앞으로 우리가 보겠지만 이 개념은 다음에 나오는, 상징과 실제를 구별하기 위해 조치를 취하는 솔로몬 기도의 신명기적 신학과 충돌한다(6 : 12-42 ; 특별히 18절). 역대기 사가는 이어지는 기도를 충실하게 옮기려 하지만 그의 마음은 이 오래된 시 단편에 있다. 역대기 사가에게 하나님은 매우 실체적인 의미로 하나님 백성의 예배에 임재하고 있다.

솔로몬의 봉헌 기도(6 : 3-42 ; 왕상 8 : 14-53)

언약궤가 지성소로 옮겨지고 여호와가 성전을 소유하자 그 전은 기도로 봉헌된다. 솔로몬은 회중들을 축복하는 것으로 시작한다(6 : 3-11). 축복 속에서 왕은 나단의 예언은 물론(대상 17 : 1-5), 다윗의 세 편의 고별설교(대상 22 : 6-19, 28 : 1-21, 29 : 1-9)도 회상한다. 이러한 약속들이 모두 실현되었다. "왕이 이르되 이스라엘 하나님 여호와를 송축할지로다 여호와께서 그의 입으로 내 아버지 다윗에게 말씀하신 것을 이제 그의 손으로 이루셨도다 이르시기를"(대하 6 : 4). 여호와가 이스라엘을 위하여 어떤 예배 장소도 왕의 혈통도 선택하지 않았던 수세대 후에, 다윗에게 하신 하나님의 약속은 새로운 시대로 인도한다. 그에게 여호와는 "예루살렘을 택하여 내 이름을 거기 두고 또 다윗을 택하여 내 백성 이스라엘을 다스리게 하였노라"라고 선포하였다(대하 6 : 6). 그러나 다윗에게 하신 하나님 약속의 성취는 이제 명백해졌다. 솔로몬은 왕으로 태어난 첫 이스라엘 사람이다. 그에게서 다윗을 위해 집을 세우리라는 하나님의 약속이 성취되었다. 나아가 솔로몬은 다윗이 할 수 없었던 것을 행함으로써 그 자신의 소명을 완수했다. 그는 하나님을 위한 성전을 건축했으며 궤를 영원한 처소에 들였다(대하 6 : 10-11).

회중들을 축복한 후에 솔로몬은 하나님을 향하여 말한다(6 : 12-42). 청동 연단에 올라 서(6 : 13 ; 열왕기에는 언급되지 않는다.) 솔로몬은 제단 앞에 무릎을 꿇고 손을 하늘을 향해 들고 기도하기 시작한다. 신명기적 신학의 중심 신조를 표현하는 이 기도는 신명기 역사서에서 가장 중요한 본문 가운데 하나이다. 비록 역대기 사가는 솔로몬의 기도에 있는 성전에 대한 관점에 동의하지 않지만, 이 본문에 흐르는 약속과 위협의 양대 주제는 전반적인 역대기적 신학에 매우 적합하다. 그러므로 역대기는 이 자료를 마지막 구절까지 충실히 따른다. 마지막 구절에서 역대기 사가는 자신의 결론을 제시한다(왕상 8 : 50하-53을 대하 6 : 40-42과 견주어 보라).

솔로몬은 다윗에 대한 하나님의 약속의 성취 속에 분명하게 나타난 하나님의 신실함과 불변성을 찬양하는 것부터 시작한다(6 : 14-17). 솔로몬은 하나님의 지속적인 사랑이 다윗의 집에 지속되기를 기도한다. 그런 다음 솔로몬의 기도는 하나님이 다윗에게 하신 다른 약속, 즉 성전 건축으로 방향을 돌린다. 일찍이 솔로몬은 하나님의 성전을 "성전, 주께서 영원히 계실 처소"(6 : 1-2)라고 기술했다. 그러나 이제 그는 "하나님이 참으로 사람과 함께 땅에 계시리이까 보소서 하늘과 하늘들의 하늘이라도 주를 용납하지 못하겠거든 하물며 내가 건축한 이 성전이오리이까"라고 묻는다(6 : 18 ; 2 : 6도 보라).

솔로몬 기도의 신명기적 신학에서 하나님은 실로 문자 그대로 성전에 있지도 있을 수도 없다. 그러나 하나님은 이곳에 거룩한 이름을 두셨다. 그러므로 하나님은 예루살렘에 있는 성전에 특별히 관심을 기울이시며, 성전을 향해 드리는 기도들을 들으신다(6 : 19-21 ; 이것은 J. J. M. Roberts가 신적 임재의 '마이크로폰 이론'이라고 기발하게 불렀던 것이다). 역대기는 이러한 입장과 본질적으로 다르며, 여호와가 실제로 성전에 계시다는 것을 고수한다. 그러나 우리가 보았듯이 그 임재는 역대기에서 성전 자체보다는 성전에서 행해지는 예배와 연결되어 있다. 하나님의 임재가 경험되는 곳은 이스라엘의 제의이다. 시편 기자에게처럼 역대기 사가에게도 여호와는 "이스라엘의 찬송 중에 거하신다"(시 22 : 3).

예루살렘 성소와 제단에 대한 하나님의 호의는 제단 앞에서 서약한 맹세들이 구속력이 있다는 것을 의미한다. 그러한 맹세들이 서약될 때 하나님이 들으셨으며, 하나님이 그 증인이다. 그러므로 제단 앞에서 거짓 맹세하는 자는 누구든지 형벌을 받을 것이며, 공의로운 자들 가운데 있는 무리들은 의롭다 함을 받을 것이다(대하 6 : 22-23). 이 원리는 나머지 기도에 대한 법적 전례로 작용한다. 하나님이 제단 앞에서 서약한 맹세를 들으시는 것처럼 하나님은 사람들이 그 제단으로 가져오는 다른 문제들에 귀를 기울이실 것이다.

그래서 이스라엘이 죄를 짓고 그 결과로 전쟁에서 패배했을 때, 만일 그들이 "주의 이름을 인정하고 주께로 돌아와서 이 성전에서 주께 빌며 간구하거든" 하나님은 들으시고 용서하실 것이며, "그들과 그들의 조상들에게 주신 땅으로 돌아오게" 하실 것이다(대하 6 : 24-25). 여기서 패전은 죄의 결과로 간주된다. 이것은 전쟁에서의 승리가 하나님의 축복을 나타내 준다는 역대기 신앙의 이면이다(대상 18 : 13을 보라. 형벌로서의 패전에 대하여 대상 5 : 25-26, 10 : 1-14, 21 : 12을 보라). 더 나아가 하나님이 죄를 뉘우치는 사람을 그 땅으로 돌아오게 할 것이라는 약속은 분명히 포로생활을 전제하고 있으며, 이것은 역대기 사가 공동체에게 특별히 의미가 있었을 것이다.

이스라엘 공동체의 삶에 있는 다른 위기들도 마찬가지로 죄가 가져온 하나님의 형벌로 이해된다. 그러나 솔로몬의 기도는 성전을 향해 드리는 회개의 기도가 용서와 회복에 이르게 된다는 것을 확증해 준다. 그래서 가뭄은 기도와 회개로 막을 수 있다(6 : 26-27). 그처럼 "전염병, 시듦, 깜부기, 메뚜기, 황충"으로 인한 기근이나 아니면 적국의 포위로 말미암은 기근도 기도로 피할 수 있다(6 : 28-31). 진실로 공동체의 필요뿐만 아니라 개인적인 필요도 하나님이 "주는 계신 곳 하늘에서 들으시며 사유하시되 각 사람의 마음을 아시오니 그의 모든 행위대로 갚으시옵소서 주만 홀로 사람의 마음을 아심이니이다"(6 : 30)는 확신으로 제단에 계신 여호와 앞에 가지고 올 수 있다. 솔로몬의 기도는 하나님이 이스라엘을 집단적으로뿐 아니라 개별적으로도 돌보신다는 것을 당연한 것으로 여긴다. 이러한 확신은 예수의 가르침에서도 중심을 차지한다. 예수는 그의 제자들에게 하나님을 개인적으로 "아버지"(마 6 : 7-15 ; 눅 11 : 1-4)로 부르고 응답될 것이라는 확신으로 하나님 앞에 그들의 필요와 간구를 올리라고 가르치셨다(눅 18 : 1-8).

솔로몬 기도에서 가장 놀라운 진술은 6 : 32~33의 "주의 백성 이스라엘에 속하지 않은 이방인에게 대하여도…… 이 성전을 향하여 기도하거든 주는 계신 곳 하늘에서 들으시고 이방인이 주께 부르짖는 대로 이루사……"일 것이다. 여기서 이 이방인들을 개종자라고 말하지 않는다. 오히려 본문은 예루살렘 성소에 대한 하나님의 주의하심이 포용적이고 무조건적임을 확언하고 있다. 예루살렘을 향하여 드리는 모든 기도, 심지어 이방인들의 기도까지 들으신다. 다른 한편으로 본문은 모든 신앙고백들과 문화들을 같은 것으로 간주하는 단순한 상대주의를 지지하지 않는다. 성전을 향하여 기도하는 이방인들은 "주의 큰 이름과 능한 손과 펴신 팔 때문에 먼 곳에서 온" 사람들이다(6 : 32). 이 용어는 신명기에서 하나님이 이스라엘을 노예 생활에서 건지신 특별한 구원을 말하는 것이다(가령 신 4 : 34, 26 : 8을 보라). 이스라엘은 하나님에 의해 특별히 세워진 하나의 민족으로 특별한 역할을 지니고 있다. 즉 하나님의 은혜와 권세를 세상에 증거할 증인이다. 나아가 예루살렘 성전은 우리의 세상과 하나님을 연결하는 중요한 점이다. 여전히 솔로몬의 기도는 하나님이 이방인의 기도를 들으신다는 것을 확증하고 있다. 실로 솔로몬은 그들이 "내가 건축한 이 성전을 주의 이름으로 일컫는 줄을 알게"(6 : 33) 하기 위해 하나님이 이스라엘의 기도처럼 이방인의 기도에 응답하시기를 촉구한다.

비슷한 언급이 성서의 다른 곳, 특히 이사야서에 반영되어 있다. 이사야 2 : 1~4에서 "여호와의 전의 산"이 세상의 중심으로 확증되고 있다. 거기서 언젠가 만방이 지혜와 통일을 구할 것이며, 그들의 전쟁 연습은 그칠 것이다. 역대기와 대략 동시대의 본문인 이사야 56 : 7은 "내 집은 만민이 기도하는 집이라 일컬음이 될 것임이라"라고 확언한다. 예수는 이 구절을 자신의 시대에 성전에 대한 하나님의 의도를 표현하는 것으로 인용하였다(막 11 : 17). 많은 문화들과 신앙고백들이 모든 면에서 교회에 영향을 미치는 우리의 다원주의적 현 상황에서 이것은 중요한 고찰이다. 우리가 선포하는 복음을 위해 결코 타협하거나 변명해서는 안 되지만, 우리는 또한 하나님이 우리의 생각보다 더 크시다는 것과 하나님의 영은 우리가 알지 못하는 곳에서 알지 못하는 방법으로 활동하고 계시다는 것을 의식하고 있어야 한다. 하나님은 기도를 들으시고 응답하신다. 우리의 기도만이 아니라 모든 기도들을 들으시고 응답하신다.

이방인에 대한 성찰은 기도를 필요로 하는 또다른 위기에 대한 숙고를 유발한다. 이스라엘이 이방인 적과 전쟁할 때이다. 솔로몬은 하나님이 전장에 있는 백성들을 도우시기를 원한다. 그러나 조건이 있는데 "주의 백성이 그 적국과 더불어 싸우고자 하여 주께서 보내신 길로 나갈 때"(대하 6 : 34 ; 강조는 저자의 것이다.)이다. 솔로몬의 기도는 이스라엘이 하나님의 지시대로, 다윗이 그랬던 것처럼(대상 14 : 8-17을 보라.) 하나님의 뜻에 순종하여 전쟁한다는 것을 당연히 여긴다. 그 경우가 아니라면 이스라엘은 당연히 패배 외에 그 어떤 것도 기대할 수 없다(솔로몬의 기도가 이미 확증한 대로 ; 대하 6 : 24-25을 보라).

끝으로 솔로몬은 "주께 범죄하는 사람이 없사오니 그들(그의 백성)이 주께 범죄하므로 주께서 그들에게 진노하사 그들을 적국에게 넘기시매 적국이 그들을 사로잡아 땅의 원근을 막론하고 끌고" 갈 경우(대하 6 : 36) 하나님이 백성들에게 자비를 베푸시기를 구한다. 포로의 위협은 계약 저주의 기본이다(신 28 : 32-33을 보라). 그래서 열왕기에서는 이 구절이 포로 시대에서 나오지 않았을 것이다. 그러나 역대기 사가의 공동체에게 바벨론 포로 생활에 대한 언급은 분명하고 틀림없는 것이었다. 여기서 하나의 희망으로 표현된 것은 그들의 실제적인 경험이었다. 포로 생활 속에서 나온 그들의 기도가 상달되어 응답되었으며, 그래서 그들은 예루살렘으로 귀환할 수 있었다.

열왕기에서 하나님이 이스라엘의 기도들 심지어 그들이 이방 땅에 포로로 있을 때조차도 들어 달라는 간청은 이 기도의 결론과 절정이다. 하나님은 확실히 이스라엘에게 은혜로우시며, 이스라엘의 대적으로 하여금 은혜를 베풀게 하실 것이다. "주 여호와여 주께서 우리 조상을 애굽에서 인도하여 내실 때에 주의 종 모세를 통하여 말씀하심같이 주께서 세상 만민 가운데에서 그들을 구별하여 주의 기업으로 삼으셨나이다"(왕상 8 : 53)라는 옛 약속 때문이다. 하나님이 들으시고 구원하시는 것은 하나님이 모세를 통해 이스라엘과 언약을 맺었기 때문이다. 솔로몬 기도의 결론에서 출애굽에 관하여 언급되는 것은 열왕기상 8 : 21("그가 애굽 땅으로부터 그들을 인도하여 내실 때"라는 언급은 이 본문과 평행이 되는 대하 6 : 11에는 나타나지 않는다.) 기도의 도입 부분에 있는 유사한 말을 보여 준다. 모세의 시내산 계약에 관한 언급은 이 기도의 법적 기초와 일치한다. 우리가 보았듯이 솔로몬 기도의 기초는 하나님이 제단을 향하여 드리는 기도를 들으시기 때문에 제단 앞에서 행해진 맹세들이 구속력이 있다는 법적 선례에 있다. 이와 비슷하게 열왕기상 8 : 54~61에서 하나님의 율법 — '계명과 법도와 율례' — 준수가 공동체에게 명령된다. 성전과 그곳을 향해 드리는 기도에 대하여, 하나님이 주목하는 것에 대한 배경과 기초는 바로 모세에게 주어진 토라이다.

역대기는 출애굽을 기념함으로써 토라 준수에 희망을 두기보다는(왕상 8 : 50하-53), 성전 예배에 현존하는 하나님의 임재에서 희망의 근거를 찾는다. 역대기 사가의 습관대로 성경의 인용을 통해 강조가 두드러지게 나타난다. 이 경우는 시편 132 : 8~10, 16에서 인용한다. 이 시편은 여러 가지 면에서 역대기 사가의 목적에 부합한다. 첫째, 시편 132편은 예루살렘에 올라가는 순례자가 사용하도록 의도된 것 같은 시편 노래 모음집인, 성전에 올라가는 노래(시 120-134편) 가운데 하나이다. 이 시편에서 또 모든 성전에 올라가는 노래에서 예루살렘의 중요성은 이 기도에 있는 예루살렘의 중심성과 딱 들어맞는다. 둘째, 이것은 다윗의 찬양시이며, 다윗에게 신실하신 하나님 — 이것은 역대기의 중심 사상이며, 이미 회중에 대한 솔로몬의 축복에서뿐만 아니라 기도의 첫 마디에서도 거듭 강조되었던 것이다. — 에 대한 찬양이다.

그러나 매우 특별하게 시편 132편은 예루살렘으로 궤를 들여오는 다윗을 다룬다. 역대기 사가에 의해 인용된 특별한 구절들은 이 사건을 기념하는 것으로 시작한다. "여호와 하나님이여 일어나 들어가사 주의 능력의 궤와 함께 주의 평안한 처소에 계시옵소서"(대하 6 : 41상 ; 시 132 : 8). 역대기의 문맥에서 물론 이 시는 궤를 성전으로 들여오는 솔로몬을 말한다. 실로 그 언어는 솔로몬의 성전에 특히 적합하다. 장막보다는 영원한 처소로써 솔로몬의 성전은 다윗의 성막보다 훨씬 더 적합하게 '안식처'로 불린다. 나아가 역대기에서 '안식'은 다윗이나 그의 재임 기간 동안의 이스라엘에게 주어진 것이 아님을 기억하라(대상 17 : 1에서 논의된 바를 보라). 이스라엘에 안식을 가져온 자는 평화의 사람 솔로몬이며, 그러므로 그 아래에서 궤가 안식처를 찾았다고 말하는 것은 적절하다(대상 22 : 9, 23 : 25을 보라).

하나님과 궤를 위한 안식처인 성전의 중요성은 나중에 시편에서 표현된다.

> 여호와께서 시온을 택하시고
> 자기 거처를 삼고자 하여 이르시기를
> 이는 내가 영원히 쉴 곳이라
> 내가 여기 거주할 것은 이를 원하였음이로다
>
> (시 132 : 13-14)

비록 이 구절들이 역대기에 인용되지는 않았지만 역대기 사가는 다른 곳에서처럼 여기서도 독자가 이 시 전체를 잘 알고 있다고 가정하는 것 같다. 시편 132편은 우리가 이미 역대기에 표현되어 있음을 발견했던 임재 신학의 적절한 표현이다. 궤가 상징하듯이, 그리고 영광의 구름이 보여주듯이 하나님은 실로 이곳에 계신다. 그러나 하나님의 임재는 솔로몬이 지은 백향목과 석재, 금으로 된 건물과 반드시 연결된 것은 아니다. 여기서 하나님의 현존은 은혜로운 선물이며, 하나님의 백성의 예배를 통해 드러난다.

역대기의 다음 구절은 예배하는 회중과 그 지도자들에 대하여 말한다. "여호와 하나님이여 원하옵건대 주의 제사장들에게 구원을 입게 하시고 또 주의 성도들에게 은혜를 기뻐하게 하옵소서"(대하 6 : 41하). 여기서 역대기 사가는 그의 자료를 각색한 것 같다. 제사장에 관한 묘사는 시편 132 : 9("주의 제사장들은 의를 옷 입고"), 16절("내가 그 제사장들에게 구원을 옷 입히리니")을 결합하고 있다. 솔로몬의 기도에서 많이 나타나는 주제인 하나님의 구원과 건지심은 여기서 솔로몬 성전의 제사장직과 연결되어 있다. 여호와의 신실하심 때문에 그들은 단순히 즐거워 소리치지 않는다(시 132 : 9, 16에서처럼). 그들은 주의 은혜를 기뻐한다. 역대하

5 : 13과 역대기 역사서 전체에 있는 평행 구절들이 확인해 주듯이 하나님의 선하심이 경험되고 찬양되는 곳은 성전 앞에서 드리는 예배에서이다.

NRSV 성경에서 "주의 기름 부음 받은 자의 얼굴을 외면하지 마옵소서"(시 132 : 10)와 "주의 기름 부음 받은 자에게서 얼굴을 돌리지 마옵소서"(대하 6 : 42)라고 표현된 것은 히브리어로 거의 같다. 그러나 역대하 6 : 42의 맛소라 본문에서 "기름 부음 받은 자"로 번역된 단어는 실제로 복수이다. 그래서 히브리 성경은 "주의 기름 부음 받은 자들을 거절하지 마옵소서"로 읽는다. 많은 학자들은(NRSV의 번역자를 포함해서) 이것을 기록상의 오류로 여기며, 시편 134 : 10과 칠십인경, 그리고 수많은 히브리어 사본들을 따라 그 단어를 단수로 읽는다. 그러나 우리는 역대기에서 그렇게 바뀐 동기를 확인할 수 있을 것이다.

역대상 16장에서 다윗이 언약궤를 예루살렘으로 성공적으로 이동한 것은 기념되었고, 그 궤를 위한 성소 장막은 시편들을 노래하는 특징을 지닌 예배로써 봉헌되었다. 시편 105 : 15이 인용된 곳에서 하나님이 "나의 기름 부은 자에게 손을 대지 말며 나의 선지자를 해하지 말라"(대상 16 : 22)고 말씀하시면서 열방과 그들의 왕들을 책망한다. 역대하 6 : 41~42의 수정된 시편은 앞에서 언급된 것과 일치시켜서, 솔로몬의 성전 봉헌을 다윗의 성소 봉헌과 연결시키려 한 것 같다. 두 문맥에서 '기름 부음 받은 자들'은 단순히 예배하는 회중이다. 역대하 6 : 42에서 이러한 읽기는 "너의 종 다윗"(시 132 : 10에서 "기름 부음 받은 자")에게 한 말을, 그 구절의 첫 연에서 역대기 자신의 작품의 새 연으로 옮김으로써 더욱 지지를 받는다.

역대기에서 이 구절에 첨가된 두 번째 새 연은 솔로몬의 기도를 맺는다. "여호와 하나님이여 주의 기름 부음 받은 자에게서 얼굴을 돌리지 마옵시고 주의 종 다윗에게 베푸신 은총을 기억하옵소서 하였더라"(대하 6 : 42). 열왕기에서 솔로몬의 기도는 출애굽과 모세에 관한 말로 봉합되어 있다. 역대기에서 그 기도는 다윗으로 시작해서 다윗으로 끝난다. 역대기 사가에게 있어 예루살렘 성전에서의 하나님의 임재를 보장하는 것은 모세의 토라라기보다는 다윗의 예전이다. 앞의 구절에 첨가된 하나님의 선하심에 관한 언급처럼, 역대하 6 : 42의 하나님의 은총(steadfast love)에 관한 언급은 역대기에서 예루살렘 성전 예배에서 지속적으로 언급하는 후렴구인 "여호와께 감사하라 그는 선하시며 그의 인자(steadfast love)하심이 영원함이라"를 생각나게 한다. 성전과 그 제의는 다윗에 대한 하나님 은총(steadfast love)의 최종적인 구현이다. 성전을 세우고 궤를 그 안에 들임으로써 솔로몬은 그의 소명을 완수하며, 그의 아버지에 대한 하나님의 약속은 성취된다.

봉헌식(7 : 1-11 ; **왕상** 8 : 54-9 : 1)

성전 봉헌의 마지막 단계는 솔로몬과 그의 백성들이 드리는 희생 제사이다. 역대기 사가는 이 부분에 자신의 도입부를 둔다. 역대하 7 : 1~3에서 백성들이 두려움으로 응답하는 두 개의 기적의 표징들이 하나님의 임재를 드러낸다. 솔로몬의 기도에 대한 역대기 사가의 기사에서처럼 초점은 예배에 맞추어져 있다(솔로몬이 백성들에게 율법을 지키도록 권고하는 왕상 8 : 54-61과는 대조적이다).

첫째, 하늘에서 불이 내려와 솔로몬의 제물들을 사른다(대하 7 : 1상 ; 솔로몬이 드린 제물의 내용은 역대하 7 : 5에 이르기까지 나타나지 않는다는데 주목하라). 앞에서 이 동일한 장소에서 다윗의 제물 또한 하늘에서 내린 불에 살라졌다(대상 21 : 26 ; 왕상 18장도 보라). 솔로몬 성전이나 그의 기도에 대한 신적 승인을 나타내는 이 극적인 표시는 다시 한번 솔로몬과 그의 부왕을 나란히 놓는다. 다음으로 여호와의 영광은 다시 성전을 채우고, 그리하여 제사장들은 들어갈 수가 없게 된다(대하 7 : 1하-2 ; 5 : 13-14를 보라). 여호와가 성전을 점하였다는 이 두 번째 언급은 역대기에서 예루살렘 성소에 여호와가 실재로 임재하고 있다는 증언을 뒷받침해 준다.

하늘에서 내린 불과 신의 영광의 이 두 번째 현시에 대하여 백성들은 "돌을 깐 땅에 엎드려 경배하며 여호와께 감사하여 이르되 선하시도다 그의 인자하심이 영원하도다"라고 응답한다(7 : 3 ; 돌이 깔린 땅이 바깥 뜰에 있다는 겔 40 : 17-18, 42 : 3을 보라). 회중들의 말은 역대기 역사서의 다른 곳에서처럼 여기서도 하나님이 이스라엘의 예배 속에 신실하게 임재하신다는 것을 확증해 준다. 그러나 그 임재는 당연한 것으로 여겨지지 아니하고 두려움과 놀라움과 공포를 불러일으켜 백성들은 마치 불타는 떨기나무 앞에 선 모세처럼 땅에 엎드린다(출 3 : 6).

이제 역대기는 열왕기상에 있는 이야기를 사용한다(대하 7 : 4-10 ; 왕상 8 : 62-66). 솔로몬의 제물은 어마어마하다. "솔로몬 왕이 드린 제물이 소가 이만 이천 마리요 양이 십이만 마리라……"(7 : 5). 실로 희생 제물들이 너무 많아서 놋제단은 그 모든 것을 용납하기에 충분할 만큼 큰 크기가 아니었다. 솔로몬은 임시 제단으로 사용하기 위해 성전 앞뜰의 넓은 부분을 성역화한다. 그리고 거기서 희생 제물들을 태운다(7 : 7). 이 희생 제사에는 제사장들뿐만 아니라 레위인 가수들과 음악가들도 참여한다(7 : 6 - 역대기에만 나온다). 당혹스럽게도 나팔을 부는 임무는 다윗 시대와 같이 레위인들이 아니라 제사장들에게 주어져 있다(왕상 15 : 24, 16 : 6). 역대기는 바로 다윗이 이 음악가들을 위임하고, 그들에게 악기를 주어 이미 그 자신의 재위 기간 동안 "여호와의 인자하심이 영원함을 찬송하도록" 그들에게 책임을 맡겼다는 것을 상기시켜 주고 있다. 레위인이 봉사를 계속하는 것은 하나님의 신실함을 확증해 주는 것이다. 이제 성전 찬양의 익숙한 후렴구와 레위인 음악가들의 참여와 제사장 나팔수들에 대한 언급을 통해, 이 단락은 궤를 솔로몬 성전의 지성소로 들여오는 역대하 5 : 12과 연결된다. 거기에서처럼 여기서도 다윗의 예전과 신의 임재는 연결되어 있다.

7 : 9~10에서 역대기 사가는 성전 낙성 시기와 초막절 시기에 관련된 질문을 던진다(Japhet 1993, 611-613). 비록 성전 낙성식이 절기의 때에 정해졌지만(5 : 3), 낙성식 자체의 어떤 것도 절기를 지키는 형식들과 관련되어 있지 않다. 그러므로 역대기 사가는 낙성식의 칠일이 실제 초막절의 칠일보다 앞섰다고 생각한다(7 : 9 ; 역대기는 희생 제의의 중요성을 다시 한번 강조함으로써 여기서 '제단의 낙성식'에 관해 언급하고 있음을 숙지하

라). 초막절 시작 후 제 팔일에 제사장 전통이 요구하는 대로 솔로몬은 '성회'를 연다(레 23 : 36을 보라. 백성들이 제 팔일에 집으로 돌아간 왕상 8 : 66과 대조된다). 그리고 나서 일곱째 달 제 이십삼 일에 백성들이 즐거워하며 그들의 집으로 돌아간다. 초막절은 일곱째 달 15일에 시작하여 지켰을 것이므로 이 날짜는 그 유형을 확정해 준다. 성전 낙성식은 틀림없이 팔 일에 시작하였으며, 성회는 분명히 이십이 일에 개최되었을 것이다. 물론 이것은 열왕기에서 취한, 더 앞에서 주어진 봉헌 날짜와 충돌한다(대하 5 : 3 ; 왕상 8 : 2). 그러나 역대기 사가는 우리가 보았듯이 그의 자료들 가운데 있는 일관성에 지나치게 관심을 두지 않는다.

역대하 2 : 1에서 솔로몬 성전 건축 기사는 "솔로몬이 여호와의 이름을 위하여 성전 하나와 자신을 위하여 왕궁을 짓기로 결심했다"는 진술로 시작했다. 이제 그 작업이 완수되었다. "솔로몬이 여호와의 전과 왕궁 건축을 마치고 솔로몬의 심중에 여호와의 전과 자기의 궁궐에 그가 이루고자 한 것을 다 형통하게 이루니라"(7 : 11). 솔로몬은 그의 소명을 완수했다.

에필로그 : 여호와가 솔로몬의 기도에 응답하시다(7 : 12-22 ; 왕상 9 : 2-9)

성전 봉헌이 끝났으므로 드디어 솔로몬 성전은 진정으로 완성되었다. 이제 솔로몬 성전 건축 기사에 대한 에필로그에서 여호와가 왕의 봉헌 기도에 응답하신다. 여기서도 역대기 사가는 그의 자료에 대체로 충실하다. 그러나 확장된 도입부는 역대기에 있는 여호와의 응답에 대해 다른 견해를 보여 준다(7 : 12-15와 왕상 9 : 2-3을 견주어 보라).

여호와는 솔로몬에게 확신을 준다. "밤에 여호와께서 솔로몬에게 나타나사 그에게 이르시되 내가 이미 네 기도를 듣고 이곳을 택하여 내게 제사하는 성전을 삼았으니"(7 : 12). 솔로몬 성전에서 행해지는 희생 제사 제의에 대한 강조는 역대기에서 지속적이다. 처음부터 솔로몬은 후람에게 보내는 편지에서 그가 하나님을 위해 지을 전은 "그 앞에 분향하기 위한 장소"(2 : 6)로 쓰일 것이라고 말하였다. 성전을 묘사할 때 역대기는 열왕기에는 없는 놋제단을 기술한다(4 : 1). 이와 비슷하게 성전 봉헌에서 칠 일간의 봉헌 예식이 "제단의 낙성식"을 위한 것이라고 말한다(7 : 9). 이 사상은 역대기 역사서에서 계속해서 표현되고 있다. 에스라 6 : 3에서 성전은 "제사 드리는 처소"로 묘사된다. 역대기 사가에게 솔로몬 성전은 '제사 드리는 집'이다. 다윗이 세운 희생 제사의 예전을 수단으로 예배하는 공동체는 성전에서 하나님의 임재를 경험한다.

열왕기에 있는 하나님의 말씀에서는 여호와가 기브온에서 어린 왕인 솔로몬에게 나타났던 통치 초기가 다시 언급된다(왕상 9 : 2). 그러나 역대기는 솔로몬의 기도에까지 이르는 분명한 언급으로 여호와의 말씀과 솔로몬의 기도를 직접적으로 연결한다. 세 개의 가능한 재앙들이 묘사된다. 그 각각은(솔로몬의 기도에서처럼) 하나님이 보내신 형벌로 간주된다. 첫 번째 가뭄은 7 : 13과 솔로몬의 기도(6 : 26)에서 거의 동일한 용어로 묘사되고 있다. 두 번째로 메뚜기 재앙은 비록 '메뚜기'에 대한 다른 용어들이 각각의 문맥에서 사용되지만 7 : 13과 6 : 28에서 모두 언급된다. 세 번째로 전염병이 7 : 13과 6 : 28 모두에 나타난다. 게다가 두 본문들은 '전염병'에 해당하는 동일한 용어를 사용한다. 역대기에서 하나님은 솔로몬의 기도에 응답하여 말씀하신다.

솔로몬은 기도에서 백성들이 성전과 성전의 제단을 향하여 기도드릴 때 하나님이 그에 응답하여 주시기를 간구한다. 그에 대한 응답으로 여호와는 "내 이름으로 일컫는 내 백성이 그들의 악한 길에서 떠나 스스로 낮추고 기도하여 내 얼굴을 찾으면 내가 하늘에서 듣고 그들의 죄를 사하고 그들의 땅을 고칠지라"(7 : 14)고 선언한다. 여기서 나타나는 회개 개념, 즉 진정한 회개를 겸비함으로 시작된다는 것은 역대기의 특징을 이루고 있다(Japhet 1993, 615). 하나님 앞에서 자신을 낮추는 것의 중요성은 이 책의 끝에 이를 때까지 강조될 것이다. 이 책에서 자신들을 낮춘 유다의 왕들은 은혜를 얻고, 그 자신과 땅에 대한 용서를 받는다(대하 12 : 12, 32 : 26을 보라).

"(하나님의) 얼굴을 구하는 것"은 "성전 예배를 위한 종교적인 관용구"이다(Allen 1999, 500 ; 시 24 : 6, 27 : 8을 보라). 특별히 이 관용구는 궤를 위한 다윗의 성소를 봉헌할 때 불린 시 가운데 하나인 시편 105편에 나타난다. "여호와와 그의 능력을 구할지어다 그의 얼굴을 항상 구할지어다" (시 105 : 4 ; 대상 16 : 11). 역대기 사가에게 기도와 회개는 개인적인 일이 아니다. 만일 누군가 진심으로 하나님의 얼굴을 구하고자 한다면 그 구함에 대한 적합한 문맥은 "(하나님의) 이름으로 부름 받은" 백성들 가운데서 성전 앞에서 드리는 예배이며, 이것은 다윗의 옛 제의에 참여하는 것이다.

마찬가지로 하나님 응답의 약속도 공동체적이다. 백성들이 겸손하게 기도하고 예배에서 하나님의 얼굴을 찾고 '그들의 악한 길에서 떠나면', 하나님은 보답으로 그들의 기도에 귀를 기울이시고 "그들의 죄를 사하며 그들의 땅을 고칠 것"이라고 약속하신다. 진심 어린 회개와 신실한 예배는 나라 전체에 건강과 온전함을 가져다줄 것이다.

여호와의 말씀이 솔로몬 기도에 대한 분명한 응답이라는 것은 최종적으로 7 : 15에서 확정된다. 6 : 40에서 솔로몬의 요구로 표현된 것이("나의 하나님이여 이제…… 눈을 드시고") 7 : 15에서는 1인칭 화자의 확증으로 여호와에 의해 진술된다("이제 이 곳에서 하는 기도에 내가 눈을 들고 귀를 기울이리니")는 것을 제외하면, 7 : 15은 6 : 40의 표현을 반복하고 있는데 (Japhet 1993, 600과 615) 이를 주목하여 보라. 솔로몬의 기도는 응답되었다. 하나님은 그 백성들이 성전에서 드리는 기도에 응답하실 것이다.

이제 역대기는 열왕기에 있는 자료들을 사용한다. 여호와는 성전의 중요성을 확증한다. "이는 내가 이미 이 성전을 택하고 거룩하게 하여 내 이름을 여기에 영원히 있게 하였음이라 내 눈과 내 마음이 항상 여기에 있으리라"(7 : 16 ; 왕상 9 : 3에는 "내가 선택하였다"라는 말이 없다). 역대기는 일반적으로 예루살렘뿐만 아니라 특별히 성전이 하나님이 선택한 장소임을 강조한다. 솔로몬은 다윗과 맺은 하나님의 언약이 지켜지도록, 즉 다윗의 혈통이 계속하여 예루살렘에서 통치할 것이라 한 것이 지켜지도록 그의 아버지 다윗의 범례를 따라 계속 성실할 것이 요구된다(7 : 17-18).

여기까지의 솔로몬에 대한 하나님의 메시지는 긍정적이다. 그러나 이제 여호와는 불신과 불순종의 결과에 대해 말씀하신다. 만일 이스라엘이 "돌아서서 내가 너희 앞에 둔 내 율례와 명령을 버리고 가서 다른 신들을 섬겨 그들을 경배하면"(7 : 19), 그 백성들은 그 땅에서부터 사로잡혀 갈 것이고 성전은 버려질 것이다. 버려진 성전은 모든 민족 중에 "속담거리와 이야깃거리"가 될 것이다(7 : 20). 이것은 이를 보는 모든 자들에게 여호와가 그의 백성으로 하여금 자기의 행동에 책임을 지게 하신다는 교훈이 될 것이다. 물론 역대기 사가의 공동체에게 이 경고의 엄준한 진실성은 너무 잘 알려져 있었다. 그들이 그 땅으로 돌아와 다시 성전을 지을 때 그들은 첫 성전의 운명을 생생히 기억하였다. 솔로몬의 성전이 영화로웠던 만큼 하나님은 이스라엘의 신실치 못함 때문에 그것이 파괴되도록 버려두셨다. 만일 하나님의 백성들이 한 번 더 신실치 못함을 보여 준다면 그와 동일한 운명이 두 번째 성전에도 임할 것이다.

역대하 8 : 1~9 : 31

솔로몬의 치세

지금까지 성전에만 초점을 맞추었던 역대기 사가는 이야기의 끝에서 솔로몬의 치세와 관련된 문제들로 향한다. 역대기에서 유일하게 솔로몬의 군사적 업적으로 간주되는 하맛소바의 정복을 포함하여 다양한 왕실 사업들에 먼저 관심을 집중한다(8 : 1-18). 그리고 나서 역대기 사가는 솔로몬과 스바 여왕 사이의 관계에 상당 부분을 할애한다(9 : 1-12). 마지막으로 솔로몬의 통치 기사는 시작처럼 솔로몬의 엄청난 부에 관한 기록으로 끝난다(9 : 13-28 ; 1 : 14-17을 보라). 솔로몬의 아내들(왕상 11 : 1-8)이나 종국에는 북쪽 지파들을 잃게 되는(왕상 11 : 9-13, 26-40) 솔로몬에 대한 하나님의 노여움에 대해서는 아무것도 언급하지 않는다. 에돔과 다메섹과 치른 솔로몬의 전쟁들에 관한 보도 대신에(왕상 11 : 14-25) 역대기 사가는 "유브라데 강에서부터 블레셋 땅과 애굽 지경까지의 모든 왕"

(9 : 26)을 다스리는 솔로몬의 안정된 통치를 요약적으로 확증해 준다. 역대기 사가는 감추려고 하지 않는다. 우리가 앞으로 보겠지만 그는 독자들이 이 모든 것을 알고 있다고 생각한다. 그것을 다시 말하는 것은 어떤 목적에 쓰이지 않을 것이며, 실로 솔로몬이 성전을 짓고 다윗의 예전을 실천함으로써 소명을 완수했다는 역대기 사가의 요점을 흐리게 할 수 있다. 그래서 역대기에서 솔로몬의 통치 이야기는 시작했을 때 끝난다. 부와 지혜로 다윗의 아들에게 하나님이 신실하셨음을 확증하면서 끝나는 것이다.

솔로몬은 그가 이루려 했던 바를 완수한 후 죽는다(9 : 29-31). 솔로몬의 아들 르호보암의 치세 동안에 일어날 다윗의 통일 왕국의 분열에 대해 어떤 명백한 비난도 솔로몬의 행적 속에 있지 않다(9 : 29을 보라). 성전에 대한 다윗의 계획과 꿈을 실현함으로써 솔로몬은 부친의 유산을 보존한다.

솔로몬의 왕실 사업들(8 : 1-18 ; 왕상 9 : 10-28)

솔로몬의 행적과 업적에 관한 기사는 그의 가장 큰 사업인 "여호와의 전과 자신의 궁궐 건축"(8 : 1)을 실행하는 것으로 시작한다. 비록 구체적인 묘사는 없지만, 이것은 솔로몬 궁궐에 대한 역대기 사가의 네 번째 언급이다(2 : 1, 12 ; 7 : 11도 보라). 역대기에서 초점은 성전에만 맞춰져 있다. 솔로몬의 가장 위대한 이 사업의 규모는 그 사업에 소요된 시간을 통해 알 수 있다. 그는 궁궐과 성전을 짓는 데 20년이 걸렸다.

다음으로 역대기는 또 하나의 방대한 사업으로 눈을 돌린다. 솔로몬은 두로의 후람에게서 받은 몇몇의 성읍들을 재건하여 정착하게 한다(8 : 2). 여기서 역대기 사가의 기록은 그의 자료와 직접 충돌하고 있다. 열왕기상 9 : 11~14에서 솔로몬은 히람에게 금 120달란트에 성읍 20개를 준다. 게다가 페니키아 왕은 이 성읍을 얕본다. 아마도 역대기는 열왕기에 묘사된 상황보다 더 후대의 상황을 기술하는 것 같다. 히람은 그가 사들인 것에 매우 불만족스러웠기 때문에 그 성읍을 솔로몬에게 되돌려 주었을 것이고, 그 후에 솔로몬은 그것을 재건하여 사람들로 거주하게 하였을 것이다(Myers 1965, 47). 그러나 이 이론은 개연성이 없다. 역대기 사가의 솔로몬과 후람에 대한 태도를 볼 때, 역대기 사가는 솔로몬이 후람에게 땅을 팔았다고는 생각할 수 없기 때문에 그의 자료를 수정했다(Bickerman 1962, 23)고 보는 것이 더욱 그럴듯하다. 앞에서 후람과 솔로몬 사이에 오간 서신에 관한 그의 기사 속에 역대기 사가는 그들의 정치 관계에 관심이 없다는 것을 보여 주었다. 여기에서도 마찬가지로 역사적으로 이 땅에 대한 거래를 촉진한 것이 무엇이었든지 간에, 역대기에서 이것의 유일한 목적은 솔로몬의 공공사업의 한 예를 보여 주는 것이다. 어쨌든 평화 시의 이러한 종류의 재정착과 재건은 히브리 성서(구약)에서 독특한 것이다(Japhet 1993, 621-622). 아마도 이것은 파괴된 도시들을 재건하고 사람들을 재정착시킨 일에 대해 모든 것을 알고 있는 역대기 사가의 공동체의 경험을 반영한 것 같다.

하맛소바의 정복(대하 8：3)은 세 가지 큰 문제를 보여 준다. 첫째, 히브리 성서에서 여기에만 나오는 그 명칭 자체가 의문스럽다. 역대상 18：3에서 다윗은 "하맛을 향해 있는 소바"(칠십인경은 '소바하맛'으로 읽는다.)를 대항해서 군사 행동을 취한다. 그러나 '하맛'이 평행 본문(삼하 8：3)에는 빠져 있을 뿐만 아니라 역대기에 관한 몇몇의 번역본들에도 나타나지 않는다. 둘째, 소바에 대한 다윗의 전투에서 하맛은 다윗의 동맹국이었다. 그렇다면 어떻게 역대하에서 두 적군들이 다윗의 후계자를 대적하여 한 나라처럼 연결되었는가? 역대하 8：3에서 소바와 하맛의 이상한 결합은 소바가 페르시아의 속주 하맛의 일부였던 역대기 사가 당시의 시대적 상황을 반영한 것 같다(Myers 1965, 47). 셋째, 역대기는 이 부분에서 다윗과 솔로몬 사이의 대조를 강조했다. 다윗은 전사 즉 피의 사람이라서 성전을 건축하는 일이 막혔다. 솔로몬은 이 사업을 수행하도록 하나님이 임무를 부여한 평화의 사람이었다. 만일 솔로몬도 전사였다면 어떻게 다윗이 할 수 없었던 일을 할 수 있겠는가? 그렇지만 다윗이 전사이기 때문에 벌을 받지는 않았다는 것을 기억하라. 사실상 전투에서 그의 승리들은 하나님의 호의가 그에게 임해 있다는 것을 입증해 주었다. 전사가 되는 것은 다윗의 소명이었다. 반면에 솔로몬은 성전 건축을 위해 소명을 받았다.

역대기는 여기에서 솔로몬과 다윗 사이에 문학적인 평행을 설정한다. 소바와 하맛 지역에서 얻은 다윗의 승리들은 궤가 예루살렘에 들어온 이후의 성공에 기술되어 있다. 비슷하게 역대하 8 : 3에서 하맛소바에 대한 솔로몬의 승리는 완성된 성전에 궤가 안치된 이후에 나온다.

여전히 하맛소바에 대한 솔로몬의 정복은 역사적인 토대를 지니고 있을 수 있다. 솔로몬의 북쪽 경계는 르보하맛(Lebo-hamath, 혹은 아마도 '하맛 어귀', 대하 7 : 8 ; 왕상 8 : 65) 때 설정되었고, 이곳까지는 왕국의 말엽에 정복한 것으로 추정된다(Japhet 1993, 622). 열왕기하 14 : 25에서 여로보암은 이스라엘의 경계를 르보하맛까지 회복했다. 이는 북쪽 경계가 이전에 이미 거기까지 위치했었다는 것뿐만 아니라 그 경계가 불확실하여 분쟁의 대상이었다는 것을 제시해 준다. 역대기에서 평화의 사람으로서의 솔로몬의 역할도 역대하 8 : 3의 역사성을 지지해 줄 수 있다. 만일 정복되지 않았다면 왜 역대기 사가는 이것을 언급하겠는가?(Japhet 1993, 622도 같은 의견이다.) 아마도 역대기 사가의 관점에서 솔로몬은 그의 왕국의 경계를 확장하려는 하맛소바의 정복자로서 행동하지 않는다. 오히려 그는 일찍이 그의 아버지 다윗에 의해 정복되었던 반역적인 지역에 대한 통제권을 보존하고 있다(대상 13 : 5를 보라. 거기에는 다윗의 영토가 이집트의 시홀에서부터 르보하맛〈하맛 어귀〉까지 확장된다). 그 경우에 평화의 사람으로서의 솔로몬의 역할이 보존될 것이다.

솔로몬의 건축 계획에 관한 기사에서 역대기는 다시 한번 자료를 요약하고 수정한다. '다드몰'(Tadmor, 후에 Palmyra로 불린다.)은 중요한 무역 중심지였다. 이곳은 대상들이 지나는 다메섹과 유프라테스 사이의 도상에 위치한 오아시스이다. 역대기에서 이 북쪽 지점은 "솔로몬이 하맛에 세운 모든 국고성"들의 교차로에 해당한다(대하 8 : 4). 열왕기상 9 : 18의 맛소라 본문은 이곳을 '다마르'(Tamar, 유다 남쪽에 있는 소도시, 〈한글개역은 '다드몰'〉)로 읽는다. 그러나 후대의 전승이 본문을 소리 내어 읽을 때 문서에 있는 '다마르' 대신에 '다드몰'로 대체된 것을 고수하였다. 이러한 대체는 중요한 무역 중심지의 창설자로서 솔로몬을 칭송하고 솔로몬의 북쪽 경계에 관한 주장들을 지지해 주는 효과를 낸다.

둘째로 역대하 8 : 6은 요새들, 국고성들, 병거성들과 마병의 성들과 "솔로몬이 또 예루살렘과 레바논과 그가 다스리는 온 땅에 건축하고자 하던 것을" 다 건축했다는 솔로몬의 성공을 요약하고 있다. 많은 건축 사업들은 많은 노동력을 필요로 했다. 그러나 노동력은 이스라엘인이 아니라 "이스라엘 자손이 멸하지 않았던 헷 족속과 아모리 족속과 브리스 족속과 히위 족속과 여부스 족속의 자손들"에 의해 제공되었다(8 : 7-8). 간단히 말해 그 땅의 원래 거주자들(출 3 : 8, 17을 보라.)의 남아 있는 자들이 노예 노동자로서 솔로몬의 건축 사업을 수행하는 데 봉사했다. 다시 한번 이스라엘 백성들은 노역으로 동원되지 않았다고 명백하게 언급되고 있다. 대신에 "그들은 군사와 지휘관의 우두머리들과 그의 병거와 마병의 지휘관들이 되었다"(8 : 9). 이스라엘인들은 또한 "솔로몬 왕의 공장을 감독하는 자", 즉 노예 노동자들의 왕실 감독관들로 봉사했다(8 : 10). 이 관리들의 수는 불명확하다. 역대하 8 : 10은 250명이라고 말하는 반면에 열왕기상 9 : 23은 550명이라고 말한다. 그 본문들은 기록상의 오류가 있을 수 있을 정도로 히브리어가 많이 비슷하다. 그러나 역대하 2 : 18에서 이스라엘인이 아닌 외국인들의 숫자가 3,600명인 반면, 열왕기상 5 : 16의 평행 본문은 3,300명으로 되어 있다. 그래서 두 본문에 나와 있는 관리들과 외국인들의 전체 숫자를 합치면 둘 다 3,850명이 되는데, 이는 매우 흥미로운 일이다(Elmslie 1916, 200). 분명히 서기관들은 숫자의 균형을 유지했다.

다음으로 솔로몬과 이집트 공주와의 결혼에 관하여 역대기에서 처음으로 언급된다(대하 8 : 11 ; 왕상 9 : 24 ; 왕상 3 : 1, 9 : 16-17을 보라). 솔로몬은 "다윗 성"의 외곽에 그의 아내를 위해 궁전을 건축했다. 역대기에 의하면 이 숙소가 분리된 까닭은 "여호와의 궤가 이른 곳은 다 거룩하기" 때문이다(8 : 11). 분명히 여호와의 법궤가 있는 동일한 구역 내에서 바로의 딸이 거주하는 것은 부적절하며, 심지어는 부정한 것으로 간주된다.

그런데 왜 그러한가?

나중에 역대기 역사서에서 이방인과의 연혼은 중요한 문젯거리가 된다. 에스라는 모든 이방인 아내들과 즉각 이혼하라고 명령한다(스 10 : 3-14). 반면에 느헤미야는 현재의 결혼에 대해서는 어떠한 행동도 취하지 않지만 미래의 통혼을 금지하는, 조금은 관대하게 다룬다(느 13 : 23-27). 이러한 태도는 신명기 7 : 3~4과 같은 본문에서 그 뿌리를 발견할 수 있다. 거기에서 여호와는 가나안의 원주민들에 대해서 "그들과 혼인하지도 말지니 네 딸을 그들의 아들에게 주지 말 것이요 그들의 딸도 네 며느리로 삼지 말 것은 그가 네 아들을 유혹하여 그가 여호와를 떠나고 다른 신들을 섬기게" 할 것이기 때문이라고 말한다. 이와 비슷하게 신명기 23 : 3~6은 여호와의 성회에 누가 들어올 수 있고 누가 들어올 수 없는지를 세세하게 서술하고 있다. 암몬 사람과 모압 사람은 "십 대가 지나도" 총회에 들어오지 못한다(신 23 : 3). 에돔 사람과 애굽 사람은 이스라엘 백성들 중에 살다가 삼 대 후에 총회에 들어올 수 있다(신 23 : 8). 신명기 7 : 4이 분명히 하듯이 이러한 규정들의 의도는 인종적인 순수성을 유지하기 위한 것이 아니라 올바른 예배를 유지하기 위한 것이다. 이방 민족들과의 통혼이 이루어지고 이방인이 예배 회중으로 쉽게 수용되면 이방인의 관습과 사상에 의해 이스라엘 예배의 타락이 초래될 수 있다(이에 대하여는 민 25 : 1-15 ; 왕상 11 : 1-13을 보라). 성서의 이러한 금지 조항들은 어떠한 상황에서도 인종주의에 대한 보장으로 이해될 수 없다.

통혼은 구약성서에서 항상 비난되지는 않는다. 신명기 21 : 10~14은 전쟁 시에 포로로 잡혀온 이방인 여성들과의 결혼 관례를 묘사하면서 그러한 포로 신부들을 존중해야 한다고 주장한다. 진실로 많은 이스라엘의 영웅들은 이방인 아내들을 취하였지만 비난받지 않았다. 민수기 12 : 1~16에서 아론과 미리암은 모세의 이방인 아내를 반대한다. 그러나 하나님은 모세를 지지하시고 미리암은 동생을 비난한 이유로 문둥병에 걸린다. 또한 시어머니 나오미를 따라 나오미의 고향 베들레헴까지 충실하게 돌아온 모압인 과부 룻의 이야기를 기억해 보라. 룻은 유다 지파의 지주 보아스와 결혼했으며 다윗 왕의 증조 할머니가 되었다.

역대하 8 : 11에서 솔로몬도 이와 마찬가지다. 무엇보다도 역대기 사가가 솔로몬의 이집트 아내의 인종이 거슬렸다면 그는 단순히 바로의 딸에 관한 이 언급을 무시할 수도 있었다. 역대기 사가가 바로의 딸과 솔로몬의 다른 아내들에 관한 다른 언급들을 무시했듯이 말이다. 그렇게 하지 않았다는 것은 역대기 사가가 바로의 딸이 이집트 출신이기 때문에 거부한 것이 아님을 말해 준다.

또다른 가능성은 바로의 딸이 이집트인이기 때문이 아니라 여자이기 때문에 따로 떨어진 공간이 할당되었다는 것이다. 이스라엘의 율법에 의하면 여자는 매달 월경 기간 동안과 그 후 칠 일 동안 제의적으로 부정했다. 병으로 인해 하혈을 할 경우에 여자의 부정함은 피가 멈출 때까지 지속된다(레 15 : 19-33 ; 막 5 : 25-34을 보라). 여성들은 출산에 의해서도 제의적으로 부정하게 여겨졌는데 남자아이면 칠 일 동안, 여자아이면 십 사 일 동안 부정하게 되었다(레 12 : 2-8). 이 부정한 기간 동안 당연히 여성은 예배에서 어떠한 역할도 할 수 없었다. 여성들이 제의적으로 부정하지 않을 때조차도 남자들은 성 관계를 통해 제의적으로 부정하게 되기 때문에 여성과 접촉하는 것은 위험한 것으로 간주되었다(신 23 : 10-11). 그래서 모세가 시내산에서 회중들을 성결하게 할 때 그는 엄하게 남자들로 하여금 "여인을 가까이 하지 말라"(출 19 : 15)고 한다. 이와 비슷하게 사무엘상 21 : 4~5에서는 다윗의 허기진 군대들에게 여자들과 가까이 하지 않아야 진설병을 먹는 것이 허락되었다.

그렇다 하더라도 떨어진 곳에 건축한 것은 지나쳐 보인다. 그러나 역대기에서 거부하는 것은 다윗 성에 살고 있는 바로의 딸 — 무엇보다도 여성들은 예루살렘에 살고 있었다. — 에 대한 것이 아니라 "이스라엘 왕 다윗의 왕궁"에 살고 있는 바로의 딸에 대한 것임을(8 : 11) 유의하라. 분명히 왕정 시대에는 궁전과 성전이 하나로 이루어진 복합체였다(역대기에서는 성전과 궁전의 건물이 하나의 사업으로써 계속해서 연결되어 있음을 유념해라). 역대기 사가는 바로의 딸을 위해 건축한 별궁을 이 복합 건물의 제의적 순수성을 유지하기 위한 하나의 방편으로 이해한다.

솔로몬은 성전을 건축하고 궤를 그 안에 들여놓았을 뿐 아니라 다윗의 제의가 세워지고 증수되는 것을 보았다(8 : 12-15). 다윗은 다시 한번 모세와 연결된다. "안식일과 초하루와 정한 절기 곧 일년의 세 절기"를 요구하는 이스라엘의 거룩한 절기와 희생 제사들은 모세의 토라에 따른 것이다(8 : 13). 그러나 다윗의 규례를 따라 "제사장들의 반열을 정하여 섬기게 하고 레위 사람들에게도 그 직분을 맡겨 매일의 일과대로 찬송하며 제사장들 앞에서 수종들게 하며 또 문지기들에게 그 반열을 따라 각 문을 지키게 하였다"(대하 8 : 14 ; 대상 23 : 3-26 : 32). 여기에서 다윗에게 사용된 "하나님의 사람"이란 표현은 전형적으로 선지자(예언자)를 일컫는다(대하 11 : 2, 25 : 7, 9를 보라). 특별히 모세가 하나님의 사람으로 불린다(신 33 : 1 ; 수 14 : 6 ; 시 90편의 제목. 역대기 역사서에서 대상 23 : 14 ; 대하 30 : 16 ; 스 3 : 2를 보라). 다윗은 성경에서 세 번 '하나님의 사람'이라고 불린 유일한 사람이다. 세 번 모두 역대기 역사서에서, 또 다윗의 제의 속에 있는 제사장들과 레위인들의 예배와 관련된 곳에서(대하 8 : 14 ; 느 12 : 24, 36) 그렇게 불린다. 모세처럼 다윗은 선지자이다. 선지자는 하나님이 자신을 어떻게 예배해야 하는지를 계시해 주는 사람이다(대상 28 : 11-19). 솔로몬은 부왕이 꿈꾼 바를 신실하게 실행하였다. "제사장들과 레위 사람들이 국고일에든지 무슨 일에든지 왕이 명령한 바를 전혀 어기지 아니하였다"(대하 8 : 15). 적법한 성전에 적법한 제의가 수립됨으로써 솔로몬은 진실로 그의 소명을 완수하게 된다. 이제 역대기 사가의 관점에서 "솔로몬의 모든 일이 성취되었다"(대하 8 : 16).

그 다음 역대기는 그 자료를 충실히 따라 아프리카와의 성공적인 무역 협정으로 옮겨 간다(대하 8 : 17-18 ; 왕상 9 : 26-28). 두로의 후람과 협력하여 솔로몬은 오빌 왕국과 무역을 시작한다. 에시온게벨 항구는 긴 홍해의 엘랏 만의 북쪽 끝에 위치해 있다. 이 항구를 통해서 솔로몬은 홍해에 접해 있는 아프리카 왕국들의 항구들에 이르게 되었다. 관련된 많은 수량(대하 8 : 18에는 금 450달란트, 거의 금 169톤이다.)이 과장되어 있지만 아프리카와의 무역은 확실히 높은 이윤을 가져다주었을 것이다. 솔로몬이 시바 여왕의 관심을 끈 것도 이 무역 때문일 것이다(9 : 1-12).

스바 여왕의 방문(9 : 1-12 ; 왕상 10 : 1-13)

스바(Sheba) 혹은 사바(Saba)는 오늘날 예멘으로 알려진 아라비아 반도의 남서쪽 해안에 있는 셈족 왕국이었다. 사바 사람들은 아프리카와 인도의 금과 보석 무역으로 유명했다. 그리고 그들은 몰약과 유향을 거래하는 대상로에 완벽하게 위치해 있었다(Borras 1985, 920). 이 모든 것은 스바를 전설적인 부강한 나라로 만들어 주었다(사 60 : 6 ; 겔 27 : 22-23을 보라).

스바 여왕이 매우 많은 시종들과 "향품과 많은 금과 보석을 실은" 대상을 거느리고 예루살렘에 온다(9 : 1). 그러나 여왕은 잠재적인 무역 파트너가 될 수 있는 솔로몬의 초청을 받아 온 것이 아니다. 오히려 그는 솔로몬의 위대한 지혜에 대하여 들은 바가 진실인지를 스스로 알아보기 위해 왔다. 여왕이 알게 된 바는 기대 이상이었다. 솔로몬의 능력은 숨막히게 할 정도로 압도적이었다(JPSV에 따르면, 그러나 NRSV에서는 9 : 4을 "there was no more spirit left in her"라고 더 어색하게 읽는다). 여왕은 "복되도다 당신의 사람들이여, 복되도다 당신의 이 신하들이여, 항상 당신 앞에 서서 당신의 지혜를 들음이로다 당신의 하나님 여호와를 송축할지로다 하나님이 당신을 기뻐하시고 그 자리에 올리사 당신의 하나님 여호와를 위하여 왕이 되게 하셨도다"(9 : 7-8상)라고 외친다.

스바 여왕의 솔로몬에 대한 칭송은 솔로몬 이야기의 앞에 나오는 후람의 말을 생각나게 한다(대하 2 : 11). 후람이 "여호와께서 자기 백성을 사랑하시므로 당신을 세워 그들의 왕을 삼으셨도다"라고 말했던 것과 똑같이 스바 여왕은 더욱 지나치게 "당신의 하나님이 이스라엘을 사랑하사 영원히 견고하게 하시려고 당신을 세워 그들의 왕으로 삼아 정의와 공의를 행하게 하셨도다"(대하 9 : 8하)라고 선언한다. 고대 세계의 반대편 극에 있는 나라에서 온 솔로몬에 대한 이러한 칭송은 솔로몬에게 주신 하나님의 약속이 성취되었다는 것을 보여 준다. 하나님은 그에게 "네 전의 왕들도 이런 일이 없었거니와 네 후에도 이런 일이 없을" 영광을 주셨다(대하 1 : 12).

스바 여왕은 많은 금과 보석과 특별히 그의 대상이 가지고 있는 향품을 솔로몬에게 선사한다. "……스바 여왕이 솔로몬 왕께 드린 향품 같은 것이 전에는 없었더라"(대하 9 : 9). 스바 여왕이 솔로몬 왕국으로 들여온 비교할 수 없이 많은 향품은 두로와의 협력 무역으로 솔로몬의 왕국에 쏟아진 부, 즉 오빌의 금과 보석뿐만 아니라 레바논의 희귀한 백단목(대하 2 : 8을 보라. 왕상 10 : 11-12는 '백단목'을 오빌과의 무역으로 돌린다.)을 상기시켜 준다. 하프와 수금에 좋은 이 희귀한 목재로 성전의 계단이 만들어졌다. 이것은 솔로몬 성소의 또다른 화려함을 보여 준다. 스바에서 온 많은 향품처럼 두로에서 온 풍부한 백단목은 견줄 데가 없었다. "……이 같은 것들은 유다 땅에서 전에는 보지 못하였더라"(대하 9 : 11). 칭송뿐만 아니라 물질도 고대 세계의 가장 먼 지경에서부터 솔로몬에게 흘러든다.

그러나 솔로몬은 어떠한 점에서도 두로나 스바에게 빚진 자로 간주되지 않는다. 자신의 재산으로 솔로몬 왕이 스바 여왕이 가져온 대로 답례하고 그 외에 또 그의 소원대로 구하는 것을 모두 주었다(대하 9 : 12). 이것이 스바와 이스라엘 사이의 역사적인 무역 관계를 반영하지만, 반면에 역대기에는 동등한 교역에 대해서는 의문의 여지가 없다. 솔로몬의 후람과의 관계처럼 스바와의 외교 정치는 역대기 사가의 관심사가 아니다. 스바의 부는 여왕의 지대한 존경의 표시로써 무조건적으로 솔로몬에게 주어진다. 지혜와 부와 또 관대함에 있어서 그 누구도 솔로몬을 뛰어넘지 못할 것이다.

솔로몬의 부(富)(9 : 13-28 ; 왕상 10 : 14-29)

몇몇 필사의 오류를 제외하고는 역대기는 일반적으로 이 부분에 있어서 자료에 충실하였다. 솔로몬 궁의 웅장함은 생생한 이미지로 계속해서 표현된다. 첫 번째 조공과 무역으로 들어오는 솔로몬의 연간 수입은 금 666달란트에 달한다. 이것은 오늘날 약 2억 3천 5백만 달러에 해당한다. 이 막대한 부 가운데 일부는 솔로몬의 "레바논 나무 궁"(9 : 16)을 장식하는 데 쓰인다. 궁전의 벽에는 금 방패들이 걸렸다(9 : 15-16). 솔로몬 보좌는 금을 입힌 상아로 만들어졌다. 보좌의 양쪽 팔걸이에는 사자 상이 서 있다. 열두 사자가 보좌로 올라가는 여섯 층계의 양쪽에 서 있어서 분명하게 이스라엘 열두 지파를 대표했다. 구약성서에서 사자는 왕실과 연관되어 있고, 특별히 왕실 지파 유다와 연관이 있다. 예를 들어 야곱의 유언 축복에서 그는 그의 아들 유다에게 말한다.

> 유다는 사자 새끼로다
> 내 아들아 너는 움킨 것을 찢고 올라갔도다
> 그가 엎드리고 웅크림이 수사자 같고
> 암사자 같으니 누가 그를 범할 수 있으랴
> 규가 유다를 떠나지 아니하며
> 통치자의 지팡이가 그 발 사이에서 떠나지 아니하기를……(창 49 : 9-10).

그러므로 다윗 혈통의 왕좌가 사자 모티프를 사용하여 만들어졌다는 것은 알맞다.

심지어 솔로몬의 그릇까지도 모두 금으로 만들어졌다. "은은 솔로몬 시대에는 귀하게 여겨지지 않았다"고 한다(9 : 20). 솔로몬 궁의 화려함에 덧붙여서 후람과의 협력으로 만들어진 무역선들이 삼 년마다 한 번씩 "금과 은과 상아와 원숭이와 공작"을 실어 왔다(9 : 21). 게다가 스바 여왕의 예를 따라 천하의 열왕들이 솔로몬의 지혜를 배우고, 그에게 예물을 드리기 위해 찾아왔다(9 : 22-24).

역대하 9 : 22~28은 우리를 1 : 14~17에 나오는 솔로몬의 막대한 부에 대한 논의로 이끈다. 비록 솔로몬 왕국에서 어떤 것도 밖으로 나가는 것이 없지만, 여기서 다시 솔로몬의 병거와 말들, 그리고 말 무역이 언급된다.

솔로몬의 부의 축적에 모든 강조점이 모아진다. 솔로몬이 "예루살렘에서 은을 돌같이 흔하게 하고 백향목을 평지의 뽕나무같이 많게 하였다"고 다시 한번 언급된다(대하 9 : 27 ; 1 : 15를 보라). 역대기에서 솔로몬의 사유재산은 백성들의 희생 대가로 얻어진 것이 아니다. 모든 이스라엘 백성들이 왕의 번영을 함께 누렸다.

솔로몬의 죽음(9 : 29-31//왕상 11 : 41-43)

"나이 많아 늙도록 부하고 존귀를 누리다가 죽었다"(왕상 29 : 28)는 부왕과는 대조적으로 솔로몬의 죽음은 매우 간단히 묘사된다. 사십 년을 다스린 후에 "솔로몬이 그의 조상들과 함께 자매 그의 아버지 다윗의 성에 장사되고 그의 아들 르호보암이 대신하여 왕"이 되었다(대하 9 : 31 ; 왕상 11 : 43 ; '다윗의 성'은 이스라엘 왕들의 매장 장소로 사용되는 용어이다). 역대기 사가가 다윗에게 분명히 호의적이었다는 것과는 대조적으로 솔로몬에게는 그의 부와 지혜에도 불구하고 상당히 냉정한 것 같다. 그러나 솔로몬에 대립적인 신명기 역사서의 논쟁적인 유일한 흔적이 역대기에서는 솔로몬 이야기에 대한 예언자들의 자료들을 언급하는 중에 나온다(대하 9 : 29). 다윗의 경우처럼(대상 29 : 29를 보라.) 이들이 실제로 존재하고 분리된 자료들인지 의심스럽다. 특별히 솔로몬 통치에 대한 역대기 사가의 기사에서 실체가 있는 유일한 자료는 열왕기상이라는 것은 분명하다. 오히려 역대기 사가는 솔로몬 이야기가 글을 쓰는 선지자들에 의해 생산되었다고 추정한다.

역대기 사가에 의해 명단에 오른 첫 번째 예언자의 자료는 '선지자 나단의 글'이다. 물론 나단은 성전을 건축하게 될 후계자를 약속하는 예언을 다윗에게 전하였다(대상 17 : 11-12). 역대기 사가에게 있어서 솔로몬의 전체 삶의 목적은 이 약속을 완수하는 것이다.

두 번째 예언자 자료는 '실로 사람 아히야의 예언'이다. 실로 사람 아히야는 역대기에서 아직까지 언급된 적이 없다. 그러나 그는 열왕기상 11~15장,

특별히 11 : 26~40에서 중요한 역할을 한다. "……이스라엘의 하나님 여호와의 말씀이 내가 이 나라를 솔로몬의 손에서 찢어 빼앗아 열 지파를 네게 주고"(왕상 11 : 31)라고 여로보암에게 예언하는 사람이 아히야이다. 여로보암은 이 이유가 솔로몬이 우상들을 섬기고 "그의 아버지 다윗이 행함같지 아니하여 내 길로 행하지 아니하며 나 보기에 정직한 일과 내 법도와 내 율례를 행하지 아니하였기" 때문이라고 듣는다(왕상 11 : 33). 이들 중에 어떤 것도 역대기에서는 다시 언급되지 않는다. 그러나 역대하 9 : 29에서 실로 사람 아히야에 관한 언급은 역대기 사가가 그것을 전제하고, 그의 독자들이 알고 있다고 생각한다는 것을 보여 준다.

세 번째 예언자의 자료에 관한 것, 즉 "느밧의 아들 여로보암에 대하여 쓴 선견자 잇도의 묵시 책"은 더욱 불분명하다. 비록 잇도가 솔로몬뿐만 아니라 르호보암(대하 12 : 15)과 아비야(대하 13 : 22) 통치에 대한 자료로서 언급되었지만 잇도의 어떠한 묵시도 역대기나 열왕기서에 묘사되어 있지 않다. 주전 800년경의 한 아람 비문이 '선견자'(대하 9 : 29와 12 : 15에서 잇도에게 주어진 명칭)라는 단어와 짝을 이루고 있는 '잇도'와 비슷한 용어를 지니고 있다. 분명히 그 용어는 이 선지자의 몇 가지 행적을 기술한다(Rosenthal 1969, 655와 Lipinski 1978, 230의 번역을 보라). 그 이름 '잇도'는 구약에서 좋은 예언자 혈통을 가지고 있다. 예언자 스가랴는 "잇도의 손자 베레갸의 아들"이었다(슥 1 : 1).

요세푸스는 열왕기상 13장에 나오는 익명의 '하나님의 사람'이 '잇도'(헬라어 Iadon ; Antiquities 8.4.5을 보라.)라고 몇몇 랍비 문서(Japhet 1993, 645)들을 따라 말한다. 이 사람의 정체가 그 자체로 역대하 9 : 29에 달려 있는 반면, 이 하나님의 사람이 여로보암의 벧엘 제단이 결국 더럽혀지고 파괴될 것을 예언하기 때문에(왕상 13 : 2-3 ; 예언의 성취에 대해서는 왕하 23 : 16-17을 보라.), 이것은 확실히 암시적이다. 그러므로 그 사이에 실로 사람 아히야와 선견자 잇도는 북왕국의 시작부터 멸망까지의 과정을 종합할 것이다.

궁극적으로 솔로몬 이야기에 실려 있는 세 개의 자료들은 좋은 면과 나쁜 면에 대한 솔로몬의 중요성을 종합하고 있다. 역대기 역사서 속에서 다루어지는 모든 왕들 중에 오직 다윗과 솔로몬만이 "온 이스라엘"을 다스렸다(대상 29 : 26 ; 대하 9 : 30). 솔로몬의 통치는 다윗의 통일 왕국의 종말을 표시해 준다. 이후에 다윗의 후손은 남유다 왕국만을 다스릴 것이다. 이 대실패에도 불구하고 솔로몬은 나단의 예언 속에 놓여 있듯이 그의 소명을 완성했다. 성전은 건축되었고, 제사장들과 레위인들은 제자리를 찾았다. 이제 다윗의 꿈은 현실이 되었다. 다윗의 후손들이 이 소중한 유산을 어떻게 다루는지는 역대기 나머지 부분의 주제가 될 것이다.

INTERPRETATION

제2부

유다의 왕들

역대하 10 : 1~36 : 23

유다의 왕들

역대하 10:1~36:23

역대기의 마지막 부분은 분열왕국시대, 즉 솔로몬의 아들 르호보암의 즉위에서부터 시드기야 왕 시대 바벨론에 의한 예루살렘과 그 성전의 파괴까지를 다룬다. 다시 한번 이 역사의 중심 자료는 열왕기상·하이다. 그러나 이 부분도 역시 역대기 사가가 그 자료를 선택적으로 사용한 예를 분명히 보여 준다. 역대기에서는 북왕국에 대해 사실상 아무 말도 하지 않는다. 실제로 북왕국과 그 왕들은 오로지 그들이 남왕국 유다의 운명에 직접적인 영향을 미칠 때만 언급된다.

이러한 선택에 대한 이유는 평이하다. 우리가 이미 보았듯이 역대기 사가의 주요 관심사는 올바른 성전에서 올바른 예배를 드리는 것이다. 그는 예루살렘 제의의 설립자로서 다윗과 성전 건축자로서 솔로몬에게 관심한다. 다윗의 후손들은 그 성전과 제의의 보증인들이다. 그러므로 역대기 사가는 다윗 가문의 이야기에 머물러 있고, 북왕국은 거의 무시한다.

여전히 많은 학자들이 에스라~느헤미야서와 엄밀히 구별해서 역대기는 북왕국에 대해 긍정적인 경향이 있다고 주장해 왔다(특히 Williamson 1977, 139-140). 특별히 역대기에서 '이스라엘'은 항상 북쪽 지파들을 포함하는 반면에 에스라~느헤미야에서 '이스라엘'은 오직 유다와 베냐민을 가리킨다고 주장되었다(Williamson 1977, 69). 게다가 분열왕국의 이야기는 북왕국에게 회개를 촉구하는 연설들(아비야, 대하 13 : 4-12 ; 히스기야, 30 : 6-9)로 둘러싸여 있는데, 그것은 "역대기 사가가 북왕국이 예루살렘 제의에 참여하는 것에 대하여 개방적임을 보여 주는"(Klein 1992, 998) 것일 수 있다.

여전히 역대기는 북쪽의 제의와 제사장직을 불법적인 것으로 여겨 거부한다(대하 11 : 13-15, 13 : 8-12). 실제로 아마샤는 한 예언자로부터 북왕국의 군사 원조를 거부하라는 명령을 받는다. 왜냐하면 "여호와께서 이스라엘 곧 온 에브라임 자손과 함께하지 아니하시기" 때문이다(대하 25 : 7). 앗수르 정복 후에 북왕국의 남은 자를 회복하려는 히스기야의 시도는 북쪽 백성들의 비웃음을 사게 된다(대하 30 : 10-12). 참여한 망명자들은 오직 히스기야가 그들을 받아들이도록 기도했기 때문에 회복될 수 있었다(대하 30 : 18-20). 에스라에서처럼 부정으로부터의 분리는 온전한 참여를 위해 전제가 된다(스 6 : 21). 더 나아가 우리가 보았듯이 유다와 베냐민에 대한 강조가 에스라~느헤미야에서뿐만 아니라 역대기에서도 발견되고(위로는 대상 7 : 6-12과 21 : 6에, 아래로는 대하 11 : 3과 15 : 2에 나오는 논의를 보라.), 역대기뿐만 아니라 에스라도 열두 지파에 대해 말한다(스 6 : 17 ; Blenkinsopp 1988, 52를 보라). 이상적으로 '온 이스라엘'은 이스라엘 열두 아들 모두의 자손들을 의미한다. 그러나 반란과 배신은 열 지파를 그 범위에서 제외시켰다. 오직 회개와 제의적 정화를 통해서만 그들은 진정한 이스라엘의 신실한 회중 속으로 다시 수용될 수 있다. 에스라~느헤미야처럼 역대기에서 북쪽은 지리적으로나 사상적으로나 경계선 바깥에 놓여 있다. "충성스런 신자는 누구든지 그 경계선을 지켜야 한다"(Ackroyd 1985, 164).

이 단락 전체에 걸쳐 우리는 역대기 특수 자료인 유다 왕들에 관련된 자료들을 발견하게 되며, 이것은 역대기 사가의 자료에 대한 문제를 다시 제기한다. 한편으로 이 자료의 많은 부분이 역사적으로 정확하다. 예를 들어 히스기야의 터널(대하 32 : 30)이나 요시아가 대항한 바로 느고의 군사적 목적(대하 35 : 20 ; Klein 1994, 996) 말이다. 다른 한편으로 유다 왕들에 대한 역대기 사가의 보도들은 공평하지 않다. 역대하에 나오는 성공적인 건축 프로그램들은 역대기 사가가 긍정적으로 평가하는 왕들에게 제한되어 있거나(르호보암〈?〉, 대하 11 : 5-12 ; 아사, 14 : 5-6 ; 여호사밧, 17 : 12-13 ; 히스기야, 32 : 5), 또는 긍정적으로도, 부정적으로도 평가받는 왕들의 경우에는 그 왕의 긍정적인 시기에 제한되어 나타나는 것 같다(웃시야, 대하 26 : 9-10 ; 므낫세, 33 : 14 ; Welten 1973, 42-52). 이와 비슷하게 열왕기상에 평행 구절이 없는 역대하의 다섯 개의 전쟁 기사들은 '선한' 왕들의 통치 기간 동안이나 혹은 그 기사가 혼합되어 나타나는 것이라면, 그 왕의 통치 기간 중에서 긍정적인 시기 동안에 나온다(아비야, 대하 13 : 3-20 ; 아사, 14 : 9-15 ; 여호사밧, 20 : 1-30 ; 웃시야, 26 : 6-8 ; 요담, 27 : 5-6 ; Welten 1973, 166-175). 그러므로 우리는 역대기 사가가 신실함이 축복으로 이끈다는 그의 주장을 증명하기 위해 성경 외적인 자료들을 선택적으로 사용하거나 자유롭게 이야기들을 저작하였다고 주장할 수 있을 것이다. 그러나 이 주장은 순환 형태를 보인다. 역대기 사가는 그가 좋아하는 왕들을 건축 사업들과 관련시키고 전쟁에 성공적인 것으로 묘사한 것인가, 아니면 그들이 건축 행위들을 하고 전쟁에서 성공하였기 때문에 그들을 긍정적으로 평가하며 그들에게 호의적인 것인가? "만일 역대기 사가가 북쪽에 대한 어떤 승전 기사를 가지고 있지 않았다면" 우리는 아비야처럼 별로 중요하지 않은 인물이 역대기 사가에 의해 왜 긍정적으로 평가되어야 했는지 질문할 수 있을 것이다(Klein 1992, 998).

앞으로 나오는 주석에서 유다 왕들 각각에 대한 역대기 사가 주장들의 역사성이 평가된다. 그러나 주요 관심사는 역대기 사가의 역사 전반에 걸쳐서 분명하게 드러나는 신학에 있다. 다른 곳에서처럼 여기서도 역대기 사가는 예루살렘 성전과 그 예배의 중추적인 중요성, 그리고 하나님의 말씀에 대한 귀기울임의 필요성을 강조한다. 역대기의 이 부분에서 여호와의 말씀은 성경으로, 그리고 예언자의 말로 표현된다(위에 있는 대상 10 : 13에 관한 논의를 보라). 하나님의 말씀에 귀를 기울이는 이들은 다윗의 제의와 솔로몬의 성전에 대하여 지지함으로써 그들의 신실함을 보이고 복을 받는다. 하나님의 말씀에 대한 거절로 나타나는 불신과 제의의 타락, 그리고 성전의 모독은 저주로, 마침내는 포로 유배와 파괴라는 최종적인 저주로 가게 된다.

역대하 10 : 1~12 : 16

르호보암(왕상 12 : 1-33, 14 : 21-22, 25-28)

르호보암의 통치는 처음부터 불운했다. 다윗이 그의 성읍 헤브론에서(대상 11 : 1), 솔로몬이 예루살렘에서(대하 1 : 13) 왕으로 선포된 반면, 르호보암은 예루살렘에서 북쪽으로 41마일 떨어진 옛 북쪽 성소 세겜까지 간다(수 24 : 1, 25 ; 왕상 12 : 25을 보라). 북쪽 지파들이 르호보암에게 나아오기보다 르호보암이 그들에게 간 것이다. 이것은 그의 통치가 공식적으로 시작되기도 전에 북쪽에 대한 그의 지휘권이 빈약하다는 것을 말해 준다.

'온 이스라엘'로부터 세겜에 온 자들 중에 느밧의 아들 여로보암이 있다. 여로보암은 "솔로몬 왕의 낯을 피하여 도망하였던" 이집트에서 온다(대하 10 : 2 ; 왕상 11 : 40을 보라). 역대기 사가는 실로 사람 아히야를 통한 여호와의 말씀에 의해 촉발된 여로보암이 솔로몬에 대하여 반역한 이야기를 다시 말하지 않지만(왕상 11 : 26-40), 그는 분명히 독자들이 이에 대해 알고 있다고 생각한다.

온 이스라엘과 함께 한 여로보암은 르호보암에게 충성 맹세에 대한 한 가지 조건을 제시한다. "왕의 아버지께서 우리의 멍에를 무겁게 하였으나 왕은 이제 왕의 아버지께서 우리에게 시킨 고역과 메운 무거운 멍에를 가볍게 하소서 그리하시면 우리가 왕을 섬기겠나이다"(10 : 4). 그러나 르호보암은 참모들 가운데 젊은 신하들의 권고에 따라 강경 노선을 취한다. "……내 아버지는 너희의 멍에를 무겁게 하였으나 나는 더 무겁게 할지라 내 아버지는 가죽 채찍으로 너희를 치셨으나 나는 전갈 채찍으로 치리라……"(10 : 14). '온 이스라엘'은 그들의 염려가 무정하게 거절당하자 다윗 혈통을 거부하면서 그들의 장막으로 돌아갔다(10 : 16). 여기서 '온 이스라엘'은 르호보암에게 충성하기로 남아 있는 "유다 지역 성읍들에 사는 이스라엘 백성들"과는 대조적으로 분명히 북쪽 지파들 전체를 가리킨다(10 : 17). 둘 다 '이스라엘'이었다(Williamson 1977, 108-110). 적어도 이상적으로는 말이다. 그러나 북이스라엘은 북쪽의 강제 역군들을 감독하는 르호보암의 감독관 하도람을 처형함으로써(10 : 18) '다윗 가문에 반역'하게 되었다. 역대기 사가는 이 상태가 '오늘날까지' 이르고 있다고 말한다(10 : 19). 이제 솔로몬의 성전이 있고, 다윗의 후손들이 다스리는 남왕국 유다가 신실한 참이스라엘이 되었다(11 : 3을 보라).

열왕기에서 여로보암의 불평("당신의 아버지가 우리의 멍에를 무겁게 하였다"; 왕상 12 : 4; 대하 10 : 4)에 대한 근거는 명확하다. 솔로몬은 건축 사업들을 수행하기 위해 그 백성들을 역군으로 사용했었던 것이다(왕상 5 : 13-18). 솔로몬이 "요셉 족속의 일을 감독하게 한"(왕상 11 : 28) 여로보암은 이에 대해 잘 알고 있었다. 그러나 역대기 사가는 솔로몬이 이스라엘 백성들을 역군으로 사용했다는 것을 부인하고(대하 2 : 2, 17-18; 8 : 7-10) 그렇게 함으로써 여로보암의 반역의 합법성을 제거한다. 반역은 압제받는 북쪽 지파들의 정당한 동기에서 나온 행위라기보다 하나님께로 말미암아 난 것으로 "여호와께서 전에 실로 사람 아히야로 하여금 느밧의 아들 여로보암에게 이르신 말씀을 응하게 하심"이었다(대하 10 : 15; 9 : 29를 보라. 왕상 11 : 29-39). 아히야의 예언에 대한 언급은, 비록 역대기 사가가 이러한 심판에 이르도록 한 배교의 구체적인 행위들을 묘사하고 있지는 않지만, 하나님이 솔로몬의 배교 때문에 다윗 왕국을 찢었다는 것을 명확하게 한다. 그러나 북쪽 지파들의 반역이 하나님에 의해 사용된 반면, 반역 자체는 부적법한 것으로 남아 있다(대하 13 : 4-7을 보라). 아마도 이러한 이유 때문에 역대기 사가는 여로보암이 북쪽에서 열광적으로 왕으로 인정되는 것을 언급하지 않는다(왕상 12 : 20를 비교하라. 대하 13 : 1을 보라. 비록 여기서 그가 '여로보암 왕'으로 불리지만). 비록 하나님이 다윗의 후손들을 징계하시기 위해 여로보암을 사용하지만 그의 반역은 죄악이며 비극적인 잔재로 남아 있다. 가룟 유다에 관한 마태복음 26 : 24의 말씀이 이와 유사한 애매함을 표현하고 있다. "인자는 자기에 대하여 기록된 대로 가거니와 인자를 파는 그 사람에게는 화가 있으리로다 그 사람은 차라리 태어나지 아니하였더라면 제게 좋을 뻔하였느니라" 바로 그렇게 여로보암의 반역은 솔로몬의 죄와 르호보암의 교만에 대한 피할 수 없는 결과였다. 그러나 역대기 사가는 여로보암의 죄나 책임을 면해 주지 않는다.

여로보암의 반역에 대한 응답으로 르호보암은 신실한 유다와 베냐민 지파로부터 십팔만의 군대를 모은다. 그러나 그들이 출정하기 전에 여호와의 말씀이 "하나님의 사람" 스마야에게 임한다(11 : 2). 스마야의 메시지는 르호보암과 "유다와 베냐민의 온 이스라엘"에게 향한 것이었다(11 : 3 ; 왕상 12 : 23과 견주어 보라). 이제 '온 이스라엘'은 남쪽 지파들만을 가리킨다. 스마야의 예언은 반란을 진압하려는 르호보암의 군사적 행동을 저지한다. "여호와께서 이같이 말씀하시기를 너희는 올라가지 말라 너희 형제와 싸우지 말고 각기 집으로 돌아가라 이 일이 내게로 말미암아 난 것이라"(11 : 4). 스마야 예언의 두 가지 특징은 역대기에서 특히 큰 의미를 담고 있다. 첫째, 반역은 다시 하나님께서 허락하신 것으로 확증되고 있다. "이 일이 내게로 말미암아 난 것이라" 역대기에서 다윗의 통일 왕국은 정당한 명분을 위한 반란 때문에 무너지지 않았다. 실로 사람 아히야가 말한 것과 같이 왕국은 하나님이 무너지게 하셨기 때문에 무너졌다. 둘째, 열왕기상 12 : 24이 "너희 형제 이스라엘 백성들"에 대한 전쟁을 금하는 반면, 역대하 11 : 4은 단순히 "너희 형제"라고 읽는다. 11 : 3이 암시하듯이 역대기 사가는 관례를 따라 북왕국을 '이스라엘'로 지칭하지만, 진정한 이스라엘은 이제 유다와 베냐민이다.

여기까지 르호보암 통치에 대한 역대기 사가의 기사는 열왕기상 12 : 1~24을 충실히 따르고 있다. 이제 역대기 사가는 우리에게는 알려지지 않은 또다른 자료, 즉 유다의 방어를 위해 지어진 15개의 방비하는 성읍 명단(대하 11 : 5-12)으로 주제를 돌린다. 비록 이들 요새들을 역대기 사가는 르호보암의 통치 초기의 것으로 돌리고 있지만 그 어떤 것도 이스라엘을 대항하기 위하여 북쪽을 방어하고 있지 않다. 모두가 유다의 영토 안에 있고 전략적으로 서쪽 전선에 대한 공격으로부터 유다 왕국을 방어하기 위한 자리에 위치하고 있다(Na'aman 1986, 5). 그러므로 이들은 주전 701년 앗수르의 침공에 대한 히스기야의 방어 시대에 속한다고 보는 것이 더욱 그럴듯하다. 이러한 가능성은 히스기야의 왕실 인장이 찍힌 항아리들이 같은 장소들에서 발견되었다는 사실에 의해 강화된다.

우리는 히스기야의 통치를 논할 때 히스기야의 전쟁과 요새에 관한 주제를 다시 다룰 것이다. 지금은 역대기 사가가 히스기야 시대의 방비하는 성읍들의 명단을 명백하게 자신의 자료로 사용하고, 그것을 르호보암에게 돌리고 있다는 것을 아는 정도로 충분하다. 역대기의 문맥에서 이 명단들은 처음부터 남왕국의 안정과 안전을 확증해 준다. 르호보암이 반역적인 북쪽 지역을 재탈환하지 않은 것은 스마야를 통한 여호와의 명령 때문이었지 군사적인 연약함이나 미비함 때문이 아니었다. 르호보암 통치 하에서 유다는 강력하고 제대로 방비를 갖추고 있었다(11 : 12).

여로보암의 가장 악명 높은 행위는 벧엘과 단을 성소로 정하고 금송아지 형상의 성소를 세운 것이었다(왕상 12 : 26-33). 역대하 11 : 13~17은 유다의 관점에서 여로보암의 종교 정책을 바라본다. 열왕기상 12 : 31은 여로보암이 "레위인이 아닌 모든 백성 중에서 제사장을 임명했다"(대하 11 : 14-15를 보라.)고 진술한다. 그렇다면 신실한 제사장들과 레위인들은 어디로 갔는가? 역대기 사가에 의하면 그들은 유다와 예루살렘으로 갔다(11 : 14). 역대기는 여로보암의 성소의 불법성에 대해 열왕기보다 훨씬 더 격정적으로 고발한다. 거기서 예배되는 것은 역대기 사가에 의하면 '숫염소'이다(레 17 : 7 ; 사 13 : 21, 34 : 14를 보라). 그것은 훼파되고 버려진 장소에 사는 음흉한 짐승들이다. 신실한 제사장들과 레위인들은 "여호와 이스라엘의 하나님을 구하는 마음을 가진 자들"(11 : 16)과 함께 남쪽으로 왔다. 그들의 지속적인 남하는 "그들의 조상들의 하나님 여호와"께 드리는 합법적인 제의의 유일한 장소로써 예루살렘의 성전을 합법화해 준다(11 : 16). 여기에서만 이스라엘 하나님에 관한 고대 전승들이 진정으로 보존되어 있다. 신실한 자들 모두가 남쪽으로 왔다는 것은 다시 한번 북쪽의 배교를 강조하며, 유다에게 훨씬 더 큰 힘을 실어 준다.

솔로몬의 성전 봉헌 기도에 대한 하나님의 응답은 그 땅의 안위와 온전함이 주민들의 신실함에 달려 있다는 것을 확신시켜 주었다(대하 7 : 14를 보라). 바로 그렇게 삼 년 동안 유다와 베냐민의 신실한 자들은 "솔로몬의 아들 르호보암을 강성하게 하였으니 이는 무리가 삼 년 동안을 다윗과 솔로몬의 길"로 행하였다(대하 11 : 17). "다윗의 길로 행하였던" 자들이 르호보암이 아니라 백성들이었다는 것을 주목해 보라(대하 29 : 2과 34 : 2-3을 비교해 보라). 그러나 오직 삼 년 간의 안전보장은 그 안전이 끝에 이르고 있음을 불길하게 예고한다. 르호보암 제 오 년에 이집트의 시삭이 유다를 침공하였으니 르호보암이 신실함에서 멀어진 것은 그의 제 사 년이었을 것이다(대하 12 : 1-12 ; Braun 1988, 360).

그러나 먼저 또다른 자료에서 역대기 사가는 르호보암의 많은 아내들과 첩들과 자녀들의 목록을 제공해 준다(대하 11 : 18-23). 이 목록은 그 삼 년 동안에 르호보암에게 임한 하나님의 축복을 보여 준다. 이와 비슷하게 역대상 14 : 3~7에는 다윗에게 임한 하나님의 축복이 그의 많은 가족들을 통해 나타나고 있다. 다윗처럼 르호보암 역시 지혜롭게 마아가의 아들 아비야를 자신의 계승자로 지명함으로써 왕위 계승 투쟁으로부터 그를 보호한다(대하 11 : 22 ; 솔로몬처럼 아비야가 맏아들이 아님을 주목하라). 르호보암은 그가 지명한 후계자 아비야에게 지나친 사랑을 쏟지 않아서 다른 왕자들의 심기를 건드리지 않는다. 르호보암의 아들들 모두에게 중요한 책임들이 부과되고, 르호보암은 그들에게 양식을 후히 주고 아내를 많이 구하여 주었다(대하 11 : 23). 그의 아버지 솔로몬처럼 르호보암이 그의 지혜로 인해 칭송을 받았다는 것은 놀라운 일이 아니다(대상 11 : 23 ; 그러나 르호보암이 '어리석고 무지한' 자로 언급되고 있는 집회서 47 : 23을 보라).

르호보암 제 오 년에 그의 왕국은 이집트 시삭의 침공을 받는다(대하 12 : 2 ; 왕상 14 : 25). 시삭 그는 분명히 파라오 세숑크 1세이고, 이집트

제22왕조의 창설자이며, 주전 945년에서 924년까지 다스렸다. 우리는 성경의 보도에서뿐만 아니라 시삭의 승리를 축하하는 카르낙 아몬 신전의 부조인 부바스티 교문(Bubastite Portal)을 통하여 시삭의 침공에 대해 알고 있다. 역대기 사가는 시삭의 군대가 구스와 리비아와 서부 사막 지역에서 온 리비아인 '숙' 사람들을 포함하고 있었다고 말해 준다(12 : 3 ; Klein 1993, 661). 시삭의 군대에 리비아인들이 참여했다는 것은 역사적으로 가능하다. 왜냐하면 시삭 자신이 리비아의 귀족이었기 때문이다(Horn and McCarter 1999, 130). 또한 시삭이 "유다의 견고한 성읍들을 빼앗고 예루살렘에 이르렀다"는 역대기 사가의 진술은 분명하다(12 : 4). 비록 부바스티 교문의 비문이 예루살렘을 언급하고 있지는 않지만 시삭은 분명히 먼저 이 도시로 향하였다. 시삭이 정복하고 초토화된 성읍들 가운데 게셀과 아얄론, 벧 호른, 그리고 기브온이 있다. 이들은 모두 예루살렘으로 가는 '일반 북도(北道)'를 따라 위치하고 있다(Horn and McCarter 1999, 132). 그러나 시삭의 침공은 남왕국을 향하지 않았다. 그의 군대들은 가나안 전역, 남쪽과 북쪽뿐만 아니라 요단강을 건너 동쪽까지 미쳤다. 부바스티 교문에 따르면 시삭의 침공은 이집트의 국경을 위협하는 동쪽을 공격함으로써 시작되었다. 이것은 아마도 솔로몬의 요새들을 말하는 것 같다(Horn and McCarter 1999, 131). 어쨌든 시삭의 침공은 가나안에 대한 이집트의 주도권을 재확립하려는 의도였다.

그러나 역대기 사가는 또 다시 정치에 관심을 보이지 않는다. 역대기에서 여로보암의 반란과 같은 시삭의 침공은 하나님이 하신 일이다. "르호보암의 나라가 견고하고 세력이 강해지매 그가 여호와의 율법을 버리니 온 이스라엘이 본받은지라 그들이 여호와께 범죄하였으므로 르호보암 왕 제오년에 애굽 왕 시삭이 예루살렘을 치러 올라오니"(12 : 1-2). 평안과 안전과 번영은 신실한 삶에 예기치 못한 위협이 된다. 만사가 형통할 때, 우리 자신을 신뢰하기 쉽고, 우리의 축복을 우리 자신의 공적으로 돌리기 쉽고, 우리가 가진 모든 것이 하나님의 선물임을 잊기란 너무도 쉬운 일이다(대상 29 : 14를 보라). 이것은 성경의 공통 주제이다. 가령 이스라엘 백성들이 안전한 땅을 찾아 위험한 광야를 떠나려고 했을 때 모세가 그들에게 경고하였다. "……네게 배불리 먹게 하실 때에 너는 조심하여 너를 애굽 땅 종 되었던 집에서 인도하여 내신 여호와를 잊지 말고"(신 6 : 10-12).

불행히도 르호보암은 편안한 삶의 유혹에 빠져 그의 하나님을 잊는다. 역대기에서 하나님의 불편한 심기는 일반적으로 예언자를 통해 왕에게 전달된다. 스마야는 예루살렘에 집결하여 시삭의 공격을 기다리는 르호보암과 그의 장수들에게 가서 "여호와께서 이같이 말씀하시기를 너희가 나를 버렸으므로 나도 너희를 버려 시삭의 손에 넘겼노라"(12 : 5)라고 선포한다.

예루살렘이 정복을 모면한 것은 르호보암이 조공을 바치기로 결정했기 때문이다. "애굽 왕 시삭이 올라와서 예루살렘을 치고 여호와의 전 보물과 왕궁의 보물을 모두 빼앗고 솔로몬이 만든 금 방패도 빼앗은지라"(12 : 9 ; 왕상 14 : 26). 그러나 역대기 사가는 예루살렘의 구원을 하나님께로 돌린다. 르호보암과 그의 신하들이 스마야의 선포에 자신들을 낮추고 여호와의 행위의 정당성을 인정하며 응답하자 여호와는 스마야를 통해 "……그들이 스스로 겸비하였으니 내가 멸하지 아니하고 저희를 조금 구원하여 나의 노를 시삭의 손을 통하여 예루살렘에 쏟지 아니하리라"(12 : 7)고 선언한다. 여전히 여호와는 시삭으로 하여금 이 지역에 대한 이집트의 주도권을 재확립할 것을 허락하시는데, "그들이 시삭의 종이 되어 나를 섬기는 것과 세상 나라들을 섬기는 것이 어떠한지 알게"(12 : 8) 하기 위함이다. 슬프게도 유다는 이 실수를 통해 배우지 못하게 되며, 그리하여 다른 이방 권력들 아래 굴복하게 될 것이다 : 앗수르와 바벨론 그리고 종말로는 페르시아 아래. 그러나 적어도 르호보암 통치의 남은 기간 동안은 모든 것이 순탄하다. 쇠퇴한 상황에도 불구하고 (한때 왕궁을 장식했던 금방패들을 대신하여 이제는 청동 방패들이 대치된다. 12 : 10-11 ; 왕상 14 : 27-28 ; 대하 9 : 15-16을 보라.) "유다에 선한 일도 있었다"(12 : 12).

12 : 13~16은 르호보암의 통치를 짧게 요약한다. 그는 "예루살렘 곧 여호와께서 이스라엘의 모든 지파 중에서 택하여 그의 이름을 두신 성에서 십칠 년 동안" 다스렸다(대하 12 : 13 ; 왕상 14 : 21 ; 신 12 : 5-7도 보라).

오직 예루살렘에서만 여호와를 바른 식으로 예배할 수 있다. 다시 한번 여로보암의 북쪽 성소들은 간접적으로 불법적인 것으로 거부된다. 우리는 르호보암의 어머니가 암몬 사람 나아마임을 알게 된다(대하 12 : 13 ; 왕상 14 : 21, 14 : 31도 보라). 나아마는 역대기 외에 다른 곳에서는 언급되지 않는, 솔로몬의 또다른 이방 출신 아내이다. 르호보암 통치에 대한 역대기 사가의 요약적인 평가는 부정적인데, 이는 별로 놀라운 일이 아니다. "르호보암이 악을 행하였으니 이는 그가 여호와를 구하는 마음을 굳게 하지 아니함이었더라"(12 : 14). 역대기에서 르호보암의 문제는 일관성이 없다는 것이다. 그는 젊은 모사들에게 쉽게 좌우되어 성급히 행동함으로써 북쪽 지파들을 잃었고, 또 첫 삼 년 간의 축복과 번영에 쉽게 빠져 여호와를 잊어버렸다. 그는 겸비하여 자신과 성읍를 구하였고, 하나님의 축복은 그의 나라에서 완전히 떠나지 않았다. 그러므로 그는 명예로운 장소에, 그의 아버지 솔로몬과 할아버지 다윗과 함께 '다윗 성'이라 불리는 왕실 묘지에 묻힌다(12 : 16 ; 9 : 31을 보라).

12 : 15에 의하면 르호보암의 통치에 관한 자료들은 "선지자 스마야와 선견자 잇도의 족보책에 기록"되었다. 스마야는 르호보암 왕국에 있었던 두 차례의 주요한 위기의 순간에서 중요한 역할을 하였다. 여로보암을 진압하려는 르호보암의 군사적 조치에 반대하여 여호와의 이름으로 말하였던 자도, 시삭이 침공하는 동안 여호와를 대신하여 말했던 이도 바로 스마야이다. 그러므로 스마야의 이름이 여기에 오른 것은 타당하다. 실제로 '선지자 스마야의 족보책'은 실제 문서를 가리킬 것이며 시삭 침공에 대한 역대기 사가의 자료일 것이다. 두 번째 선지자 자료인 잇도 또한 솔로몬 이야기에 대한 출처로 언급되고 있다(대하 9 : 29). 만일 잇도가 사실상 열왕기상 13장에서 북왕국의 멸망을 예언했던 무명의 예언자였다면, 르호보암 이야기와 연계하여 그를 언급하는 것은 적절하다. 역대기 사가는 11 : 18~23의 족보에 관한 정보를 분명히 잇도의 것으로 돌린다(Japhet 1993, 682-683).

역대하 13 : 1~22

아비야(왕상 15 : 1-2, 6-8)

르호보암에서 아비야로의 전환은 순탄하고 별다른 사건이 없다. 르호보암이 죽고, 그가 지명한 후계자 아비야가 왕이 된다(대하 12 : 16 ; 11 : 22도 보라). 그러나 아비야의 짧은 통치 기간인 처음부터 큰 위기의 그림자가 드리워진다. 아비야의 즉위는 북의 대적 여로보암의 즉위 년에 따라 계산된다(13 : 1). 르호보암은 통치 시기 내내 여로보암과 전쟁 상태에 있었다(12 : 15). 열왕기에 따르면 유다와 이스라엘 사이의 전쟁이 아비야 때에도 계속되었다(왕상 15 : 6-7 ; 열왕기상에서는 르호보암의 후계자를 아비얌으로 부르고 있음을 주의하라).

그러나 역대기에서 아비야와 여로보암 사이의 문제들은 대전투에서 절정에 이른다. 전장은 스마라임 산비탈로 베냐민 지역, 이스라엘과 유다의 국경 분쟁 지역에 놓여 있다(수 18 : 22를 보라). 전투가 시작되기 전에 아비야는 "여로보암과 온 이스라엘아 다 들으라 이스라엘 하나님 여호와께서 소금 언약으로 이스라엘 나라를 영원히 다윗과 그의 자손에게 주신 것을 너희가 알 것 아니냐"(13 : 4-5)라고 외친다. 아비야는 '온 이스라엘'에게 말한다. 이것은 유다에 적이 되는 이스라엘, 즉 북왕국을 말하는 것이리라. 그러나 여기서 갈등의 양쪽 진영 모두가 다윗 혈통과 맺은 하나님의 언약을 기억하고 확인하도록 요청 받는다. '소금 언약'에 대해 언급되는 또다른 곳은 희생 제물의 제사장 몫이 '영구한 몫의 음식' 곧 "여호와 앞에 너와 너의 후손에게 영원한 소금 언약"으로 묘사되는 민수기 18 : 19이다. 다윗 혈통과 아론 혈통 사이의 평행은 역대기의 세계관에 확실히 맞다. 역대기 사가는 예루살렘에서 올바른 예배의 수호자들로서, 또 솔로몬 '성전의 희생 제의'의 후견인으로서 다윗 혈통의 왕들을 옹호하고 있다(대하 7 : 12를 보라). 그리하여 다윗과 맺은 하나님의 언약은 아론과 맺은 하나님의 언약과 연계되어 있다.

아비야의 연설에서 여로보암의 반역은 직접적으로 비난을 받는다. 여로보암은 자신의 주인을 반역한 신의 없는 종으로 불리고, 그의 동료 반란자들은 '무가치한 모리배들'로 치부된다(13 : 6-7). 아비야는 이들이 "르호보암이 어리고 마음이 연약하여 그들의 입을 능히 막지 못하였던 때에" 그의 부왕의 미숙함을 이용하였다고 선언한다(13 : 7). NRSV 성경에서 'irresolute'(우유부단한)으로 옮겨진 히브리어는 문자적으로 '심장이 약한'을 의미한다. 르호보암이 "여호와를 구하는 마음을 굳게" 하지 아니하였다고 비난받은 것을 기억하라(12 : 14). 아비야는 여로보암과 그의 부하들이 이 우유부단함을 이용하였다고 주장한다.

그러나 아비야가 혹독하게 꾸짖는 부분은 바로 여로보암의 배교 행위이다. 그는 여로보암이 승리하기 위해 자신의 군사력(아비야의 군사 400,000명에 대항한 800,000명)과 금송아지의 힘을 의지하고 있다고 말한다. 아비야는 금송아지 성소의 제의는 거짓 제사장들에 의해 이루어지고 있다고 선언한다. 아론계의 진정한 제사장들은 모두 레위인들과 함께 북쪽에서 추방되었다. 여로보암은 그들을 대신하여 봉헌 제사의 값을 치를 수 있는 평민으로 이루어진 '제사장단'으로 대체하였다(13 : 9 ; 11 : 14-15를 보라). 또한 제사장이 될 수 없는 이 사람들이 '허무한 신들의' 성소들을 차지한다(13 : 9). 영적으로 북왕국은 완전히 무력하게 되었다.

이와는 대조적으로 아비야는 유다가 여호와를 버리지도 않았고 여호와의 제사장 제도도 버리지 않았다고 말한다. 예루살렘에서는 아론의 후손인 참 제사장들과 참 레위인들이 정한 성전에서 봉사하며, 여호와가 모세와 다윗에게 계시하셨던 방식대로 바르게 예배하고 있음을 확증해준다(13 : 10-11). 상번제는 13 : 11에 요약되어 있다. 번제와 성전의 등불을 켜는 것은 제사장들의 임무이다(등불에 대한 책임이 제사장들에게 있다. 민 8 : 2-3을 보라). 그러나 진설병을 준비하는 것은 역대기에서 레위인의 책임이다(대상 9 : 32, 23 : 29을 보라). 우리가 보았듯이 역대기에서 제사장과 레위인은 협력한다. 올바른 예배는 제사장과 레위인들의 역할과 책임의 조화 속에 있다. 예루살렘에서 올바른 예전은 적법한 성전에서 적법한 인력에 의해 수행된다. 그러므로 아비야는 "우리는 우리 하나님 여호와의 계명을 지키나 너희는 그를 배반하였느니라”(대하 13 : 11)라고 확언한다.

이제 아비야는 요점에 도달한다. “하나님이 우리와 함께하사 우리의 머리가 되시고……”(13 : 12). 아론 혈통의 진정한 제사장들은 전쟁 나팔을 불 것이다. 일단 나팔이 울려 퍼지고 교전하면 오직 한 가지 결과만 있을 수 있다. 아비야는 북쪽 군대에게 호소한다. “……이스라엘 자손들아 너희 조상들의 하나님 여호와와 싸우지 말라 너희가 형통하지 못하리라”(13 : 12).

우리에게 아비야의 말은 아주 익숙하게 되어 “하나님이 우리 편이다.”라는 주장은 너무 많이 무력을 정당화하는 데 사용되어 왔다. 여전히 성경의 하나님은 공정한 심판관으로서 인간의 역사가 전개되는 것을 멀리 떨어져 바라보며 앉아 계시지만은 않는다. 창조, 출애굽 이야기, 그리고 궁극적으로는 성육신에 대한 기독교인 고백, 이 모두는 하나님이 열정적으로 우리의 세계에 관여하신다고 선포한다. 한걸음 나아가 하나님은 부유하고 무정한 자들에 대항하여 가난한 자들과 궁핍한 자들의 편을, 탄압하는 자들에 대항하여 압제받는 자들의 편을 드신다. 이것이 복음이다. 그러나 우리는 이 복음이 영적인 교만으로 흐르지 않도록 삼가 조심해야 한다. 하나님이 세상에서 편을 든다고 말하는 것은 반드시 하나님이 우리의 편이라는 것을 의미하지 않는다. 그 ‘우리’가 누구이든지 간에 말이다. 그 질문은 오히려 “우리가 하나님 편에 서 있느냐?”가 되어야 한다.

아비야의 연설은 이스라엘의 과거의 일치감을 확인하면서 마무리짓는다. 무엇보다 아비야는 북쪽 사람들에게 여호와가 단지 우리만의 하나님이 아니라 ‘너희 조상들의 하나님’이라는 것을 상기시켜 준다. 그러나 여로보암의 반역, 즉 특히 금송아지의 건립은 그 일치감을 심각하게 파괴하였다. 이제 이스라엘, 즉 북쪽 왕국의 백성이 유다를 대항하여 칼을 빼어 든다면 그들은 이스라엘로서의 그들 자신의 유산을 거절하는 것이 될 것이다. 더 중요하게는 그들이 이스라엘의 하나님을 대적하게 될 것이다.

아비야가 말하는 동안에 여로보암은 유다의 전선 뒤에서 급습을 감행하기 위하여 군대를 파견하기 시작했다(13 : 13). 그러나 교전이 시작되었을 때 북왕국의 군대는 대패하였다. 물론 이 승리에 대한 근거는 질문의 여지가 없다. "유다 사람이 소리 지르매 유다 사람이 소리 지를 때에 하나님이 여로보암과 온 이스라엘을 아비야와 유다 앞에서 치시니 이스라엘 자손이 유다 앞에서 도망하는지라 하나님이 그들의 손에 넘기셨으므로"(13 : 15-16). 승리 후에 아비야는 분쟁 지역이었던 "벧엘과 그 동네들과 여사나와 그 동네들과 에브론과 그 동네들"을 포함하는 유다 북쪽 경계에 있는 베냐민 영토에 대한 권리를 주장한다(13 : 19 ; 또 수 18 : 22를 보라). 여로보암은 다시는 재기하지 못하였고, 남은 삼 년 동안 아비야는 안전했다.

신학적으로 역대기 사가의 요점은 분명하다. 여호와를 믿고 합법적인 성전에서 합법적인 예배를 유지했던 아비야는 아내들과 자녀들의 복을 얻을 뿐만 아니라 전쟁에서도 승리하는 복을 얻었다(13 : 21). 그리고 죽을 때에도 다윗 성에 매장되는 명예를 누렸다(14 : 1). 여호와를 거부한 여로보암은 전쟁에서 패하고 개인적인 재앙으로 고통을 받았다. 그는 "여호와의 치심을 입어 죽었다"(13 : 20 ; 대상 10 : 14에서 사울도 여호와에 의해 죽임을 당하였다고 말하는 것을 참고하라). 역대기 사가는 여로보암의 죽음이 하나님의 심판이었음을 말하려고 하는 것이지, 여로보암이 아비야보다 먼저 죽었다는 것을 말하려는 것은 아닐 것이다. 그러나 여로보암은 역대기에 다시 등장하지 않으며, 이것은 역대기 사가가 이 점에서 그의 자료를 수정하고 있음을 암시해 준다(열왕기에서는 여로보암이 아비야보다 더 오래 산다. 왕상 15 : 8-9과 대하 14 : 1을 비교하라). 아비야는 역대기 사가가 보도를 위한 자료로 잇도를 사용하는 유다 왕국의 세 번째이자 마지막 왕인데(13 : 22 ; 흥미롭게도 잇도는 여기에서 선견자보다는 예언자로 불린다.), 이는 북왕국의 패배에 대한 잇도의 메시지가 여로보암에 대한 아비야의 승리와 관련하여 잘 맞아떨어졌기 때문일 것이다.

그러나 아비야는 실제로 여로보암을 이겼는가, 아니면 이 모든 사건은 신학적인 효과를 위한 역대기 사가의 문학적인 창작인가? 역대기의 기사는 확실히 과장되어 있다. 이스라엘의 50만이라는 사상자는 제2차 세계

대전 전체에서 미국 군대가 겪은 것보다 10만이나 더 많은 수치다(Klein 1993, 664). 역대기 사가가 왜 이 이야기를 조작해야 했는지를 다른 면에서 이해하기란 어려운 일이다. 열왕기상에서 아비얌은 부수적인 인물로 사실상 그의 부친의 복제품으로써 꽤 부정적인 용어로 묘사되어 있다(왕상 15 : 1-8). 이 자료와는 매우 대조적으로 아비야를 긍정적으로 간주하는 것은 역대기 사가에게 열왕기에는 나타나지 않는 전승들에 대한 지식을 요구했을 것이다. 나아가 아비야의 이른 죽음에 직면하여 아비야를 긍정적으로 간주하는 것은 역대기 사가에게 어쩔 수 없는 동기를 요구했을 것이다. 우리는 역대기 사가가 아비야의 짧은 통치 기간을 하나님의 사랑을 받지 못한 증거로 간주하는 것을 기대할 것이다. 그런데 어쩌면 역대기 사가는 여로보암에 대한 아비야의 승리와 관련된 어떤 자료를 가지고 있었을 것이다. 역대기 사가는 자신의 방식대로 자신의 목적을 위하여 그 이야기를 진술하였다.

역대하 14 : 1~16 : 14

아사(왕상 15 : 11-24)

아사는 역대기에 나오는 개혁을 시행한 네 왕들 가운데 첫 번째 왕이다(그 외에 여호사밧, 히스기야, 요시야). 그는 유다의 예배를 회복하고 정화하기 시작하였다. 아사에 대한 이러한 견해의 기초 작업이 이미 역대기 사가의 자료에 나타나 있었다. 그 자료에 따르면 아사 왕은 "남색하는 자를 그 땅에서 쫓아내고 그의 조상들이 지은 모든 우상을 없앴다"(왕상 15 : 12). 실로 아사의 열심은 대단해서 그는 "그의 어머니 마아가가 혐오스러운 아세라 상을 만들었으므로 태후의 위를 폐하고 그 우상을 찍어 기드론 시냇가에서 불살랐다"(왕상 15 : 13 ; 대하 15 : 16). 그러나 역대기에서 아사의 개혁에 관한 기사는 대폭 수정되고 확장된다. 그리하여 아사의 개혁은 후대의 여호사밧과 히스기야와 요시야 개혁의 전조가 된다.

역대기 사가의 기사 속에서 아사의 통치는 평화롭고 안전하게 시작한다. "아비야가 그의 조상들과 함께 누우매 다윗 성에 장사되고 그의 아들 아사가 대신하여 왕이 되니 그의 시대에 그의 땅이 십 년 동안 평안하니라"(14 : 1). 솔로몬이 죽은 이후 이러한 평안은 유다 왕 어느 누구에게도 없었다(대상 22 : 9를 보라). 이 새로운 평화는 회복된 신앙의 결과였다. 아사가 취한 특별한 업적, 즉 이방 제단들과 성소들을 제거하고 기둥들을 부수고 신성한 장대들을 찍어 버린 것의 대부분은 신명기 규정들을 준수한 것이다(가령 신 7 : 5, 12 : 3을 보라). NRSV 성경의 14 : 5에서 'incense altar'(분향단)으로 번역된 단어는 신명기와 신명기 역사서에는 나타나지 않는다. 그러나 레위기 26 : 30에서 이 단어는 여기 역대기에서와 마찬가지로 산당과 함께 여호와의 정죄를 받은 것으로 나타난다. 그러므로 아사의 개혁은 예배를 규정하는 제사장 문서의 규정과 신명기 사가의 규정과 조화를 이루고 있다.

잘못된 예배의 올무들을 제거하는 것에 추가하여 아사의 개혁은 정적인 측면도 지녔다. 아사는 유다 사람에게 명하여 그 조상들의 하나님 여호와를 찾게 하며, 그의 율법과 명령을 행하게 하였다(대하 14 : 4). 이 명령은 역대기에서 다윗에 의해 처음 지시되었다(대상 22 : 19, 28 : 8). 아사의 동료 개혁자들인 여호사밧(대하 17 : 7-9)과 히스기야(대하 30 : 6-9)와 요시야(대하 34 : 29-32 ; Japhet 1993, 706-707을 보라.)도 다윗의 위대함의 진정한 상속자들로서 다윗이 한 것처럼 행하여 성경과 고대 전통에 충실한 바른 예배를 확보하였다.

역대기에서 아사는 종교개혁자일 뿐만 아니라 유능한 군대 지휘관이다. 평화롭고 안정된 시기를 이용하여 견고한 성읍들을 건축하고(14 : 6) 큰 군대(유다 지파에서 보병 300,000명과 베냐민 지파에서 궁수 280,000명 ; 14 : 8)를 조직함으로써 왕국을 강화하였다. 그러나 그는 이것들이 유다의 안전을 위한 궁극적인 자원이라 여기지 않는다. 오히려 아사는 "우리가 우리 하나님 여호와를 찾았으므로 이 땅이 아직 우리 앞에 있나니 우리가 주를 찾았으므로 주께서 우리 사방에 평안을 주셨느니라"(14 : 7)고 말한다.

아사의 믿음과 그의 방위력은 남쪽 침략자들에 의해 시험에 직면한다. 구스 사람 세라는 "군사 백만 명과 병거 삼백 대"라는 막강한 군대를 이끌고 유다를 공격한다(14 : 9). 이 위기에 직면한 아사는 즉각 여호와에게 향한다. 이것은 아사의 군사적인 준비가 무용지물이 되었다거나, 아니면 더 나쁘게는 믿음이 없음을 나타내는 것이 아니다. 그렇다고 하나님을 신뢰하는 것이 우리가 모든 주의를 포기하거나 미리 계획 세우는 것을 중단하라는 의미가 아니다. 역대기 사가의 역사서에서 나중에 느헤미야는 예루살렘을 재건하기 위한 계획을 신중하고 빈틈없이 착수한다(특히 느 2 : 9-20을 보라). 마태복음 10 : 16에서 예수는 그의 제자들에게 "보라 내가 너희를 보냄이 양을 이리 가운데로 보냄과 같도다 그러므로 너희는 뱀같이 지혜롭고 비둘기같이 순결하라"라고 경고하신다. 이와 동일하게 누가복음 14 : 25~33에서는 예수가 자신을 따르는 자들에게 망대 작업을 시작하는 건축자처럼 혹은 전쟁을 준비하는 왕처럼 무엇보다도 먼저 계획을 세우고 계산할 것을 촉구한다. 우리가 정말로 우리의 세상에서 다르기를 원한다면, 신중하고 건설적인 계획을 세우는 것이 중요한 첫걸음이 된다.

아사는 유다의 방어선을 신중하게 건축했지만 그것만을 의지하지는 않는다. 르호보암의 부와 안전은 그로 하여금 자신의 힘만을 의지하게 하여 하나님의 계명들을 버리게 하였다(대하 12 : 1-2). 그러나 부왕 아비야처럼 아사는 힘과 전쟁에서의 승리는 여호와로부터 온다는 것을 안다. 그래서 그는 "여호와여 힘이 강한 자와 약한 자 사이에는 주밖에 도와줄 이가 없사오니 우리 하나님 여호와여 우리를 도우소서 우리가 주를 의지하오며 주의 이름을 의탁하옵고 이 많은 무리를 치러 왔나이다 여호와여 주는 우리 하나님이시오니 원하건대 사람이 주를 이기지 못하게 하옵소서"(대하 14 : 11)라고 기도한다. 아사의 기도는 다윗의 마지막 유언을 상기시켜 준다. 아사의 기도에서 유다 왕들의 조상은 하나님을 모든 '권세와 능력'의 근원으로 찬양했다(대상 29 : 12). 조상 다윗처럼 아사는 그 힘이 무엇이든지 간에 왕국을 지켜내야 하는 그 힘은 하나님으로부터 나와야 한다는 것을 안다. 그렇게 그는 구원을 위해 하나님을 신뢰한다.

아사의 믿음은 입증되었다. 아버지 아비야의 시대처럼 여호와는 유다의 적을 물리치신다. 아사와 그의 군대는 도망가는 군대를 남쪽으로는 그랄까지 추격하여 그 성읍들을 치고 그 노획물들을 취한다(대하 14 : 12-15). 구스인 세라의 모든 군대가 살육된다.

여로보암에 대한 아비야의 승리처럼 이 이야기의 많은 특징들은 분명히 과장되어 있다. 특히 숫자들은 극히 비현실적이다. 나아가 이 이야기는 분명히 북쪽에 대한 아비야의 전쟁과 유사한 모양을 띠고 있다. 거기서 여로보암의 군대 수는 아비야 군대의 두 배였다. 여기서는 아사의 오십팔만 명이 세라의 백만 명과 접전한다. 여호와가 여로보암에 대하여 승리한 후에 아비야는 도망치는 군대를 추격하고 북쪽의 영토를 획득한다. 세라에 대한 여호와의 승리 후에 아사는 추격하여 남쪽의 영토를 획득한다. 아사 통치 기간에 구스인 세라의 침략과 르호보암 시대에 애굽인 시삭의 침략 사이에, 또 하나의 평행이 의도되어 있는지도 모른다. 르호보암이 여호와 앞에서 회개하고 겸비하였을 때 믿음 없고 유약한 르호보암은 간신히 구조될 뿐이었다. 그리고도 그는 그의 모든 보물을 조공으로 내줘야 했다. 그러나 믿음 좋은 아사는 남쪽 적군들을 압도하였으니 실로 여호와는 세라의 방대한 군대 전부를 멸하셨다.

표면상 구스인 세라에 대한 아사의 승리에 대한 역대기 사가의 기사에는 역사적 근거가 거의 없어 보인다. 실제로 역사는 '세라'라고 불리는 구스인 지도자를 알지 못한다. 역대기 사가는 분명히 이 사건을 자신의 신학적인 목적을 위해 사용하였지만, 그가 왜 이것을 고안해야 했는지를 — 특히 그가 나머지에 기인시키는 중요성을 아사의 통치 시대에 누린 땅에 부여해야 했는지를 — 파악하기는 어렵다. 어떤 학자들은 구스인들이 시삭 군대의 구성원이었다는 것을 지적하면서(대하 12 : 3을 보라.) 세라는 시삭이 고용한 용병으로 이집트의 북쪽 변방을 방어하도록 구스 군대의 분견대들과 함께 뒤에 남았다고 제안했다(Bright 1981, 235). 또다른 가능성은 세라와 그의 군대가 결코 구스인이 아니라는 것이다. NRSV 성경에서 'Ethiopian'(에티오피아인)으로 옮겨진 단어는 실제로 '구스인'이다.

구스는 히브리 성서에서 에티오피아를 지칭할 수 있다. 그러나 이것은 때로 '구산'이라 불리는 북쪽 아라비아에 있는 지역을 위해 사용될 수도 있다(합 3 : 7을 보라). '세라'(Zerah)는 이집트인 이름이 될 수 없다(이집트어에는 'z'에 해당하는 문자가 없다). 믿을 만한 셈족 이름이다. 예를 들어 유다의 아들들(대상 2 : 4, 6) 중 한 사람과 두 사람의 레위 지파 사람들이(대상 6 : 21, 41) '세라'라 불린다. 세라는 남쪽 사막에서 온 아랍인 강도였을 수도 있다. 아사의 승리에 대한 묘사에 나타나는 장막과 낙타들에 대한 언급이 이러한 가능성을 지지해 준다(대하 14 : 15). 그렇다면 세라의 침략 기사에는 역사적인 핵이 들어 있을 것이다.

세라에 대한 승리 후에 여호와의 말씀은 오뎃의 아들 아사랴 예언자를 통해 아사에게 임한다(대하 15 : 2-7). 아사랴의 예언은 역대기의 주제들을 재확인하며 시작된다. "그가 나가서 아사를 맞아 이르되 아사와 및 유다와 베냐민의 무리들아 내 말을 들으라 너희가 여호와와 함께하면 여호와께서 너희와 함께하실지라 너희가 만일 그를 찾으면 그가 너희와 만나게 되시려니와 너희가 만일 그를 버리면 그도 너희를 버리시리라"(대하 15 : 2). 이 말씀은 다윗의 두 번째 고별설교에 있는 우리가 역대기의 '황금본문'이라고 부른 것과 매우 유사하다. "……네가 만일 그를 찾으면 만날 것이요 만일 네가 그를 버리면 그가 너를 영원히 버리시리라"(대상 28 : 9). 이 말씀에 담긴 진리의 긍정적인 면은 이미 아사 통치 초기에 나왔다. 즉, 하나님은 그의 땅에 평안을 주고, 그의 대적들에 대해 승리하게 함으로써 아사의 신실함과 개혁의 열성에 대해 응답하셨다. 이 말씀에 담긴 진리의 부정적인 면은 우리가 보겠지만 아사 통치의 후기에 나타난다.

아사랴는 왕 앞에서 이스라엘의 과거를 상기시켜 준다. "이스라엘에는 참신이 없고 가르치는 제사장도 없고 율법도 없은 지가 오래 되었다"(대하 15 : 3). 이 세 개의 핵심 요소들은 이스라엘의 첫 번째 참왕인 다윗의 통치에 연계되어 있다. 다윗은 진실로 토라에 순종함으로 여호와를 구했으며, 예루살렘에 제사장 사독과 아비아달을 세웠다. 토라를 가르치는 제사장들의 책임은 성서 전반에서(예를 들면 레 10 : 10-11 ; 신 33 : 8-10 ; 왕하

17 : 27-28 ; 겔 44 : 23-24) 발견된다. 그러나 다윗이 토라를 가르치는 제사장 제도를 세우기 전에 백성들은 토라를 배울 수가 없었고, 따라서 참 하나님을 찾을 수도 없었다. 아사랴는 "그때에 온 땅의 모든 주민이 크게 요란하여 사람의 출입이 평안하지 못하며 이 나라와 저 나라가 서로 치고 이 성읍이 저 성읍과 또한 그러하여 피차 상한 바 되었나니 이는 하나님이 여러 가지 고난으로 요란하게 하셨음이라"(대하 15 : 5-6)고 선포한다. 사사기(특히 삿 17-21장)에 생생하게 묘사된 이 율법 없는 시대는 사사기 21 : 25에 간결하게 요약되어 있다. "그때에 이스라엘에 왕이 없으므로 사람이 각기 자기의 소견에 옳은 대로 행하였더라" NRSV 성경의 역대하 15 : 5에서 "it was not safe"(안전하지 않았다.)로 옮긴 히브리 어구는 문자적으로 "평화(히브리어 '샬롬')가 없었다."고 번역할 수 있다. 아마샤의 즉흥적인 예언에서 다윗은 여호와의 영에 의해 샬롬을 약속 받았다(대상 12 : 18). 아사랴의 예언은 다윗 이전의 시대를 그 땅에 샬롬이 없던 시대로 간주한다.

"그들이 그 환난 때에 이스라엘 하나님 여호와께로 돌아가서 찾으매" 전환점이 왔다. 그때 "그가 그들과 만나게 되셨다"(대하 15 : 4). 우리가 보았듯이 여호와를 구하는 것은 역대기에서 지속적인 주제이며, 그것은 특히 성전에서의 예배를 말한다. 다윗은 여호와의 궤를 찾아서 이스라엘로 하여금 그것을 예루살렘으로 들이게 하였고(대상 13 : 3, 15 : 13), 또 성전을 건축함으로써 지도자들에게 "너희 하나님 여호와를 구하라"고 지시하였다(대상 22 : 19). 이제 아사랴는 예언의 절정에 이른다. "그런즉 너희는 강하게 하라 너희의 손이 약하지 않게 하라 너희 행위에는 상급이 있음이라 하니라"(대하 15 : 7). 이 말은 역대상 22 : 13과 28 : 10을 상기시켜 준다. 거기에서 다윗은 솔로몬에게 용기를 갖도록, 강하게 성전 건축을 행하도록 권고한다.

아사랴의 말은 또한 "만군의 여호와가 이같이 말하노라 …… 너희는 손을 견고히 할지어다"로 시작하여 "두려워하지 말지니라 손을 견고히 할지니라"로 끝나는 스가랴 8 : 9~13의 예언을 분명히 암시해 주고 있다

(Japhet 1993, 721). 스가랴의 예언은 성전 재건 이전 시대를 왕정 이전 율법이 없던 시대와 매우 흡사한 것으로 기술하고 있다(슥 8 : 10 ; 이와 대하 15 : 5-6과 견주어 보라). 그러나 여호와는 "곧 평강의 씨앗을 얻을 것이라 포도나무가 열매를 맺으며 땅이 산물을 내며 하늘은 이슬을 내리리니 내가 이 남은 백성으로 이 모든 것을 누리게 하리라"(슥 8 : 12)고 스가랴에게 확신을 준다. 요점은 분명하다. 역대기 사가의 이야기에서 아사는 성전 건축과 개혁에 관여하도록 고무되고 있으며, 그는 이 요청을 이해하고 따른다. 옛 시대와 당대가 나란히 놓임으로써 역대기 사가의 시대가 제시되고 있다. 다윗처럼 그들은 참 "가르치는 제사장들"의 토라에 귀기울임으로써 무법 상태와 하나님 없는 상태로부터 그 땅을 건져 내도록 요구받았다. 솔로몬처럼 그들은 여호와의 성전을 건축했다. 이제 그들은 아사처럼 유지하고 개혁하라고 요구받는다.

역대기 사가가 오뎃(오뎃이라는 이름이 대하 28 : 9-15에서 예언자적 인물과 다시 연결되어 나타난다는 것을 유의하라.)의 아들 아사랴라 이름하는 예언자를 알고 있기는 하지만, 아사랴의 예언은 확실히 역대기 사가의 저작이다. 이와 유사하게 고대 그리스 역사에서 혹은 신명기 역사서에서도 우리는 고대 명사들의 입을 통해 나오는 연설에서 종종 중요한 주제와 사상들이 표현되는 것을 발견한다. 아사랴의 예언은 역대기 사가가 성경을 사용하고 있음을 보여 주는 놀라운 예이다. 이 예언은 성경의 예언을 언급하고 암시하는 모방 작품(pastiche)이다. 위에서 인용한 스가랴 8 : 9~13에 대한 암시 외에 역대하 15 : 3은 호세아 3 : 4의 구조를 따르고 있다(세 개의 '기본 제도'들이 없기 때문에 둘 다 율법이 없던 긴 시대와 관련되어 있다). 역대하 15 : 4은 호세아 5 : 15을 반영하고 있고, 역대하 15 : 7하는 예레미야 31 : 16을 암시하고 있다(아사랴의 예언에 들어 있는 이러한 암시와 또다른 예언서의 암시에 대하여 Japhet 1993, 719-721을 보라). 역대기 사가가 오려 붙이는 방식으로 이들 본문 전체를 재빨리 넘기면서 아사랴의 예언들을 조합한다는 것은 의문스럽다. 오히려 그는 예언 문학과 어구들에 매우 심취해 있어서 성경의 언어가 용이하게 그의 펜을 통해 흘러나

왔을 것이다. 존 웨슬리는 자신을 'homo unius libri', 즉 '한 책의 사람', '성경'이라고 불렀다. 비록 그는 성경 본문 구절을 명확하게 언급하지는 않았지만 웨슬리의 설교들은 성경 인용과 암시들이 복잡하게 얽힌 망이었다. 그와 비슷하게 이스라엘 고대의 성경 속에 푹 잠겨 있던 역대기 사가는 성서적으로 생각했고, 그래서 그의 문서들은 성서적인 이미지들과 사상들로 가득 차 있다.

아사랴의 말에 의해 활기를 얻은 아사는 재빠르게 개혁을 착수한다. 온 유다와 베냐민에서, 뿐만 아니라 과거에 에브라임에 속한 새로 합병한 북쪽 지역(분명히 명시되지 않은 아사의 북방 전투에서 ; 대하 17 : 2를 보라.)으로부터 우상들을 끌어 모아(대하 15 : 8), 심지어는 아사의 어머니 소유의 아세라 상까지(15 : 16) 파괴하였다. 아사는 또한 번제단 수리에 착수하여 솔로몬 이래 성전 구역을 정비한 첫 번째 왕이 된다(15 : 8). 드디어 아사는 계약 갱신 의식을 위해 백성들을 소환한다. 아사는 모든 유다와 베냐민 뿐만 아니라 "에브라임과 므낫세와 시므온 가운데에서 나와서 저희 중에 머물러 사는 자(이방인)들을 모았으니 이는 이스라엘 사람들이 아사의 하나님 여호와께서 그와 함께하심을 보고 아사에게로 돌아오는 자가 많았음이더라"(15 : 9)라고 한다. 이 구절은 북쪽 왕국에 대한 개방성을 보여 주는 것으로 이해될 수 있지만, 초대된 자들이 더 이상 북쪽 사람들이 아님을 먼저 유의해야 한다. "그들이 아사의 하나님 여호와께서 그와 함께하심을 보고 자기의 족속 백성들을 떠났다" 두 번째로 이들 옛 북쪽 사람들은 '이방인들'로 묘사되고 있다. 이 용어는 전형적으로 그 땅에 살고 있는 비이스라엘 사람들에게 사용되었다. 사실 북왕국 이스라엘은 여기에서 마치 이방 나라인 것처럼 간주되고 있다.

아사의 계약 갱신 의식은 아사 십오 년 셋째 달에 거행된다(15 : 10). 그 의식은 셋째 달에 개최하는 칠칠절, 즉 오순절과 연결되었을 것이다. 아사의 계약 갱신 의식을 그의 십오 년으로 계산하기 때문에, 역대기 사가는 아사의 개혁과 성전 수리가 평화의 십 년이 세라의 전쟁으로 중단된 이후 약 4년 동안 시행되었다고 가정하는 것 같다. 방대한 양의 희생 제물들(소 칠백 마리와 양 칠천 마리)이 '노략하여 온 물건'이라고 언급되는데, 어떤 학자들은 이것이 세라에 대한 아사의 승리가 최근의 일임을 암시한다고 주장한다(15 : 11 ; 예를 들면 Elmslie 1916, 231). 그러나 이 전리품은 명시되지 않은 아사의 북방 전투로부터 왔을 것이고(15 : 8 ; 17 : 2을 보라.), 그것은 또한 15 : 9에 나오는 북쪽에서 넘어온 자들에 관한 자료이었을 것이다.

아사의 계약 의식은 역대기 개념과 신명기 개념의 이상한 결합이다. "또 마음을 다하고 목숨을 다하여 조상들의 하나님 여호와를 찾기로 언약하고"(15 : 12). '여호와를 찾다'와 '조상들의 하나님'이라는 표현은 물론 역대기의 전형이다. 그러나 하나님을 사랑하는 것, 하나님을 구하는 것, 즉 "마음과 목숨을 다하여" 하나님의 계명을 따르는 것은 전형적인 신명기적 언어이다(신 6 : 5 ; 수 22 : 5 ; 왕상 2 : 4를 보라). 아사의 개혁을 이해하는 데 있어서 신명기 4 : 29은 특별히 흥미롭다. 이스라엘의 우상숭배의 결과로 일어날 포로 생활을 기술한 후에(신 4 : 25-28), 모세는 희망의 말씀을 전한다. "그러나 네가 거기서 네 하나님 여호와를 찾게 되리니 만일 마음을 다하고 뜻을 다하여 그를 찾으면 만나리라"(신 4 : 29). 그러므로 아사의 계약은 역대기 사가 공동체의 상황을 말해 준다. 신명기 4 : 29에 약속된 대로 그들은 포로 생활에서 구원받았다. 이제 그들은 아사처럼 여호와에 대한 그들의 헌신을 새롭게 해야 한다.

아사와 그의 백성들은 "마음과 목숨을 다하여" 여호와를 구하기로 맹세한다(15 : 12). 히브리 낱말 '레바브', 즉 '마음'은 우리가 영어에서 어떤 사물이나 사람에게 우리의 '온 맘'으로 지지한다고 말하듯이 전적인 헌신을 표현하는 데 사용된다(대상 12 : 17, 38에 대한 위의 논의를 보라). 여기서 '목숨'(soul)으로 번역된 히브리어 '네페쉬'는 단순하게 '생명'을 의미한다. 자신의 생명을 다해 하나님을 구하는 것은 전적인 헌신을 의미하는 것이다. 히브리 성서에서 이 두 단어는 함께 사용되어 항상 계약에 대한 헌신의 문맥에서 나타난다. 실로 아사와 그의 백성들은 매우 광적이며 열정적으로 서약하며, 그들은 누구든지 여호와를 찾겠다고 서약하지 아니하는 자는 죽이는 것이 마땅하다고 선언한다(15 : 13).

헌신된 집단 바깥에 있는 자들은 '남녀노소 막론하고' 죽여야 한다는 아사 계약의 격렬한 열광주의는 — 특히 종교에 의해 동기 유발된 폭력을 너무 많이 보는 우리의 시대에는 — 매우 난처하다. 조절되지 않은 감정주의는 확실히 위험을 내포하고 있다. 이를 깨달은 사도 바울은 예배에서 "모든 것을 품위 있게 하고 질서 있게 하라."고 요구하였다(고전 14 : 40). 그러나 오늘날의 위험한 서구 기독교가 더욱 두려워해야 하는 것은 우리의 믿음이 그 열정과 비전을 잃는다는 것이다. 남부의 뛰어난 저술가이자 가톨릭 신자인 플래너리 오코너(Flannery O'Connor)는 "누군가와 같지 않으면 침례교인이나 감리교인이 되겠지만, 누군가와 같으면 무신론자가 될 것이다."라고 말한 적이 있다(Wood 1994, 1076에서 인용). 교회들은 우리 시대에 극단주의자들이나 불신자들과 더 관련되어 있는 그러한 열정적인 열심을 조금 사용해야 할 것이다.

아사의 의식은 "큰소리로 외치며 피리와 나팔을" 부는 즐겁고 쾌활한 축제이다(15 : 14). 공동체 헌신의 열정과 깊이가 이 축제의 대의이다. "온 유다가 이 맹세를 기뻐한지라 무리가 마음을 다하여 맹세하고 뜻을 다하여 여호와를 찾았으므로 여호와께서도 그들을 만나 주시고 그들의 사방에 평안을 주셨더라"(15 : 15). 역대기의 이 구절은 Philip Doddridge에게 그 유명한 찬송가 "O Happy Day, That Fixed My Choice"(연합 감리교 찬송가 1989, 391번)를 작곡하도록 영감을 불어넣어 주었다. 이 노래는 여호와에게 헌신된 삶의 기쁨을 찬양하고 있다.

> 이루어졌도다, 큰일이 이루어졌도다!
> 나는 내 주의 것, 주는 나의 것
> 주가 나를 이끄시니 내가 주를 따르네
> 거룩한 음성을 들으니 기쁘도다
> 이제 안식하라, 나의 분심(分心)이여
> 안식하라, 이 행복의 자리에서

예서 나는 고상한 것을 발견하였네
예서 하늘의 기쁨이 내 가슴을 채우네

다윗의 마지막 기도 다음에 오는 예배처럼(대상 29 : 20-22) 아사의 예배에는 애처로움이나 희생 제사의 침울한 엄숙함은 없다. 사람들은 예수의 숨겨진 보화 비유를 기억할 것이다. "천국은 마치 밭에 감추인 보화와 같으니 사람이 이를 발견한 후 숨겨 두고 기뻐하며 돌아가서 자기의 소유를 다 팔아 그 밭을 사느니라"(마 13 : 44). 헌신된 삶은 즐거운 삶이다.

역대하 15 : 16에서 역대기 사가는 열왕기상의 내용을 개정한다(대하 15 : 16-19 ; 왕상 15 : 13-15). 이제 우리는 "산당은 이스라엘 중에서 제하여지지 않았으므로" 아사의 개혁이 전적으로 성공적이지는 않았음을 알게 된다(15 : 17). 이것은 아사의 개혁에 대한 역대기 사가의 초기의 언급들과 충돌할 수 있다(14 : 3-5). 그러나 일찍이 아사가 성공적으로 산당을 제거할 수 있었던 곳은 유다 지역이었음을 유의하라. 아마도 역대기 사가는 산당을 가진 북왕국 이스라엘이 아사의 권한 밖에 있었음을 지적하는 것 같다(마침내 북쪽 지역을 포함시킬 나중의 개혁자 히스기야와 요시야와 대조적이다. 31 : 1, 34 : 6-7를 보라). 실로 이스라엘이 위협적으로 등장하는 것은 아사 왕의 타락의 원인으로써 그의 통치 후반부에 나타난다. 아직은 역대기 사가는 최선의 의도로 아사를 믿고(15 : 17) 그 자신과 부모를 이은 신실한 신앙의 행동을 기록한다(15 : 18). 여호와는 안식으로 아사의 땅을 축복하여 그의 신실함에 응답하신다(15 : 15). 실로 다음 20년 동안 유다는 전쟁으로부터 자유롭다(15 : 19).

아사 왕 삼십육 년에 북이스라엘의 바아사가 침공한다(대하 16 : 1-6 ; 왕상 15 : 16-22). 실제로 바아사의 군대는 예루살렘의 십 마일 안으로 진격하여 라마에 강력한 요새를 세우기 시작한다. 아사는 다메섹의 벤하닷에게 도움을 청함으로써 이 위기에 대처한다. 벤하닷의 왕국(이스라엘 북방에 있는 아람 혹은 시리아)에게 개입해 달라는 아사의 요구는 솔로몬에게까지 거슬러 올라가는 예루살렘과 다메섹 사이의 조약에 대한 호소에 근거하고 있다(16 : 3). 그러나 아사는 또한 "여호와의 전 곳간과 왕궁 곳간의 은금"을 벤하닷에게 보냄으로써 그 거래를 위한 뇌물을 제공했다(16 : 2). 아사의 외교는 성공적이었다. 벤하닷은 이스라엘의 북쪽 국경을 공격하여 바아사로 하여금 라마에서 철수하게 한다. 그때 아사의 군대는 라마를 점령하고 바아사가 남겨 두고 떠난 물자들을 사용하여 게바와 미스바를 유다의 요새로 강화한다(16 : 6).

역대기 사가는 라마에 대한 갈등을 아사 삼십육 년에 배치하는 반면, 신명기 역사서는 바아사가 아사 이십육 년에 죽었다고 주장한다(왕상 16 : 8). 실제로 15 : 8~11에 암시되어 있으나 명시되지 않은 북방 전투는 바아사와의 갈등이었고, 역대기 사가가 이 갈등 기사를 초기의 언급들을 손대지 않으면서 아사 통치의 후반부로 옮겼다는 것은 당연하다. 문제점을 역사적으로 해결하려는 시도는(예를 들면 '35년'이, Williamson 1982, 256-258이 하듯이 왕국 분열부터 계산한 것이라고 제안하여) 역대기 사가의 문학적, 신학적 목적을 평가하지 못한다. 역대기 이야기의 마지막 형태에는 아사의 통치가 두 부분으로 나누어져 있다. 신실한 기간은 축복을 향해 있고 불신의 기간은 저주로 향해 있다. 각 부분은 예언자와 군사 활동과 연관되어 있다. 아사랴는 아사가 남쪽에서 세라를 이긴 후에 설교한다. 하나니는 아사가 바아사에 대처하는 것에 대한 반응으로 설교한다. 통치 첫 삼십오 년 동안 아사는 "너희가 만일 그를 찾으면 그가 너희와 만나게 되시려니와"(15 : 2)는 아사랴의 예언이 옳음을 입증하였다. 그러나 이제 통치 후반부 마지막 6년 동안에는 그 메시지의 다른 면을 입증해 줄 것이다. "너희가 만일 그를 버리면 그도 너희를 버리시리라"

바아사의 위협에 대한 아사의 해결책은 역대기 사가가 보기에 비상한 외교적 처신이 아니라 믿음 없는 행동이었다. 선견자 하나니의 예언은 아사에 대한 하나님의 심판을 계시하고 있다(16 : 7-9). 역대기에 의하면 하나님의 의도는 이스라엘에 대하여는 물론 아람에 대하여도 아사에게 승리를 선사하는 것이었다. 세라의 압도적인 군대에 대하여 아사에게 승리를 주셨던 하나님은 다시 한번 그를 지지하고자 했을 것이다. "여호와의 눈은 온 땅을 두루 감찰하사 전심으로 자기에게 향하는 자들을 위하여 능력을 베푸시나니……"(16 : 9 ; 슥 4 : 10의 인용이다).

어린 시절 나는 다음과 같은 후렴구의 무시무시한 찬송을 불렀던 기억이 난다. "너를 지켜보고 있어, 너를 지켜보고 있어, 매일 네가 가는 길 조심해 너를 지켜보고 있어, 너를 지켜보고 있어, 전지한 눈이 너를 지켜보고 있어"(Best Loved Songs and Hymns 1961, no. 192). 하나님의 편재는 위압적으로 보일 수 있다(시 139 : 7-12를 보라). 그러나 역대기에서 하나님의 전지한 눈은 힘과 자신감의 근원이다. 이와 비슷하게 예수는 참새의 떨어지는 것조차도 하나님의 돌보심이라고 말한다(마 10 : 29). 상황이 어떠하든지 우리가 어디에 있든지 하나님은 아시며, 힘을 주시고, 구원을 주신다고 우리는 믿는다. 그러나 아사는 여호와를 신뢰하지 않았다. 그래서 승리의 기회를 놓쳤다. 나아가 여호와는 "이 후부터는 네게 전쟁이 있으리라"고 선언하신다(대하 16 : 9). 열왕기상 15 : 16에 묘사된 아사의 통치 기간 동안에 있었던 북왕국과 유다 사이의 계속된 갈등을 역대기 사가는 아사의 불신의 결과로 여긴다.

아사의 깨어진 하나님 신뢰는 그 자체로 하나님의 사람들을 신뢰하지 못하는 것으로 드러난다. 그는 하나니를 옥에 가두고 백성들을 학대한다(16 : 10). 아사가 백성을 학대했다는 것은 북쪽의 요새들을 건축하기 위해 사용된 강제 노역을 말할 것이다(16 : 6). 역대기에서 이스라엘 본토인은 역군으로 사용되지 않았다. 결국 아사는 개인적으로 그의 믿음 없음에 대한 고통을 받는다. 그의 발에 심각한 병이 걸린다. 그러나 그때조차도 아사 왕은 여호와에게 돌아오지 않고 헛되이 의사들을 의지한다(16 : 12). 그래서 믿음과 축복에 살았던 아사는 그 후에 여호와로부터 돌아서 죽게 된다. 역대기 사가는 아사를 위한 장례 절차들을 정교하게 기록한다. "다윗 성에 자기를 위하여 파 두었던 묘실에 우리가 장사하되 그의 시체를 법대로 만든 각양 향 재료를 가득히 채운 상에 두고 또 그것을 위하여 많이 분향하였더라"(16 : 14). 그는 다윗 성에 있는 바위를 쪼아 만든 무덤에 그의 조상들과 함께 장사된다. 아사의 죽음에서 볼 수 있는 명예는 그가 사랑

받았고, 존경받았음을 암시한다. 그의 마지막 6년의 믿음 없음이 분명히 그의 첫 35년의 신실함을 상쇄하지는 못한다. 여전히 그는 역대기의 중심 메시지의 객관적인 교훈으로 존재한다. 믿음은 축복으로 이끌고 믿음 없음은 저주로 이끈다는 것이다.

역대하 17 : 1~21 : 1상

여호사밧(왕상 15 : 24하 ; 22 : 1-36, 41-50상)

여호사밧의 통치는 그가 북쪽을 방어하는 기사로 시작한다. 그의 아버지가 대면했던 위협으로부터 보호하기 위해 여호사밧은 이스라엘을 대항해서 자신을 강화한다(17 : 1). 북쪽에 대한 이 장벽은 군사적이며 또한 신학적이다. 여호사밧은 조상의 처음 길로 행하였다. 즉, 아사가 그의 첫 35년 동안 행한 대로 하였다(17 : 3). 구체적으로 이것은 그가 바알을 거부했다는 것을 의미한다. 그는 오직 그의 아버지의 하나님께 구하며, 그의 계명을 행하고, 이스라엘의 행위를 따르지 아니하였다(17 : 4 ; 강조는 필자의 것). 이러한 이유로 여호와는 여호사밧에게 안정과 부를 주신다. 여호사밧은 그의 아버지처럼 개혁에 착수함으로써 여호와의 축복에 응답한다(17 : 6 ; 14 : 3-5와 비교하라).

여호사밧의 개혁은 지방 성소들을 제거하는 것뿐만 아니라 종교 교육에 대한 열정적인 프로그램과 관련된다(17 : 7-9). 의미심장하게도 이 프로그램은 제사장들(엘리사마와 여호람 두 사람 ; 15 : 3의 아사랴의 예언은 제사장들의 교육 임무의 중요성을 상기시킨다.)뿐만 아니라 여호사밧의 관리인 아홉 명의 레위인들과 다섯 명의 평민들과도 관련되어 있다. 여호사밧의 임무를 맡을 평민의 존재는 이 명단이 역대기 사가의 창작이라기보다 어떤 자료에서 나왔음을 암시해 준다. 그 이유는 역대기 사가의 역사는 레위인들과 제사장들의 가르치는 역할을 강조하기 때문이다(35 : 3 ; 느 8 : 7-8 ; Myers 1965, 99). 이 열여섯 명은 "여호와의 율법책을 가지고" 유다에서 가르치도록 유다 전역으로 파송되었다(대하 17 : 9). 여기서 여호와의 율법책은 분명히 토라이다. 이와 비슷하게 역대기 역사서 후반부에서 서기관 에스라가 "네 손에 있는 네 하나님의 율법을 따라 유다와 예루살렘의 형편을 살피기 위하여" 파송된다(스 7 : 14). 역대기에서 기록된 성경의 중요성이 다시 한번 분명히 나타난다.

여호와 말씀에 대한 여호사밧의 신실한 순종은 그의 왕국 안에서뿐만 아니라 국경 너머에서도 결과를 낳는다. "여호와께서 유다 사방의 모든 나라에 두려움을 주사 여호사밧과 싸우지 못하게 하시매"(17 : 10). 남, 서쪽의 이웃 나라인 블레셋과 아랍 족속들이 조공으로 많은 부를 유다에 쏟아 부어(17 : 11) 여호사밧을 솔로몬 이래 이방 권세의 존경을 받는 다윗 혈통의 첫 왕이 되게 해 주었다(9 : 22–28과 비교하라). 더 나아가 여호사밧의 안정은 온 유다 견고한 성읍들에 배치된 일백십육만 명의 군사에 의해서 보장된다(17 : 14–19). 여호사밧 군사의 수는 확실히 과장되어 있다. 그러나 이것은 역대기 사가가 유다와 다윗 혈통에 대한 하나님의 신실함을 지적하게 해 준다. 북쪽 지파의 상실은 유다를 약화되게 하지 않는다. 완전히 반대로 유다의 왕들에 의해 통제되는 군사의 수는 르호보암의 180,000명에서 아비야의 400,000명, 아사의 580,000명, 이제 여호사밧의 1,160,000명에 이르기까지 꾸준히 증가한다. 유다의 신실한 왕들은 계속하여 힘을 얻고 계속하여 승리했다.

율법을 가르치기 위해 파견된 열여섯 명의 명단처럼 여호사밧의 군대 지휘관들의 명단은 옛 유다 자료에서 나왔을 것이다. 이 지휘관들 중에 역대기 사가는 "시그리의 아들 아마시야, 자기를 여호와께 즐거이 드린 자"(17 : 16)를 명단에 넣고 있다. 여호사밧의 가르치는 임무에 평민들이 존재한 것처럼 아마시야의 지도자 역할은 여호사밧 정권에 대한 중요한 무엇을 암시해 준다. 평민과 시민들이 봉사하기를 원하는 것은 여호사밧의 개혁이 유다에 가져다준 열심과 열정을 잘 말해 준다. 그러한 인물들이 봉사하도록 허락되었다는 것은 여호사밧 정부의 개방성을 강력하게 말해 주고 있다.

그의 아버지 아사처럼 여호사밧의 전략은 북왕국과 관련되어 있다. 그러나 아사가 북왕국과의 갈등으로 믿음에서 떨어졌던 반면에 여호사밧의 배교는 이스라엘과의 동맹과 연루되어 있다. 하나님은 여호사밧이 믿음을 지키는 한 그의 왕국이 안전할 것을 이미 보여 주셨다. 분명히 르호보암의 경우처럼 여호사밧의 부와 안정은 그를 불신으로 유혹했을 것이다(18 : 1 ; 12 : 1과 비교하라). 두 왕국 사이의 동맹은 아합의 딸 아달랴와 여호사밧의 아들 여호람의 결혼에 의해 봉인되고, 그 결혼은 유다에 무서운 타격을 가한다(왕하 8 : 18, 26 ; 또한 왕하 11 : 1-20 ; 대하 22 : 10-23 : 21을 보라). 여호사밧이 이전에 "이스라엘에 대하여 스스로 강하게 하였던"(17 : 1) 반면, 이제는 그가 이웃 북쪽 나라의 축제와 잔치에 참여한다(18 : 2). 실제로 아합이 여호사밧에게 길르앗 라못을 되찾기 위하여 아람과의 전쟁에 원조를 요청했을 때 여호사밧은 "나는 당신과 다름이 없고 내 백성은 당신의 백성과 다름이 없으니 당신과 함께 싸우리이다"(대하 18 : 3 ; 왕상 22 : 4)라고 한다.

아람에 대항한 아합과 여호사밧의 동맹에 관한 기사는 "북왕국 왕을 다루는 열왕기상 혹은 열왕기하의 긴 본문이 역대기에 수록된 유일한 경우이다"(Klein 1993, 668 ; 대하 18 : 3-34 ; 왕상 22 : 4-40을 보라.)라고 한다. 그러므로 이 기사는 자세히 살펴볼 가치가 있다. 그러나 이것은 규칙을 입증해 주지 않는다. 역대기 사가는 독자들에게 북왕국의 행위를 알리기 위하여 이 기사를 사용하지 않는다. 오히려 여호사밧과 아합의 이야기는 여호사밧과 같은 선왕조차도 여호와가 아닌 외국과의 동맹에 신뢰를 둠으로써 어떻게 불신으로 떨어질 수 있는지를 보여 준다. 물론 역대기 사가의 공동체에게 여호사밧의 정치적 동맹에 대한 잘못된 믿음은 애굽과 다른 나라들과의 동맹을 신뢰하여 바벨론에 반역하고, 그리하여 유다와 예루살렘에 치명적인 결과를 초래케 한 여호야김과 시드기야의 통치의 전조가 되었다. 여호사밧과 아합의 이야기는 긍정적으로 여호와의 신실하심과 진정한 회개가 있을 때 구원하시고자 하는 하나님의 기꺼움을 보여 주고 있다.

여호사밧은 아합에게 출정하기 전에 여호와의 말씀을 구할 것을 요구한다. 이 요청은 칭찬할 만하지만, 너무 하찮고 너무 늦었다. 여호사밧은 이미 자신과 자신의 군사들을 아합의 아람 정복에 서약했다. 어떤 응답이 나오든지 이제 그는 철회할 수 없다. 아합은 협조적으로 400명의 궁정 예언자들을 보여 주었고, 그들은 모두 한결같이 승리를 예언하였다. 여호사밧은 회의적으로 "우리가 물을 만한 여호와의 선지자가 여기 있지 아니한지"를 묻는다(18 : 6). 비록 아합은 여호사밧에게 이믈라의 아들 미가야가 자신에 대하여 "좋은 일로는 예언하지 아니하고 항상 나쁜 일로만 예언한다"(18 : 7)고 경고하면서도 그를 불러들인다.

반면 또다른 예언자 그나아나의 아들 시드기야는 예언적 상징 행위를 수행한다. 철로 뿔을 만들어 가지고 그는 "여호와께서 이같이 말씀하시기를 왕이 이것들로 아람 사람을 찔러 진멸하리라"고 선포한다(18 : 10). 시드기야의 상징적 예언은 호세아의 창녀와의 결혼(호 1 : 2-9)과 예레미야의 멍에(렘 27 : 1-15) 또는 에스겔의 예루살렘 포위 모형(겔 4 : 1-3)과 같은 다른 예언자들이 수행한 상징 행위들과 그렇게 다르지 않다. 그러한 상징 행위들은 단순한 교훈 이상이다. 예언자는 하나님의 행위들을 모방하여 하나님이 일으키시는 것에 참여하는 것이다. 시드기야의 상징 행위는 하나님이 아합에게 줄 승리를 나타내는 것으로 이해되었을 것이다. 철 뿔의 상은 북이스라엘 성소의 황소상을 암시하였을 것이다(11 : 15).

이제 미가야가 등장한다. 먼저 그의 메시지는 400명의 것과 일치한다. 그러나 미가야가 뭔가 숨기고 있다고 느낀 아합이 진실을 요구하자, 미가야는 "내가 보니 온 이스라엘이 목자 없는 양같이 산에 흩어졌는데 여호와의 말씀이 이 무리가 주인이 없으니 각각 평안히 자기들의 집으로 돌아갈 것이니라 하셨나이다"(18 : 16)라고 말한다. 왕을 목자로, 백성을 그의 양떼로 표현하는 것은 고대 근동 지역에서 일반적인 것이었다. 이것은 히브리 성서에서 자주 발견되고(예를 들면 겔 34 : 1-31과 시 23), 또 신약성서의 배경에 이러한 표현이 사용되고 있다(예를 들면 눅 15 : 3-7과 요 10 : 1-18). 그러나 미가야는 안위하는 힘의 이미지를 뒤집는다. 그는 지도자 없이 남겨진 채 — 목자 없는 양처럼(마 9 : 3-38에서 커다란 효과를 내는

데 사용된 이미지이다.) — 혼돈 속에 있는 이스라엘 백성들을 묘사한다. 아합은 길르앗 라못에서 죽을 것이다.

물론 이것은 어려운 질문을 제기한다. 예언자들이 동일한 예언을 하지 않는다면, 사람들은 어떤 말을 들어야 할지 어떻게 알 수 있을까? 미가야는 아합이 전장에서 죽게 될 것이라고 선언한다. 시드기야는 그가 승리하여 돌아올 것이라 한다. 미가야와 시드기야는 둘 다 예언자라고 주장한다. 둘 다 여호와의 이름으로 말한다. 실제로 미가야는 시드기야의 말과 400명의 궁중 예언자들의 말이 하나님의 영에 의해 영감 받았다는 것을 부인하지 않는다. 그러나 그는 천상회의 환상에서 하나님이 아합을 멸망시키고자 한 영을 보내 그로 하여금 길르앗 라못에서 전쟁을 하도록 꾀어 지시한다고 설명한다(18 : 18-22). 시드기야와 그의 동료들을 통해 말하는 것이 바로 이 거짓말하는 영이다. 그러나 사실 "여호와께서 왕에게 대하여 재앙을 말씀하셨다"(18 : 22).

시드기야는 분노한다. 미가야의 뺨을 치며 그는 "여호와의 영이 나를 떠나 어디로 가서 네게 말씀하더냐"(18 : 23)라고 묻는다. 시드기야는 그 자신의 예언과 그것의 초자연적인 기원을 신실하게 믿는다. 그렇다면 아합과 여호사밧은 누구를 믿어야 할까? 신명기 18 : 21~22은 참 예언을 판가름하는 것으로 정확한 예측을 사용한다. 그러나 삶 속에서 이 시험은 적용하기 어려웠을 것이다. 왜냐하면 어떠한 예측의 진실성은 나중에 가서야 알 수 있기 때문이다. 이러한 기준으로 우리는 어떤 예언이 참인지 거짓인지를 미리 말할 수 없다. 시간이 미가야의 예측이 정확했다는 것을 입증해 줄 것이다. 그러나 아합은 당연히 시드기야의 승리 약속을 믿고 죽음의 출정을 출발한다.

우리는 다양하고 상충하는 메시지와 메시지 전달자들에 의해 둘러싸인 복잡하고 다원화된 사회에서 살고 있다. 우리에게 영적 분별은 예전보다 더 중요해졌지만 예전보다 더 어려워졌다. 요한1서 4 : 1은 "사랑하는 자들아 영을 다 믿지 말고 오직 영들이 하나님께 속하였나 분별하라 많은 거짓 선지자가 세상에 나왔음이라"고 충고한다. 진지하고 좋은 의도를 가졌지만 모든 영성이 동일하지는 않다. 일깨워 주기보다는 속이고 고쳐 주기보다는 상처를 내는 나쁜 믿음 같은 것이 분명히 있다. 요한1서를 통해 우리에게 말하는 초기 기독교 교사에게 영적 분별력으로 진리를 가려내는 것은 내용과 의도의 문제이다. "……예수 그리스도께서 육체로 오신 것을 시인하는 영마다 하나님께 속한 것이요"(요일 4 : 2). 그리스도에게 신실하고, 또 사랑과 그리스도 안에 나타난 하나님의 목적에 신실한 것(요일 4 : 7-8을 보라.)은 영적 진리의 증거이다.

그러나 '그리스도와 같은 것'을 판단하는 것은 결코 단순하지가 않다. 우리의 개인적이고 주관적인 영의 체험은 무시될 수 없다. 그러나 시드기야의 예가 보여 주듯이 진지함과 열정은 결코 진리를 보증하는 것이 아니다. 사람은 진지하게 잘못할 수 있다. 이처럼 우리의 서구 기술사회에서 이성적인 성공은 과학적인 방법론이 진리의 최종 결정자라고 생각하게끔 부추길 수 있다. 그러나 과학은 주로 그것의 목적들의 겸손함 때문에 그렇게 성공적이었다. 과학은 어떻게 객관적인 세계가 작동하는지를 분별하는 수단으로써 훌륭하게 기여한다. 그러나 과학은 의미와 목적에 관한 질문에 대해 대답하지도 않고 대답할 수도 없다. 이성은 경험처럼 우리의 영적 분별력의 중요한 부분이다. 결국 진리는 누구나 이해할 수 있어야 한다. 그러나 영의 영역은 인간 이성이 파악할 수 있는 것을 능가한다.

진리와 이해에 대한 문제에서 기독교인들은 개인 경험의 예측 불가능성과 인간 이성의 한계에 대한 검증과의 균형으로써 성경과 전통에 호소한다. 흥미롭게도 이들은 역대기 사가에게도 진리의 최종 결정자이다. 우리가 본 것처럼 역대기는 예언자의 말과 성서에 나타난 하나님 말씀의 중요성을 지속적으로 강조한다. 나아가 역대기 사가는 여호와를 '조상들의 하나님'으로 이해한다. 이스라엘의 과거에 있는 하나님 경험은 역대기 사가의 공동체에게 큰 연관성을 지닌다. 진실한 믿음의 백성들은 동의하지 않을 것이다. 그러나 성경 전체에 있는 하나님의 근본적인 말씀과 세대를 걸쳐 온 하나님 백성의 경험의 연속성은 우리의 의견 차이에도 불구하고 공동의 토대를 찾게 해 줄 수 있다.

아합은 길르앗 라못에 대한 준비된 맹공격을 진행시키면서 자신이 돌아올 때까지 미가야를 옥에 가둘 것을 명령한다. 미가야는 "왕이 참으로 평안히 돌아오시게 된다면 여호와께서 내게 말씀하지 아니하셨으리이다"(18 : 27)라고 말한다. 아마도 이 어두운 전갈에 정신이 든 아합은 전쟁에서 살아남을 전략을 결정한다. "이스라엘 왕이 여호사밧에게 이르되 나는 변장하고 전쟁터로 들어가려 하노니 당신은 왕복을 입으소서 하고 이스라엘 왕이 변장하고 둘이 전쟁터로 들어가니라"(18 : 29). 분명히 아합은 그의 동맹자의 안전에는 관심이 없다. 명령에 따라 여호사밧은 아합의 바람잡이로 전쟁터로 간다. 아합의 조심성은 옳은 것으로 입증되었다. 왜냐하면 아람의 왕이 그의 군사들에게 이스라엘의 왕을 찾아낼 것을 지시했기 때문이다. 게다가 아람의 병거군이 아합으로 변장한 여호사밧을 잡기 위해 군대를 이끌고 올 때 아합의 유인책은 성공적인 것으로 나타난다(18 : 30-31).

아합과의 동맹이 그를 죽음으로 몰아넣자 여호사밧은 정신을 차린다. 그가 처음부터 해야만 했기 때문에 여호사밧은 여호와께 도움을 요청하고 그리고 구조된다. 하나님은 병거병들로 하여금 여호사밧이 이스라엘의 왕이 아님을 알아채게 한다. 그러자 그들은 아합을 찾고자 병거를 돌린다(18 : 31). 하나님의 구조는 역대기 사가의 목적과 잘 조화를 이루기 때문에 사람들은 여기서 열왕기상에 나오는 확장된 기사를 찾고 싶어한다(왕상 22 : 32의 맛소라 본문은 여호와의 도움을 언급하지 않음에 유의하라). 그러나 가장 오래된 칠십인경 본문들도 여호와가 여호사밧을 돕는다고 말한다. 그래서 이 장 전체에서와 같이 여기서도 역대기 사가가 그의 자료에 충실하다고 볼 수 있을 것이다(Klein 1974, 50이 그렇다).

한편 하나님의 심판에서 벗어나려는 아합의 시도는 허사였다. 우연히 화살 하나가 아합의 갑옷 사이의 틈을 통과하여 박히므로 그는 치명상을 입는다. 미가야가 예언했던 대로 아합은 길르앗 라못에서 죽는다(18 : 33-34).

여호사밧은 교훈을 얻었다. 안전을 위해서 정치적 동맹을 의지하는 것이 아니라 오직 여호와를 온전히 의지해야 한다는 것이다. 역대기의 전형적인 이 메시지는 예언자의 선포를 통해 본국에서 흘러나온다. 여호사밧이 예루살렘 궁전으로 돌아오자 선견자 하나니의 아들 예후와 마주치게 된다(19 : 1). 분명히 이 사람은 여호사밧의 아버지 아사가 여호와를 버리고 정치적 동맹을 신뢰했을 때 그에게 여호와의 심판을 선포했던 바로 그 하나니일 것이다(16 : 7-9). 이제 하나니의 아들이 동일한 메시지를 아사의 아들에게 전한다. "……왕이 악한 자를 돕고 여호와를 미워하는 자들을 사랑하는 것이 옳으니이까 그러므로 여호와께로부터 진노하심이 왕에게 임하리이다"(19 : 2). 분명히 하나님의 분노는 여호사밧의 개혁 때문에 그를 피해 갔다(19 : 3). 그러나 하나님의 분노는 그의 상속자들에게 임할 것이다. 여호사밧의 아들과 손자와 며느리는 다윗의 자손들 가운데 기념되지 않고 슬퍼하는 자도 없이 거부될 것이다(21-23장).

하나니를 옥에 가두라고 명령했던 그의 아버지 아사와는 달리 여호사밧은 하나니의 아들 예후의 메시지를 진심으로 받아들인다. 남쪽으로 브엘세바에서 북쪽 국경의 에브라임 산지까지 여호사밧은 온 나라에서 "그들을 그들의 조상들의 하나님 여호와께로 돌아오게 하였다"(대하 19 : 4). 제사장 감독 아래 레위인 재판관 제도를 유다 땅 전역에 도입하여 여호사밧은 그의 백성들이 율법을 이해하고 율법으로 살 수 있게 하였다(대하 19 : 5-11). 이렇게 함으로써 여호사밧은 역대기에 따르면 다윗에 의해 확립된 레위인 재판관 제도를 부활시켰다(대상 23 : 4, 26 : 29-32를 보라). 마을과 부족의 장로들에 의한 재판에서부터 왕실 관리들에 의해 진행되는 복잡한 재판 제도로의 전환은 왕정 기간에 이스라엘에서 발생했기 때문에, 역대기 사가는 권위 있는 유대 자료 가운데에서 사법 관리 제도를 발견했을 것이다(Bright 1981, 251).

여호사밧은 그의 재판관들에게 "너희가 재판하는 것이 사람을 위하여 할 것인지 여호와를 위하여 할 것인지를 잘 살피라 너희가 재판할 때에 여호와께서 너희와 함께하심이니라"고 권고한다(19 : 6). 그러므로 재판관들은 공정하고 치우침 없이 재판하도록 주의해야 하고, 어떠한 뇌물도 받지 말아야 한다. 진실로 그들은 사람들이 율법을 알고 따라서 '여호와께 죄를 범하지 않도록' 하는 책임을 지닌다. 만일 재판관이 이 책임을 다하지 않는다면 백성들의 죄는 그들의 머리에 임할 것이다(19 : 10).

여호와의 말씀을 아는 자들은 그들이 아는 것을 나누어야 한다. 여호와는 예언자 에스겔에게 "가령 내가 악인에게 말하기를 너는 꼭 죽으리라 할 때에 네가 깨우치지 아니하거나 말로 악인에게 일러서 그의 악한 길을 떠나 생명을 구원하게 하지 아니하면 그 악인은 그의 죄악 중에서 죽으려니와 내가 그의 피 값을 네 손에서 찾을 것이고"(겔 3 : 18)라고 말씀하신다. 이 동일한 놀라운 책임이 마태복음 16 : 19에 표현되어 있는데, 여기서 교회는 천국의 열쇠를 맡고 있다. "내가 천국 열쇠를 네게 주리니 네가 땅에서 무엇이든지 매면 하늘에서도 매일 것이요 네가 땅에서 무엇이든지 풀면 하늘에서도 풀리리라 하시고"(마 18 : 18도 보라). 만일 우리가 복음을 나누는 책임을 다하지 않고 우리에게 맡겨진 열쇠 위에 앉아 있다면 교회는 우리와 함께 끝날 것이다. 사도 바울이 썼듯이 "그런즉 그들이 믿지 아니하는 이를 어찌 부르리요 듣지도 못한 이를 어찌 믿으리요 전파하는 자가 없이 어찌 들으리요"(롬 10 : 14). 여호사밧의 재판관들처럼 여호와의 말씀을 받은 우리는 우리의 공동체에서 그 말씀을 나눌 책임이 있다.

그의 아버지와 달리 여호사밧은 여호와만을 의지하는 것을 배웠다. 새롭게 회복된 이 믿음은 남쪽과 동쪽에서 온 공격에 의해 시험에 놓인다. 어떤 나라가 이 맹공격에 참여했는지는 분명하지 않다. 역대하 20 : 1은 여호사밧을 공격한 자들을 "모압 자손과 암몬 자손들이 마온 사람들과 함께"라고 밝히는데 후자 그룹은 여호사밧 왕국의 남쪽 구역 헤브론 근처의 정착지인 마온에서 온 듯하다(나중에 웃시야도 이 사람들 때문에 어려움을 겪는다. 대하 26 : 7을 보라). 그러나 20 : 2에서 여호사밧은 "큰 무리가 에돔으로부터, 바다 저편(즉 사해)에서부터 당신을 치러 오고 있다"는 소식을 듣는다. 20 : 10에서 그 적들은 "암몬, 모압, 그리고 세일산 사람들"이라고 밝혀지고 있고, 후자는 분명히 에돔을 가리킨다(위에 있는 대상 1 : 38-42의 논의를 보라). 에돔, 모압, 그리고 암몬은 고대 이스라엘과 국경을 접한 작은 왕국이었다. 그러니까 암몬은 요단 강 건너 동편에, 모압은 사해를 건너 남동쪽에, 그리고 에돔은 남동쪽 끝에 위치해 있다. 세 나라 모두가 이스라엘과 유다와 복잡한 관계를 맺었으며 때로는 봉신국이, 때로는 동맹국이, 때로는 적대국이 되었다. 신명기 23 : 3~6에 의하면 그들 땅에 사는 암몬 족속과 모압 족속은 "십 대까지라도" 성회에 들어갈 수 없었다. 반면에 에돔은 삼 대 후에 이스라엘 백성들 중에 포함될 수 있었다(신 23 : 8).

이러한 왕국들 간의 복잡한 관계는 여호사밧이 암몬, 모압, 그리고 에돔과 갈등을 겪었음을 가능하게 해 준다(왕상 22 : 45에 있는 '여호사밧의 행위들' 그리고 그가 보여 주었던 권력과 그가 전쟁을 일으킨 방법에 관한 것들을 살펴보라). 그러나 여호사밧의 전쟁들에 관한 역대기 사가의 기사는 신학이지 전쟁 역사가 아니다. 그의 왕국에 대한 이 침략에 반응하여 여호사밧은 단지 그가 해야 할 바를 한다. "그는 여호와를 구했고 유다 전역에 금식을 공포하였다"(20 : 3). 여호사밧의 요청에 대한 백성들의 반응은 성전 앞에서 기도하기 위해 예루살렘으로 모여든 것이었다.

여호사밧은 땅의 모든 민족들 위에 있는 여호와의 주권을 선포하는 것으로 시작하는 기도로 회중을 인도한다(20 : 6). 세계 민족에 대한 하나님의 주권은, 여호와가 원주민인 블레셋 사람들을 쫓아내고 그 땅을 아브라함에게 했던 옛 약속에 따라 이스라엘에게 주셨던 옛날에 드러났다(20 : 7). 이 기억은 기도에서 나중에 특별히 중요한 것으로 입증된다. 그러나 먼저 여호사밧은 솔로몬 성전의 건축, 그리고 특히 솔로몬의 기도를 회고한다. "만일 재앙이나 난리나 견책이나 전염병이나 기근이 우리에게 임하면 주의 이름이 이 성전에 있으니 우리가 이 성전 앞과 주 앞에 서서 이 환난 가운데에서 주께 부르짖은즉 들으시고 구원하시리라 하였느니라"(20 : 9 ; 대하 6 : 3-42이 정돈되고 집약되었다). 성전 봉헌 시의 하나님의 약속을 따라 여호사밧과 그의 백성들은 국가적 위기 상황에서 여호와께 부르짖기 위해 성전 앞에 모여 있다.

그 땅에 있던 사람들에 대한 하나님의 파멸을 먼저 언급한 후에 여호사밧은 이제 정복의 날까지 남겨 둔 암몬, 모압, 그리고 에돔을 향한 하나님의 자비로운 오래 참으심을 언급한다(20 : 10 ; 민 21-25를 보라). 그러나 이제 "주께서 우리에게 주신 주의 기업에서 우리를 쫓아내기 위해 그들이 와서 우리에게 보응한다"(20 : 11). 자신의 무력(無力)을 인정함으로써 여호사밧은 모든 문제를 여호와께 맡긴다. 그것은 역대기 사가의 견해에서 볼 때 정확히 그가 취해야 할 바였다.

약속대로 여호와는 여호사밧의 기도에 응답하신다. 그 응답은 모든 유다인, 즉 남녀와 유아들 모두가 보기에 극적인 방식으로 임한다. 여호와의 영은 아삽 자손 레위인으로 스가랴의 아들인 야하시엘에게 임한다(20 : 14 ; 아삽의 예언자 역할에 대해 대상 25 : 2을 보라). 그는 "온 유다와 예루살렘 주민과 여호사밧 왕이여 들을지어다 여호와께서 이같이 너희에게 말씀하시기를 너희는 이 큰 무리로 말미암아 두려워하거나 놀라지 말라 이 전쟁은 너희에게 속한 것이 아니요 하나님께 속한 것이니라"(20 : 15)라고 선포한다. 여호사밧은 군대들이 어디에 모일 것이고 그래서 그의 군대가 그들을 맞으러 진군하라고 듣는다. 그러나 그는 그들과 싸울 필요가 없다. 오히려 여호와가 "너희는 두려워하지 말며 놀라지 말고 담대히 서라 그리고 여호와의 승리가 너희 편에 있는 것을 보라 유다와 예루살렘이여"라고 말한다(20 : 17). 이것은 모세가 홍해에 있는 이스라엘 백성들을 권고하는 출애굽기 14 : 13을 분명하게 암시하고 있다. "모세가 백성에게 이르되 너희는 두려워하지 말고 가만히 서서 여호와께서 오늘 너희를 위하여 행하시는 구원을 보라 너희가 오늘 본 애굽 사람을 영원히 다시 보지 아니하리라"(동일한 히브리 단어가 20 : 17에서는 '승리'로, 출애굽기 14 : 13에서는 '구원'으로 번역되고 있는 것에 유의하라). 하나님이 홍해에서 이스라엘 대신 이집트를 대항하여 싸웠던 것처럼(출 14 : 14, 25를 보라.), 하나님은 이제 암몬, 모압, 그리고 에돔에 대항하여 싸우실 것이다. 이 복음에 대해 백성들은 예배로, 레위인 찬양단이 이끄는 찬양과 노래로 화답한다(20 : 18-19).

여호사밧 군대의 진군은 군사적 움직임이라기보다 예배의 진행이다.

여호사밧은 "유다와 예루살렘 주민들아 내 말을 들을지어다 너희는 너희 하나님 여호와를 신뢰하라 그리하면 견고히 서리라 그의 선지자들을 신뢰하라 그리하면 형통하리라"고 백성들을 권고한다(20 : 20). 여기에서 여호와를 믿는 것이 예언자의 말을 믿는 것과 연결되어 있다는 것이 흥미롭다. 예언에 대한 이러한 고양된 견해는 아모스 3 : 7에 대한 회상이다. "주 여호와께서는 자기의 비밀을 그 종 선지자들에게 보이지 아니하시고는 결코 행하심이 없으시리라" 역대기에서 하나님의 뜻이 전달되는 것은 성경과 예언자들을 통해서이다. 실제로 역대기 사가가 그의 권위 있는 자료들을 예언자 저자들의 것으로 돌리는 것처럼, 본문과 예언자의 권위는 하나요 동일한 것으로 간주될 수 있다. 특별히 지명된 찬양대가 이스라엘의 예배하는 회중에게 하나님이 신실하시다는 노래를 부르면서 군대 앞에 앞장서 진군한다. "……여호와께 감사하세 그의 인자하심이 영원하도다……"(20 : 21 ; 대하 5 : 13에 있는 이 후렴구에 대한 논의를 보라).

한편 여호와는 유다의 공격자들 사이에 분열을 일으켰다. 암몬과 모압이 먼저 에돔을 치고 다음으로는 서로를 친다. 여호사밧과 그의 백성이 도착했을 때 싸우려고 남은 사람은 아무도 없었다. 전쟁터에는 시체만 가득했다. 다시 한번 홍해 바다에 대한 비유가 나타난다. 거기서 여호와의 바로에 대한 승리 후에 이스라엘은 해변에서 죽은 이집트인들을 보았다(출 14 : 30). 여호사밧과 유다의 백성들은 적군의 물건을 탈취할새 본즉 그 가운데에 재물과 의복과 보물이 많이 있으므로 각기 탈취하는데 그 물건이 너무 많아 능히 가져갈 수 없었다(20 : 25). 죽은 자들에 대한 이 약탈은 에스겔 39장에 나오는 곡에 대한 하나님의 종말론적 승리의 기사를 생각나게 한다. 그 후에 이스라엘은 "전에 자기에게서 약탈하던 자의 것을 약탈하며 전에 자기에게서 늑탈하던 자의 것을 늑탈"할 것이다(겔 39 : 10).

죽은 군대들이 철저히 약탈된 삼 일 후에 백성들은 여호와를 찬양하고 예루살렘으로의 귀환을 준비하기 위해서 브라가(이 단어는 히브리어 단어 '축복'과 같은 음을 갖는다.) 골짜기에 모인다. 유다의 적군들에 대항한 행군처럼 고향으로 돌아오는 여정은 축제 행렬이다. 백성들은 “비파와 수금과 나팔을 합주하고” 기뻐하면서 예루살렘 성전으로 돌아온다(20 : 28). 여호와의 승리에 대한 소식은 그 지역 전역에 퍼진다. 결과적으로 또 다시 “이방 모든 나라가 …… 하나님을 두려워하였다”(20 : 29 ; 17 : 10을 비교하라). 여호사밧은 다시 한번 평화를 누린다. 여호사밧의 안전은 그의 군사적인 힘이나 외세 동맹에 의해서가 아니라 경건한 행동들을 통해 제시된 여호와에 대한 믿음에 의해서 보장된다.

여호사밧 통치의 결론적인 요약으로 역대기 사가는 열왕기를 사용한다(20 : 31-37 ; 왕상 22 : 41-49). 여호사밧은 그의 25년간의 통치에 대해 좋은 평가를 받는다. “여호사밧이 그의 아버지 아사의 길로 행하여 돌이켜 떠나지 아니하고 여호와 보시기에 정직하게 행하였으나”(20 : 32 ; 왕상 22 : 43). 그가 명예롭게 다윗 성에 장사되었다는 것은 놀라운 일이 아니다(21 : 1). 여호사밧 통치에 대한 역대기 사가의 유일한 평가 유보는 산당을 제거하지 않았다는 것과 그래서 백성들이 여호와께 완전히 헌신하지 않았다는 것이다(20 : 33 ; 왕상 22 : 43 ; 그러나 대하 17 : 6을 보라). 여호사밧 일생에 대한 예언자 자료는 “하나니의 아들 예후의 글에 다 기록되었고 그 글은 이스라엘 열왕기에 올랐다”(20 : 34). 흥미롭게도 열왕기상 22 : 45의 ‘유다’가 여기서 ‘이스라엘’로 대체되고 있는데, 이것은 여호사밧이 유다만의 왕이 아니라 온 이스라엘의 진정한 왕이었음을 암시해 준다(대하 21 : 2도 보라). 물론 예후는 북방 동맹으로 인해 여호사밧을 징계한 선지자였다.

실로 여호사밧 이야기는 북왕국과의 또다른 동맹을 비난하는 후기로 마무리된다. 그것은 이스라엘 아하시야와 공동으로 진행한 에시온게벨의 해운 교역 사업이다. 역대기 사가의 자료도 이 사업과 그 실패를 언급한다(왕상 22 : 47-49를 보라). 그러나 역대기에서 이 사업은 예언자가 증거하듯이 외세 동맹에 기초하고 있기 때문에 실패한다. “마레사 사람 도다와후의 아들 엘리에셀이 여호사밧을 향하여 예언하여 이르되 왕이 아하시야와 교제하므로 여호와께서 왕이 지은 것들을 파하시리라 하더니 이에 그

배들이 부서져서 다시스로 가지 못하였더라"(20 : 37). 그러므로 여호사밧 이야기의 교훈은 "외세 동맹을 회피하라. 전적으로 여호와를 신뢰하라."이다.

역대하 21 : 1하~20

여호람(왕상 22 : 50하 ; 왕하 8 : 17-24)

여호람, 아하시야, 그리고 아달랴의 통치(대하 21 : 1-23 : 21)는 역대기에서 하나의 이야기로 구성되어 있다. 여기에 여호사밧이 아합과 맺은 동맹의 무시무시한 결과들이 나온다(Johnstone 1998, 121-122도 비슷한 입장을 주장한다). 아비야, 아사, 그리고 여호사밧과는 매우 대조적으로 이 세 군주들은 역대기 사가에 의해 절대적인 비난을 받는다. 모두 이스라엘의 길로 따랐고 악을 행하였다. 그들이 통치할 때 유다는 우상숭배와 나락에 빠졌다. 그 결과 이 세 왕 모두는 수치스러운 죽음을 맞고, 다윗의 후손 가운데 묻히지 못한다. 실로 요담이 죽기까지 유다 왕 한 사람도 다윗 왕의 무덤에 장사되지 못한다. 마지막으로 이 셋 중 누구에게도 역대기 사가는 그의 자료에 대한 언급을 하지 않는다. 그러한 목록이 열왕기에 제공되어 있을 때조차도 말이다(왕하 8 : 23을 보라). 역대기는 다윗이 신실한 자손들에게 이들 가운데 누군가에 대한 어떤 기념물이나 기록물로 기려지고 있다는 것을 부인한다. 여호람에 관한 역대기 사가의 경멸적인 말은 이들 셋 모두에게 쉽게 적용될 수 있다. 그가 "아끼는 자 없이 세상을 떠났다"(21 : 20).

여호람의 통치는 혈투로 시작된다. 역대기는 여호사밧이 많은 선물과 유다 전역의 요새화된 성읍들을 다스릴 권리를 주어 명예롭게 하였던 여호람의 동생들의 이름을 열거한다(21 : 2-3). 그러나 동생들을 자신의 왕권에 위협적인 존재로 본 여호람은 왕위에 오르자마자 모두 죽인다. 그는 '이스라엘 방백들'도 죽인다. 이들이 북쪽의 관리들이 아니라 여호사밧의 다른 아들들에게 충성하는 유다의 관료들임은 의심의 여지가 없다. 여호사밧이 맛소라 본문 21 : 2에서 "이스라엘의 왕"으로 불리는 것을 주목해 보라(NRSV 성경은 칠십인경의 본문을, 뿐만 아니라 시리아역과 불가타역을 따라 여기서 '유다'라고 읽는다. 그러나 맛소라 본문의 더 어려운 읽기가 아마도 원본에 가까울 것이다).

이 점에서 역대기는 열왕기의 이야기를 사용한다(왕하 8 : 17-22 ; 대하 21 : 5-10). 이미 자기 형제들을 다루는 것에서 분명히 드러난 여호람의 사악함이 이제 설명된다. "이스라엘의 길로 가지 않고 계명을 따라 행하였던"(대하 17 : 4) 그의 아버지 여호사밧과 직접적인 대조를 보이면서 여호람은 "이스라엘 왕들의 길로 행하여 아합의 집과 같이 하였으니 이는 아합의 딸이 그의 아내"가 되었다(21 : 6). 여호람의 전락은 여호사밧과 아합이 그들의 잘못된 동맹을 봉인하기 위해 정한 여호람과 아달랴의 결혼 때문이었다(대하 18 : 1을 보라).

여호람과 아달랴의 악함에도 불구하고 다윗 집안에 대한 하나님의 신실함은 "다윗과 더불어 세운 언약 때문"에(대하 21 : 7 ; 대상 17 : 1-15 ; 대하 13 : 5) 손상되지 않은 채 있다. 다윗에 대한 하나님의 약속의 말씀은 "그와 그의 자손에게 항상 등불을 주겠다"고 시적으로 표현되어 있다(대하 21 : 7 ; 왕하 8 : 19). 이것은 여로보암의 반역으로 인한 북쪽 지파들의 손실에도 불구하고 다윗의 자손에게 "한 지파(분명히 유다)를 주어서 …… 예루살렘에서 내 종 다윗이 항상 내 앞에 등불을 가지고 있게 하라"는 약속이 주어지는 열왕기상 11 : 36을 암시한다. 또한 독자는 다윗의 용사들이 그들의 대장에게 "(왕은) 다시 우리와 함께 전장에 나가지 마옵소서 이스라엘의 등불이 꺼지지 말게 하옵소서"라고 맹세하여 이르는 사무엘하 21 : 17을 기억할 것이다. 여기서 다윗의 친구들은 왕을 보호하기 위해 행동하고 그의 혈통을 호위한다. 다윗의 혈통이 대표하는 희망과 약속의 빛을 보존하기 위하여 행동하시는(또는 오히려 심판으로 행하시기를 삼가는) 분은 바로 하나님이다. 역대기에서 하나의 평행이 성전의 등불에도 내포되어 있을 수 있다. 성전의 유지는 제사장들의 "자손들이 지킬 영원한 규례"였다(레 24 : 1-4 ; 대하 13 : 11도 보라). 다시 한번 다윗과 아론의 언약들이 함께 얽혀 있다.

여호람의 믿음 위반이 다윗 집안에 관련된 하나님의 약속을 부정할 수 없다. 그러나 이것은 여호람 통치에 대해 직접적인 결과들을 가져온다. 에돔이 일찍이 여호사밧을 대적하여 반란을 일으킨(대하 20 : 2, 10) 것처럼 여호람에게 대적한다. 그러나 이번에는 반역이 성공한다. 립나가 반란에 연합하였던 에돔은 결코 다시는 유다의 속국이 될 수 없었다(21 : 10 ; 그러나 25 : 11-20을 보라). 역대기 사가에 의하면 이것은 "그가 그의 조상들의 하나님 여호와를 버렸기 때문에" 생긴 일이었다(21 : 10). 안전이 하나님 말씀에 대한 믿음과 순종을 통해 여호사밧에게 임했다면, 불안전이 믿음 없음과 불순종 때문에 여호람을 강타한다.

여호람의 불신의 전체 범위와 그 결과들은 역대하 21 : 11~20에 표현되어 있다(역대기 특수 자료). 아사와 여호사밧이 유다의 산당을 제거한 것에 대하여 칭송을 받았던 반면, 여호람은 "유다 여러 산에 산당을 세워 예루살렘 주민으로 음행하게 하고 또 유다를 미혹하게" 하였다. 하나님을 대적한 이 마지막 반란에 대한 결과가 남왕국뿐만 아니라 여호람 개인에게도 미친다. 이러한 결과는 예언자 엘리야의 메시지에 들어 있다(21 : 12-15).

엘리야는 이때까지 역대기의 본문에서 언급되지 않았다. 그는 이스라엘의 예언자였지 유다의 예언자가 아니었다. 그러나 북왕국 아합과 그의 아내 이세벨과 그들의 가문의 가장 큰 대적 예언자로서(왕상 16 : 29-19 : 21, 21 : 1-29 ; 왕하 1 : 1-18) 엘리야가 아합의 사위를 책망해야 하는 것은 확실히 적합하다. 엘리야의 예언의 말씀은 글로, 편지로 표현되어 있다. 역사적으로 볼 때 기록된 예언은 남쪽의 미가와 이사야와 함께 북쪽의 아모스와 호세아로 8세기까지 나타나지 않았다. 그러나 하나님의 말씀이 쓰여진 성서에서 만나는 역대기에는 심지어 옛 예언자 엘리야의 말까지도 하나의 문서로서 표현되어 있다. 아사랴의 예언처럼(15 : 2-7) 엘리야의 편지는 역대기 사가에 의해 저작되었다. 그러나 아합의 사위 여호람에 대한 엘리야의 책망은 아합 가문에 대한 예언자의 적대감에 대하여 알고 있음을 전제하고 있다. 다시 한번 역대기 사가는 그의 청중들이 열왕기를 읽었다고 생각한다.

엘리야의 편지는 여호람이 "이스라엘 왕들의 길로"(21 : 13 ; 21 : 6과 비교하라.) 특히 그의 장인 아합의 길로 '행하였다'는 것과 그가 형제를 살해한 것을 책망한다. 이것 때문에 여호와는 큰 재앙이 여호람의 백성과 그의 가족과 모든 재물들을 칠 것이며, 그는 혐오스럽고 고통스러운 창자의 질병으로(21 : 14-15) 죽게 될 것이라고 선언한다. 그것은 더 발전되어 블레셋과 아라비아가 재앙을 가져온다. 여호사밧에게 충성했던 국가들(17 : 11)이 이제 그의 아들의 왕국에 대해 군사적으로 등을 돌린다. 여호람의 보물들은 강탈되고, 그의 아내들과 아들들이(아달랴와 막내 아들 여호아하스는 제외하고) 탈취된다. 이러한 침략은 특히 에돔의 성공적인 반란을 따라가 보면 역사적으로 개연성이 있다. 여호람의 가족을 사로잡기 위해 예루살렘을 포위할 필요는 없다. 그의 아내들과 아들들은 바깥 지역에 살고 있었을 것이다(Myers 1965, 122). 역대기에서 이 이야기는 두 가지 목적에 기여한다. 첫째, 블레셋과 아라비아의 침공이 결론적으로 여호람뿐만 아니라 유다에 대한 여호와의 심판을 나타낸다. 침공자들이 이전에 여호람의 아버지 여호사밧에게 우호적이던 국가들이었다는 것은 의로운 여호사밧과 악한 여호람의 대조를 더욱 강하게 한다. 게다가 21 : 16의 구스에 관한 언급은 아사의 통치 때에 아사의 믿음 때문에 전복한 세라의 침공을 상기시킨다. 이제 여호람의 불신은 유다 남쪽에 대한 침공이 성공을 거두는 결과를 낳게 하였다. 둘째, 여호람의 아내와 아들들을 잃는 이야기는 열왕기의 역대기 사가 자료가 분명히 해 주듯이, 어떻게 여호람의 막내 아들이 그의 아버지를 이어 왕위에 오를 수 있었는지를 설명한다(왕하 8 : 25 ; 대하 22 : 1은 여호람의 아들들이 아랍의 군대가 여호람의 진영을 공격하였을 때 아랍 군대에 의해 죽었다고 언급하는 것을 유의하라).

여호람의 마지막 병환은 아주 끔찍하게 기술되어 있다(대하 21 : 18-19). 기독교인 독자들은 사도행전의 유다와 헤롯 아그립바의 혐오스런 죽음을 기억할 것이다. 그 죽음들도 불경하고 악한 행위에 대한 대가이다(행

1 : 16-20과 12 : 20-23). 그러나 여호람의 비천함은 그의 고통스런 죽음으로 끝나지 않는다. 역대기에서 그에게는 조상들에게 표해진 명예, 특히 분향하는 명예가 거부된다(대하 21 : 19 ; 특히 16 : 14와 비교하라). 실제로 역대기 사가는 여호람에게 다윗 혈통의 다른 왕들에게 사용되는 장례의 문학적 구상까지도 사용하지 못하게 한다. 그의 묘는 다윗 성에 있지만 그는 '왕들의 묘실'에는 묻히지 못한다(21 : 20 ; 왕하 8 : 24와 비교하라). 이것이 사악한 왕이 맞이하는 마지막이다.

역대하 22 : 1~9

아하시야(왕하 8 : 25-10 : 14)

안타깝게도 여호사밧이 북왕국과 맺은 동맹의 사악한 결과들이 여호람의 죽음으로 끝나지 않는다. 유일한 생존자인 여호람의 아들 아하시야는 왕위를 얻는다. '여호아하스'(21 : 17)와 '아하시야'라는 이름은 같은 이름의 두 형태이며, 둘 다 "여호와가 움켜잡았다"는 의미를 지닌다. 역대기에서 두 이름이 사용되었다는 것은 역대기 사가가 여러 자료를 참고하고 있음을 암시해 준다. 어떻게 아하시야가 왕위에 오르게 되었는지에 관한 두 이야기(21 : 16-17과 22 : 1을 비교하라.)와 아하시야의 나이와 관련된 불일치가 보여 주듯이 말이다. 만일 21 : 20이 말하는 대로 여호람이 40세에 죽었다면 그의 막내 아들은 즉위했을 때 42세가 되기 어렵다(아하시야가 22세였다고 보도하는 왕하 8 : 26과 견주어 보라).

그의 아버지 여호람과 같이 아하시야는 북왕국, 구체적으로 아합의 길로 행하였다. 그의 어머니 아달랴는 아합의 딸이었고, 그의 고문관들은 이스라엘의 왕 아합의 아들 요람의 책사들이었다(22 : 3-4). 요람의 동맹자로서 아하시야는 이스라엘과 함께 아람과 싸우기 위하여 출정하고, 전투 후에는 이스르엘에 있는 부상당한 왕을 방문한다(22 : 5-6). 22 : 7에 의하면 바로 이때의 아하시야 방문은 하나님의 역사였다. 왜냐하면 이것이 유다 왕을 예후가 숙청하는 길로 들어서게 하기 때문이다. 아합의 길로 행하였던 아하시야는 모든 아합 혈통과 함께 멸망되어야 했다.

역대기 사가는 예후의 숙청 이야기를 세 개의 짧고 날카로운 구절로 압축한다(22 : 7-9 ; 왕하 9 : 1-10 : 14와 비교하라). 역대기의 기사는 비록 간결하게 요약되어 있지만 내용적으로 열왕기의 기사와 일치한다. 두 곳 모두에서 예후는 "아합의 집을 멸하도록 기름 부음을" 받았다(22 : 7 ; 왕하 9 : 1-13을 보라). 둘 다 비슷하게 아하시야와 요람은 예후의 섬뜩한 의도를 알지 못한 채 예후를 만나기 위해 말을 타고 간다(22 : 7 ; 왕하 9 : 21). 마침내 두 기사 모두에서 예후는 아하시야 뿐만 아니라 "유다의 방백들과 아하시야의 형제들의 아들들 곧 아하시야를 섬기는 자들"을 죽인다(22 : 8 ; 왕하 10 : 12-14와 비교하라). 그러나 역대기 사가는 아하시야의 죽음이나 장사와 관련하여 내용적으로 그의 자료를 벗어난다. 열왕기에서 아하시야는 예후로부터 도망치는 중에 치명적인 상처를 입는다. 아하시야가 므깃도에서 죽자 그의 부하들은 그의 시신을 "다윗 성에 있는 그의 조상들과 함께" 매장하기 위해 예루살렘으로 실어 온다(왕하 9 : 27-28). 그러나 역대기에서 아하시야는 사마리아에서 예후를 피해 숨는다. 그는 즉시 발각되고, 예후의 앞에 끌려가 처형된다. "전심으로 여호와를 구했던" 그의 할아버지 여호사밧(대하 22 : 9) 때문에 예후는 아하시야에게 격에 맞게 장사되는 명예를 부여한다. 그러나 그 앞에 있는 그의 아버지처럼 그에게 다윗의 아들들의 묘실은 주어지지 않는다. 아하시야와 여호람이 이스라엘의 길을 따랐고 "여호와의 보시기에 악한 것을 행하였기"(22 : 4) 때문에 그들은 유다의 신실한 왕들 가운데서 전혀 기림 받지 못한다.

역대하 22 : 10~23 : 21

아달랴와 여호야다의 쿠데타(왕하 11 : 1-20)

"아하시야의 집이 약하여 왕위를 힘으로 지키지 못하게" 되었을 때(22 : 9) 아하시야의 죽음은 유다의 왕위 계승에 위기를 초래한다. 이 권력의 공백으로 여호람의 아내이자 아하시야의 어머니요, 아합의 딸인 아달랴가 들어와 유다의 처음이자 유일한 여자 통치자가 된다. 입지를 굳히기 위해 아달랴는 합법적인 왕위 계승권을 가진 모든 사람을 제거하기 시작한다. 아하시야의 유아 요아스만이 이 살육에서 생존하는데, 그의 고모 여호사브앗이 제사장인 남편 여호야다에게 왕자를 맡기는 용기 덕분이었다. 그래서 요아스는 아달랴가 권한에 따라 그의 왕국을 통치하는 6년 동안 성전에 숨어 자란다(22 : 10-12 ; 왕하 11 : 1-3).

역대하 23 : 1에 의하면 요아스가 7세가 되자 "여호야다가 용기를 내어" 반란을 준비하기 시작했다. NRSV에서 '용기를 내다'로 번역된 히브리 단어는 솔로몬(대하 1 : 1)과 여호사밧(대하 17 : 1)이 그들의 통치 초기에 권력을 공고히 함을 기술할 때 사용된 것과 같다. 분명히 어린 요아스는 행동을 취할 수 없었다. 요아스의 나이에 그가 무엇을 행한다는 것은 그의 양아버지 제사장 여호야다에 달려 있다.

역대기 사가는 여호야다의 쿠데타에 참여했던 군대 지휘관들의 이름을 싣고 있다. 분명히 이것은 신명기 사가가 손에 넣을 수 없거나 아니면 무시했던 유대 왕실 특수 자료들에서 끌어 왔을 것이다. 열왕기에서 쿠데타는 현실적으로 군부에 제한되어 있다. 그러나 왕권이나 제사장들과 레위인들의 특권에 대한 역대기 사가의 사상은 다른 관점을 요구한다. 역대기에서 군사 지휘관들은 유다 전역에 파견되어 레위인들과 각 지파의 장로들을 모으고 그들을 예루살렘의 하나님 집으로 소환한다. 온 이스라엘이 다윗을 환호했던 것처럼(대상 11 : 1) 요아스를 왕으로 인정하는 계약을 맺는 것은 바로 "회중 전체"이다(대하 23 : 3). 요아스의 왕권은 다윗에 대한 하나님의 약속들(대하 23 : 3 ; 대상 17 : 10하-14를 보라.), 곧 회중이 자유롭게 인정하는 권리에 기초하고 있다. 실제로 다윗 시대 이후로 백성들은 그들의 왕과 계약을 맺은 적이 없다(대상 11 : 3을 보라). 요아스의 즉위는 새로운 시작을, 여호람과 아하시야와 아달랴의 어둠 후에 동트는 새로운 새벽을 약속한다(슬프게도 이 약속은 오직 부분적으로만 성취된다. 대하 24 : 1-27을 보라).

회중의 동의를 얻은 후에 여호야다는 아달랴를 정복하기 위해 자신의 작전을 추진한다. 그의 계획은 기발했다. 요아스가 성전 구역에 6년 동안 숨겨졌다는 것을 기억하라. 쿠데타는 성전 뜰이 예배자들로 가득하고(23 : 5) 수많은 군사들이 궁전과 성전을 둘러싼 그들의 기지에서 이리저리 움직이는 안식일 보초병들이 교대할 때 시작되었다. 혼란을 틈타 지휘관들은 그들의 군사들이 아무도 비번을 못하게 하여 보초병들의 수를 대폭 늘려야 했다(23 : 8). 그런 후 일부 군사들은 성전을 빠져나가 어린 왕을 보호해야 한다. 그래서 요아스가 성전에 나와 회중이 보는 데서 공식적으로 왕관을 쓸 때까지 어떠한 공격도 저지할 수 있을 만큼 막강한 방위군대를 갖게 되는 것이다.

쿠데타에 레위인들이 참여해야 할 필요성이 이제 분명해진다. 역대기 사가는 성전 구역 주변에 배치된 보초병들을 레위인들로 여긴다(Childs 1979, 648-649 ; 대상 15 : 18, 23-24, 26 : 1-19를 보라). 이 레위인 보초병들의 목적은 23 : 6에 언급되어 있다. "제사장들과 수종드는 레위 사람들은 거룩한즉 여호와의 전에 들어오려니와 그 외의 다른 사람은 들어오지 못할 것이니 모든 백성은 여호와께 지켜야 할 바를 지킬지며"(레위인들의 책무는 성소의 출입을 관할하는 것이다. 민 3 : 7-8, 8 : 19를 보라). 법적으로 제사장들과 레위인들만이 성전 구역에 들어가는 것이 허락되었기 때문에 요아스를 지키는 군사들 또한 레위인들이었음이 틀림없다(대하 23 : 7). 이 전투적이고 군사적인 역할은 토라에 있는 레위인 임무에 대한 옛 사상과 일치한다(출 32 : 25-29를 보라. 신 10 : 18). 레위인 군사의 대장들은 "다윗 왕의 창과 큰 방패와 작은 방패들로" 무장한다(대하 23 : 9). 이것들은 분명히 전쟁에서 탈취한 무기들의 봉헌 제물을 말할 것이다(Japhet 1993, 833 ; 대상 18 : 7, 26 : 26을 보라). 그러한 무기들을 실제로 사용할 수 있는지의 여부는 여기서의 요점이 아니다. 바로 그렇게 다윗이 사울에 대항하여 반란을 시작했을 때 그는 성소 놉의 영예로운 장소에서 취하여, 제사장 아히멜렉이 그에게 준 옛 대적 골리앗의 칼로 무장하였다(삼상 21 : 8-9). 요아스의 지지자들은 다시 한번 다윗의 자손을 지지함으로써 다윗의 영광을 회상한다.

여호야다의 계획은 성공적이었다. 요아스는 잘 무장된 레위인들의 호위를 받으며 백성들 앞에 나와 왕으로 즉위한다. 열왕기의 자료를 충실히 따르면서 역대기 사가는 대관식을 간단히 묘사한다. 여호야다와 그의 아들들이 요아스에게 왕관을 씌우며 머리에 기름을 붓고 그에게 '에두트'(NRSV에서는 '계약'으로 번역되었다. 23 : 11 ; 왕하 11 : 12를 보라. 한글 개역은 '율법책'으로)를 준다. 왕관은 자명하다. 요아스 대관식의 다른 요소들에 대하여 하는 말은 적절하다.

히브리 성경에서 사람이나 물건을 특별한 목적(예를 들어, 출 30 : 26-30 ; 사 45 : 1) 혹은 특별한 영광(시 23 : 5)을 위해 바쳤다는 표시로 기름을 붓는다. '기름 부음 받은 자' 혹은 '메시야'라는 칭호는 대제사장에게(레 4 : 3, 5, 16 ; 6 : 22), 그리고 드물게는 공동체(대상 16 : 22 ; 시 105 : 15에 관한 위의 논의를 보라.)에 대해 사용될 수 있다. 그러나 가장 분명하게는 왕은 기름 부음 받은 자이고 하나님의 특별한 대행자로서의 임무와 영광을 위해 따로 준비된 자이다(시 2편을 보라).

초기 기독교 공동체에서 예수는 다윗 혈통의 영광과 임무의 상속자로서 이해되었다. 초기 교회가 예수에게 부여한 칭호 '그리스도'는 헬라어 '크리스마'에서 유래한 것으로 사람들이 바르는 기름 혹은 연고(발라진 어떤 것)를 의미한다. 그러므로 히브리어 '메시야'를 문자적으로 옮긴 '크리스토스'는 기름으로 추측되는 것이 '발려진 자'를 의미한다. '예수 그리스도'는 이름 이상이다. 이것은 하나의 고백이며, 다윗의 혈통에 주어진 희망과 꿈이 예수 안에서 성취되었다는 기독교 공동체의 가장 오래된 고백일 것이다.

물론 이것은 기대를 바꾸고 실로 뒤엎는 고백이기도 하다. (말 그대로 미래의 메시야를 믿었던) 바리새인들과의 논쟁에서 예수는 메시야는 '다윗의 아들'이 아니라고, 혹은 메시야는 그 이상이라고 주장한다(마 22 : 42-45). 마가복음에서 그리스도임을 의미하는 것은 왕권의 의미가 아니라 겸손한 섬김의 의미로(막 10 : 45), 또 궁극적으로는 고난과 죽음의 의미로 이해되고 있다. 오직 예수가 십자가에서 죽을 때 마침내 한 인간이 "진실로 이 사람은 하나님의 아들이었다"고 고백한다(막 15 : 39). 그러므로 이것은 신약이 구약을 대체한다고 승리자의 방식으로 선포하는 것이 아니다. 예수가 그리스도라는 기독교인들의 고백은 고대 이스라엘의 신앙에서 나온 것이다. 그러나 이 고백은 그 믿음을 무효화하지 않는다(마 5 : 17-18과 롬 9-11장, 특히 11 : 26-29를 보라).

히브리 단어 '에두트'는 일종의 수수께끼이다. NRSV의 번역 'covenant'(언약)은 요아스와 회중 사이에 언약을 확정하는 법적인 문서를 생각하는 것으로 보인다. 이것에 의해 요아스가 유다의 통치자로서 인정된다(대하 23 : 3을 보라). JPSV 성경은 '에두트'를 '훈장'으로 옮기고 있는데, 분명히 왕권을 상징하는 무엇이라고 생각한다. 그러나 히브리 성서 다른 곳에서 이 용어는 전형적으로 십계명을 가리킨다(가령 출 31 : 18, 34 : 29). 왕의 대관식과 관련한 '에두트'는 신명기에 따르면 왕에게 주어야 하는(신 17 : 18-20) 율법의 복사본을 가리킨다. 왕은 이 율법을 연구하고, 그에 따라 살아야 하며, 그리하면 모범에 따라 그의 백성을 올바로 다스리고 인도할 수 있다. 우리는 이러한 이상(ideal)이 이스라엘 왕들에게 얼마나 부족하였는지를 이미 보았다. 공적인 섬김에 대한 우리 시대의 냉소주의와 비교해 볼 때 이러한 이상이 유지되고 있다는 것은 놀랄 만하다.

백성들은 요아스의 대관식에 열광적으로 응답하며 요아스를 그들의 왕으로 환호한다. 이제 왕궁에서(의미심장하게도 여왕이 안식일에 성전에 있지 않다.) 이들의 환호성을 듣자 아달랴는 뭔가 범상치 않은 일이 벌어지고 있음을 깨닫는다. 성전으로 달려가 그는 "왕이 성전 문 기둥 곁에 서" 있음을 본다(대하 23 : 13). 이 기둥은 지주 없이 서 있는 청동 기둥인 야긴이나 보아스 가운데 하나일 것이다. 관례적으로 이 곁에서 왕에게 왕관이 수여된다(왕하 11 : 14 ; 기둥과 왕의 관계에 대해서 왕하 23 : 3 ; 대하 34 : 31과 삿 9 : 6을 보라). 아달랴는 레위인 가수들과 음악가들이 인도하는 군중들의 환호성과 나팔 소리를 듣는다. "반역이로다! 반역이로다!"라는 그의 외침은 주의를 끌지 못한다. 여호야다는 아달랴와 그를 따르는 자는 누구든지 칼로 죽이라고 명령한다(대하 23 : 13-15).

다시 한번 여호야다는 "여호와의 백성이 되리라"는 "자기와 모든 백성과 왕 사이에" 언약을 체결한다(23 : 16 ; 아사와 그의 백성들이 비슷한 계약을 맺는 15 : 12를 보라). 여호야다를 계약의 참여자로서 분명하게 포함시키는 것은 다시 한번 역대기에서 제사장과 왕 사이의 연계성을 강조한다. 이 계약의 결과는 유다의 철저한 종교개혁에 들어 있다. (분명히 아달랴에 의해서 지어진) 바알 산당이 파괴되고, 바알의 제사장 맛단은 처형되며, 바알 제의의 모든 잔재가 제거된다(23 : 17). 여호와 성전의 소홀해진 예배가 다시 가동된다. (제사를 책임진) 제사장과 레위인 가수들과 음악가들, 그리고 문지기들 모두가 다윗과 모세 토라의 규정에 따라 배치된다(23 : 18-19 ; 왕하 11 : 18하와 비교하라). 정치적으로뿐만 아니라 종교적으로 요아스의 즉위는 새로운 시작을 확약한다.

열왕기의 자료처럼 역대기 사가는 아달랴의 무자비한 왕권 탈취나 여호야다의 쿠데타에 이어지는 아달랴의 처형 외에 아달랴에 대해서 거의 언급하지 않는다. 이 점에서 몇몇 현대 해석자들은 역대기와 열왕기에서 신랄한 성차별의 증거를 찾는다. 확실히 왕궁에 여자가 있다는 사상은 역대기 사가를 화나게 했을 것이다(솔로몬이 이집트 아내를 위해 독립된 집을 짓는 대하 8 : 11에 관한 위의 논의를 보라). 그러나 아달랴의 6년간의 통치를 사실상 무시하는 것을 보면 역대기나 열왕기에서 아달랴에 대한 거부는 아달랴의 성(性)보다는 종교나 혈통과 더 많이 관련되어 있다. 안식일에 성전에 있지 않았다는 것과 함께 아달랴의 바알 산당 건축은 그의 어머니 이세벨처럼 그가 여호와보다는 바알을 숭배했다는 것을 지적한다(대하 24 : 7도 보라). 게다가 하나님은 예루살렘에서의 통치권을 다윗의 자손에게 약속하셨다. 분명히 아달랴는 다윗의 혈통이라고 주장할 수 없다. 실로 아달랴는 요아스를 제외한 모든 합법적 권리자들을 학살한 후에야 왕위를 탈취할 수 있었다.

위협받은 아기와 그의 경이로운 구출의 모티프는 세계 민속 이야기에 흔하다. 성경에서 이것은 모세(출 2 : 1-10)와 예수(마 2 : 13-23)의 이야기에 두드러지게 나타난다. 이것은 요아스 이야기의 역사적인 정확성에 대해, 혹은 적어도 그의 혈통의 정당성에 대해 의문을 던질 수 있다. 독자들은 아달랴가 아하시야의 상속자들을 살육하는 동안 어떻게 요아스가 그의 눈을 피할 수 있었는지 혹은 어떻게 요아스가 그렇게 오랫동안 발각되지 않고 살아남는 것이 가능할 수 있었는지 질문할 수 있을 것이다. 그러나 역대기는 열왕기에 있는 요아스의 생존 기사를 충실하게 기록한다. 역대기 사가는 분명히 그것의 정확성을 인정하며, 우리는 이 보도가 거짓되다는 어떠한 증거도 가지고 있지 않다. 더구나 그러한 질문들은 요점에서 빗나간 것이다. 여호야다의 쿠데타 이야기는 하나님의 신실함에 대한 강력한 확증이다. 다윗의 위를 영원히 보존하겠다고 약속한 여호와는 "이스라엘의 등불"이 꺼지지 않게 할 것이다(삼하 21 : 17 ; 대하 21 : 7을 보라).

역대하 24 : 1~27

요아스(왕하 11 : 21–12 : 21)

역대기에서 요아스의 통치는 아사의 통치처럼 두 부분, 즉 여호야다가 살아 있는 동안의 신실한 기간(대하 24 : 2와 왕하 12 : 2를 비교하라.)과 제사장이 죽은 이후의 불신의 기간으로 나뉘어 있다. 아달랴를 몰아내고 요아스를 왕좌에 앉힌 자가 여호야다이듯이, 역대기에서 요아스 통치의 초기에는 섭정으로써, 통치 후기에는 가장 측근의 조언자로서 실질적으로 통치하였던 자는 의심의 여지없이 여호야다이다. 이 기간 동안 요아스에게 임한 하나님의 축복은 역대기의 전형대로 많은 자녀들의 출생으로 나타난다(대하 24 : 3 ; 대상 14 : 3–7 ; 대하 11 : 18–23을 보라). 그러나 여호야다가 죽자 요아스는 타락하게 되고 살인자로 변한다. 요아스가 그의 부친과 조부모처럼 다윗 자손 가운데 장사되지 않았다는 것은 의미가 있다(대하 24 : 25 ; 왕하 12 : 21을 비교하라). 그러나 여호야다는 그곳에 장사된다(대하 24 : 16).

역대기 사가의 기술에 의하면 요아스가 왕으로서 독립적으로 한 첫 번째 행동은 "그 악한 여인"(대하 24 : 7) 아달랴가 통치하는 동안 훌대와 도둑질을 당했던 성전을 회복하기로 결정한 것이다. 요아스는 무엇을 해야 할지 토라를 살펴본다. 출애굽기 30 : 12~16과 38 : 25~26은 성소의 유지를 위한 일정한 세금을 백성들로부터 거두도록 규정하고 있다(느헤미야가 이 세금을 성전 예배를 조성하는 데 사용하는 느 10 : 32-33을 보라). 요아스는 한 동안 거둬들이지 않았던 듯한 이 세금을 성전 수리를 위해 백성들로부터 거둬들일 것을 명령한다. 그러나 성전 수리 명령은 이루어지지 않는다. 역대기 사가는 그의 자료의 설명, 즉 제사장들이 개인적으로 사용하기 위해 돈을 횡령했다는 것을 거부한다(왕하 12 : 7). 역대기에서 문제는 오히려 레위인 쪽에서의 열심 부족으로 수리할 돈의 수금이 느리게 진척되었다는 모금 과정에 있다(대하 24 : 5-6).

요아스는 해당 금액을 백성들로부터 거둬들이는 대신 백성들이 직접 성전에 낼 수 있는 방법을 모색하여 이 문제를 해결한다. 궤 하나를 성전 문밖에 두고 백성들은 거기에 "하나님의 종 모세가 광야에서 이스라엘에게 정한 세"(24 : 9)를 넣는다. 성전 문밖에 있는 궤 속에 성전 보수를 위한 세를 내는 관습은 분명히 제2성전의 관행을 반영하고 있다. 열왕기하 12 : 9에서 그 궤는 성전 앞뜰에 있는 제단 곁에 위치하고 있어서 제사장들이 그 헌금을 모아 궤로 넣어야 한다는 것을 유의해 보라. 역대기에서 기술되어 있는 관행은 분명히 예수의 시대에도 계속되었다(막 12 : 41-44 ; 눅 21 : 1-4의 예수와 과부의 헌금 이야기를 보라).

최근에 출판된 도편(오스트라콘) — 글씨가 쓰여 있는 옹기 조각 — 은 요아스의 세금 모금의 역사성을 지지해 준다(Bordreuil, Israel, and Pardee 1998, 3-7 ; 또 Horn and McCarter 1999, 153-154를 보라). 비명은 왕 '아쉬야후' — 요아스의 다른 형태인 것 같다(아하시야가 '여호아하스'로 불릴 수 있다는 것을 기억하라 ; 대하 21 : 17을 보라.) — 의 명령에 따라 '여호와의 전'을 위해 스가랴에게 은 3세겔을 주었다고 언급한다. 이 도자기 조각은 요아스 생애의 한 사건을 지지해 줄 뿐만 아니라 예루살렘 성전에 대한 성서 외의 가장 오래된 증거를 제시해 주고 있기 때문에 주목할 만하다.

요아스의 생각은 잘 들어맞았다. 백성들은 자유롭게 풍성히 헌금하였다. 그 돈은 여호야다와 요아스에게 전달되었고, 그들은 함께 그것을 필요에 따라 일하는 사람들에게 나누어 준다. 제사장과 왕의 협력은 역대기 사가에게 의심할 것 없이 일이 이루어져야 하는 방식을 반영하고 있다(24 : 12, 14 ; 포로기 이후 시대의 2인 지도자 체제의 또다른 예에 대하여는 학 1 : 1 ; 2 : 1-5 ; 슥 3 : 1-10 ; 4 : 1-14를 보라). 백성들의 넉넉한 헌금은 필요한 보수는 물론 그 이상을 위해 지불된다. 금은 그릇들이 성전에서의 의식을 위해 마련된다.

역대기에서 백성들은 헌금하고 봉사할 기회를 얻을 때마다 열심히 응답한다. 이것은 우리 시대의 회중들에게 도전을 준다. 우리는 예를 들면 우리의 시간과 물질과 재능에 있어서 관대한가? 필자는 우리의 공동체가 진부하고 정적이며, 억지로 하거나 억지로 주든 아니면 할 능력이 없거나 줄 능력이 없든, 비교하기에 지쳐 있다고 생각한다. 모든 목회자들은 마치 만트라(mantra)처럼 "난 너무 바빠요! 일과 가족 사이에서 내게는 교회를 위해 일할 시간도 에너지도 남아 있지 않아요."라는 같은 변명을 계속하여 듣는다. 그래서 우리는 우리 자신에게나 우리 교회에 요구하지도 않고 기대하지도 않는다. 그러나 진정한 문제는 어쩌면 우리가 너무 바쁘다는 것이 아니라 우리가 충분히 바쁘지 않다는 것, 아니 오히려 좋지 않은 종류의 일에 바쁘다는 것이다. 찰스 디킨스의 위대한 소설 「크리스마스 캐롤」에서 야곱 말리의 유령이 그의 허비한 삶을 한탄할 때 스크루지는 "그러나 당신은 언제나 훌륭한 실업가였소. 야곱!" 하고 말한다.

"사업!" 유령은 다시 그의 손을 불끈 쥐며 소리쳤다. "인간이 나의 사업이었어. 공공의 복지가 나의 사업이었어. 자선, 자비, 관용과 기부, 이 모두가 나의 사업이었어. 나의 무역 거래는 내 사업의 대양에서 겨우 물 한 방울이었어"(Dickens 1976, 21).

우리가 직접적이고도 개인적으로 목회 사역에 관여할 때 우리는 이전에 생각지 못하고 개발되지 않은 자원들을 발견하게 될 것이다. 우리가 많이 구하고 많이 기대한다면, 우리의 백성은 역대기의 공동체처럼 우리의 기대 이상으로 열정적으로 응답할 것이다.

다윗처럼 여호야다는 풍요롭고 긴 삶을 마치고 "수한이 다 되어"(대하 24 : 15 ; 대상 29 : 28을 비교하라.) 죽는다. 역대기는 그가 모세나 아론보다도 더 긴 130세를 살았다고 말한다. 이 긴 수명은 확실히 여호야다에 대한 하나님의 축복을 보여 주려는 의도를 담고 있다(Myers 1965, 136, 138). 뿐만 아니라 그가 유다 백성에 의해서도 존경을 받았다는 것은 '다윗성'이라 불리는 왕실 묘지에 과거 예루살렘 왕들 중에 장사되었다는 것을 통해 알 수 있다. 역대기 사가는 여호야다가 살아 있는 동안에는 백성들과 성직자 그리고 유다의 왕이 신실하였다고 우리에게 말해 준다. 그들은 "여호와의 전에 항상 번제를 드렸다"(24 : 14). 슬프게도 이것은 늙은 제사장의 죽음 후에 신앙과 예배에 있어서의 쇠퇴를 예고한다.

여호야다가 없자 요아스는 그의 도덕과 영적인 방향을 잃는다. 다른 조언자들은 이제 왕에게 듣기 좋은 말만 하고, 그들의 충고는 유다와 유다의 왕에게 파멸적임이 드러난다. 다시 한번 성전은 방치된다. 실제로 이것은 우상숭배를 위해 버려진다(대하 24 : 18). 하나님의 말씀은 빠지지 않는다. 예언자들이 유다의 타락에 반대하여 일어난다. 그러나 하나님의 말씀에 귀 기울이지 않는다. 이것은 역대기의 세계에서 치명적인 결정이다. 독자들은 재앙이 바로 앞에 닥칠 것을 안다.

그러한 예언자 한 사람이 여호야다의 아들 스가랴이다. 다윗의 장관 아마새처럼 제사장 스가랴는 영으로 감싸인다(대상 12 : 18의 논의를 보라). 그러나 그의 메시지는 르호보암에게 한 스마야의 메시지를 생각나게 한다. "……하나님이 이같이 말씀하시기를 너희가 어찌하여 여호와의 명령을 거역하여 스스로 형통하지 못하게 하느냐 하셨나니 너희가 여호와를 버렸으므로 여호와께서도 너희를 버리셨느니라 하나"(대하 24 : 20 ; 12 : 5를 비교하라). 스가랴의 예언은 포로기 이후의 공동체에게 그들이 하나님의 성전에 헌신할 때까지 잘 될 수 없다는 학개 예언을 넌지시 암시하고 있다(학 1 : 2-11).

요아스와 그의 백성은 그들이 성전을 버린 것과 하나님의 말씀에 귀를 기울이지 않은 것이 심판을 초래할 것이라는 분명한 말로 경고를 받는다. 그러나 그들은 메시지를 듣기보다 오히려 그 사자에게 향하였다. 요아스의 명령에 스가랴는 성전 앞뜰에서 돌에 맞아 죽으며, 이 행동은 잔인함과 부정의의 생생한 예로써 기억된다(대하 24 : 21 ; 마 23 : 35 ; 눅 11 : 51을 보라). 이 범죄 장면은 범죄 자체만큼이나 오싹하다. 죽음은 고대 이스라엘에서 부정의 주요 근원이었다. 그래서 인간이든 동물이든 장사되지 않은 사체, 주검을 뜯어 먹고 사는 육식 새들이나 동물들, 심지어 곡하는 자들과 곡하는 기간 모두가 제의적으로 부정하다. 율법에서 돌로 쳐 죽이는 것이 명령될 때(아이러니하게도 이 형벌은 보통 신성모독이나 우상숭배와 같은 하나님을 대적한 범죄를 위한 것이다.), 그 사형은 공동체에 부정이 퍼지지 못하도록 마을 바깥에서 실행되어야 한다(레 24 : 14 ; 민 15 : 35 ; 신 17 : 5를 보라). 요아스가 스가랴를 신성한 성전 구역에서 돌로 쳐 죽이라고 명령한다는 것은 자신의 목숨을 빚진 사람의 아들에 대해서 뿐만 아니라 성전 자체에 대한 모욕임을 보여 준다. 스가랴의 마지막 말은 스가랴의 결백한 죽음뿐만 아니라 하나님 성소에 대한 계획적인 모독을 보시고 갚아 달라는 하나님에 대한 부르짖음이다.

하나님의 보복은 아람 또는 시리아의 침공을 통해 이루어진다. 두 번이나 유다는 북왕국 이스라엘과의 잘못된 동맹을 통해 아람을 침공하였다(대하 18 : 3-34 ; 22 : 5-6). 이제 아람이 역공을 한다. 아비야와 아사가 전쟁에서 수적으로 불리했지만 그들이 여호와를 의지했기 때문에 하나님이 그들에게 승리를 주었던 것처럼, 그렇게 이제는 "아람 군대가 적은 무리로 왔으나 여호와께서 심히 큰 군대를 그들의 손에 넘기셨으니 이는 유다 사람들이 그들의 조상들의 하나님 여호와를 버렸음이라"(대하 24 : 24). 전장에서 심각한 부상을 입은 요아스는 암살자에 의해 침상에서 살해된다. 스가랴의 살해에 연루된 그의 범죄 때문에, 비록 그의 시신이 다윗성 안에서 장사되었지만 그들은 요아스를 왕실의 묘실에 장사하지 아니하였다(대하 24 : 25 ; 왕하 12 : 21과 대조).

아람의 유다 침공은 역사적으로 매우 개연성이 높다. 열왕기하 12 : 17은 이 침공의 지휘관을 하사엘로 밝히고 있다(주전 842-806년). 강력한 왕이자 유능한 장군 하사엘은 살만에셀 3세 하의 앗수르인들과 맞서 싸웠고, 그들이 그 지역에서 철수한 후에는 관심을 남쪽으로 돌려 이스라엘 왕국을 병합하고 지중해 해안 아래 지역을 가드까지 확장하였다(왕하 12 : 17 ; Bright 1981, 254-255를 보라). 그러나 열왕기하 12 : 18은 하사엘은 요아스가 그에게 막대한 조공을 바치자 유다에서 물러갔다고 기록하고 있고, 전쟁을 언급하지 않는다.

역대기 사가는 요아스의 이야기를 '열왕기 주석'(히브리어로 '미드라쉬')에 기초하였다고 말한다(대하 24 : 27). 이것은 여기서 역대기가 우리의 열왕기하와는 다른 자료, 아마도 이 이야기의 다른 버전을 끌어 쓰고 있다는 것을 의미할 수 있다. 우리가 보았듯이 두 기사에는 확실히 다른 점들이 많이 있다. 열왕기는 여호야다의 죽음과 여호야다의 죽음 이후의 요아스의 변절, 혹은 스가랴의 살해에 대하여 언급하지 않고, 역대기에 있는 요아스의 성전 수리 기사는 열왕기의 것과 현저하게 다르다. 다른 한편으로 대부분의 다른 점들은, 열왕기와는 다른 어떤 자료를 상정하지 않고도, 역대기 사가 자신의 관심과 관점을 반영한 것으로 잘 설명될 수 있다. 역대기 사가는 자신의 유다 자료로부터 요아스가 스가랴의 죽음에 연루된 것이 요아스에 대한 역모의 동기였다는 것을 알았을 것이다(왕하 12 : 20-21은 요아스의 암살을 묘사하고 있고, 그 음모자들의 이름을 기록하는 반면에, 그들의 동기에 대해서는 아무 말도 하지 않는다). 그러나 여기서 역대기는 열왕기의 요아스 이야기를 내용적으로 다시 말하고 있는 것으로 이해하는 것이 가장 좋을 것이다.

역대하 25 : 1~28

아마샤(왕하 14 : 2-13, 15-20)

아마샤의 통치는 그의 아버지 요아스의 통치와 매우 흡사하다(왕하

14 : 3을 보라). 역대기 사가의 기사에서 아마샤가 전쟁의 승리를 경험한 초기의 신실한 기간(대하 25 : 1-13)에 이어 아마샤가 패전으로 고통받는 후기의 불신의 기간이 뒤따르고 있다. 그의 아버지처럼 아마샤는 음모자들에 의해 암살된다(대하 25 : 14-28). 이러한 분리는 아마샤의 내적 불확실성이 외적으로 표현된 것이다. 왜냐하면 그는 "여호와께서 보시기에 정직하게 행하기는 하였으나 온전한 마음으로 행하지 아니하였다"(대하 25 : 2). 이 구절 외에 NRSV 성경에서 '진심으로'('전심으로', '성심으로', 혹은 '한 마음으로'도 번역된다.)로 옮겨진 표현은 역대기에 많이 나타난다. 예를 들어 헤브론에서 다윗에게 왔던 자들은 "다윗을 왕으로 삼기 위해 한 마음으로"(대상 12 : 38) 그렇게 행하였다. 그의 아들 솔로몬을 위한 다윗의 충고와 기도는 그가 한 마음으로 여호와(대상 28 : 9)와 여호와의 계명(대상 29 : 19)에 헌신해야 한다는 것이었다. 다윗의 마지막 날에 성전의 건축과 예배에 공헌한 백성들은 "한 마음으로 그들이 여호와께 자원하여 드렸으므로"(대상 29 : 9) 칭송된다. 여호사밧은 그의 재판관들이 "진실과 성심을 다하여 여호와를 경외"할 것을(대하 19 : 9) 촉구한다. 이러한 헌신이 애석하게도 아마샤에게는 부족하였다. "여호와를 구하는 마음을 굳게 하지 아니"하였기 때문에 악을 행하였던 르호보암처럼(대하 12 : 14) 아마샤는 여호와의 예배에 헌신하지 않았고, 그래서 교만과 이방신 숭배의 유혹에 굴복하였다.

아마샤의 통치의 시작은 좋다. 그가 왕으로서 한 첫 번째 행동은 그의 아버지를 죽였던 암살자들을 처형하고자 한 것이다. 그러나 그는 그들의 가족까지 응징하려 하지 않는다. 왜냐하면 토라가 "자녀로 말미암아 아버지를 죽이지 말 것이요 아버지로 말미암아 자녀를 죽이지 말 것이라 오직 각 사람은 자기의 죄로 말미암아 죽을 것이다"라고 선포하기 때문이다(대하 25 : 4 ; 왕하 14 : 6 ; 신 24 : 16의 인용이다). 그의 통치 초기에 아마샤는 성경에 있는 여호와의 말씀에 순종적이다.

처음에 아마샤는 예언자의 말씀에도 순종한다. 25 : 5~10에서 왕은 에돔과의 전쟁을 준비한다. 유다와 베냐민은 300,000명의 군사를 편성할 수 있다. 여호사밧의 1,160,000명의 군사와의 대조는 재앙을 가져다준 4명의 통치자들의 통치에 의해 양산된 침식을 보여 준다. 군사력을 강화하기 위해 아마샤는 은 일백 달란트에 10만 명의 에브라임 용병들을 고용한다. 그러나 무명의 하나님의 사람이 북왕국과의 심지어 북쪽의 용병들과의 어떠한 동맹도 반대하며 "여호와께서는 이스라엘 곧 온 에브라임 자손과 함께하지 아니하신다"(25 : 7)고 경고한다. 대신에 아마샤는 "하나님은 능히 돕기도 하시고 능히 패하게도 하시므로"(대하 25 : 8 ; 대상 29 : 12 ; 대하 14 : 11을 보라.) 여호와만 믿고 홀로 나아가라고 촉구한다. 에돔에 대한 승리로부터 탈취한 노획물이 그의 잃어버린 출자금을 보상해 주는 것 이상이 될 것이라는 하나님의 사람의 확언으로 아마샤는 은 100달란트를 취소하고 에브라임 사람들에게 집으로 돌아가라고 말한다.

예언의 말씀에 귀를 기울인 후 아마샤는 놀라울 정도로 전승을 거둔다. 1만 명의 에돔인들이 전쟁터에서 죽는다(25 : 11 ; 왕하 14 : 7). 또다른 만 명의 전쟁 포로들이 에돔인들의 고향 중심에 서 있는 바위 꼭대기 셀라에서 내리밀려져 처형된다(25 : 12). 그러나 아마샤의 승리는 분개한 에브라임 용병들의 약탈에 의해 축소된다. 전쟁에서 전리품을 취할 기회를 빼앗기고, 그들이 이미 받은 은화에 만족하지 않은 이 용병들은 자신들의 손실을 "사마리아에서 벧호른까지" 유다의 북쪽 성읍들을 약탈하여 채운다(25 : 13). 예언자의 불신을 확증해 주는 행동이다.

복잡한 이 사건은 역대기 사가가 만들어 낸 것 같지 않다. 예언자의 말씀에 귀를 기울이는 것이 승리를 가지고 온다는 사상을 지지하기 위해 저작된 이야기라면, 포로들에 대한 아마샤의 잔인한 대우나 냉대 받은 에브라임 용병들에 의한 유다 북쪽의 유린을 언급하지 않아야 훨씬 더 잘, 더 효과적으로 들릴 것이다. 오히려 역대기 사가는 아마샤의 에돔에 대한 승리를 다룬 열왕기의 빈약한 이야기를 보충하기 위해 자신의 유다 자료들을 사용하고 있다.

슬프게도 이 승리는 그 안에 아마샤가 전락할 씨앗을 품고 있다. 아마샤는 예루살렘에 세일의 신들을 가지고 돌아온다. 고대 세계에서 정복당한 민족의 우상들은 정복자의 신들에 의해 패배했다는 것을 상징하기 위해서 종종 포획되어 운반된다(삼상 4 : 1-7 : 2에서 블레셋 사람들이 법궤를 취하는 이야기를 보라). 그러나 가끔 정복당한 민족의 신들은 승리자의 종교 속으로 침투된다. 예를 들어 정복당한 그리스의 신화가 승리자 로마의 전통 종교를 대체하고 변화시켰다. 아마도 이러한 이유 때문에 토라는 전쟁에서 취한 신상을 전리품으로 취하지 못하도록 파괴할 것을 명령하는 것 같다(신 7 : 5, 12 : 3 ; 이 명령에 대한 다윗의 순종에 대하여 대상 14 : 12를 보라). 분명히 에돔 종교의 형식으로 아마샤는 에돔 신들에게 희생 제사를 드리기 시작한다. 다시 하나님이 보낸 한 예언자가 왕에게 와서 재앙의 궤도에서 벗어나게 한다. 이번에는 그러나 아마샤는 이를 듣지 않고, 예언자에게 조용히 있든지 아니면 죽든지 하라고 명령한다(25 : 16). 물론 독자는 이것이 의미하는 바를 안다. 아마샤의 운명이 다했다.

아마샤의 몰락에 대한 이야기를 위해 역대기 사가는 열왕기하를 사용한다(대하 25 : 17-28 ; 왕하 14 : 8-13, 15-20). 에돔에 대한 승리로 대담해진 아마샤는 이스라엘에게 위협적인 제안을 한다. 이스라엘 왕 요아스는 보잘것없는 가시나무가 고상한 백향목과 결혼 동맹을 요구했다가 오히려 지나가던 동물에 의해 짓밟혔다(25 : 18)는 우화로 응답한다. 우화의 요점은 명백하다. 잠언 16 : 18에 간결히 언급되어 있듯이 "교만은 패망의 선봉이요 거만한 마음은 넘어짐의 앞잡이"이다. 아마샤는 도를 넘었고, 만일 계속한다면, 일격을 당할 것이다.

신약성서에서 예수의 비유 사용은 물론 잘 알려져 있다. 그러나 독자들은 히브리 성서(구약)의 비유들에는 별로 익숙하지 않다. 구약성서에서 이러한 요점을 찌르는 간결한 이야기들은 흔히 거만하게 부풀어 오른 이기주의를 찌르는 데 사용된다. 예를 들어 다윗의 죄를 고발하는 가난한 사람의 양에 관한 나단의 비유(삼하 12 : 1-15)를 기억해 보라. 기드온의 아들 아비멜렉이 세겜에서 왕이 되기를 열망했을 때 그곳의 영주들과 관련되었던 요담의 우화(삿 9 : 7-15)는 특히 아마샤의 상황에 맞다. 이 이야기에서 보잘것없는 가시나무가 나무들의 왕이 되고자 한다. 요아스의 우화에서처럼 청중들은 가시나무의 우스꽝스러운 건방짐을 비웃게 된다.

아마샤의 호전적인 교만은 이 모욕적인 우화에 의해 좌절되지 않고, 대신에 그는 제대로 준비하지 못한 전쟁을 시작한다. 그러나 역대기 사가는 이것은 "그들이 에돔 신들에게 구하였으므로 그 대적의 손에 넘기려 하심이더라"(25 : 20)라고 선언한다. 역대기 사가의 습관대로 역사적 혹은 정치적인 동기는 그것이 보상이든 응징이든 하나님의 행위가 된다. 아마샤는 전패한다. 그는 스스로 포로가 되고, 요아스의 군사들은 온 유다를 휩쓴다. 예루살렘의 성벽들이 갈라지고 성전은 약탈되고, 성전 보물고 책임자(대하 25 : 24)인 오벧에돔(다윗의 오벧에돔의 자손으로 레위 가문의 문지기의 일원이 분명하다. 대상 26 : 4-5를 보라.)을 포함한 사람들이 볼모로 사로잡힌다. 간단히 말해서 요아스의 공격은 바벨론에 의해 초래될 파괴와 포로 사건의 전조로 작용하고 있다. 요아스에 의한 예루살렘 정복의 최종적인 파괴는 유다의 불신 때문에, 구체적으로 아마샤가 우상을 숭배하고 하나님 말씀을 거절했기 때문에 일어났다.

아마샤의 징벌은 그의 왕국은 물론 그 자신의 삶에도 강타했다. 비록 그는 이스라엘 정복자의 사망 이후 15년을 더 살았지만 그것은 도망하며 보낸 시간이다. 예루살렘에서의 음모 때문에 그는 라기스로 도주하였다. 아마샤가 이스라엘과 치른 불운한 전쟁의 결과를 볼 때 그러한 음모의 동기를 상상하는 것은 어렵지 않다. 그러나 역대기는 이 음모를 아마샤의 실패한 군사 작전 탓으로 돌리지 않고, 그의 우상숭배와 하나님 말씀에 대한 거부와 연결시킨다(25 : 27). 마침내 아마샤는 암살자에 의해 추적당해 그의 부친처럼 죽임을 당한다. 그의 시신은 예루살렘으로 이송되어 "그의 조상들과 함께 장사된다"(25 : 28). 그러나 NRSV 성경이 (칠십인경과 왕하 14 : 20을 따라) 아마샤가 장사된 곳을 '다윗 성'으로 읽고 있지만 맛소라 본문은 예루살렘에 대한 옛 이름(가령 기원전 8세기에 나온 바벨론 연대기에서 발견된다)인 '유다 성읍'이라고 쓰고 있다. 이것은 역대기 사가의 관점에 따르면 아마샤가 예루살렘에 묻혔지만 왕실 묘지에는 들어가지 못했다는 것을 암시해 준다(Japhet 1993, 872). 여호람 이후의 모든 유다의 왕들처럼 아마샤는 유다의 신실한 왕들 중에 묻히지 못한다.

역대하 26 : 1~23

웃시야(왕하 15 : 1-7)

열왕기하는 긴(52년) 통치 기간과 나병 환자였다는 진술을 제외하면 웃시야(열왕기에서는 아사랴라고 불린다.)에 대하여 별로 말하는 것이 없다. 그러므로 역대기에 나오는 기사 거의 모두는 역대기 사가 자신의 유다 자료에서 끌어 온 것이다. 이것들은 우리가 고고학적 증거와 성경 외의 자료를 통해 그 시대에 대하여 연역할 수 있는 것과 잘 들어맞는다.

주전 8세기 전반의 고대 근동은 권력의 진공 상태였다. 그 당시 막강한 군사력을 지닌 앗수르 제국은 내부 문제나 먼 팔레스타인에서 온 대적에 몰두했다. 북쪽의 시리아는 주전 796년 앗수르의 침략으로 쇠약해져 재기하지 못하였다. 이것은 이스라엘과 유다 두 왕국에게 성장과 번영의 시공간을 제공해 주었다. 비록 역대기 사가는 웃시야의 동시대인 여로보암 2세의 통치 아래 누린 북왕국의 번영을 기록하고 있지는 않지만, 그의 성공은 남왕국에서 웃시야가 성공할 수 있는 주원인이었다. 북왕국과의 동맹 상태에서, 그리고 앗수르에 대한 걱정에서 벗어난 웃시야는 분명히 국경을 남쪽으로 아카바만에 있는 엘롯(엘랏으로도 불림) 항구까지 멀리 확장할 수 있었다. 그리고 솔로몬에게 부를 가져다준(26 : 2) 아프리카와의 무역을 재개할 수 있었던 것 같다. 반면 이스라엘 여로보암 2세의 국경은 북쪽으로 하맛 어귀까지 확장되었다(왕하 14 : 25). 8세기 통치자들은 통일 왕국 전성기에 솔로몬이 소유한 것에 상당하는 영토를 다스렸다.

역대기 사가의 기사에서 웃시야는 승승장구한다. 서쪽으로 그는 블레셋에 대항하여 전투를 성공적으로 이끌어 해변 무역로에 대한 지배권을 회복한다(대하 26 : 6). 남쪽으로는 웃시야가 아랍 왕국들, 잘 알려지지 않은 구르바알의 백성들과 마온 사람들을 이긴다(26 : 7 ; 20 : 1도 보라).

마온 사람들(칠십인경과 27 : 5에 비추어 26 : 8의 "암몬 사람들" 대신 "마온 사람들"로 읽는다.)은 웃시야에게 조공을 바치고, 유다로 통합된다. 에스라 2 : 50(느 7 : 52)의 포로 귀환자 명단에 '마온 사람들'이 성전 봉사자들 사이에 끼어 있음을 유의하여 보라(Horn and McCarter 1999, 325).

그러나 웃시야의 승리는 백성의 희생을 대가로 치른 것이 아니다. 26 : 9~15은 안전하고 번영하는 왕국을 묘사한다. 웃시야는 물웅덩이와 그것을 지키기 위한 망대를 세우면서 거대한 농업을 장려한다. 그가 "농사를 좋아했기 때문이다"(26 : 10). 그는 군대 307,500명(26 : 11-14)을 강하게 양성함으로써 유다 방어를 위한 군대를 재조직하고 활성화한다. 웃시야는 요아스 침공(26 : 9 ; 25 : 23을 보라.)으로 균열되고 파괴된 채로 남아 있던 성벽을 재건하고 강화하여 예루살렘을 보강한다. 게다가 그는 "날아오는 화살과 큰 돌을 대비하여"(26 : 15) 고안한 특별 "발명품들"(Williamson 1982, 337의 번역에 따라)을 예루살렘 망대와 성곽 위에 두었다. NRSV 성경은 이 모호한 히브리 용어를 '장치들'로 번역한다. 아마도 투석기이거나 석궁일 것이다. 이러한 해석에 근거해서 어떤 이들은 역대기의 저작연대를 매우 후대로 제안한다. 왜냐하면 투석기가 가장 일찍 사용된 것은 주전 3세기였기 때문이다(Welten 1973, 111-114). 그러나 유명한 앗수르의 라기스 성 함락 부조는 포위된 군사들의 머리 위로 돌들을 날려 보내기 위하여, 그리고 궁수들을 위하여 성벽에 쌓은 튼튼한 토단들을 사용하고 있음을 묘사하고 있다. 이것들은 아마도 역대기 사가가 언급하고 있는 웃시야의 '발명품들'일 것이다(Shea 1999, 42-43을 보라. Pritchard 1969, 129-131, figs. 371-373).

역대기에서 나라 안에서와 전쟁터에서 이룬 웃시야의 성공들은 웃시야의 신실함 덕분이다. 이것은 특히 "여호와를 경외함으로 그를 가르쳤던"(26 : 5) 그러나 잘 알려지지 않은 스가랴라는 이름의 조언자 덕이었다. 스가랴가 살아 있는 동안 웃시야는 "하나님을 구하였다." 즉, 그는 성전에서의 바른 예배에 헌신하였다(역대기에서 '하나님을 구하는 것'의 중요성에 대해 대하 7 : 14, 14 : 4, 15 : 4를 보라). 이 시기 동안 하나님은 웃시야를 형통하게 하셨다. 그는 "기이한 도우심을 얻어 강성해졌다"(26 : 15).

불행히도 르호보암처럼(대하 12 : 1-2) 웃시야의 힘과 번영은 그를 교만과 파멸로 이끈다(26 : 16-21). 웃시야는 제사장들의 권위를 침범하여 성전에 들어가 분향한다. 이 때문에 역대기 사가는 웃시야가 나병에 걸렸다고 말한다. 그는 왕궁에서 떨어진 집에 격리되어 살아야 했다. 그리고 웃시야의 아들 요담이 그가 죽을 때까지 섭정한다. 웃시야의 죽음 후에도 그의 병은 그를 따라다닌다. 웃시야는 "나병 환자라 하여 왕들의 묘실에 접한 땅 곧 그의 조상들의 곁에 장사"되지만(26 : 23 ; 왕하 15 : 7을 비교하라.) 다윗 성에는 들어가지 못한다. 웃시야의 장사에 대한 역대기 사가의 주장은 감람산의 러시아 정교 수도원에 보존되어 있는 장식판을 통해 지지될 것이다. 헤롯 시대까지 올라가지만 출처를 알 수 없는 그 장식판에는 "이곳에 우리가 유다의 왕 웃시야의 뼈를 가져왔습니다. 열지 마시오!"라는 아람어가 새겨져 있다. 웃시야가 왕실 묘지 밖에 묻혔다는 것은 틀림없다. 수세기 후에 어떤 사람들이 그의 뼈를 그곳에 다시 묻었다.

역대기 사가는 아모스의 아들인 예언자 이사야를 웃시야의 생애에 관한 자료로 밝히고 있다(26 : 22). 비록 이사야서의 표제는 예언자 이사야가 "웃시야와 요담과 아하스와 히스기야 시대에" 활동했다고 주장하지만(사 1 : 1), 그 이야기들과 8세기 유다 예언, 예언자의 연대 추정이 가능한 예언들은 주로 아하스와 히스기야 통치 시기에 속한다. 이것은 "웃시야 왕이 죽던 해에" 임했다는 예언자의 소명 환상으로부터 시작한다(사 6 : 1). 짧게 말해 역대기 사가는 이사야서를 통해 웃시야에 관하여 알게 된 것이 아니다. 오히려 우리는 여기서 다시 한번 역대기 사가가 상정한 두 가지를 발견하게 된다. 첫째는 예언자들이 책을 기록했다는 것(이사야는 우리가 실제로 책으로 가지고 있는 것에서 역대기 사가가 첫 번째로 인용한 예언자이다.)이고, 둘째는 역대기 사가가 유다 왕들과 관련하여 인용하는 자료들이 예언자 저작이라는 것이다.

웃시야의 비극적인 이야기는 왕이 지닌 권력과 특권에 대한 왕과 제사장 사이의 의견 대립을 반영하고 있다. 그러한 갈등은 이스라엘만큼이나 오래되었다. 한편, 왕권은 고대 이스라엘에서 분명히 신성한 의미를 가졌다. 시편 2 : 7에서 왕은 대관식에서 선포한다.

> 내가 여호와의 명령을 전하노라
> 여호와께서 내게 이르시되
> 너는 내 아들이라 오늘 내가 너를 낳았도다

실제로 시편 45 : 6에서 시편 기자는 왕에게 연설하면서 "하나님이여 주의 보좌는 영원하며"라고 말한다. 그러므로 왕들은 이스라엘의 예배에서 중요한 역할, 심지어 제사장으로 행동할 수 있다는 것은 조금도 놀라울 것이 없다. 다윗(삼하 6 : 17), 솔로몬(왕상 8 : 62-64), 여로보암(왕상 13 : 1 ; 의미심장하게도 대하 26장의 웃시야처럼 그는 분향한다.), 아하스(왕하 16 : 12-13)의 예를 생각해 보라.

다른 한편으로는 토라 어디에도 이스라엘 예전에서의 왕의 역할이 나오지 않는다. 신명기 17 : 14~20의 왕의 의무 목록은 왕에게 제사장의 권리나 특권을 부여하고 있지 않다. 그것은 레위인 제사장들에게 분명히 제한되어 있다. "이는 네 하나님 여호와께서 네 모든 지파 중에서 그를 택하여 내시고 그와 그의 자손에게 항상 여호와의 이름으로 서서 섬기게 하셨음이니라"(신 18 : 5). 사무엘상 13 : 2~15에서 사울이 길갈에서 스스로 제사를 드렸을 때 사무엘은 "왕이 망령되이 행하였도다 왕이 왕의 하나님 여호와께서 왕에게 내리신 명령을 지키지 아니하였도다 …… 지금은 왕의 나라가 길지 못할 것이라"라고 말한다(삼상 13 : 13-14). 우리가 보았듯이 역대기에서는 확실히 어디서든지 제사는 아론 혈통의 제사장들에게 제한되어 있다. 그래서 역대기가 다윗 장막과 솔로몬 성전의 봉헌을 기술할 때, 심지어 이들 위대한 이스라엘의 왕들이라도 제사장처럼 행동하는 것을 당연히 여겼다(대상 15 : 11-16 : 6 ; 대하 7 : 1-7)는 생각에 대응하기 위한 적합한 제의 인력들이 분명히 보인다. 그러므로 역대기에는 당연히 제사장의 권위를 요구하는 왕은 징계된다.

이마에 나병이 발병한 웃시야의 형벌에 대하여 고찰해 볼 필요가 있다. 성서에서 말하는 '나병'은 우리가 오늘날 나병이나 한센씨병이라고 부르는 것을 가리키지 않는다. 한센씨병은 압력이나 고통을 느끼는 능력에 영향을 미치는 신경계의 질병이다. 결과적으로 한센씨병 환자는 종종 외모가 흉악하게 일그러지는 고통을 받는다. 성서적으로 '나병'은 피부가 손상되는 질병에 대한 총칭으로 변색이나 포진과 관련된다. 제사장의 세계관에서 나병은 제의적으로 부정했다. 그러므로 제사장들은 나병을 진단할 책임이 있었다(레 13 : 2 ; 신 24 : 8). 사람에게나 동물에게 심지어 외투, 가죽 가방, 혹은 석고 벽에 점점 커지고 퍼지는 어떤 반점이나 탈색은 나병으로 인식되어 부정한 것이 될 수 있었다(레 13-14장을 보라). 사람이 나병의 진단을 받으면 남자든 여자든 나병이 사라질 때까지 다른 사람들과의 접촉이 금지된다(레 13 : 45-46). 나병이 나았음을 확인하는 제사장들의 진단과 특정 정결 예식이 있은 후에야 그는 공동체에 다시 들어올 수 있었다(레 14 : 1-32 ; 막 1 : 44도 보라).

이것은 웃시야 이야기와 관련해서 냉혹한 문제를 일으킨다. 오직 제사장들만이 나병을 판단할 수 있고, 나병 환자의 치유를 선언할 수 있기 때문에, 나병의 진단은 사회 통제를 위한 강력한 도구와 또 반대자의 목을 조이는 무기가 되었을 것이다. 역대기 사가가 인정하는 바를 효과적으로 종결시킨 웃시야의 '나병'은 매우 성공적인 통치권이었고, 웃시야 자신이나 그의 내각에 제사장의 권리와 특권을 더하려는 모든 시도를 막았다. 제사장들이 승리했다. 물론 그들이 승리해야 한다.

당연히 역대기 사가는 문제를 이렇게 회의적으로 보지 않는다. 그는 웃시야의 나병이 현실이며, 당연한 결과요, 영적 교만의 결과였다고 확신한다. 역대기에 있는 웃시야 이야기의 몇몇 특징들은 다른 본문들에서도 공명한다. 웃시야가 하려고 시도했던 제사장 행위, 즉 분향은 이단적인 왕 여로보암(왕상 13 : 1)과 아하스(대하 28 : 3)에게도 돌리고 있다. 고라 반역에 관한 제사장 이야기에서(민 16 : 3-11, 35) 고라와 그의 레위인 추종자들이 여호와 앞에 분향하려 했던 시도가 그들이 영락하게 되는 원인이었음을 유의하라. 이와 비슷하게 웃시야의 징벌은 미리암이 모세의 직을 시기했을 때 그에게 주어진 것을 생각나게 한다(민 12 : 10-15). 역대기에서 웃시야는 그 앞에 있던 아사, 요아스, 아마샤처럼 신실한 동안에는 복을 받지만 불신하게 되면 저주로 떨어지는 왕의 범례가 된다.

역대하 27 : 1~9

요담(왕하 15 : 33-38)

요담은 역대기에서 아비야 이후 일관되게 긍정적으로 보도되는 첫 번째 왕이다. 열왕기의 기사가 요담을 경건한 왕으로 제시하기 때문에 역대기 사가는 비록 약간 역대기적으로 꾸미긴 하지만 대체로 그의 자료에 충실하다. 그래서 "요담이 그의 아버지 웃시야의 모든 행위대로 여호와께서 보시기에 정직히 행하였다"(왕하 15 : 34)라는 진술에다 역대하 27 : 2은 "그러나 그는 오직 여호와의 성전에는 들어가지 아니하였다"고 덧붙이고 있다. 역대기 사가의 관점은 웃시야에게 나병이 발병하게 했던 교만을 상기시켜 준다. 그러므로 요담은 그의 아버지와 같지만 아버지의 실패를 반복하지 않는다. 불행히도 백성들은 왕을 본받지 않는다. 그들은 도덕적으로나 영적으로 타락하였다(27 : 2). 과거 여섯 통치자들의 타락은 그 대가를 치른 것처럼 보인다.

요담의 업적에 대한 기록은 거의 역대기에만 나온다. 자신의 자료로 역대기 사가는 요담의 성전 문 수리를 회상시켜 준다(27 : 3 ; 왕하 15 : 35). 선왕들이 성전을 보수하거나 개혁하는 역대기에서 이것은 특히 중요한 행위이다. 그러나 역대기에서 요담은 또한 유다의 산간 전역에 견고한 요새들을 세우고, 성전산 남쪽 가장자리에 특히 '오벨 성벽'을 증축하여 예루살렘을 보강하는 아버지의 일을 잇는다(Elmslie 1916, 291). 그러나 그의 군사적 행동들은 단순한 방어가 아니다. 요담은 암몬을 격퇴하고, 그들에게 은과 곡물의 막대한 조공을 부과한다(27 : 5).

물론 이 성공에 대한 이유가 독자들에게 명확하지만 27 : 6은 분명히 말해 준다. "요담이 그의 하나님 여호와 앞에서 바른 길을 걸었으므로 점점 강하여졌더라" 시작이 좋았지만 그대로 잘하지 못한 나중의 세 왕들과는 달리(25 : 2를 보라.) 요담은 경건하고 헌신되어 있다. 특히 그는 자신이 원하는 바와 하는 바가 자신의 생에 대한 하나님의 뜻에 맞는지 확인하기 위해 자신의 결정과 행동들을 지속적으로 여호와 앞에 내려놓았다. 요담으로 말하자면 이것은 단번의 결단이 아니라 일상의 투쟁이다. 이것이 바로 우리가 믿음의 공동체의 지원과 계속적인 기도의 훈련과 성경을 통한 성찰을 필요로 하는 이유이다. 사도 바울 못지 않은 한 교사가 자신의 삶의 모습을, "남에게 전파한 후에 자신이 도리어 버림을 당하지 않도록"(고전 9 : 27) 경기를 준비하는 운동선수처럼 끊임없는 준비와 훈련으로 묘사했다. 만일 우리가 하나님의 사람이 되고자 한다면 우리는 요담처럼 우리의 길을 정돈하여 그 길을 따르기 위해 준비해야 할 것이다. 예수께서 엄히 경고했듯이 "손에 쟁기를 잡고 뒤를 돌아보는 자는 하나님의 나라에 합당하지 아니하다"(눅 9 : 62). 시작하는 것은 좋다. 유지하는 것은 더 좋다. 완성하는 것은 가장 좋다.

이상하게도 베가와 르신의 유다 공격에 대한 어떠한 언급도 역대기의 요담의 이야기에는 없다(왕하 15 : 37과 비교하라). 베가(주전 737-732년)는 브가히야로부터 왕위를 찬탈한 이스라엘의 왕이었다. 이때 다메섹의 시리아 왕 르신의 도움을 받았을 것이다. 베가와 르신은 시리아-팔레스타인 지역에 있는 약소국의 지도자들과 함께 앗수르에 대항하는 동맹을 결성하려 하였다. 다시 강성해진 앗수르 제국의 통치자 디글랏 빌레셀 3세(주전 745-727)는 팔레스타인과 지중해 연안에 대하여 구상하였다. 유다는 지혜롭게 그 문제에 끼어들려 하지 않았다. 이것이 베가와 르신으로 인한 소위 시리아-에브라임 전쟁으로 유다의 지지를 강요하기 위한 행동을 취하게 하였다. 베가와 르신의 침략과 그들의 예루살렘 포위, 그리고 구원과 보호에 대한 대가로 자원하여 앗수르의 봉신이 된 유다의 결정, 이 모두가 요담의 후계자인 아하스의 통치 기간 동안 일어났다. 그러나 열왕기하의 보도는 베가와 르신의 공격 초기를 요담의 통치 시기로 잡고 있다.

시리아-에브라임의 침공이 요담을 모든 면에서 성공적이었던 의로운 왕으로 그리려는 의도를 복잡하게 하기 때문에 역대기 사가는 시리아-에브라임 전쟁을 무시했다고 볼 수 있다. 그러나 역대기 사가는 그가 제시하는 것에 들어 있는 복잡성을 싫어하지는 않는다. 예를 들어 아비야의 짧은 생애는 하나님의 심판으로 제시되지 않고, 에브라임 용병들을 해산시키는 것과 관련한 아마샤의 옳은 행동이 유다를 화가 난 용사들의 복수로부터 보호하지 않는다. 역대기에서는 나쁜 일들이 선한 사람들에게도 일어난다! 또다른 가능성은 역대기 사가가 요담의 통치 기간에 그러한 전쟁이 있었다고 믿지 않기 때문에 베가와 르신의 공격을 언급하지 않는다는 것이다. 시리아-에브라임 전쟁까지 이르는 여러 사건들의 연대는 복합적인 문제이다. 그러나 이 동맹이 주전 733년까지, 즉 아하스가 통치하는 동안 예루살렘에 대한 위협적인 서곡이 되지 않았다는 것은 분명히 논쟁의 여지가 있다. 그렇지 않으면 사람들은 아하스가 도움을 요청하기까지 왜 그렇게 오랫동안 기다렸는지, 아니면 앗수르가 응답하는 데 왜 그렇게 오래 걸렸는지를 의아해할 것이다(Donner 1977, 430). 역대기 사가는 아마도 유대 왕실 자료에 접근할 수 있기 때문에 시리아-에브라임 전쟁 초기의 연대를 신명기 역사서보다 더 정확하게 매길 수 있었을 것이다.

요담이 끝까지 신실했다는 마지막 기술은 그의 장례와 관련된 역대기 사가의 보도이다. "그가 그의 조상들과 함께 누우매 다윗 성에 장사되고 그의 아들 아하스가 대신하여 왕이 되니라"(27 : 9). 요담은 여호사밧 이후 다윗 성의 왕실 묘지, 조상들의 묘지에 묻힌 첫 번째 왕이다. 이것은 특히 선임자들의 삶과 대조될 때 성실한 삶의 모델로 살았던 왕에 합당한 영광이다. 그러나 슬프게도 왕국의 타락은 이미 심각했다. 요담의 후계자는 옛 믿음 없는 길로 돌아선다.

역대하 28 : 1~27
아하스(왕하 16 : 1-20)

역대기의 아하스 이야기는 특별히 시작과 끝에서 열왕기 기사의 기본 틀을 따른다. 그러나 역대기 사가에게만 있는 자료를 삽입하고 열왕기의 자료들을 다시 이야기하여 완전히 새로운 이야기가 나온다. 독자들은 다시 한번 역대기 사가가 역사에 관심을 두기보다는 이야기에 관심한다는 것을 기억한다. 이야기를 다시 말함으로써 역대기는 그들을 하나의 백성으로 만든 것은 정치가 아니라 예배였다는 것을 상기시켜 주면서 이스라엘의 옛 이야기의 흐름을 다시 쓴다. 그 백성이 하나님의 백성이 되고, 그래서 이스라엘이 되고, 이스라엘로 존재하는 것은 바로 그들의 예배에서이다. 올바른 예배에 나타나는 하나님과 하나님 말씀에 대한 성실한 믿음은 축복으로 인도하고, 잘못된 예배 속에 나타나는 듣고 순종하기를 거부하는 것은 가차없이 저주로 인도한다.

이러한 등식의 부정적인 면이 아하스 통치 이야기에서만큼 역대기에서 강하게 표현된 곳은 없다. 역대기 사가는 "그의 조상 다윗과 같지 아니하여 여호와 보시기에 정직하게 행하지 아니하고 이스라엘 왕들의 길로 행하여"(28 : 1-2 ; 왕하 16 : 2-3)라는 전형적인 악한 왕 아하스의 상을 열왕기에서 끌어 온다. 아하스는 어린이를 제물로 드리는 혐오스런 관습에 참여했다고 한다. 그는 그의 아들들이 불 가운데로 지나게 하였다. 역대기 사가는 그가 힌놈의 아들 골짜기에서 분향하였다(28 : 3)고 덧붙인다(Japhet 1993, 894 ; NRSV 성경은 '제사를 드렸다'고 한다). 예루살렘 외곽에 위치한 이 골짜기는 유다와 베냐민의 고대 경계선의 일부였는데, 우상숭배 관습, 특히 인신 제사와 같은 악습과 관계 있었다(33 : 6 ; 렘 7 : 31-32를 보라). 이를 칭하는 히브리 이름 '게헨나'는 지옥에 대한 또다른 어휘였다(예를 들면 마 5 : 22 ; 막 9 : 43 ; 약 3 : 6). 이곳에서 아하스가 분향(같은 히브리 단어는 28 : 3과 웃시야의 신성모독의 행동이 기술된 26 : 16에서 사용되고 있다.)한 것은 그가 음란한 제의에 단순히 수동적으로 참여한 것이 아니라 적극적으로 주도하였음을 확인해 준다. 또한 역대기 사가는 아하스가 "바알 상을 주조하였다"(28 : 2)고 말한다. 여로보암처럼 아하스는 그의 백성들이 예배할 신상을 제작한다(Williamson 1982, 344). 독자들은 신의 보복이 반드시 따를 것을 알게 된다.

역대기의 시리아-에브라임 전쟁 기사는 열왕기하 16 : 5~9과 이사야 7 : 1~8 : 15의 것과 내용적으로 다르다. 성경의 다른 곳에서 베가와 르신은 동맹국으로 묘사되는 반면, 역대기에서는 그들의 공격들이 따로 취급된다. 나아가 역대기는 이사야나 열왕기처럼 예루살렘 포위에 초점을 맞추기보다는 오히려 전쟁이 가져다준 유다 도처의 파괴와 끔찍한 사상자들을 묘사한다. 아마도 역대기 사가는 여기서 부분적으로 옛 유다 자료를 의지하고 있는 것 같다. 에브라임의 용사 시그리 한 사람이 어떻게 "왕의 아들 마아세야와 궁내대신 아스리감과 총리대신 엘가나를 죽였"(28 : 7)는지에 대한 구체적인 기사를 생각해 보라. 이스라엘 군대가 하루에 120,000명의 유다인들을 죽였고(28 : 6), 200,000명을 포로로 사로잡았다(28 : 8)는 역대기의 숫자는 물론 과장되어 있다. 그러나 질질 끌면서 희생이 많이 따른 전쟁은 이사야와 열왕기에 기술된 포위보다 앞섰을 것이다(사 3 : 1-4 : 1을 보라). 역대기는 베가와 르신의 실패한 예루살렘 포위보다 그들의 승리에 초점을 맞춤으로써, 비록 예루살렘이 멸망하지는 않았지만 아하스가 결코 승자가 아님을 보여 준다. 더욱이 역대기 사가는 동맹국들을 따로따로 취급함으로써 권리상 다윗의 자손에 종속되어야 하는 에브라임 사람들이 아하스와 전쟁을 할 뿐만 아니라 승리하는 광경을 훨씬 심도 있게 말해 준다.

아마샤 시대와 같이 유다 출신의 백성이 또 다시 포로로 잡혀간다(28 : 5, 8 ; 25 : 23-24도 보라). 시리아인들에 의해 사로잡힌 자들에 대하여는(28 : 5) 다른 말이 없다. 그러나 이십만 명의 대포로들의 사마리아 행은 오뎃의 예언으로 중지된다. 유다의 뼈아픈 패배에 대한 이유가 이미 명시되었지만(28 : 6) 오뎃은 요점을 반복하기 시작한다. "너희 조상의 하나님 여호와께서 유다에게 진노하셨으므로" 이스라엘이 승리하였다(28 : 9).

그렇다 하더라도 승리에서 나타난 이스라엘의 잔학성은 극에 달했다. "……너희의 노기가 충천하여 살륙하고"(28 : 9 ; 사상자들의 막대한 수를 상기하라). 오뎃은 생존자들을 노예로 삼는 죄를 더하지 않아도 살육은 충분하다고 선포한다. 이스라엘은 결국 의롭다고 주장할 권리가 없으며 또한 하나님의 진노를 경험할 위기에 있다(28 : 10-11). 에브라임의 네 족장들이 오뎃에게 동의하며 귀환하는 군사들을 향해 선다. "너희는 이 포로를 이리로 끌어들이지 못하리라 너희가 행하는 일이 우리를 여호와께 허물이 있게 함이니 우리의 죄와 허물을 더하게 함이로다 우리의 허물이 이미 커서 진노하심이 이스라엘에게 임박하였느니라"(28 : 13). 이 선언을 듣자 에브라임 사람들은 그들이 취했던 전리품들을 취하여 포로들을 먹이고 입히고 돌보며, 그리고 나서 그들을 여리고에서 그들의 형제 유다 사람들에게 돌려준다(28 : 15).

우리는 이 특별한 반전을 어떻게 해석해야 할까? 역대기가 북왕국에 우호적이라고 주장하는 자들은 여기에서 이 생각에 대해 확신을 갖게 된다. 에브라임의 행위로 남과 북은 분명히 위치가 바뀌었다. 북왕국은 회개하고 의로우며 남왕국은 반역적이고 죄를 짓는다(Willamson 1982, 343-344). 이 이야기에 관한 우리의 관점이 무엇이든지 간에 우리는 "북왕국 백성은 이스라엘 백성의 유기적인 일부임은 명백하다."(Japhet 1993, 903)고 주장할 수 있다.

그러나 오뎃의 예언은 고소이며("너희는 너희의 하나님 여호와께 범죄함이 없느냐?" 28 : 10), 또 에브라임 족장들의 말은 죄에 대한 인정이다. 실로 28 : 2은 아하스가 "이스라엘 왕들의 길로 행하였다"고 진술한다. 아하스의 죄는 정확히 북왕국의 죄이다. 즉, 잘못된 예배에 나타나는 하나님 말씀에 대한 불신의 죄이다. 포로들에 대한 온갖 선으로 북왕국 사람들이 이 죄를 회개했다고 어디에서도 언급되지 않는다. 실제로 그들은 이 죄를 회개할 수 없으며, 여전히 유다와 그 성전으로부터 멀리 떨어진 분열왕국이다. 아하스 통치 아래 유다는 분명히 더 암흑 속으로 깊이 빠졌다. 그러나 그것이 이스라엘이 빛으로 나왔다는 것을 의미하지는 않는다.

귀환한 포로들에 대한 이야기는 북왕국을 용서하려는 것이 아니라 믿음의 공동체를 부끄럽게 하려는 의도를 갖고 있다. 기꺼이 자신들의 죄를 인정하는 북쪽의 죄인들조차도 하나님의 의로운 명령에 따라 행동할 수 있다. 실로 그들은 하나님의 진노를 피하기 위한 자기 유익을 위해 행동한다. 그럼에도 불구하고 그들은 선을 행한다. 기독교 독자들은 역대기의 이 단락에서 영감을 받은 듯한(Allen 1999, 601) 선한 사마리아인에 관한 예수의 비유를 기억할 것이다(눅 10 : 25-37). 역대기처럼 누가복음에서도 예측이 빗나가고 있다. 선행은 예기치 않은 곳에서 나타나 자신을 의의 본보기로 생각하는 자들을 부끄럽게 한다.

에브라임 족장들이 행한 지도자 역할은 이때 북왕국이 이미 멸망했다는 것을 보여 줄 수 있다(Williamson 1982, 347). 그러나 네 족장의 이름이 주어져 있다는 사실은 역대기 사가가 어떤 자료를 사용하고 있다는 것을 암시해 준다. 역대기 사가가 손에 넣을 수 있는 유다 자료에, 북쪽 관리들의 명단이 포함될 수 있는 가장 적절한 시기는 북왕국의 망명자들이 남하하여 통일된 이스라엘에 재흡수되었던 히스기야 시대이다. 역대기 사가가 북왕국의 임박한 멸망을 예시하기 위하여, 히스기야의 자료를 적당한 연대 순서에 따라 사용하고 있을 가능성이 매우 높다.

아하스는 앗수르에 원조를 요청하고, 그래서 자원하여 왕국의 독립을 포기한다. 그러나 역대기에서 이 요청은 시리아-에브라임 동맹에 의해서뿐만 아니라 다른 문제, 특히 에돔(시리아인들과 같이 에돔인들도 포로를 사로잡아 간다.)과 블레셋의 공격에 의해 촉발된다(28 : 17-18). 이것이 유다의 상황을 정확하게 반영하고 있을 것이다. 블레셋은 앗수르의 봉신으로 자주 반역을 일으켰으며, 앗수르의 세력 범위의 가장자리에 있었다. 실제로 주전 734년에 디글랏 빌레셀(Tiglath-pileser)은 블레셋 정복 전쟁에 참여했다(Donner 1977, 425). 블레셋은 시리아-에브라임의 반 앗수르 동맹의 목적을 진행시키기 위해서, 뿐만 아니라 쇠약해진 이웃 국가로부터 자신을 위한 영토를 탈환하고자 이스라엘을 공격하였을 것이다.

앗수르는 온다. 하지만 구원자로 오는 것이 아니다. 디글랏 빌레셀

(Tiglath-pileser : 역대기 사가가 앗수르 왕의 이름을 수정하는 식이다. 대상 5 : 6, 26을 보라.)은 다메섹을 공격하러 올라가는 것이 아니라(왕하 16 : 9에서와 같이) 아하스를 치러 온다. 그래서 조공을 바치기 위해 그의 창고를 털고 고관들을 파산시키며 여호와의 집까지 약탈하였음에도 아하스는 구원을 얻지 못한다. 아하스 시대를 앗수르 억압의 시초로 보는 이 이야기는 분명히 뒷궁리에 관한 성찰이다.

이 모든 재앙의 원인은 물론 아하스의 죄 때문이다. "이는 이스라엘 왕 아하스가 유다에서 망령되이 행하여 여호와께 크게 범죄하였으므로 여호와께서 유다를 낮추심이라"(28 : 19). 그러나 아하스는 이 재앙들을 통해 결코 여호와께로 돌아가지 않고 "하나님의 전의 기구들을 모아 하나님의 전의 기구들을 부수고 또 여호와의 전 문들을 닫고 예루살렘 구석마다 제단을 쌓았다"(28 : 24). 불신을 궁극적으로 표현하면서 아하스는 철저하게 여호와를 거부한다. 선왕 요아스나 아사처럼 성전을 수리하기 보다, 아하스는 앗수르에 조공을 바치는 데 사용할 수 있는 금은을 얻기 위해 성전을 약탈한다(28 : 24).

여호와를 버린 후 아하스는 그 대신 다메섹의 신들에게 향한다(28 : 23). 역대기 사가의 자료에 있는 이러한 신성모독에 가장 가까운 일이 열왕기하 16 : 10~16에 나온다. 여기서 아하스는 앗수르에 충성을 맹세하러 갔을 때 다메섹에서 새로운 제단 모형을 가져온다. 옛 청동 제단을 대신할 새로운 제단이 세워지자, 아하스는 자신이 직접 그것을 봉헌하기 위한 제사를 드린다. 이 가운데 어떤 것도 역대기에는 언급되지 않지만, 다메섹 신들에 대한 아하스의 경배 이야기는 분명히 이 행위에 초점을 맞추고 있다. 역대기 사가에게 성전과 그 모든 기물들의 구조는 다윗에게 직접 계시되었다. 새로운 제단, 특히 이방 양식에 기초한 것은 우상을 세우는 것만큼이나 잘못된 예배를 나타낼 것이다. 웃시야처럼 아하스는 우상에게 제사장 노릇을 하려고 한다. 그래서 웃시야처럼 — 선왕 요담을 제외한 여호사밧 이후의 왕들처럼 — 아하스는 그의 조상들과 함께 묻히지 않는다(28 : 27).

왜 역대기 사가는 아하스에 대해서 이렇게 지나치게 부정적일까? 아하스가 역대기 사가에게 그의 신학적 중심 주제들을 자세히 상술할 기회를 제공해 주고 있다는 것이 한 가지 이유가 될 수 있다. 예언자 에스겔처럼 역대기 사가는 하나님의 정의와 개인적 책임을 강조한다(Japhet 1993, 45). 실로 요담에서 아하스와 히스기야에 이르는 왕들의 순서는 에스겔 18 : 1~32의 주제들을 나타내 주는 가장행렬의 기능을 한다. 요담의 의는 그의 아들 아하스를 그가 지은 죄의 결과들로부터 구원하지 못한다. 또한 아하스의 죄는 그의 아들이 죄 된 삶을 살도록 운명짓지 않는다. 실로 히스기야는 유다 역사에서 위대한 개혁 왕 가운데 한 사람이 된다. 에스겔과 함께 역대기 사가는 여호와의 말씀 "모든 영혼이 다 내게 속한지라 아버지의 영혼이 내게 속함같이 그의 아들의 영혼도 내게 속하였나니 범죄하는 그 영혼은 죽으리라"(겔 18 : 4)를 확증해 줄 수 있다.

아하스에 대한 지나친 비난의 또다른 분명한 이유는 물론 그가 이방 세력에게 굴복한 첫 번째 왕이었다는 것과 이를 저항 없이 자원하였다는 것이다. 아하스는 이방 동맹의 어리석음을 보여 주는 준엄한 예이다. 그러한 동맹은 다른 왕들의 통치에서도, 특히 여호사밧도 혹평을 받고 있다. 그러나 여호사밧은 전면적으로 혹평되지 않지만 아하스는 혹평된다. 차이는 여호사밧은 빛을 보았고, 돌아설 수 있었다. 아하스는 회개하지 않았고 유다를 다시는 빠져나올 수 없는 거미줄 속에 쳐 넣었다.

역대하 29 : 1~32 : 33

히스기야(왕하 18 : 1-6, 13-37 ; 19 : 14-19, 35-37 ; 20 : 1-3, 12-21 ; 사 36 : 1-22 ; 37 : 14-20, 36-38 ; 38 : 1-3 ; 39 : 1-8)

히스기야에 관련된 역대기의 네 장에 있는 자료들 대부분은 역대기 사가의 고유한 것이다. 심지어 이 위대한 개혁자의 이름도 역대기에서는 다르다. 아하스의 아들이 열왕기에서는 '히스기야'(히브리어 '히즈키야')로 불리는 반면, 역대기에서 그는 훨씬 더 자주 그 이름의 완전 형태인 '여히즈키야후'로 불린다. 역대기의 영어 번역서들(예를 들어 NRSV와 JPSV)이

'히스기야'를 사용하는 것은 아주 오랜 번역자의 관습을 따른 것이다. 칠십인경도 비슷하게 열왕기와 역대기의 히스기야(그리스어 'Ezekias')를 사용한다.

열왕기의 자료에서 끌어 온 틀 안에 역대기 사가는 네 개의 주요 단락들을 삽입한다. 아하스의 죽음 이후 레위인의 성전 정화에 관한 29 : 3~36과 히스기야의 대유월절 보도인 30 : 1~27, 히스기야 시대 제사장과 레위인의 구분에 관한 기술인 31 : 2~19, 마지막으로 히스기야의 군대와 경제에 관한 확대된 이야기인 32 : 2~6, 27~30이다. 이 자료의 많은 부분이 옛 유다 자료에서 나왔으며, 많은 경우 역사적으로 정확하다. 이러한 삽입으로 인해 히스기야의 종교개혁보다 산헤립과의 대결을 강조하는 열왕기의 우선 순위가 뒤바뀐다(Myers 1965, 188). 역대기에서 히스기야는 그의 치적에 있어서 다윗과 솔로몬에 비교할 만한 훌륭한 개혁가이다(29 : 2, 30 : 26). 다윗이 성전과 그 제의을 위한 계획을 전수하고 솔로몬이 그의 아버지의 계획들을 실행했던 반면, 아하스의 배교 후 다윗의 제의를 재확립하고 솔로몬의 성전을 재봉헌한 것은 히스기야였다. 게다가 예루살렘 예배에 중심을 둔 개혁과 북왕국의 남은 자들과의 교섭으로 히스기야는 통일 왕국의 영광을 다시 불러일으킨다.

히스기야 통치의 기사는 자료에서와 같이 역대기에서도 칭송으로 시작한다. "히스기야가 그의 조상 다윗의 모든 행실과 같이 여호와 보시기에 정직하게 행하여"(29 : 2 ; 왕하 18 : 3). 유다 왕들을 다윗과 비교하는 진술은 열왕기에서는 매우 일반적이다(긍정적인 예로는 왕상 3 : 3, 15 : 11 ; 왕하 14 : 3, 부정적인 예로는 왕상 11 : 33, 14 : 8, 15 : 3을 보라). 그러나 이 비교들 중에 오직 셋만 역대기 사가에 의해 선택된다. 우리가 보았듯이 아하스는 "그의 조상 다윗과 같지 아니하여 여호와 보시기에 정직하게 행하지 아니하였기"(왕하 16 : 2 ; 대하 28 : 1) 때문에 비난받는다. 아하스의 아들 히스기야에 관해서는 정확하게 반대로 언급되고 있음을 주목해 보라. 히스기야(왕하 18 : 3 ; 대하 29 : 2)와 요시야(왕하 22 : 2 ; 대하 34 : 2-3) 모두 다윗의 예를 따라 칭송된다. 이러한 방식으로 역대기 사가는 두 명의 위대한 개혁 왕들의 신실함을 강조하고, 특히 히스기야를 그의 아버지와 대조시킴으로써 돋보이게 한다.

히스기야가 왕으로서 한 첫 번째 행동은 아하스가 폐쇄했던(대하 29 : 3 ; 28 : 24를 보라.) 성전 문들을 개방한 것이다. 여호와의 현존에 다가가는 상징으로써 성전 문들의 중요성은 특별히 에스겔 성전 환상의 기술과, 측정에 관한 상당한 분량이 문에 할당되어 있는 에스겔 40~42장과 또 시편 24 : 7, 9에서 볼 수 있다(독자들은 헨델의 오라토리오 메시야 중 강력하고 감동적인 이 가사에 익숙할 것이다).

> 너의 머리를 들지어다, 오 문들이여!
> 들릴지어다, 오 옛 문들이여!
> 영광의 왕이 들어오시리라

문들이 열렸다고 말하는 것은 여호와가 전에 계시므로 만날 수 있다는 것을 말한다. 이와 비슷하게 요한계시록 3 : 8에서 신실한 빌라델비아 교회는 승리한 그리스도로부터 "내가 너의 앞에 열린 문을 두었다"는 말을 듣는다. 반면에 불신한 라오디게아 사람들은 닫힌 문 때문에 그리스도와 단절되어 있으며 그 문 앞에 주님이 서서 두드리고 계신다(계 3 : 20). 아하스는 성전 문들을 닫았다. 그렇게 그는 하나님의 임재와 뜻에 자신의 마음을 닫았다. 그러나 대조적으로 히스기야는 문을 열고 여호와를 구하고 섬기고자 하는 그의 뜻을 선언한다.

29 : 5~11에서 히스기야는 레위인들에게 부정해진 성전을 정화하도록 명령한다. 성전의 부정에 대해 사용되는 히브리 단어 '닛다'(NRSV에서 'filth'〈불결한 것〉로 번역됨〈한글개역의 '더러운 것'〉)는 토라의 제사장 문서와 에스겔에서 제의적 부정에 대한 언급으로 가장 빈번하게 나타난다. 이 용어는 역대기 역사서에서 단 두 번, 역대하 29 : 5과 에스라 9 : 11에서 나온다. 에스라는 유다를 둘러싸고 있는 민족들의 더러움과 부정함을 통탄하며, 하나님의 사람들이 통혼으로 이방인들의 문화에 흡수되는 것을

두려워한다. 여기처럼 에스라에서도 근심거리는 특히 우상숭배이다.

히스기야는 성전의 부정과 타락을 일반적으로 '우리의 조상들'의 탓으로 돌린다. 아하스는 언급되지 않는다(그러나 29 : 19를 보라). 여전히 성전을 우상숭배로 더럽혔을 뿐만 아니라, 심지어 더욱 심각하게는 성전 문을 폐쇄하여 다윗 시대 이래로 계속되었던 성전 예배를 중단하게 한 이는 아하스였다(29 : 6-7 ; 28 : 24를 보라). 히스기야는 이러한 행동들의 결과로써 유다가 종속되어 있었던 곤경과 피흘림과 사로잡힘을 지적한다. "이로 말미암아 우리의 조상들이 칼에 엎드러지며 우리의 자녀와 아내들이 사로잡혔느니라"(29 : 9). 이 구절은 히스기야의 역사적인 상황뿐만 아니라 바로 역대기 사가 공동체의 훨씬 더 최근의 과거사를 말한다. 유다와 예루살렘을 "두려움과 놀람과 비웃음거리"로 묘사하는 29 : 8은 바벨론 정복 후의 예루살렘을 말하는 예레미야 29 : 18에서 인용한 것이다.

아사(15 : 12)와 여호야다(23 : 16)가 앞서서 했던 것처럼 히스기야는 공동체의 필요에 대한 응답으로 여호와(29 : 10)와의 새로운 계약을 요구한다. 그러나 계약 의식이 묘사되어 있지 않기 때문에, 이 경우 히스기야가 레위인들에게 여호와께 새롭고 완전히 헌신하라는 요청으로 이해하는 것이 더 나을 것이다(Japhet 1993, 919). 제사장과 레위인의 공식적인 임무가 다시 한번 더 언급된다. "내 아들들아 이제는 게으르지 말라 여호와께서 이미 너희를 택하사 그 앞에 서서 수종들어 그를 섬기며 분향하게 하셨느니라"(29 : 11). 놀랍게도 히스기야는 제사장들과 레위인들을 "나의 아들들"이라고 친근하게 부른다(대하 29 : 11). 이곳은 히브리 성서에서 이러한 말이 유일하게 있는 곳이다(Japhet 1993, 919). 역대기 사가의 이야기에서 다시 한번 왕과 제사장이 협력한다.

29 : 12~15에서 히스기야의 회복 프로그램에 참여하는 14명의 레위인들의 이름이 종족별로 명시된다. 두 사람이 일곱 레위인 가문의 후손이다. 칠이라는 숫자는 의심의 여지없이 종교적인 의미 때문에 선택되었다. 일곱 중에 셋은 익숙한 레위인 족장들로 레위의 세 아들 고핫, 므라리, 게르손의 후손이다. 다른 세 가문은 다윗의 세 레위인 가수, 아삽, 헤만, 여두

둔의 후손이다. 일곱 번째 레위 족장 엘리사반 또한 궤를 예루살렘으로 성공적으로 들여오는 다윗의 시도와 관련하여 언급되었다(대상 15 : 8 ; 거기에는 여섯 레위 족장의 또다른 목록이 주어져 있다). 그러므로 족장 명단은 히스기야의 성전 회복을 다윗의 예루살렘 성소 확립과 연결하고, 재차 예루살렘 제의에서 성전 음악가들의 중요한 역할을 강조하고 있다.

제사장들과 레위인들은 임무를 위하여 자신을 성결하고 "여호와의 말씀을 따라 왕이 명령한 대로" 시행한다(29 : 15). 다윗처럼 히스기야는 예언자의 기능을 담당하고 있다(대상 28 : 11-19 ; 대하 8 : 14, 29 : 25을 보라). 제사장들과 레위인들이 동역하여 성전을 정화하는 반면, 분명한 업무 분장이 뒤따른다. 제사장은 성전의 특히 '내부', 즉 레위인들에게는 출입이 금지된 지성소를 정화한다(지성소에 대하여 같은 용어가 사용되고 있는 레 10 : 18과 비교해 보라. Williamson 1982, 355의 입장도 동일하다). 그러자 레위인들은 아사 시대의 성전 정화 시에 행해졌던 것처럼(대하 15 : 16) 부정한 것들(우상과 우상 예배에 필요한 기물들일 것이다.)을 기드론 골짜기로 가져간다. 이상하게도 역대기에는 언급되지 않지만 열왕기하 23 : 4, 6, 12은 요시야의 개혁과 관련하여 기드론 골짜기의 용도를 이렇게 언급한다.

16일이 걸린 성전 정화 작업은 첫 달 첫 날에 시작한다(29 : 17). 제사는 "왕국과 성소와 유다를 위해"(29 : 21) 드려진다. 에스겔 40~48장의 성전법에서 첫 달 첫 날은 백성들을 위해서 뿐만 아니라 성전을 위한 속죄 제물을 바치는 주간의 시작을 말한다(겔 45 : 18-20). 에스겔과 역대하 29장에 나오는 제의는 속죄일을 상기시켜 준다. 레위기 23 : 26~32은 이 의식을 일곱째 달 열째 날에 두고 있기는 하지만 말이다. 비록 동물들의 수는 다르지만(레위기의 수송아지 한 마리, 숫양 두 마리, 숫염소 한 마리, 아사셀을 위한 염소 한 마리 ; 역대기에서는 수송아지, 숫양, 어린양, 숫염소 각각 일곱 마리), 레위기 16 : 1~28의 속죄일 의식은 역대하 29 : 20~24에 기술된 것들과 유사한 속죄제를 요구하고 있다. 레위기와 역대기 모두 숫염소는 백성들의 죄를 속죄하기 위한 것이다(레 16 : 15 ; 대하 29 : 23-24).

'시은좌'를 가진 궤가 역대기에나 에스겔에 언급되지 않은 것은 여기에 기술된 것이 궤가 없던 제2성전에서 실행된 속죄 의식임을 암시해 준다.

히스기야의 성전 정화와 재봉헌에 대한 또다른 평행은, 비록 수는 다르지만(각각 12마리, 방대한 수의 풍요로운 제사가 따라 나온다.) 수송아지, 숫양, 어린 양, 숫염소의 속죄제를 보여 주는 민수기 7 : 87~88에 나오는 제단 봉헌식이다. 유사하게 제2성전의 봉헌은 수소 백 마리와 숫양 이백 마리와 어린 양 사백 마리를 드리고, 또 이스라엘 지파의 수를 따라 숫염소 열두 마리로 이스라엘 전체를 위하여 속죄제를 드렸다(스 6 : 17 ; 스 8 : 35를 보라). 성전 제의를 재개하면서 히스기야는 제단과 성소에 대한 재봉헌과 성전의 정화뿐만 아니라 공동체의 정화로 본질적으로 새로이 시작한다.

역대하 29 : 21에서 유다를 위해 드려졌다는 속죄제는 29 : 24에서 "온 이스라엘"을 위한 것으로 언급된다. 우리가 보았듯이 역대기의 다른 곳에서 '온 이스라엘'이란 표현은 때로는 열두 지파 모두에게 사용되고, 때로는 관례에 따라 북왕국에만 사용되며, 때로는 여기에서와 같이 남유다에 대해서만 사용된다. 어떤 이들은 역대기에서와 에스라~느헤미야에서의 '이스라엘' 용법을 엄밀하게 구별한다. 즉, 역대기에서 '이스라엘'은 포괄적인 용어로 남과 북을 지칭하며, 에스라~느헤미야에서 이 용어는 배타적이며 유다와 베냐민에게만 적용된다는 것이다. 북왕국의 존재가 끝나 버린 히스기야 때부터 역대기에서의 '온 이스라엘'은 항상 북지파를 포함한다고 주장된다(Williamson 1977, 126-130). 만일 그렇다면 29 : 24의 왕의 명령은 제사장들의 더 좁은 의도를 수정하는 것으로 이해되어야 한다. 즉, 희생 제사는 유다만을 위한 것이 아니라 북왕국 지파들을 위한 것이기도 하다(Williamson 1982, 357). 그러나 제사장들의 이 모든 행동은 왕의 명령으로 수행된다. 실제로 왕은 여호와의 말씀을 말하는 예언자로 간주된다(29 : 15, 20-21). 29 : 21에서 그 무엇도 불순종의 행위는 물론이고 오해가 있음을 암시하지 않는다. 그러므로 29 : 21의 "유다"와 29 : 24의 "온 이스라엘"을 신실한 남왕국을 언급하는 동일한 용어로 파악하는 것이 최선이다. 후에 30장에서 북쪽 사람들은 다시 한번 신실한 이스라엘 속에 포함된다. 그러나 히스기야의 초대에 응하는 북쪽 사람들만이, 또 그들조차도 왕이 그들을 위해 기도하기 때문에 포함된다(30 : 18-20).

29 : 20~24에서 드려진 희생 제사와 그와 관련된 예식들에 대한 언급 후에 역대기는 예배 자체를 기술한다(29 : 25-30). 히스기야의 속죄와 재봉헌 예식은 레위인 가수들의 음악을 포함하고 있다. "왕이 레위 사람들을 여호와의 전에 두어서 다윗과 왕의 선견자 갓과 선지자 나단이 명령한 대로 제금과 비파와 수금을 잡게 하니 이는 여호와께서 그의 선지자들로 이렇게 명령하셨음이라"(29 : 25). 이 놀라운 언급의 몇 가지 특징들은 고려되어야 한다. 또 다시 음악과 예언이 분명하게 연결되어 있다(대상 25 : 1-5을 보라). 더구나 레위인 음악가들의 임명에 대한 여호와의 명령은 다윗에게만이 아니라 갓과 나단에게도 기인시키면서 예언자의 말씀의 권위를 강조한다(20 : 20도 보라). 마침내 다윗은 나단과 갓과 함께 여호와의 예언자들에 분명하게 포함된다. 이것은 성전 계획과 성전 인력 및 제의가 여호와에 의해 다윗에게 계시되어서 다윗도 모세처럼 예언자라고 생각하는 역대기 사가에게 중요한 것이다. 우리가 보았듯이 다윗의 자손 히스기야도 예언자이다. 그가 레위인들과 제사장들에게 성전과 공동체를 정화하고 속죄하라고 명령할 때, 히스기야는 그 자신의 권위로 말하는 것이 아니라 하나님의 말씀의 통로가 된다.

속죄 제물 다음으로 백성들이 자원하여 드리는 제물이 따라 나온다(29 : 31-36). 백성들의 제물은 두 종류, 감사 제물(히브리어로 '토다')과 번제 제물(히브리어로 '올라')이다. 감사제는 화목제 혹은 화평제의 한 형태였다(히브리어로 '쉘렘', 레 7 : 12-15). 이 희생 제물의 일부분은 제단에서 태워지고, 또 일부분은 제사장들의 몫으로 돌아가고(29 : 33에서 이것들은 "거룩한 제물들"이라고 언급된다 ; 레 22 : 3, 6-7, 12), 그리고 나머지는 축제 때 먹도록 예배자에게 돌아갔다. 화목제는 기념할 일이 있을 때 드려졌다. 감사제는 특히 하나님의 축복 혹은 구원에 대한 감사로 드려졌다(시 66 : 13-15, 116 : 17-19). 반면에 번제는 제단에서 동물 전체를 태우는 것과 관련된다. 오직 가죽은 태우지 않고 제사장들의 몫으로 주어졌다(레 1장). 그러므로 이 희생 제사는 진정으로 희생 제사였다. 예배자는 아무것도 도로 취하지 못한다. 경제 용어로 이것은 완전한 손실을 나타냈다. 번제는 용서를 구하거나 서원이 성취되거나 감사 찬양을 나타낼 때 등 여러 가지 이유로 행해졌다. 역대기에서 이 자발적인 제사에 대한 동기는 여호와의 용서에 대한 감사이다. 우리도 감사와 찬양으로 하나님의 사랑과 구원에 응답해야 할 것이다.

또 다시 백성들의 반응은 기대 이상이다(대하 24 : 11-14를 보라). 많은 감사 제물과 번제물들이 드려져, 제사장들의 일손이 모자라 레위인들이 번제물의 가죽을 벗기는 일을 도와야만 했다. 레위인들은 그들의 "성결하게 함이 제사장들보다 성심이 있었다"는 칭찬을 듣는다(29 : 34). 그러나 이것은 흔히 읽혀지듯이 제사장들에 대한 비난이 아니다. 성전 관리들이 비상사태에 직면한 것이다. 이러한 즉흥적이고도 복잡한 신앙의 모습은 모두에게 갑자기 일어났다. "이 일이 갑자기 되었으나……"(29 : 36). 역대기 사가는 레위인이 필요하다면 제한적으로 제사장의 역할로 봉사할 수 있다는 가능성을 인정하고 있는데, 이것은 다시 한번 역대기의 레위인과 옛 레위인의 전통에 대한 상호 보완적인 입장을 보여 준다. 그러나 여전히 레위인은 역대기에서 희생 제사를 드리지 않는다. 이 임무는 여전히 제사장에게 한정되어 있다. 또 레위인들이 번제물의 가죽을 벗기는 일에 참여하는 것조차도 특수 상황에 대한 용인을 나타내 주는 것이지 그들의 지위가 근본적으로 변했다는 것을 말해 주지 않는다.

성전이 정화되고 회복되자 히스기야는 재통일과 개혁으로 관심을 돌린다. 역대하 30 : 1에서 분명히 에브라임과 므낫세를 포함한 "온 이스라엘과 유다"가 유월절을 위하여 예루살렘에 소집된다. 보통 유월절은 첫째 달 14일에 행해졌다(민 9 : 1-3). 그러나 유월절은 "성결하게 한 제사장들이 부족하고 백성도 예루살렘에 모이지 못하였으므로"(대하 30 : 3) 규정된 때에 시행될 수 없었다. 토라는 만일 예배자가 시체에 닿아 부정하거나 혹은 여행 중이어서 규정된 때에 절기를 지킬 수 없다면(민 9 : 9-11) 유월절을 한 달 후에 지키는 것을 허용한다. 그러나 여기에서는 그러한 규정이 전 국민에게 확대 적용된다.

여기서 주어진 유월절 연기의 원인들은 두 가지 흥미로운 가정을 낳는다. 첫째, 큰 회중이 모였기 때문에 성결하고 제물을 드릴 준비가 된 제사장이 보통 이상으로 요구되었다고 생각된다. 히스기야의 속죄제에 대한 대 응답에 의해 초래된 위기가 보여 주었듯이 첫째 달에 너무 적은 제사장들이 제의를 위해 준비하였다. 또 그 제의는 유다 백성들과만 관련되었다. 히스기야의 유월절에 예상된 '많은 수'는 온 이스라엘 영토에 대한 옛 표현인(가령 삿 20 : 1 ; 삼하 3 : 10, 24 : 2 ; 대상 21 : 2 ; 왕상 4 : 25를 보라.) "브엘세바에서 단까지"(30 : 5)를 말한다. 히스기야의 유월절은 유다뿐만 아니라 우리가 보겠지만 북왕국의 남은 자들과도 연관된다.

둘째, 유월절은 예루살렘에서 거행된다고 생각된다. 신명기 16 : 5~6에 의하면 유월절 제사는 예루살렘에서만 드려야 한다. 확실히 제2성전 시대에 이것은 선호된 관행이었다(눅 2 : 41 ; 요 2 : 13, 11 : 55를 보라). 그러나 출애굽기 12 : 1~28에서 유월절 의식은 개개인의 가정에서 지켜진다. 많은 학자들은 유월절이 예루살렘에서 지켜져야 한다고 요구하는 신명기법이 예루살렘 예배 중앙화 정책의 일부로써 요시야 왕 때 나온 것이라고 주장하였다. 결국 요시야의 개혁은 신명기서와 비슷한 것을 많이 말하고 있다. 실제로 열왕기하 22 : 3~23 : 25은 주전 622년에 성전에서 발견된 두루마리에 대해서 말하고 있다. 이 두루마리는 요시야에게 깊이 영향을 미쳐 요시야는 그 가르침에 따라 왕국을 재정립하였다. 대부분의 해석자들은 이 책이 자주 요시야 시대로 자리 매김 되는 신명기의 어떤 형태였다고 믿는다(다음에 나올 요시야 통치에 대한 논의를 보라).

그러나 히스기야 통치 동안 일어난 큰 변화들은 히스기야로 하여금, 특히 이스라엘의 모든 남은 자들을, 중앙 성소를 중심으로 연합하는 일에 관심을 갖게 했을 것이다. 히스기야 제4년에 대재앙이 북왕국을 덮쳤다(왕하 18 : 9-12). 이스라엘의 마지막 왕 호세아(주전 732-724년)에 의해 실패한 마지막 반란은 앗수르의 살만에셀 5세(주전 727-722년)로 하여금 북왕국을 진멸하도록 재촉하였다. 수도 사마리아는 주전 722년에 긴 포위 끝에 함락되었고, 이스라엘은 멸망하였다. 살만에셀의 후계자 사르곤 2세(주전 722-705년)는 많은 무리의 인구를 끌어 갔고, 그의 제국 외의 다른 곳 출신 난민들을 그 땅에 정착하게 하였다. 이 흩어진 이스라엘 백성들은 역사에서 사라지고 이스라엘의 전설적인 '사라진 지파'가 된다. 그러나 앗수르의 무기라 할지라도 모든 사람을 죽이거나 끌고 갈 수는 없다. 원주민의 일부는 남아 있거나 산간에 숨었고, 혹은 난민으로 남유다 속으로 조금 흘러 들어갔다. 분명히 히스기야는 이들 북지파의 남은 자들에게 손을 뻗어서 여로보암의 반역으로 다윗 가문에서 떨어져 나간 영토를 회복하는 데 관심이 있었을 것이다. 특히 제국의 다른 곳에서 일어나는 반란들 때문에 앗수르의 관심은 다른 곳에 집중되어 있었을 때였다.

히스기야의 관심은 그의 아들이자 후계자에게 북왕국 지파의 둘째 조상의 이름을 따 붙인 이름 므낫세에서 잘 드러난다(옛 북왕국은 '에브라임과 므낫세'로서 지칭될 수 있었다는 것을 유의하라. 대하 30 : 1, 10, 31 : 1). 또한 요시야의 개혁에 영감을 불어넣은 두루마리가 성전에서 발견되었다는 열왕기하 22 : 3~23 : 25의 주장을 숙고하라. 만일 정말로 신명기법의 핵심이 히스기야 시대까지 올라간다면 이것이 바로 그 경우가 되었을 것이다. 히스기야 개혁 때 수집된 율법책이 성전에 감춰지고 므낫세와 암몬 시대에 잊혀졌다가 요시야 시대에 다시 발견되었을 것이다. 끝으로 30장에는 불일치 요소들, 즉 유월절의 연기된 날짜, 제의적으로 정결하지 못한 자들의 유월절 참석, 마지막으로 축제를 즉흥적으로 한 주 연장한 것이 있음을 주목해 보라. 만일 역대기 사가가 히스기야의 이야기를 고안하였다면, 자신의 이야기를 더욱 전형적이면서 덜 어렵게 하고자 노력하였을 것이다(Williamson 1982, 362-364). 간단히 말해서 남과 북을 예루살렘 한 성소에서 하나가 되게 하는 역대기 사가의 히스기야 유월절에 대한 기록은 옛 유다 자료에서 끌어 왔을 것이고, 이스라엘의 과거에 대한 진정한 기억을 제시하고 있다.

역대기 사가는 북왕국에 대한 이러한 개방성을 왕에게만 돌리지 않는다. 북쪽 지파들을 초대하기 위한 결정은 "왕과 온 회중"에 의해서 이루어진다(30 : 4). 반면 초대하는 편지들은 "왕과 방백들로부터" 온다(30 : 6). 그의 조상 여호사밧처럼 히스기야는 그의 통치에 있어서 민주적인 성향을 보여 준다(Japhet 1993, 941 ; 대하 17 : 7-9, 16에 대한 위의 논의를 보라). 백성들이 히스기야의 결정에 참여하는 것은 회개한 공동체의 범위에 대한 또 하나의 증거이다(29 : 31-36를 보라). 여호와께 재헌신한 백성들은 자신들의 왕이 인도하는 곳으로 부지런히 따라간다.

히스기야의 초대 편지(대하 30 : 6-9)는 주로 "앗수르 왕의 손에서 벗어난"(30 : 6) 옛 북왕국 생존자들을 언급한다. 이들은 "여호와께 범죄한"(30 : 7) 그들의 조상들의 죄를 거부하도록 요구받는다. NRSV 성경에서 'faithless'(히브리어 '마알', 〈한글 개역 '범죄'〉)로 옮긴 용어는 역대상 5 : 25에서 'transgressed'(범죄한)으로 나온다. 두 경우 모두 북왕국을 멸망으로 이끈 것은 여호와에 대한 불신실함이다. 이 불신실함의 성격은 그 해결책에 의해 분명해진다. "여호와께로 돌아오라" — 즉 "영원히 거룩하게 하신 전에 들어가라"(대하 30 : 6, 8-9). 성전과 제의를 거부함으로써 북왕국 지파들은 여호와를 거부하였다(13 : 8-12을 보라). 이제 성전으로 돌아와 진심으로 여호와를 예배함으로써 그들은 그들의 불신실함을 신실함으로 대체하고 다시 한번 여호와 임재의 축복을 경험할 것이다. 심지어 그들의 잡혀간 동족까지 돌아올 것이다(30 : 9).

히스기야의 편지는 역대기 사가의 또 하나의 걸작이다. 우리가 보았듯이 이 편지는 문학적 역사적 문맥에서 북왕국의 남은 자에게 말하고 있지만, 그것은 "온 이스라엘과 유다"에 두루 보내진다(대하 30 : 6, 강조는 저자의 것 ; 30 : 10과 비교하라). 이것은 또한 역대기 사가의 유다 공동체에게 말하고 있다. 역대기에서 이스라엘의 멸망이 불신 때문에 임했던 것처럼(대상 9 : 1 ; 대하 36 : 14 ; Johnstone 1998, 96-97) 예루살렘의 멸망과 유다의 포로 사건이 임할 것이다. 히스기야의 편지는 북왕국의 남은 자들의 상황뿐만 아니라 포로기 이후 공동체의 상황에 대해서도 말하고 있다. 이 편지의 중심 주제는 돌아옴과 회개이다. 히브리어 단어 '슈브'(영어 본문에서 '돌아서다'와 '돌아오다'로 사용된다.)는 반복해서 나온다. 역대기 사가의 공동체는 포로 귀환에 대한 하나님의 약속의 진실성을 경험했다. 이제 그들은 히스기야의 공동체처럼 성전과 옛 제의로 돌아옴으로써 하나님의 신실함에 신실함으로 반응해야 한다.

히스기야의 편지는 포로기 이후 공동체에게 말하는 스가랴 1 : 2~4의 형태를 모방하고 있다(Williamson 1982, 367-368). 역대기에서처럼 스가랴에서도 주제는 돌아옴과 회개이다. "그러므로 너는 그들에게 말하기를 만군의 여호와께서 이처럼 이르시되 너희는 내게로 돌아오라 만군의 여호와의 말이니라 그리하면 내가 너희에게로 돌아가리라 만군의 여호와의 말이니라"(슥 1 : 3). 두 구절 모두에서 조상들의 죄들은 거부되어야 하고(30 : 8과 슥 1 : 4를 비교하라.), 그래서 조상들에게 향했던 여호와의 진노는 그들의 후손들에게 닥치지 않을 것이라(30 : 8 ; 슥 1 : 2)는 것도 주목해 보라. 다시 한번 역대기 사가는 성경 말씀 속에서, 특별히 예언자의 말씀 속에서 그 자신의 공동체를 위한 하나님의 말씀을 발견한다.

슬프게도 히스기야의 초대는 그의 사신들을 비웃고 조롱하는 북쪽의 많은 이들에 의해 거절된다(30 : 10). 독자들은 심부름꾼이 조롱받고 학대당하는 혼인 잔치에 대한 예수의 비유를 상기할 것이다(마 22 : 1-14 ; 눅 14 : 15-24). 그러나 예수의 비유에서처럼 초대받은 자들이 응답하지 않았다는 것은 잔치가 열리지 않았거나 실패였다는 것을 의미하는 것이 아니다. "아셀과 므낫세와 스불론 중에서" 몇 사람이 겸손한 마음으로 잔치에 응한다(자신을 낮추는 것의 중요성에 대해 7 : 14에 대한 위의 논의를 보라). 반면 유다에서의 반응은 또 다시 감동적이다. 백성들은 '한마음'으로, 즉 연합, 헌신, 그리고 하나의 목적으로 응답한다(대하 30 : 12 ; 다윗을 왕으로 삼기 위해 온 사람들도 마찬가지로 '한마음'이었다는 대상 12 : 38을 보라). 결국 기대했던 대로, 잔치를 위해 예루살렘에 모인 사람들은 '매우 큰 모임'이었다(대하 30 : 13).

역대하 30 : 13, 21에서 무리가 축하하기 위해 모였던 축제는 유월절보다는 오히려 '무교절'이라 불리고 있다. 이 두 절기는 대부분의 성경 본문들 속에서 밀접하게 연결되어 있다(출 12 : 1-20 ; 레 23 : 4-8 ; 막 14 : 1). 실로 유월절과 무교절은 때로 결합되어 있고(신 16 : 1-8 ; 겔 45 : 21-24), 신약시대에는 분명히 같은 것으로 인식된다(눅 22 : 1). 그러나 그들은 다른 기원들을 가지고 있는 것 같다. 히브리 성서의 가장 오래된 법전인 듯한 '계약법전'(출 20 : 22-23 : 33)은 무교절을 세 개의 순례 절기에 포함시키면서 유월절은 언급하지 않는다(출 23 : 15 ; 출 34 : 18, 22-23과 대하 8 : 12). 만일 유월절과 무교절의 결합이 예루살렘에서 예배의 중앙화와 연결되어 일어났다면(신 16 : 1-8이 제안하듯이), 역대기 사가는 여기에서 히스기야에게로 소급되는 개혁을 기술할 것이다. 다르게는 히스기야의 축제 절기가 원래 무교절이었을 것이고, 이 이야기에서 그 둘의 결합은 자신의 공동체 관행을 반영하는 역대기 사가의 작품일 것이다(Williamson 1982, 363-365).

왕의 초대에 부응하여 예루살렘에 모인 예배자들은 히스기야가 예루살렘에 대하여 명령했던 성전 정화를 확장한다. 예루살렘에 있는 제단들, 특히 분향단들을 가져다가 성전에서 제거된 부정한 기물들을 둔 기드론 시내에 던져 버린다(30 : 14 ; 어긋난 분향 제사에 대해 ; 26 : 16과 28 : 3을 보라). 제사장과 레위인이 아니라 백성들에 의해 수행된 이 행동은 또 다시 공동체가 여호와께 헌신했음을 보여 준다.

성전뿐 아니라 성읍을 정화한 후 축제는 둘째 달 14일 때에 맞게 시작한다(민 9 : 9-11을 보라). 평신도들의 모범에 의해서뿐만 아니라, 첫 달에 준비하지 못했던 것에 부끄러운 제사장들과 레위인들은 충분한 인원으로 봉사할 준비를 한다(30 : 15). 그들은 "하나님의 사람 모세의 율법에 따라" 자신들에게 행한다(30 : 16). 역대기의 다른 곳에서처럼 성경은 올바른 예배의 방향을 제공한다.

제사장과 레위인이 준비한 것은 다행이었다. 많은 수의 참석자들이 제의적으로 부정하여 스스로 희생 제물을 잡을 수 없었기 때문이다. 레위인들은 그들을 위해서 이 일을 행해야 했다(30 : 17 ; 레위인들의 희생 제물 도살에 대하여 스 6 : 20 ; 겔 44 : 11도 보라). 그들의 부정에 대한 이유는 언급되지 않는다. 그러나 부정해진 많은 사람들이 북에서 왔기 때문에 (30 : 18), 우리는 여기에서 제의적 정결을 구성하는 것 혹은 유월절 준수의 요구 조건에 대한 서로 다른 사상들을 발견할 수 있다. 역대기 사가의 관점에 따르면 이것은 "그들이 규례와는 다르게 유월절 양을 먹었다" (30 : 18), 즉 성서에 있는 하나님의 말씀을 어겼음(30 : 5를 보라.)을 의미한다. 그러나 히스기야는 이들의 참여를 금지하기보다 그들을 위해 기도한다. "……선하신 여호와여 사하옵소서 결심하고 하나님 여호와를 구하는 사람은 누구든지 비록 성소의 결례대로 스스로 깨끗하게 못하였을지라도 사하옵소서 하였더니"(30 : 18-19). 여호와는 왕의 기도를 듣고, 공동체는 고침을 받는다(30 : 20 ; 7 : 14를 비교하라).

히스기야의 기도와 여호와의 호의적인 반응은 엄격한 율법주의에 일격을 가한다. 엄격한 제의적 정결 상태보다 하나님을 구하는 마음을 갖는 것이 더 중요함은 분명하다. 이와 유사하게 미가는 묻는다. "사람아 주께서 선한 것이 무엇임을 내게 보이셨나니 여호와께서 네게 구하시는 것은 오직 정의를 행하며 인자를 사랑하며 겸손하게 네 하나님과 함께 행하는 것이 아니냐"(미 6 : 8). 예수도 그의 가르침에서 "율법의 더 중한 바 정의와 긍휼과 믿음"을 제의법보다 더 위에 두었다(마 23 : 23). 그래서 예수는 안식일에 병을 고쳤고, 인간의 필요에 대처하는 것이 랍비의 엄격한 규정을 준수하는 것보다 더 중요했다(막 3 : 1-6).

이와 관련하여 초기 교회를 분열시킨 문제, 즉 우상에게 드린 제물 문제에 대한 바울의 해결이 특히 교훈적이다. 사도행전 15 : 20에 의하면 "우상에 의해 더럽혀진 것들을" 멀리하는 것은 유대인이나 이방인이나 모든 신자들이 준수해야 하는 유대법의 최소치였다. 요한계시록도 비슷하게 우상에게 바쳐진 음식을 먹은 자들은 그리스도로부터 떨어져 나갔다고 주장했다(계 2 : 14, 20). 그러나 다른 기독교인들은 오직 한 분이신 참 하나님만 존재하므로 우상들은 조형물에 불과하다고 생각한다. 그것들에게 바쳐진 음식은 다른 종류의 음식과 하등의 차이가 없다(고전 8 : 1-6을 보라). 바울은 이 문제를 율법적으로 해결하기를 거부한다. 그는 음식 자체가 문제가 아니라고 주장하였다. 실로 중요한 것은 서로 그리스도의 지체라는 것을 느끼는 것이었다. 만일 '더 약한' 기독교인들이 다른 신앙인들이 우상에게 바친 음식을 먹는 것을 보고 그들의 믿음이 위협받는다면 '더 강한' 기독교인들은 삼가야 한다(고전 8 : 7-13).

오늘날 교회는 다른 문제와 논쟁점들로 나뉘어 있다. 우리는 여전히 우리의 성경 읽기든 공동체 기준의 적용에서든, 우리의 차이들을 해결하기 위해서 율법주의에 호소하려는 유혹을 받는다. 그러한 호소가 아무것도 해결해 주지 못할지라도 말이다. 우리는 성경 자체는 이 좁고 융통성 없는 기준을 거부한다는 것을 기억해야 할 것이다. 히스기야처럼 우리의 부족한 용의주도함을 메워 줄 하나님의 은혜를 신뢰하는 것이, 또 여호와에 대한 헌신이 우리의 첫째이자 가장 지고한 소명이라는 것을 기억하는 것이 얼마나 더 나은가.

칠 일간의 축제는 찬양과 기쁨으로 계속된다(30 : 21-22). 히스기야는 특히 레위인의(레위인 음악가일 것이다.) 능력과 인도력을 칭찬한다. 그런데 회중들은 멈추고자 하지 않는다. 그들은 한 주간 더 연장하기로 동의한다. 히스기야와 그의 관리들은 한 주 더 계속할 수 있는 희생 제물과 거룩한 식사를 위한 동물을 제공하고, 제사장들은 회중의 희생 제사를 드릴 충분한 수의 성결한 인력이 있음을 확인해 준다(30 : 24 ; 성전을 위해 제공되는 일반 지도자들의 책임에 대해서는 31 : 3을 보라).

이 흥겨운 잔치에 참여한 자들의 명단은 포괄성을 증거해 준다. 유다 온 회중, 제사장들과 레위인들, 이스라엘에서 온 모든 회중, 이스라엘 땅에서 나온 나그네들이다(30 : 25). 역대기 사가는 "이스라엘 왕 다윗의 아들 솔로몬 때로부터 이러한 기쁨이 예루살렘에 없었다"고 흥분한 어조로 보도하고 있다(30 : 26). 히스기야의 유월절은 이전에 분열된 왕국을 통일시켜 주었다. 비록 작은 규모이지만 여로보암 반란 이전 시대로 돌아간 것이다. 예배는 레위인 제사장의 축도로 끝이 난다(NRSV 성경에 나와 있듯이 '제사장들과 레위인들'이 아니다. 축도에 대한 제사장들의 책임에 대해서 대상 23 : 13 ; 민 6 : 22-27을 보라). 제사장들의 소리는 여호와의 "거룩한 처소 하늘에" — 솔로몬의 성전 봉헌기도 구문을 상기시켜 주는 표현이다(6 : 21을 보라) — 들린다(30 : 27).

여전히 여호와 앞에서의 축제로 인해 생겨난 열정들로 가득 차 돌아가는 예배자들은 예루살렘의 정화를 나라 전역으로 확장시킨다(31 : 1). 역대기에서는 왕보다 백성들이 "주상을 깨뜨리고 신성한 장대를 베어 버리고 산당들과 제단들을 제거하였다"는 것을 제외하고는, 이곳의 본문은 열왕기(왕하 18 : 4)에 나오는 히스기야 개혁에 관한 기사를 참고하고 있다. 온 이스라엘이, 북과 남이 똑같이 정화된다. 그러고 나서야 백성들은 고향으로 돌아간다. 그러나 히스기야의 유월절에 참석한 사람들에게 그 어떤 것도 지금까지와는 동일할 수 없었다. 그들은 더 이상 나뉘어 대치하는 백성들이 아니다. 그들은 함께 예배하면서 다시 한번 한 믿음과 목적으로 묶인 한 이스라엘이 되었다. 바른 예배와 바른 행위는 히스기야의 개혁에서 뗄 수 없이 결합되어 있다. 실로 바른 행위에 힘을 실어 주고 바른 행위를 불러일으키는 것은 바른 예배이다.

히스기야의 개혁은 다윗에 의해 제정된 대로 제사장들과 레위인들의 반열의 회복과 정규 제의의 회복으로 계속된다(대상 23 : 2-26 : 32을 보라). 제의는 희생 제사에 대해 책임을 진 제사장들과 "여호와의 휘장 문에서 섬기며 감사하며 찬송하는" 소임을 맡은 레위인들의 공동 책임이다(31 : 2). "여호와의 휘장"이라는 표현은 성막을 수호하는 책임을 진 레위인들이 그 둘레에 진을 치고 있었던(민 1 : 53) 광야 방랑 시대를 상기시켜 준다. 이와 유사하게 역대상 9 : 19에서 레위인 문지기들은 "수종 드는 일을 맡아 성막 문들을 지켰으니 그들의 조상들도 여호와의 진영을 맡고 출입문을 지킨다." 그러므로 "여호와의 휘장"은 성전 건물 전체에 대한 시적 표현이다.

정기적인 제사를 위한 희생 제물들은 히스기야가 직접 제공한다(31 : 3). 솔로몬도 성전의 상번제를 제공했다(8 : 12-13). 분명히 이것은 역대기 사가의 시대에 있었던 페르시아 시대의 관습을 반영한 것이다. 에스라 6 : 6~12에 나오는 아람 문서에 페르시아의 통치자 다리우스는 분명히 예루살렘 성전에 대한 국가적 지원을 분명히 하는 칙령을 발포한다. 첫째, 그는 성전 재건의 비용이 왕실 국고에서, 특히 예루살렘이 위치한 '아바르 나하라'(Abar-Naharah) 지역의 국고로부터(스 6 : 8) 충당될 것을 지시한다. 다음으로 다리우스는 성전 예배에 필요한 것은 무엇이든지 그 지방 정부에서 매일 제공할 것을 규정하여, 희생 제사가 드려지고 "왕과 그의 자식들의 생명을 위해서" 매일 기도하게 한다(스 6 : 9-10).

예루살렘 성전에 대한 페르시아 국가의 지원은 놀랄 만한 것이 아니다. 이집트 제사장 우쟈호레스네(Udhahoresne)에게 헌정된 조각에서 발견된 맹세의 비문은 다리우스가 이집트에 있는 신전에도 지원했다고 증거하고 있다. 우쟈호레스네는 네이트(Neith-이집트 여신으로 태양신 라의 어머니) 신전과 오시리스 신에게뿐만 아니라 약과 치료 기술을 위해 봉헌된 생명의 집(the House of Life)에서 봉직한 고위 관리였다. 다리우스에 대해서 우쟈호레스네 비문은 "그의 대왕은 그들이 그들의 능력을 십분 발휘할 수 있도록 그들에게 좋은 모든 것을 주라고 명령하였다. 나는 그들에게 필요한 모든 것을, 전에도 그랬듯이 기록된 그들의 모든 장비들을 그들에게 제공하였다"고 선언하고 있다(Lichtheim 1980, 40).

다리우스가 우쟈호레스네에게 임무를 맡긴 것은 아닥사스다(아하수에로) 시대의 에스라의 임무를 상기시켜 준다. 자국민 가운데 뿌리를 가진 종교 관리 한 사람이 페르시아의 권한을 위임받아 경비를 치른 페르시아 신분으로 백성들의 종교 생활을 정립하기 위해 파견된다. 다리우스처럼 아닥사스다 1세는 다리우스와 달리 이 관용 정책에 대해 분명한 한계를 두었지만, 지방의 국고 관리자는 성전에 대하여 법률이 요구하는 무엇이든지 제공하라는 지시를 내렸다(스 7 : 21-23). 비슷한 유형이 에스겔 40~48장, 성전법에 나타난다. 여기서 희생 제의의 비용은 군주의 상당한 재산과 행정구역에서 거두어들인 세금으로부터 정부에 의해 지출된다(45 : 13-17). 간단히 말해서 역대기는 정확히 역대기 사가 당시의 국가로부터 지원받는 성전을 반영하고 있는 것 같다.

그러나 희생 제물을 위한 물질들이 왕으로부터 나오는 반면, 제사장들의 생계와 성소의 유지는 백성들의 헌물에 의존하고 있다(대상 6 : 54-81을 보라). 그 이전 요아스 왕처럼 히스기야는 백성들에게 "제사장들과 레위인들 몫의 음식"을 주라고 요청한다(31 : 4 ; 24 : 4-10의 논의를 보라). 다음 구절에서 "이스라엘 백성들"(여기에서는 성전에서 좀 멀리 떨어진 곳에 사는 북왕국 사람들을 말한 것이다.)은 밭의 소출을 풍성히 드리고, "유다 여러 성읍에 사는 이스라엘과 유다 자손들"(예루살렘에 훨씬 더 가까이 남쪽에 살고 있는 남쪽 사람들과 북쪽 피난민들)은 그들 목장의 동물들을 헌물한다. 그러나 31 : 4에서 명령은 예루살렘 백성들에게만 내려진다. 이것은 '유다'가 그 성읍과 그 인접 지역들로 이루어진 포로기 이후 상황을 반영한 것이다. 그러므로 말라기 3 : 8~10이 보여 주듯이 이러한 십일조를 지불하는 것에 대하여 상당한 반대가 있었다(Klein 1993, 688). 그러나 역대기에서 백성들은 지나칠 정도로 헌물을 하였고, 헌물이 더미를 이루어 성전 구역에 쌓였다. 히스기야가 이러한 더미들에 대해 질문할 때 대제사장 아사랴는 "백성이 예물을 여호와의 전에 드리기 시작함으로부터 우리가 만족하게 먹었으나 남은 것이 많으니 이는 여호와께서 그의 백성에게 복을 주셨음이라 그 남은 것이 이렇게 많이 쌓였나이다"(31 : 10)라고 설명한다.

하나님이 관대한 자들에게 관대함을 베푸신다는 원리는 성경 전반에서 발견된다. 말라기는 여호와의 이름으로 당시의 인색한 공동체에게 도전한다. "만군의 여호와가 이르노라 너희의 온전한 십일조를 창고에 들여 나의 집에 양식이 있게 하고 그것으로 나를 시험하여 내가 하늘 문을 열고 너희에게 복을 쌓을 곳이 없도록 붓지 아니하나 보라"(말 3 : 10). 예수도 그의 추종자들에게 "주라 그리하면 너희에게 줄 것이니 곧 후히 되어 누르고 흔들어 넘치도록 하여 너희에게 안겨 주리라 너희가 헤아리는 그 헤아림으로 너희도 헤아림을 도로 받을 것이니라"(눅 6 : 38 ; 고후 9 : 6도 보라.)라고 호소한다. 그러나 중요한 것은 이 원리가 잘못 이해되고 있다는 것이다. 이것은 일확천금을 얻는 신비로운 방법이 결코 아니다. 확실히 주는 삶을 실천하는 사람들은 하나님이 행복과 성취로 그들을 축복했다고 우리에게 말할 것이다. 바울이 관찰하듯이 우리에게는 우리가 받을 축복이 주어진다. 그것은 우리가 훨씬 더 많이 주기 위함이다(고후 9 : 8). 결국 온 세상은 주님의 것이다. 우리의 나눔은 사실상 되돌려 주는 것뿐이다(대상 29 : 14). 역대기에서 백성들이 관대하게 주기 때문에 그들은 넉넉히 축복을 받으며, 그리하여 그들은 오히려 더 많이 주게 된다.

풍성한 헌물을 두기 위하여 히스기야는 성전 안에 건축된 방들을 마련한다(대하 31 : 11 ; 왕상 6 : 5-6 ; 겔 41 : 5-11을 보라). 이 재산을 관리하기 위하여 다윗이 했던 것처럼 히스기야는 레위인 관리들을 지명한다(대하 31 : 11-15상 ; 대상 26 : 20-28을 보라). 히스기야는 동문 문지기 고레에게 "여호와께 드리는 것과 모든 지성물을 제사장들과 레위인들의 가족들에게 나눠 줄" 책임을 부여한다(문지기들의 행정 책임들에 대해 대상 9 : 28-29를 보라). 몫은 삼 세 이상인 모든 남자들에게, 반열대로 등록된 자들(즉, 레위인들)과 족보에 등록된 자들(즉, 제사장 ; 대하 31 : 15하-19)에게 주어진다. 삼 세 이하인 자는 제외되었는데, 이는 그들이 양육되고 있고 제사의 몫을 먹을 수 없기 때문이다. 레위인들이 '반열대로' 등록되었다는 것은 그들이 수행하는 직무에 따라 조직되어 있다는 것을 의미한다(대상 23 : 4-5을 보라. 20세에 시작하는 레위인의 직무에 대하여 대상 23 : 24, 27의 위의 논의를 보라). 반면에 제사장들은 가문에 따라 조직되어 있다(대하 31 : 17 ; 대상 24 : 1-19).

31 : 20~21에서 역대기 사가는 열왕기에 있는 이야기를 사용한다(왕하 18 : 3, 5-6과 비교하라). 히스기야는 여호와께 신실했고 토라를 준수했다고 우리는 듣는다. 나아가 그는 '전심으로' 여호와를 구했다. 그러므로 하나님은 히스기야를 축복하셨다. 역대기 사가는 한마디로 "그가 형통하였다"고 말한다(31 : 21, 32 : 30). 역대기에는 번영에 대한 필요조건이 매우 분명하게 나타나 있다. 다윗은 그의 아들 솔로몬에게 토라를 준수하면 번영할 것이라고 말한다(대상 22 : 13). 동일하게 예언자 스가랴는 요아스 왕에게 "너희가 어찌하여 여호와의 명령을 거역하여 스스로 형통하지 못하게 하느냐"라고 말한다(대하 24 : 20). 역대기 사가가 형통했다고 하는

왕은 오직 솔로몬(대상 29 : 23)과 히스기야 둘뿐이다.

히스기야의 신실함은 산헤립의 침공에 의해 시험대에 오른다(32 : 1-23 ; 왕하 18 : 13-37 ; 19 : 14-19, 35-37 ; 사 36 : 1-22 ; 37 : 14-20, 36-38). 앗수르 침공 이야기에 대한 역대기 사가의 자료는 열왕기하이다. 이사야서의 편집자도 이것을 사용하였다. 그러나 열왕기에서 히스기야 이야기의 많은 양을 구성하고 있는 이 기사는 역대기에서 압축되고 요약되어 있다. 히스기야의 개혁 보도처럼 열왕기에서 극히 적은 구절로 다루어질 주제가 역대기 이야기에서 많은 양을 차지하고 있다. 역대기 사가는 히스기야의 저항을 기술하지 않는다(왕하 18 : 7-8과 비교하라). 그리하여 산헤립의 침공은 어디에서도 나오지 않는 것 같다. 왕이 예루살렘을 방어하기 위해 취한 세부적인 준비는 히스기야가 언젠가를 위해 준비해 왔다는 것을 보여 준다(32 : 3-8).

히스기야는 반란의 시기를 조심스럽게 정하고 사르곤 2세의 죽음에 맞추어 공격하였다. 사르곤의 계승자가 왕위에 오른 후 얼마 동안 내부 문제와 가까운 곳에서의 반란에 골몰하였기 때문에 히스기야는 분명히 이때가 유다의 방어를 강화할 시간이라고 생각했을 것이다. 북왕국의 생존자들에게 히스기야가 했던 제안은 그가 국내에서 강력한 공동전선을 펼치게 해 주었다. 게다가 우리는 열왕기와 이사야를 통해 히스기야가 그 지역의 다른 열강들, 특히 이집트와 동맹을 결성했다는 것을 알고 있다(왕하 18 : 21 ; 사 36 : 6 ; 사 30 : 1-17). 역대기는 이 동맹을 언급하지 않는다. 외국과의 연루에 대한 역대기 사가의 태도를 보면 이상할 게 없다.

그러나 역대기 사가는 히스기야의 방어 준비를 기술한다. 외벽으로 예루살렘을 요새화하고, 또 밀로를 강화(분명히 흙으로 채워진 계단을 가진 테라스 구조, 일종의 예루살렘 방벽이다. 다윗의 밀로 건축에 대하여 대상 11 : 8을 보라.)한 후, 히스기야 왕은 그의 백성들을 조직하여 무장시킨 후, 장관들을 임명하여 그들을 지휘하게 한다. 역대기 사가는 특히 예루살렘 수로와 관련한 히스기야의 활동을 기술한다. 예루살렘의 주요 수원지는 기혼샘으로, 기드론 골짜기에 있는 '실로아'라 불리는 작은 시내로 흘러드는 샘이었다(왕상 1 : 33 ; 대하 32 : 30 ; 33 : 14 ; 사 8 : 5-8). 이 취약점을 앗수르인들에게 숨기기 위하여 또 그들이 이 수원지에 접근하지 못하도록, 히스기야는 샘물을 막고 샘의 방향을 틀어 성벽 내부에서 파 들어간 터널을 통해 물이 모이게 하였다(32 : 30). 히스기야의 터널과 그의 외벽에 대한 증거는 고고학자들에 의해 발굴되었으며, 이 점에서 역대기 사가의 자료의 정확성을 확증해 준다(Horn and McCarter 1999, 182를 보라).

선왕 아사처럼(14 : 6-7), 히스기야는 왕국을 방어하기 위해 잘 준비하였다. 아사처럼 히스기야도 자신의 힘보다는 여호와를 의지했다(32 : 7-8 ; 14 : 11을 보라). 어느 경우에도 모순은 없다. 두 왕 모두 그들 자신의 능력을 포함한 모든 것이 하나님께로부터 온다는 것을 잘 알고 있다. 그래서 아사와 히스기야의 준비는 믿음의 부족이 아니라 하나님에 대한 신실한 응답을 반영하고 있다. 아사와 히스기야는 승리는 하나님께 속해 있으며 하나님이 합당하다고 간주될 때 주어지는 것임을 안다. 그들의 준비는 부분적으로 하나님이 승리를 주시는 수단이 된다. 루이 파스퇴르의 말을 빌어 보면 은혜는 기회처럼 준비된 마음을 선호할 것이다.

앗수르의 새 왕 산헤립(주전 705-681)은 히스기야의 반란에 지체없이 반응하였다. 열왕기뿐만 아니라 앗수르의 연대기로부터 우리는 그가 팔레스타인 전역에서 승리하였고, 유다에게 백성의 손실을 가져다주었음을 알고 있다(Horn and McCarter 1999, 178-180 ; 왕하 18 : 13). 그러나 역대기는 산헤립이 "유다에 들어와서 견고한 성읍들을 향하여 진을 치고 쳐서 점령하고자 한지라"(32 : 1)라고만 보도한다. 산헤립이 무엇을 생각했던지 간에 역대기는 최종 승리는 여호와께 속함을 암시해 준다.

산헤립은 라기스에서 히스기야에게 항복을 종용하는 사신을 보낸다(32 : 9-15 ; 왕하 18 : 19-35 ; 사 36 : 1-20). 비록 열왕기도 역대기도 라기스의 멸망을 기록하지 않지만, 둘 다 유다의 옛 요새가 유다에 주둔하고 있는 앗수르 군의 전초기지였다고 생각한다. 니느웨에 있는 산헤립 궁정의 벽에서 나온 인상 깊을 정도로 자세한 부조는 포위성을 쌓는 것에서부터 포로들의 행렬까지 라기스의 정복을 묘사하고 있다(Shea 1999,

42-43 ; Pritchard 1969, 129-131, figs. 371-373를 보라).

열왕기에서와 같이 역대기에서 산헤립의 메시지는 실제로 히스기야가 아니라 예루살렘 백성들을 향해 있다(열왕기와 역대기 둘 다 사신들이 국제 외교 언어인 아람어보다 백성들의 언어인 히브리어를 사용하고 있음을 강조한다. 32 : 18 ; 왕하 18 : 26-28 ; 사 36 : 11-13을 보라). 이것은 성을 방어하는 자들의 사기를 저하시키기 위한 선전홍보이다. 그러나 역대기 사가에 의해 편집되었듯이 산헤립의 메시지는 주로 앗수르의 침공을 종교적인 대립으로 만들게 하는 데 기여한다.

첫째, 산헤립은 히스기야가 예루살렘에서만 제사를 드리도록 명령하면서 여호와의 산당들과 제단들을 제거했기 때문에, 여호와가 히스기야를 돕지 않을 것이라고 선언한다(32 : 12 ; 왕하 18 : 22 ; 사 36 : 7). 역사적인 맥락에서 이것은 매우 놀라운 의미를 풍기는 도전이며, 논쟁점에 있는 공동체를 분열하려는 목적을 지니고 있다. 추측컨대 이스라엘에는 히스기야의 중앙화 정책들에 의해 위협을 느끼고 특권을 박탈당했다고 느낀 자들이 있었을 것이다. 그러나 역대기에서 백성들은 자발적으로 먼저는 예루살렘을, 다음으로는 북쪽과 남쪽 땅을 모든 산당들과 제단들로부터 정화한다(30 : 14, 31 : 1). 여기에는 앗수르인들이 이용할 어떠한 분열도 없다. 산헤립의 말은 여호와의 방법들에 대한, 또 이스라엘의 믿음에 대한 철저한 몰이해를 나타내 줄 뿐이다.

다음으로 산헤립은 앗수르가 대제국으로 성공한 역사로 주의를 끈다. "내 조상들이 진멸한 모든 나라의 그 모든 신들 중에 누가 능히 그의 백성을 내 손에서 건져 내었기에 너희 하나님이 능히 너희를 내 손에서 건지겠느냐"(32 : 14 ; 왕하 18 : 33-35 ; 사 36 : 18-20). 여기서 다시 역대기의 더 포괄적인 상황은 산헤립의 교만한 연설이 거짓임을 드러낸다. 지금까지 역대기 사가의 역사서에서 세 번, 즉 선왕(宣王) 아비야(13 : 3-20), 아사(14 : 9-15), 그리고 여호사밧(20 : 1-30)의 시대에 대대적인 외세의 침략이 여호와에 의해 좌절되었다. 그러므로 역대기의 독자는 산헤립도 실패할 것을 잘 알 것이다. 게다가 역대기 사가의 공동체가 겪은 포로 생활에서의 귀환 경험은 하나님이 그의 백성을 구원하기 위해 강대국을 물리칠 수 있음을 말해 주었다. 역대기 사가는 산헤립의 사신들의 치명적인 실수를 경멸적으로 지적한다. "그들이 예루살렘의 하나님을 비방하기를 사람의 손으로 지은 세상 사람의 신들을 비방하듯 하였더라"(32 : 19).

산헤립의 예루살렘 포위 결과는 분명하다. 성서의 증언과 앗수르 연대기에 의하면 포위는 철회되었고 도성은 멸망하지 않았다. 이 놀라운 결과에 대한 설명은 명백하다. 열왕기하의 기사는 세 개의 전승들을 보존하고 있을 것이다. 열왕기하 18 : 13~16에서 히스기야가 그의 성읍을 구하기 위해 국고를 비우고, 산헤립이 요구한 조공을 충당하기 위해 성전 문의 금을 벗겨 주며 온순히 항복한다. 산헤립의 연대기도 비슷하게 히스기야가 '새장 속에 갇힌 새처럼' 그의 도성에 갇혀 조공을 바쳐야 했다고 주장한다(Horn and McCarter 1999, 180). 열왕기하 19 : 6~7(사 37 : 6-7)에서 정신이 혼미한 히스기야는 산헤립이 "소문을 듣고 그의 본국으로 돌아가게 하고 또 그의 본국에서 그에게 칼에 죽게 하리라"는 예언자 이사야를 통한 여호와의 말씀으로 확신을 갖는다. 이 예언은 열왕기하 19 : 36~37(사 37 : 37-38)에서 성취된다. 여기서 다시 앗수르 자료가 부분적으로 확증해 준다. 산헤립은 비록 주전 681년에 이르러서이긴 하지만 그의 아들에 의해 암살되었다. 마침내 열왕기하 19 : 35(사 37 : 36)은 "이 밤에 여호와의 사자가 나와서 앗수르 진영에서 군사 십팔만 오천 명을 친지라"라고 선포하고 있다. 이것은 아마도 앗수르 포위 진영으로 하여금 철회할 수밖에 없게 했던 전염병을 말하는 것 같다.

그렇다면 앗수르인들은 왜 그들의 포위를 더 강화하지 않았을까? 최선의 역사적 설명은 그들이 그럴 필요가 없었다는 것이리라. 효과적으로 반란을 제압하고 히스기야가 조공을 바쳤으므로 산헤립으로서는 예루살렘을 취할 필요가 전혀 없었다. 특히 히스기야의 준비로 인해 도성은 철갑과 같아서 이를 부수기란 매우 어려울 것 같았기 때문이다(Horn and McCarter 1999, 183). 그러나 당대 최고의 군사력이 예루살렘을 정복하지 않고 철수했다는 것은 하나님이 자신의 성읍을 기적적으로 보존하신다는 것에 대한 증거로 기억되었다. 자료를 집약적으로 압축시킨 역대기에서 신실한 히스기야와 이사야 예언자의 기도는 여호와를 움직여 앗수르 군대를 파괴할 천사를 보내게 한다. 아비야와 아사와 여호사밧처럼 히스기야도 여호와에 의해 침략자로부터 구원된다. 실로 역대기에서 산헤립의 침공은 신기하게도 히스기야에 대한 여호와의 축복을 확증해 준다(Williamson 1982, 378). 역대기에서 히스기야가 앗수르에 조공을 바쳤다는 언급은 없다. 실로 선왕(先王) 여호사밧과 솔로몬처럼 히스기야는 이방 강대국들로부터 예물을 받고, 이후부터 모든 나라의 눈에 존귀하게 되었다(32 : 23).

히스기야의 병(32 : 24)과 바벨론 사절단들의 방문(32 : 25-26, 31)에 대한 역대기 사가의 기사는 산헤립 침공보다 훨씬 더 정교하게 편집되어 있다. 역대기의 기사는 매우 축소되어 있어서 열왕기의 자료를 참고하지 않고는 이해할 수가 없을 정도이다(왕하 20 : 1-21 ; 사 38 : 1-39 : 8). 히스기야의 병에 대하여는 최소한의 사실만 기록되어 있다. 히스기야가 병에 걸려 기도하자 여호와가 표징으로 그에게 응답하신다. 역대기 사가는 그의 독자들이 해시계에서 그림자가 뒤로 물러나고, 히스기야의 병이 치료되는 놀라운 기적 이야기를 알고 있다고 생각한다. 이 이야기를 역대기 사가는 다시 말하지 않는다. 그 이유는 그것을 기적의 이야기로 믿지 않거나, 아니면 중점이 종교개혁으로 축복 받은 왕으로서의 히스기야에서 벗어나기 때문일지도 모른다. 앞뒤가 잘려진 현재의 형태로 이 사건은 통치 후반에 병을 얻어 히스기야처럼 기도를 하기보다는 의원을 찾았던(16 : 12를 보라.) 아사의 이야기와 대조를 이룬다.

므로닥 발라단에 대한 역대기 사가의 이야기는 훨씬 더 간결하다. 자신의 교만 때문에 히스기야는 하나님의 진노에 예속되지만, 자신을 낮추기 때문에 진노는 그의 통치 기간 동안에 임하지는 않는다. 역대기 사가는 독자가 바벨론의 왕 므로닥 발라단의 사절단이 히스기야를 방문하고, 그들에게 히스기야가 자랑스럽게 왕국의 모든 부를 보여 준 일을 알고 있다고 생각한다. 이사야는 이 이야기를 듣자 바벨론이 언젠가 다시 돌아와 왕과 성전의 보물을 약탈하고 백성들을 포로로 끌고 갈 것이라고 선언한다. 역대기 사가는 "만일 내가 사는 날에 태평과 진실이 있을진대 어찌 선하지 아니하리요"(왕하 20 : 19 ; 사 39 : 8와 견주어 보라.)라는 히스기야의 이기적인 반응을 가장 잘 처리한다. 하나님의 진노가 미래 세대로 연기된 것은 이와 유사한 여호사밧의 이야기를 상기시켜 준다. 여호사밧의 회개와 개혁은 그의 외세 동맹으로 인한 진노를 그의 악한 후손들의 통치 시대로 바꿔 놓는다(19 : 2-3의 논의를 보라).

어쩌면 역대기 사가는 바벨론 사절단의 이야기가 적어도 포로 생활의 일부 책임을 히스기야에게 돌리기 때문에 이것을 다시 말하지 않을지도 모른다. 이것은 히스기야가 가장 훌륭한 개혁가로 평가되고, 포로 사건이 유다의 불신으로 말미암아 발생되었다고 하는 역대기 사가의 이야기를 필요없이 복잡하게 하기 때문일 것이다. 그러나 역대기는 그 방문을 히스기야의 막대한 부의 기록에 대한 응답으로 마지막에서 언급한다(32 : 31). 역대기 사가는 일반적으로 정치에 대해 무관심하기 때문에 그 방문에 대한 어떤 인간적인 동기도 주어지지 않는다. 오히려 바벨론 사절단들은 하나님으로부터 온 시험이었다고 한다. 슬프게도 다윗처럼 히스기야도 교만의 유혹에 희생물이 된다(대상 21 : 1-27). 그러나 하나님은 자비롭고 용서하시며, 히스기야에게 그가 살아 있는 동안 평화와 안전을 주신다.

32 : 27~30에 나오는 히스기야의 경제적 팽창에 관한 기술은 역대기 역사서의 문맥에서 신실한 개혁자에게 임한 하나님의 축복을 확증해 주는 데 이바지한다. 그러나 이 묘사는 분명히 믿을 만한 옛 유다 자료에서 끌어온 것이다. 고고학적 증거는 히스기야 시대에 엄청난 경제적 팽창이 있었음을 암시한다. 'lmlk' 항아리('왕에게 〈속함〉'이라는 단어들이 찍혀 있고 히스기야의 시대에 속하는 기름과 포도주를 담는 토기 항아리)와 히스기야의 왕실 문양이 찍힌 토기 인장들의 폭넓은 분포는 특히 중요하다(Vaughn 1999, 166에 있는 표를 보라). 실제로 히스기야 개인의 인장은 빛을 보게 되어, 이 옛 왕과의 매력적인 개인 관계들을 보여 준다(Horn and

McCarter 1999, 177). 간단히 말해서 히스기야는 정말로 역대기가 주장하듯이 유다 전역에 "곡식과 포도주와 기름 소출을 위한 …… 저장고"를 지었으며, 또 실제로 자신을 위하여 성읍들을 대비하였다.

역대기 사가는 히스기야 통치에 대한 그의 자료를 예언자 이사야의 것으로 돌린다. 히스기야의 이야기에서 이사야의 역할을 생각해 볼 때 그리 놀라운 일이 아니다(32 : 32 ; 왕하 20 : 20과 비교하라). 유다의 다른 선왕(宣王)들처럼 히스기야는 왕실 묘지에 묻혀 모든 이로부터 영광을 받는다.

역대하 33 : 1~20

므낫세(왕하 21 : 1-10, 17-18)

므낫세는 유다 역사에서 어떤 왕보다도 오래 다스렸다(55년). 그러나 건강과 평화와 안정의 축복을 받았음에도 불구하고 그는 의의 모범과는 거리가 멀다. 역대기와 열왕기 모두에서 므낫세의 통치는 히스기야 개혁에서 급하게 후퇴하고 있음을 보여 준다. 이스라엘이 가나안에 입성한 이래로 그 땅에서 그러한 우상숭배가 행해진 때는 없었다(33 : 2 ; 왕하 21 : 2). 므낫세는 히스기야 시대에 백성들이 제거했던 산당을 다시 짓고, 히스기야의 성전 회복 때 제거했던 제단들(33 : 4-5 ; 29 : 16-17을 보라.)을 성전과 마당으로 다시 들여옴으로써 그의 아버지의 개혁을 원상태로 돌려놓는다(33 : 3 ; 31 : 1를 보라).

므낫세가 섬긴 신들은 옛 가나안의 남녀 신들, 특별히 풍요의 신 바알과 아세라와 '천군'(일월성신, 특히 별자리 12궁도와 관련된 신들이다. 신 4 : 19 ; 17 : 3을 보라.)이다. 역대하 33 : 3에 대한 NRSV 성경에는 히브리어 '아쉐라'가 'sacred pole'(신성한 장대)로 되어 있다(31 : 1을 보라). 여신의 이름으로 불리는 이러한 장대들은 분명히 여신을 예배하는 데 사용된 제구(祭具)이다. 이들의 사용은 토라에 절대적으로 금지되어 있다(출 34 : 13 ; 신 7 : 5, 12 : 3). 역대기는 므낫세가 "바알 제단을 세우고" 또 "신성한 장대들을 만들었다"(33 : 3, 강조하여 더하고 있다.)고 보도한다. 반면 열왕기하 21 : 3에서는 단수가 사용된다. 역대기 사가의 복수 사용은 므낫세의 우상숭배를 더욱 강화시킨다. 또한 이것은 브올의 바알(민 25 : 3)이나 "에그론의 신 바알-세붑"(왕하 1 : 2-3)의 예에서 볼 수 있듯이, 신이 여러 장소에 현시하는 것과 동일하게 나타나는 가나안 종교의 특징을 반영하고 있다.

아하스처럼 므낫세는 "힌놈의 아들의 골짜기"에서 행해지던 유아 희생 제사에 참여한다(33 : 6 ; 위에 있는 28 : 3의 논의를 보라). 그는 "점치며 사술과 요술을 행하며 신접한 자와 박수를", 즉 이스라엘 백성들에게 금지된 예지에 관한 초자연적인 원천(신 18 : 9-12을 보라. 여기에는 33 : 6에서처럼 유아 희생 제사와 신접 행위들이 연결되어 있다.)을 신임하였다. 역대기에서 이러한 행동들은 중개자를 찾고 그리하여 "그의 불신실함 때문에 죽었던" 사울 왕을 특별히 떠올리게 한다(대상 10 : 13-14).

역대하 33 : 4, 7~8에서 므낫세는 두 번 여호와의 말씀을 거역하여 행동한 것에 대하여 비난 받는다. 어떤 본문도 성서의 특정 본문을 언급하는 것 같지 않다. 오히려 둘 다 하나님의 예루살렘 선택에 관한 신명기 신학을 요약하고 있다(신 12 : 2-7 ; 왕상 8 : 29을 보라). 그러나 독자는 이 선택이 번복할 수 없는 것이 아님을 떠올린다. 오직 "그들이 내가 명령한 일들 곧 모세를 통하여 전한 모든 율법과 율례와 규례를 지켜 행하면"(33 : 8 ; 왕하 21 : 8), 하나님의 이름은 예루살렘에 머물 것이고, 하나님의 백성은 약속의 땅에 머물 것이다. 므낫세의 행위들은, 특히 그가 독단적으로 행하지 않고 '유다와 예루살렘의 거민들'이 따랐을 때, 이스라엘 존재의 바로 그 기초를 위협한다(33 : 9). 선왕(宣王) 히스기야의 영향이 모든 이스라엘을 개혁했던 것처럼, 악한 왕 므낫세의 영향은 그의 백성들을 타락시킨다.

33장의 처음 아홉 구절에 대하여 역대기에 나오는 므낫세의 이야기는 열왕기에 나오는 자료를 거의 수정하지 않고 따른다. 그러나 다음에 두 기사들은 첨예하게 이탈하고 있다. 이런 이탈의 이유는 한편은 신명기 사가의 신학적인 목적에, 다른 한편은 역대기 사가의 신학적인 목적에 놓여 있다.

신명기 역사서는 이스라엘의 과거를 신명기의 계약적 축복과 저주의 용어로 해석한다. 이스라엘이 여호와의 계명에 순종할 때 국가는 축복을 받고, 계명을 위반할 때 국가는 저주를 받는다. 그러나 선왕(宣王) 요시야의 죽음으로, 또 이어지는 유다의 쇠퇴와 멸망으로 심각한 문제가 제기되었다. 어떻게 요시야의 바른 개혁 이후 모든 것이 그렇게 잘못될 수 있었는가? 신명기 역사서의 마지막 형태는 이러한 몰락을 므낫세의 통치와 관련해서 설명한다(Cross 1973, 285-286). 그러니까 이 왕은 너무나 악하였으며, 그의 영향 아래 국가는 너무나 타락하여 하나님은 결국 예루살렘이 멸망하도록 결정하였다(왕하 21 : 10-15, 23 : 26-27). 요시야의 의는 이런 쏟아지는 신의 분노를 단지 지연시킬 수 있을 뿐이었다(왕하 22 : 14-20).

다른 한편으로 역대기 사가는 다른 신학적인 전제 아래 작업을 행한다. 그의 견해에 의하면 포로 사건은 어떤 특정한 왕의 행동 때문이 아니라 온 유다의 불신 때문이었다(36 : 14-17 ; 또 대상 9 : 1을 보라). 그러므로 역대기는 므낫세에 대하여 더 균형 잡힌 견해를 채택할 수 있었다. 열왕기하의 이야기는 므낫세의 55년간의 통치에 대하여 실제적인 무엇도 언급하지 않는 반면에, 역대기는 거의 확실한 옛 유다 자료를 다시 한번 끌어와 왕의 공적 치적들을 회고한다(33 : 14).

개인의 책임에 대한 역대기 사가의 견해는 므낫세의 통치에서 특정하게 적용되고 있다. 열왕기하 21 : 10에서 유다의 운명에 대한 선언인 예언의 말씀은 역대하 33 : 10에서 여호와로부터 온 경고이며, 이것에 므낫세와 그의 백성들은 주의를 기울이지 않았다. 결과적으로 앗수르인들은 므낫세를 쇠사슬로 결박하여 끌고 갔다(NRSV 성경의 "므낫세를 쇠고랑에 채워 사로잡아 갔다"보다 히브리어 번역이 더 낫다 ; 암 4 : 2을 참고하라). 므낫세 왕이 포로가 된 것이다. 므낫세가 겸비하고 회개하자 하나님은 그를 예루살렘으로 돌아오게 한다. 징계를 받은 왕은 그의 아버지처럼 개혁자가 된다(33 : 15-16). 그러나 그는 그가 행했던 모든 악행들을 원래대로 되돌릴 수 없었다. 산당들은 남아 있었고, 여호와께 드리는 희생 제사는 예루살렘의 성전 밖에서도 계속되었다(33 : 17).

우리는 이 이상한 보도를 어떻게 해석해야 할까? 우리는 역대기의 이야기 세계에서 므낫세의 길고 평화로운 통치를 이해하기 위하여, 므낫세의 사로잡힘과 회개가 요구되었다고 추측해 볼 수 있다. 어떻게 그렇게 악한 왕이 악한 행위의 결과들을 피할 수 있었던 것일까? 물론 역대기에서 그는 피하지 못한다. 므낫세는 불신실하게 행동했고 자신의 불신의 결과들로 고통을 겪었다. 오로지 그가 회개했을 때 그는 회복되었다. 다른 한편, 우리는 그 밖의 다른 곳에서 역대기 사가가 전체 이야기들을 창작하는 것을 찾지 못한다. 역대기 사가가 자주 그의 자료를 사용함에 있어서 선별적이고 창조적이긴 하지만, 내포된 의미들이 방해를 할 때조차도 그는 자신의 전승들에 충실하다. 예를 들면 선왕(宣王) 아비야의 비극적인 조기 죽음은 어떤 추측되는 배교로도 설명되지 않는다. 역대기가 므낫세 이야기와 관련을 맺는 방식은 역대기 사가의 신학에 의해 고도로 채색되어 있지만, 그 이야기의 기본적인 요소들, 즉 므낫세의 사로잡힘과 귀환은 믿을 만한 옛 전승에서 파생되었을 것이다.

므낫세는 주전 7세기 앗수르 비문에, 이집트에 대한 앗수르의 오랜 전쟁을 지원하도록 요구되었을 때 물자를 공급해 준 충성스런 봉신으로 언급되어 있다(Oppenheim 1969, 291, 294의 번역들을 보라). 그러나 바벨론의 통치자요 앗수르 왕 앗수르바니팔(주전 669-626년)의 형제인 샤마쉬-슘-우킨(Shamash-shum-ukin)이 반란을 일으켰던 주전 652년 이후에는 변화되었을 것이다. 그 반란은 특히 아랍 부족들의 지원을 받아 급속도로 번졌고, 비록 바벨론이 주전 648년에 진정되었지만 그 제국은 다시 회복되지 못했다. 므낫세도 역시 샤마쉬-슘-우킨의 반란을 지지했거나, 아니면 앗수르 주군으로부터 그렇게 했다는 의심을 받았을 것이다. 33 : 11~13에 기술된 므낫세의 대우는 충성이 의심스러운 다른 봉신들에 대한 앗수르바니팔의 조치와 일치하고 있다. 이집트의 느고와 아랍의 지도자 우아테(Uate')가 모두 사로잡혀 왕 앞에 끌려가 충분히 위협을 당한 후에 다시 한번 다스리도록 자신의 고국으로 송환되었다(Horn and McCarter 1999, 332-333, n. 160). 33 : 14에 기술된 므낫세의 행동들, 그러니까 예루살렘 성벽을 구축하고 유다 모든 견고한 성읍에 군대 지휘관을 배치하는 일들은 반란을 준비하는 왕의 행동이 될 수 있다(Horn and McCarter 1999, 188). 그러나 므낫세의 군사적 준비들은 앗수르바니팔이 므낫세를 처형하는 대신 오히려 복권시켰을 때, 이집트의 미래 공격을 대비하는 완충 장치를 준비하는 충성스런 앗수르 봉신의 행동이 되었다(Bright 1981, 314).

물론 므낫세의 사로잡힘과 귀환이 정치적인 이유를 가진 역사적 사건일지라도 역대기는 그것을 역사적인 방식으로 제시하지 않는다. 항상 정치적 동기에는 관심을 보이지 않는 역대기 사가는 므낫세의 포로됨과 돌아옴을 므낫세의 범죄와 회개로 인해 촉발된 하나님의 행위로 본다. 그의 죄가 무엇이든지 간에 므낫세는 참회자에게 값없이 주어지는 하나님의 특별한 은총을 강력하게 제시해 준다. 그리고 구약 성경의 '율법'과 신약 성경의 '은총'이 명확히 구별된다고 하는 자들에게 확고한 반증이 되고 있다. 사실상 하나님의 은혜는 성경 전체에서 살아 있는 심장이다. 예수의 사역에서 죄의 용서는(막 2 : 5 ; 눅 7 : 40-50) 사랑하고 용서하는 하나님의 성품에 관한 히브리 성서(예를 들면 대하 7 : 14 ; 느 9 : 17)의 기초 위에 세워진다. 실제로 교회의 박해자에서 사도가 된 바울의 삶은 역대기 므낫세의 삶과 놀랍게 평행을 이루고 있다(고전 15 : 9-10). 역대기 사가는 요한1서 1 : 9과 완벽하게 일치된 생각을 갖고 있다. "만일 우리가 우리 죄를 자백하면 그는 미쁘시고 의로우사 우리 죄를 사하시며 우리를 모든 불의에서 깨끗하게 하실 것이요"

역대기서에서 므낫세의 삶에 대해 주어진 자료들은 '이스라엘 왕들의 행장'과 '선견자들의 기록'(33 : 18-19 ; 왕하 21 : 17을 비교하라.)이다. 다시 한번 역대기 사가의 자료는 예언자의 권위에서 기인하고 있다. 이러한 기록들은 므낫세의 회개 기도를 포함하고 있다고 하지만 그 기도는 역대기에 기록되어 있지는 않다. 주전 1세기에 그리스어를 사용하는 익명의 사람이 이 기도가 없다는 것을 알고, 마음 깊이 참회하는 므낫세의 기도를 저작하였다. 그러나 역대기는 므낫세의 회개에도 불구하고 그가 왕실 묘지가 아니라 그의 궁에 장사되었다는 자료에 동의한다(33 : 20 ; 왕하 21 : 18).

역대하 33 : 21~25

아몬(왕하 21 : 19–24)

역대기서에서 아몬 통치의 이야기는 내용적으로 열왕기의 이야기를 따르고 있다. 역대기 사가는 아몬을 한 가지를 제외하고는 사실상 그의 아버지와 똑같은 인물로 제시한다. 아몬은 "그의 아버지 므낫세가 스스로 겸손함 같이 여호와 앞에서 스스로 겸손하지 아니하고 더욱 범죄하였다"(33 : 23).

열왕기에서와 같이 역대기에서도 아몬은 암살된다. 두 본문은 이 사건에 대한 동기를 제공해 주지 않는다. 그러나 앗수르의 힘이 쇠약해졌을 때 아몬은 반 앗수르 쿠데타로 살해되었을 것이다(Bright 1981, 316). 그러나 그의 암살자들은 잡혀서 처형되었고, 권력은 "그 땅의 백성"(33 : 25), 그러니까 8세 된 소년 요시야를 왕좌에 앉히는, 땅을 소유한 귀족 집단에게 이양된다. 요시야가 성인이 될 때까지 이 사람들이 왕국을 다스렸을 것이다.

이제 또다시 역대기의 본문은 그 자료로부터 벗어난다. 열왕기하 21 : 25~26은 유다 왕 역대지략이라는 아몬의 삶에 대한 자료를 언급하고, 웃사의 동산에 있는 부왕의 옆에 나란히 묻혔다고 기록한다. 역대기에는 이 정보가 없다. 열왕기하 21 : 24, 26이 히브리 성서에서는 동일한 단어로 끝이 나기 때문에 서기관이 이 마지막 두 구절을 간과했을 수 있다. 그러나 우리가 여호람, 아하시야, 그리고 아달리야(21–23장)의 경우에서 보았듯이, 자료와 합당한 장사를 생략하는 것은 역대기에서 비난한다는 표시이다. 그러므로 역대기 사가가 아몬이 무덤이나 기록으로 기억할 만한 가치가 없음을 암시하면서 그의 자료의 마지막 두 구절을 무시했다는 것이 가장 개연성이 높다(Japhet 1993, 1014).

역대하 34 : 1~35 : 27

요시야(왕하 22 : 1-23 : 30 ; 제1에스드라서 1 : 1-33)

열왕기에서와 같이 역대기에서 요시야는 의로운 개혁가이다. 신명기 역사서에서는 요시야가 바로 그 의로운 개혁가이고, 어떠한 비난도 받지 않은 유일한 왕(다윗을 포함해서)이다. 실제로 요시야는 성경에서 "마음을 다하며 뜻을 다하며 힘을 다하여 여호와께로 돌이킨" 유일한 인물이다(왕하 23 : 25 ; 신 6 : 5를 보라). 그래서 신명기 역사서의 제1판본은 요시야 시대에 그 절정에 도달했을 것이다(Cross 1973, 283-285). 반면에 역대기 역사서에서 바로 그 의로운 개혁가는 히스기야이다. 요시야는 개혁왕들 가운데 마지막 사람으로서, 마지막 선왕(宣王)으로서, 그리고 포로의 형벌이 아직 임하지 않은 시대의 마지막 왕으로서 중요한 의미를 갖는다. 그러나 그는 여러 왕들 가운데 한 사람이다. 이처럼 다른 입장은 다른 외형을 가져온다. 우리가 보게 되듯이 역대기의 요시야 통치에 관한 이야기는 열왕기에 나오는 이야기에 실질적으로 기반을 두고 있으며, 그 본문은 역대기 사가의 독특한 관점에 맞게 확대되어 다시 기록되었다.

역대기는 열왕기가 그러하듯이 요시야의 의로움을 확증함으로 시작한다. "여호와 보시기에 정직하게 행하여 그의 조상 다윗의 길로 걸으며 좌우로 치우치지 아니하고"(34 : 2 ; 왕하 22 : 2 ; 이 비교의 중요성에 대해 위에 있는 29 : 2의 논의를 보라). 그러나 역대기 사가는 요시야의 젊은 시절에 더 오래 머무른다(누가가 예수의 어린 시절에 더 많이 머물렀던 것처럼 ; 눅 2장을 보라). 16세에 "요시야는 그의 조상 다윗의 하나님을 구하기 시작했다"(34 : 3). 사춘기일 때조차도 요시야는 성전과 여호와 예배에 남다른 관심을 갖는다. 요시야가 그의 개혁을 20세에 시작했다는 것은 의심의 여지가 없다(34 : 3). 그는 20세가 되자마자, 즉 왕으로서 완전한 권위를 얻자마자 개혁을 시작한 것이다(Williamson 1982, 398 ; 성인으로서의 나이가 20세일 때 대상 23 : 24, 27, 27 : 23 ; 대하 31 : 17을 보라).

이것은 분명히 역대기 사가의 자료에서 떠난 것이다. 열왕기하에서 요시야의 개혁은 성전에서 그의 통치 18년, 율법책을 발견한 이후 시작된다(왕하 23 : 1-23). 확실히 율법책은 요시야가 성전 보수를 시작하였기 때문에 성전에서 발견되었으며(왕하 22 : 3-8), 신명기 역사서에서조차도 개혁의 어떤 조치들은 제18년에 있었던 개혁보다 앞서 있었음을 보여 준다(Klein 1993, 693). 그러나 역대기의 요시야 개혁에 대한 묘사는 열왕기하 23 : 1~20의 이야기에 기초하고 있다. 역대기 사가는 열왕기를 제외하면 요시야 개혁에 대한 어떠한 자료도 가지고 있지 않다. 게다가 연대에 관한 문제 이상으로 더 많은 것이 이와 관련되어 있다. 신명기 역사서에서 율법책(아마도 우리가 보아 왔듯이 신명기서의 초기 형태)은 요시야의 개혁을 촉발하고 뼈대가 된다. 그러나 역대기에서 율법책은 요시야의 개혁 때문에 발견된다. 율법책의 발견은 요시야의 '신실함에 대한 보상'이다(Williamson 1982, 401). 그의 자료를 재배열하고 선별적으로 편집하여 역대기 사가는 내용적으로 완전히 다른 요시야와 그의 개혁과 율법책에 대한 관점을 만들어 냈다.

역대기에서 요시야의 개혁은 므낫세가 이미 이루어 놓았기 때문에(33 : 15-16 ; 그러나 34 : 8을 보라.) 요시야가 처음에 성전을 정화할 필요가 없었다는 것을 제외하고는, 그 형식이나 내용 면에서 히스기야의 개혁과 평행을 이룬다(Myers 1965, 205). 개혁은 예루살렘과 유다에서 산당과 제단과 주상들을 제거하면서 시작된다. 요시야는 이것들을 단순히 해체한 것이 아니라 파괴하여 가루를 내었다. 그는 또한 이러한 불법 성소에서 예배하는 자들과 그 제사장들을 모두 사형에 처했다(34 : 4-5 ; 왕하 23 : 6, 14-16과 비교하라). 이제 개혁은 북쪽으로 이동하여 "므낫세, 에브라임, 시므온과 납달리의 성읍들까지"(34 : 6) 확대된다. 히스기야처럼 요시야는 북쪽 지역을 그의 개혁에 포함시킨다. 그러나 히스기야가 북쪽 사람들을 참여하도록 초청하였던 반면에, 요시야는 개혁을 그들에게도 실행하고 옛 북왕국 지역에 깊이 들어가 그곳에 대한 자신의 통치권을 확립한다. 요시야가 수도로 돌아올 때쯤 온 이스라엘은 정화되었다(34 : 7).

역사적으로 요시야는 앗수르 제국의 빠른 붕괴 때문에 북쪽에 대한 통치권을 다시 주장할 수 있었다. 바벨론의 나보폴라살(Nabopolassar)과 메대의 키약세레스(Cyaxeres)의 동맹은 주전 616년과 612년경에 제국의 남은 지역을 공격하기 시작했다. 앗수르 제국의 수도 니느웨는 함락되었다(이 시기에 해당하는 나훔 예언서를 보라). 그러나 이 일이 일어나기 오래 전에 제국의 서쪽 지역은 방어되었을 것이다. 요시야는 자유롭게 독립을 선언하고 다윗의 분열 왕국을 다시 한번 통일할 수 있었다. 그러나 역대기 사가는 정치적 재통일보다 종교적인 개혁에 더 많은 관심이 있다. 요시야의 통치 아래 솔로몬의 성전과 다윗의 제의에 초점을 둔 옛 이스라엘의 통일된 신앙은 다시 한번 온 이스라엘의, 북쪽과 남쪽이 똑같은 하나의 신앙이 된다.

이제 34 : 8에서 우리는 요시야의 18년에 이른다(왕하 22 : 3). 요시야의 성전 수리에 대한 기사는 열왕기에서 끌어 와 약간 추가한다. 성전 수리를 계획할 때 사반을 돕는 "시장 마아세야와 서기관 요아하스의 아들 요아"에 대한 언급은 역대기 사가 자료 이상일 것이다. 그는 그렇게 세부적인 것을 삽입하거나 창작할 이유가 없었을 것이다. 성전 수리를 위해 돈을 모으는 '문지기들'이 역대기의 다른 곳에서처럼 레위인의 역할을 반영하고 있음을 유의하라(특별히 24 : 4-7을 보라). 레위인들은 또한 감독관, 행정관, 심지어는 음악 반주자로서 (작업하는 동안 배경음악을 즐기는 자들이 음악 듣기를 좋아하기 때문에) 봉사하면서 성전 보수 자체에서 적극적인 역할을 감당한다(34 : 12-13).

히스기야의 시대처럼 성전을 위한 기부가 북과 남, 온 이스라엘에서 이루어진다(33 : 9 ; 31 : 4-6을 보라). 역대기는 요시야의 성전 보수의 성격과 불가피한 이유를 구체적으로 규정한다. 그것들은 유다의 왕들이 헐어버린 성전들을 위한 것이다(33 : 11). 복수 '성전들'은 이것이 단지 성전에만 해당되는 것이 아니라 보수를 필요로 하는 전체 건물임을 말해 준다(맛소라 본문이 복수 '집들'로 읽고 있는 대상 29 : 4을 참고하라). 성전을 황폐하게 방치한 '유다 왕'은 므낫세와 아몬일 수 있는데, 그렇다면 므낫세의 성전 회복에 대한 주장에 의문을 제기할 수 있다. 또한 34 : 8은 성전 보수는 요시야가 “그 땅과 성전을 정화한” 이후에 시작되었다고 말하면서 요시야가 히스기야의 개혁처럼 성전 개혁을 수행할 수 있다는 것을 암시해 준다. 다른 한편 히스기야는 그의 개혁에서 특별히 아하스에 의해 행해진 성전의 더럽혀짐에 대해 일반적으로 조상들에게 그 책임을 전가했다(29 : 6-7). 그러나 히스기야의 경우에 그 복수에는 확실히 선왕(宣王)인 조부 요담은 포함되지 않는다(27장을 보라). 아마도 이것은 성전 건물이 오랫동안 방치되었다는 것 그 이상을 의미하는 것 같지 않다. 성전 문에 대한 히스기야의 업적(29 : 3)을 제외하면, 요아스가 왕이 된 이래 어떤 성전 보수도 행해지지 않았다(24 : 12-13).

보수 공사가 시작되기 훨씬 전에, 헌금을 꺼낼 때 제사장 힐기야는 율법책을 발견하고 요시야의 국무 대신 사반을 통하여 그 내용을 왕에게 전달한다(34 : 14-18 ; 왕하 22 : 8-10과 비교하라). 하나님의 뜻이 성서에 기록된 말씀으로 계시되는 역대기 역사서에서 이 발견은 특히 그 시기만큼이나 중요한 의미를 띤다. 요시야는 어릴 때부터 진지하게 하나님을 구하고, 온 이스라엘을 불법 성소로부터 정화하고, 예루살렘의 중심성을 재확립하고, 성전 전체 건물을 혁신함으로써 하나님께 신실함을 드러내었다. 이제 하나님은 하나님의 말씀을 요시야에게 계시해 줌으로써 그를 보상하신다. 다시 한번 역대기의 중심 주제가 명확해진다. “……네가 만일 그를 찾으면 만날 것이요 만일 네가 그를 버리면 그가 너를 영원히 버리시리라”(대상 28 : 9). 자신의 젊은 생애를 하나님을 구하는 데 쏟은 요시야는 하나님의 말씀으로 계시된 하나님을 만난다.

그러나 하나님을 만나는 것은 혼란스러운 경험일 수 있다. 예언자 이사야가 그의 소명 환상 가운데 여호와를 보았을 때 그 역시 그 자신의 부정함에 대한 심각한 느낌을 체험했다(사 6 : 5). 랍비 예수가 신성을 지닌 분임을 깨달은 시몬 베드로는 “주여, 나를 떠나소서! 나는 죄인입니다.”라고 외친다(눅 5 : 8). 이처럼 요시야도 자신과 자신의 왕국(역대기에는 분명히 ‘이스라엘과 유다에 남아 있는 자들’로 구성되어 있다.)이 이 율법의 말씀에 비추어 평가되고 저주받음을 알고, 그의 겉옷을 찢고 탄식하며 절망한다

(34 : 19-21 ; 왕하 22 : 11-13). 만일 정말로 요시야의 율법책이 신명기의 한 형태였다면 요시야의 절망은 신명기 28 : 15~68에 나오는 계약의 잔혹한 저주들에 의해 더욱 촉발되었을 것이다.

왕은 신하들에게 "여호와께 물으라."고 지시한다. 즉, 이 책이 진실로 하나님의 책인지 예언자의 확증을 얻어 오라는 것이다(34 : 21 ; 18 : 4를 보라). 그들은 두루마리를 살룸의 아내 예언자 훌다에게 보낸다(34 : 22 ; 왕하 22 : 14 ; 다른 여예언자들로는 모세의 누나 미리암〈출 15 : 20〉과 사사 드보라〈삿 4 : 4〉가 있다). 훌다의 예언(대하 34 : 23-28 ; 왕하 22 : 15-20)은 그 두루마리가 실로 하나님의 말씀이라는 것과 그 책에 기술된 저주들이 요시야가 두려워했던 대로 진실로 그 땅과 그 땅의 주민에게 임할 것을 확인해 준다. 그러나 요시야가 자신을 낮추었기 때문에 그는 이 재앙을 보지 않게 될 것이다. 실로 여호와는 "내가 네게 너의 조상들에게 돌아가서 평안히 묘실로 들어가게 하겠다"고 선언한다(34 : 28 ; 왕하 22 : 20). 불행히도 요시야에게 주어진 이 마지막 말씀은 성취되지 않는다. 요시야는 실제로 전장에서 비극적인 죽음을 맞는다(35 : 24). 여전히 역대기 사가에게 하나님의 말씀이 임하는 곳은 훌다와 같은 선지자들의 말씀이다. 그래서 비록 역대기 사가가 이 말씀이 실현되지 않았음을 안다 할지라도 그는 이 말씀을 신명기 역사서의 편집자들이 했던 것처럼 보존한다.

예언의 미성취 현상은 많은 독자들을 혼란스럽게 할 수 있을 것이다. 그러나 그러한 예들을 발견하기란 어렵지 않다. 에스겔 26 : 1~7에서 예언자는 느브갓네살이 두로를 황폐하게 할 것이라고 선언한다. 그런 다음 후기 예언에서 에스겔은 느브갓네살이 두로를 정복할 수 없었기 때문에 여호와가 그에게 대신 이집트를 줄 것이라고 말한다(겔 29 : 17-20). 요나 3 : 4에서 예언자는 확신 있게 자신의 메시지를 전한다. "40일 후에 니느웨가 멸망할 것이다!" 그러나 니느웨 백성들이 회개하자 하나님은 하나님의 마음을 바꾸시고, 그 성읍은 보존된다. 또 세상의 종말이 곧 올 것이라는 요한 계시록의 반복적인 선언도 생각해 보라(1 : 1-3, 22 : 12, 20). 분명히 예언자들은 확실하고 결코 변치 않는 미래에 대한 완벽한 환상을 받은 무오한 점쟁이들이 아니었다. 예언과 시간과 하나님의 섭리는 모두 그것보다 훨씬 더 복합적이다. 우리는 성경을 인생과 미래에 관한 우리의 모든 질문에 간단하고 무오하게 답을 주는 요술책으로 접근해서는 안 된다. 성서에 대한 연구와 적용은 기도와 고역과 애씀을 필요로 한다. 그러나 그처럼 깊은 만족을 주는 일은 없으며 그렇게 가치 있는 일은 없다. 역대기가 계속해서 우리에게 상기시켜 주듯이 만일 우리가 하나님을 찾으면 우리는 하나님을 만날 것이다.

열왕기에서와 같이 역대기에서 훌다의 예언은 요시야로 하여금 계약 갱신 의식을 요청하게 한다(34 : 29-33 ; 왕하 23 : 1-3). 이것은 다시 한번 히스기야의 개혁과 평행을 이루는 요청이다(29 : 10을 보라). 34 : 29~32에서 요시야는 열왕기하 23 : 1~3에서처럼 여호와와 맺는 유다와 예루살렘 모든 주민들의 계약을 갱신하기 위해 예루살렘과 유다의 모든 주민들과 만난다. 열왕기하 23 : 2의 "제사장들과 예언자들"을 역대하 34 : 30은 특이하게도 "제사장들과 레위인들"로 읽는다. 이것은 단순히 필사 오류일 수도 있다. 결국 '제사장들과 레위인들'이 함께 나오는 것은 일반적인 형태이며, 역대기 사가에게는 특별히 중요하다. 다른 한편, 이것은 레위인들의 예언자적 역할이나(대상 25 : 1-5을 보라.) 혹은 에스라서와 같이 포로기 이후의 공동체에서, 예언자가 레위인 서기관들과 교사들로 대체되고 있음을 반영하는 의도적인 개정일 수 있다. 34 : 22에는 베냐민이 추가되어 전체 역대기 역사서에서의 베냐민의 특별한 역할과 조화를 이루고 있다(대상 7 : 6-12에 대한 위의 논의를 보라). 역대기 사가는 계약을 전체 이스라엘에게로 확장하는 또 하나의 구절을 삽입한다. 이 구절은 혐오스러운 것들이 전국에서 제거되었음을 말해 준다. NRSV 성경에서 'abomi nations'(혐오스러운 것들)로 번역된 히브리 단어는 33 : 2에서 므낫세가 이스라엘 이전에 그 땅에 거주했던 민족들을 흉내 내어 행하였던 우상 숭배 예배에 사용되고 있다. 역대기 역사서의 후반에, 즉 에스라 9 : 1, 11에서 동일한 단어가 에스라로 하여금 통혼을 금지하도록 촉발한 이방인들의 타락한 예배 행위들에 대해 사용된다. 그러므로 요시야의 개혁은 온 이스라엘에서 우상숭배를 근절하는 것이었다. 긍정적으로 34 : 33은 요시야가 "이스라엘의 모든 사람으로 그들의 하나님 여호와를 섬기게 하였다"고 선언한다. 이러한 일치된 믿음이 요시야의 통치 내내 계속될 것이다.

이제 요시야는 히스기야가 그의 개혁 이후에 행했던 것과 같이 유월절 대절기를 지킨다(35 : 1-19 ; 제1에스드라서 1 : 1-22 ; 왕하 23 : 21-23 ; 대하 30 : 1-27과 비교하라). 역대기 이야기의 구조는 열왕기하를 참고하여 짜여져 있다(대하 35 : 1 ; 왕하 23 : 21 ; 대하 35 : 18-19 ; 왕하 23 : 22-23). 그러나 내용 면에서는 독특하다. 역대기 사가는 요시야의 유월절에서 후속된 절차들이 토라에서 나온 것임을 강조한다(35 : 6, 12). 히스기야는 상황에 의해 유월절을 둘째 달로 연기해야 했던 반면, 요시야의 유월절은 제때에 거행된다(35 : 1 ; 30 : 2-3을 보라). 아마도 부분적으로 요시야가 제사장들을 격려하여 그들의 넉넉한 수가 준비하였기 때문일 것이다(35 : 2 ; 29 : 34, 30 : 3을 보라). 이것은 또 적합한 장소 '예루살렘'에서(35 : 1 ; 제1에스드라서 1 : 1 ; 이와 왕하 23 : 23과 견주어 보라.), 또 합법적인 인력에 의해(35 : 2-6) 거행된다. 많은 면에서 비전형적이었던 히스기야의 유월절과는 달리 역대기 사가는 요시야의 유월절을 모범적인 축제로 제시하고자 한다.

축제가 시작되기 전에 요시야는 레위인들에게 특별한 임무를 부여한다. 그는 그들이 더 이상 궤와 장막을 운송할 책임이 없음을 상기시켜 준다. 성전이 제 곳에 있고, 궤가 그 안에서 안식하고 있다. 이제부터는 그들의 임무는 성전 제의를 위해 봉사하는 것이다(35 : 3 ; 대상 23 : 24-32을 보라). 요시야가 레위인들에게 준 임무의 몇 가지 특징들은 특히 흥미롭다. 첫째, 레위인들이 온 이스라엘의 가르치는 자들로 간주되고 있다(35 : 3). 가르치는 일은 역대기 역사서 전체에서 레위인들에게 맡겨진 책임이다(17 : 7-9 ; 느 8 : 7-8). 둘째, 레위인들의 의무는 "이스라엘 왕 다윗의 글과 다윗의 아들 솔로몬의 글을 준행"하는 것이다(35 : 4). 이스라엘 제의의 설립 인물들로서 다윗과 솔로몬의 중요성은 여기에서 다시 한번 강조된다. 그들의 지시사항이 글로 기록되어 전승되었다는 것은 역대기에서 본문을 하나님의 말씀이 표현되는 수단으로 중요하다는 것을 강조한다. 성서의 중요성은 레위인들이 "여호와께서 모세를 통하여 전하신 말씀에 따라" 모든 것을 행하였다고 말해 주는 35 : 6에서도 나타난다. 마지막으로 요시야는 레위인들이 유월절 양을 잡을 책임이 있다고 가르쳐 준다. 히스기야의 유월절에서도 레위인들은 유월절 양을 잡았다. 그러나 거기에서 레위인의 도살은 필수적이었다. 왜냐하면 많은 사람들이 제의적으로 부정한 상태로 절기에 와서 그들 스스로 그 일을 행할 수 없었기 때문이다(30 : 17). 그러나 요시야의 유월절에서 유월절 양의 도살은 레위인의 영원한 임무가 된다(35 : 6, 11). 그러므로 레위인의 특정 반열이 "너희 형제 모든 백성의 족속"(35 : 5), 즉 평신도들(Japhet 1993, 1049) 각각에 대해 책임을 진다. 분명히 레위인들의 희생 제물 도살은 역대기 사가 자신의 공동체에 있었던 관습이었다(또 스 6 : 20 ; 겔 44 : 11을 보라). 히스기야의 개혁에서와 같이 희생 제사를 위한 동물은 다시 왕과 그의 관리들에 의해 제공된다(35 : 7-9 ; 31 : 3의 위의 논의를 보라).

35 : 10~15은 실제 유월절 행사를 기술하고 있으며, 제사장들과 레위인들의 적합한 역할과 자리가 조심스럽게 규정되고 있다. 레위인들은 제물을 잡고 가죽을 벗기고, 제사장들은 여호와께 희생 제사를 드리고, 그런 다음 레위인들은 백성들의 몫을 준비하여 무리들에게 나누어 준다. 유월절 양의 가죽을 벗기는 것(35 : 11)은 레위인들이 번제물의 가죽을 벗기는 29 : 34의 비상 상태에 따른 레위인의 봉사와는 구별되는 것을 유념하라. 레위인 음악가들도 유월절에 참여한다(35 : 15). 그러나 문지기들은 그들의 자리에 남아 있다. 그들의 몫은 다른 레위인들이 마련하여 그들에게 가져다준다(35 : 15).

유월절 식사의 준비는 역대기 사가의 주석 방법의 흥미로운 예를 제공해 준다. 출애굽기 12 : 9은 유월절 제물은 물에 삶아서(히브리어 '바살') 먹지 말고 불에 구워 먹으라고 규정하고 있다. 반면에 신명기 16 : 7은 유월절 제물은 삶아서 먹어야(히브리어 '바살'이 다시 나온다.) 한다고 규정한다. 이러한 상충하는 토라의 권위 있는 전승들에 직면한 역대기 사가는 둘 중에 하나를 선택하는 것을 거부하고, 오히려 "인위적, 주석적 조화로써" 그 둘을 모두 보전한다(Fishbane 1985, 134). 35 : 13상의 맛소라 본문은 "이에 규례대로 유월절 양을 불에 굽고('바살')"라고 문자적으로 읽는다. 문자적으로는 말이 안 되지만 이 이상한 언급은 역대기 사가로 하여금 요시야의 유월절이 온전한 토라의 규정에 따라 행해졌다는 그의 주장을 유지할 수 있게 해 준다.

유월절 후에 무교절이 칠 일 동안 준수된다. 히스기야의 유월절의 경우와 같이 두 개의 절기가 연결되어 있다(35 : 17 ; 위의 30 : 13에 관한 논의를 보라). 35 : 18은 "선지자 사무엘 이후로 이스라엘 가운데서 유월절을 이같이 지키지 못하였고"(왕하 23 : 22와 비교하라.)라고 말하고 있다. 히스기야의 유월절과 많은 면에서 평행을 이루고 있음을 볼 때 이것은 놀라운 진술 같다. 그러나 히스기야의 유월절은 수많은 변칙의 특징을 지니고 있다. 역대기 사가가 제시하는 대로 요시야의 유월절은 지켜져야 하는 대로 정확하게 지켜졌다. 게다가 사무엘을 소급하여 지시하는 것은 역대기 역사서 전체 구조에서 부분적인 역할을 한다. 히스기야의 유월절은 솔로몬 시대 이후로 그와 같은 것이 없었다고 하였다(30 : 26). 후에 느헤미야 8 : 17은 에스라가 율법을 낭독한 이후에 지켜진 초막절은 여호수아 이후로 그와 같은 일이 없었다고 한다. 역대기 역사서에서 중요한 이 세 개의 대절기들은 점점 더 오래된 이스라엘의 전승들로, 즉 과거 위인들의 시대와 업적들로 점점 더 소급하고 있다(Blenkinsopp 1988, 54). 역대기 사가에게 현재는 이스라엘의 과거에, 고대의 전승에 놓인 기초 위에 세워져야 한다. 이것이 그가 이 책을 쓰는 이유이다.

이제 우리는 요시야 이야기의 비극적인 결말에 이르게 된다. 요시야의 죽음의 배경들을 이해하기 위하여, 우리는 이 드라마에 나오는 정치적 역할을 맡은 이들에 관해서 알아볼 필요가 있다. 우리가 보아 왔듯이 앗수르의 붕괴는 요시야의 독립과 북쪽에 대한 통치권을 재천명할 수 있도록 해 주었다. 그러나 주전 612년 니느웨가 멸망했을 때도 옛 제국의 남은 자들은 하란에서 그 명맥을 이어가고 있었다. 기대치 않게 앗수르는 므낫세 시대에 앗수르의 강력한 경쟁자 이집트와 종말의 시간에 대치하고 있었다. 그러나 앗수르가 이집트를 침공하고 테베를 점령한 이후에 그 두 나라는 주전 665년에 평화를 선언하였다. 이집트를 통일하고 문화적 중흥을 장려하였던 사이 왕조(the Saite Dynasty)가 앗수르 추종자 프삼메티쿠스 1세(Psammetichus Ⅰ, 주전 664-610년)에 의해서 창설되었다. 그의 통치 말엽에 프삼메티쿠스는 블레셋을 수하에 둠으로써 지중해 연안의 많은 부분을 장악하였다. 그의 후계자 느고 2세(주전 610-595년)는 후원해 줄 앗수르가 존재하는 한 앗수르의 동맹국으로 유지하였다. 그래서 주전 610년에 앗수르의 마지막 왕이 하란을 내줄 위험에 처하자 느고가 그를 원조하기 위해 북쪽으로 진군해 갔다.

요시야가 느고의 군대를 므깃도 평야에서 가로막았다(35 : 22 ; 왕하 23 : 29). 그러한 돈키호테 같은 엉뚱한 행동의 이유는 분명하지 않다. 어쩌면 요시야는 그렇게 작은 앗수르라 할지라도 재기한다면 자국의 독립의 종말을 의미할 수 있다고 두려워했을 것이다. 역대기에서 느고는 유다 왕을 설득하고자 한다. 느고는 하나님이 자신을 앗수르를 도우러 보냈다고 선언한다. 그는 요시야에게 "하나님이 나와 함께 계시니 그대는 하나님을 거스르지 말라 그대를 멸하실까 하노라"(35 : 21)라고 경고한다. 밝혀지듯이 느고의 말은 실제로 "하나님의 입으로부터" 말미암은 것이다(35 : 22 ; 그 경고가 예레미야 예언자의 입을 통해 말해지는 제1에스드라서 1 : 28과 비교하라). 하나님이 전사 아마샤를 통해 다윗에게 말하고(대상 12 : 18), 제사장 스가랴를 통해 요아스에게 말씀하셨듯이(대하 24 : 20), 하나님은 바로를 통해 요시야에게 말씀하신다. 그러나 요시야는 이 예언의 말씀을 무시하고, 그래서 재앙이 그를 덮친다.

역대기에서 요시야의 종말은 예언자의 경고를 무시하고 전쟁에 나갔던 악한 왕 아합의 종말과 매우 비슷하다(18 : 16을 보라). 아합처럼 요시야는 변장하고 전쟁에 나간다(35 : 22와 18 : 29를 비교하라. 제1에스드라에는 이 부분이 빠져 있음을 주목하라). 그러나 요시야의 변장은 아합의 변장처럼 쓸모없는 것으로 드러난다. 옛 이스라엘 왕처럼 그는 적군의 궁수들에게 발각되어 치명상을 입는다(35 : 23과 18 : 33-34를 비교하라. 제1에스드라서 1 : 29는 "지휘관들이 요시야 왕과 싸우고자 왔다"고만 말한다). 왕이 죽어 가면서 하는 말까지도 비슷하다(35 : 23과 18 : 33을 비교하라. "내가 부상당했다"는 의미의 동일한 히브리 단어가 양쪽의 문맥에서 나타난다). 슬픈 요시야 이야기의 가장 비극적인 장면은 아마도 이 의로운 개혁 왕이 악한 배교자 아합과 같이 종말을 맞이했다는 것이리라. 역대기 사가 공동체에게 주어지는 교훈은 단순하다. 누구든지 하나님의 말씀을 거부하면, 그들이 쌓은 과거의 의로운 행적에도 불구하고 그들도 사라질 것이다.

위대한 할아버지 히스기야처럼 요시야는 왕의 묘지 그의 조상들 가운데 묻힌다(35 : 24). 모든 사람들이 그를 위해 애곡한다. 비록 역대기가 담아내지는 않았지만 실제로 예언자 예레미야는 죽은 왕을 위한 애가를 짓는다(35 : 25). 이상하게도 요시야의 애도자들 가운데 북쪽 지파들의 대표들이 포함되어 있지 않다. 요시야의 죽음으로 다윗 왕국의 재통일에 대한 희망도 함께 죽는다. 그러나 의로운 왕의 통치에 대한 역대기 사가의 자료는 다시 한번 '이스라엘과 유다 열왕기'이다(35 : 27 ; 왕하 23 : 28을 비교하라). 그 꿈은 죽지 않고 단지 연기된 것이다. 역대기는 토라에 대한 요시야의 순종을 확인함으로써 이 이야기를 마무리 짓는다. 역대기 사가에게 이것은 누구나 원하는 훌륭한 고인의 약력이다(35 : 26 ; 왕하 23 : 25와 훨씬 더 과도한 칭송이 든 제1에스드라서 1 : 33과 비교하라).

역대하 36 : 1~21

유다의 몰락과 패망

요시야는 유다의 마지막 자주적(自主的) 왕이었다. 이제부터 유다는 차례대로 이 나라 저 나라의 통치를 받게 된다. 첫째로는 이집트요 다음으로는 바벨론, 그 다음 역대기 사가 당대에는 페르시아이다. 역대기 사가의 관점에서 이러한 정치적 몰락과 패망의 이유는 요시야의 통치 아래

(34 : 33를 보라.) 온 이스라엘의 회복된 신실함에서부터, 시드기야 시대에 계속된 보편적인 불신으로(36 : 14-16) 유다가 훨씬 더 심각하게 영적으로 쇠퇴하고 타락했기 때문이다. 역대기의 마지막 장은 이 영적인 붕괴를 주도한 마지막 네 왕들의 통치를 빠른 속도로 요약한다. 역대기 사가의 자료는 열왕기하이다. 비록 열왕기하에 기술된 사건들이 압축되고 다르게 해석되기는 하지만 말이다.

여호아하스(36 : 1-4 ; **왕하** 23 : 30-35 ; **제1에스드라** 1 : 34-38)

요시야의 예상치 못한 이른 죽음으로 그 땅의 백성들은 다시 한번 한 걸음 나아가 요시야의 막내 아들 여호아하스를 그의 아버지의 자리에 앉힌다(대상 3 : 15를 보라). 막내 아들이 왕이 되는 것은 흔하지 않지만 전례가 없는 것은 아니다. 솔로몬이나 아비야나 그들의 아버지에 의해 후계자로 지명된 차자(次子)들이다. 여호아하스를 지명할 때 그 땅의 백성은 어쩌면 요시야의 바람을 수행하고 있었는지도 모른다. 그러나 이 선택은 성립되지 않는다. 여호아하스의 등극 3개월만에 팔레스타인을 점령한 느고는 여호아하스를 폐위시키고, 그를 이집트로 사로잡아 간다(36 : 4 ; 왕하 23 : 34). 바로는 유다에 과중한 조공을 부과하고 자신이 선택한 왕을 새로 임명한다. 여호아하스의 형 여호야김이다. 유다는 이제 이집트의 봉신이 된 것이다.

역대기에는 열왕기에 나타나는 여호아하스에 대한 틀에 박힌 부정적인 평가가 없다(왕하 23 : 32를 보라). 여호아하스가 장사된 곳이라든지 그의 통치에 대한 자료가 언급되지 않는다. 이 정보는 열왕기하에도 역시 없다(왕하 23 : 34가 여호아하스가 이집트에서 죽었다고 기록하고 있지만). 이 경우에 이러한 생략은 부정적인 평가로 읽혀져서는 안 될 것이다. 역대기 사가에게 여호아하스는 선하지도 악하지도 않은 보잘것없는 인물이다. 그의 통치는 너무 짧아서 어느 식으로든 영향을 끼칠 수 없었다. 그러나 그는 역대기 남은 부분에 만연할 하나의 양식을 세운다. 여호아하스처럼 그리고 유다처럼 요시야 이후의 모든 왕들은 포로로 사로잡혀 간다.

여호야김(36 : 5-8 ; 왕하 23 : 36-24 : 7 ; 제1에스드라 1 : 39-42)

역대기에서 여호야김의 통치 이야기는 암호문처럼 매우 간략하게 요약되어 있다. 여호야김이 이집트에서 바벨론으로 충성을 변경한 것에 대해 전혀 언급되지 않는다(왕하 24 : 1). 이것은 갈그미스와 하맛에서 이집트 군대가 바벨론에 대패함으로써, 이집트를 팔레스타인에서 물러나게 한 것이 동기가 되었을 것이다(Horn and McCarter 1999, 193 ; 왕하 24 : 7을 보라). 역대기 사가는 예루살렘의 첫 번째 포위를 가져다준, 궁극적으로는 첫 번째 포로 사건으로 이끈(왕하 24 : 1-2, 10-16) 느부갓네살(주전 605-562년)에 대한 여호야김의 반역에 대해서도 기록하지 않는다. 그러나 이러한 차이들은 놀랄 만하지 않다. 우리가 보아 왔듯이 역대기 사가는 어떤 사건의 정치적 동기에는 관심이 없다. 역대기에서 바벨론의 침공은 여호야김의 죄 때문에 발생한다(36 : 5 ; 왕하 23 : 37, 36 : 8 ; 왕하 24 : 5).

역대기에서 여호야김은 그의 죄의 결과들을 피하지 못한다. 열왕기하는 분명히 언급하지 않지만, 여호야김은 예루살렘이 포위되었을 때 죽고, 도성을 내주어 파괴에서 구하는 일은 그의 아들 여호야긴에게 남겨졌다고 추측할 수 있다. 그러나 역대기에서 여호야김은 성전의 성물과 함께 포로로 잡혀간다(36 : 6-7). 여호야김의 유배는 므낫세의 유배를 강하게 상기시켜 준다(33 : 11-13). 그러나 우리는 역대기 사가가 여기서 열왕기 외에 다른 자료를 사용하고 있다고 가정해야 할 아무런 이유가 없다(비록 36 : 6-7이 단 1 : 1-2의 여호야김의 포로 유배에 대한 자료라 할지라도). 열왕기하 24 : 6은 여호야김이 "그의 조상들과 함께 잤다"고 말하고 있지만 그가 예루살렘에서 죽었다거나 그곳에 묻혔다고는 분명히 말하지 않는다. 역대기 사가는 그 자신의 결론을 내린다. 우리가 보았듯이 역대기에서 유다의 마지막 네 왕은 모두 포로로 잡혀간다.

여호야긴(36 : 9-10 ; **왕하** 24 : 8-17 ; **제1에스드라** 1 : 43-46)

여호야긴의 통치 역시 역대기에 매우 압축되어 있다. 여호야긴이 8세에 왕이 되었다는 역대하 36 : 9의 진술은 서기관의 오류이다. 칠십인경과 제1에스드라 1 : 43은 모두 열왕기하 24 : 8을 따라서 "18세"라고 되어 있음을 유의하라. 나아가 여호야긴이 너무 어려서 그의 행동에 대하여 책임질 수 없다면 "그가 여호와 보시기에 악을 행하였다"(36 : 9 ; 왕하 24 : 9)는 역대기 사가의 진술은 거의 불가능하다. 그의 아버지처럼 여호야긴은 바벨론으로 더 거룩한 기물들과 함께 끌려간다. 역대기 사가는 여호야긴과 함께 포로로 잡혀간 많은 사람들에 대해서 언급하지 않는다. 이는 아마도 그의 이야기를 단순하고 간결하게 유지하기 위함일 것이다. 여호야긴은 자신의 악함 때문에 포로로 잡혀간다. 후에 백성들은 그들의 악함 때문에 포로로 잡혀간다. 열왕기도 역대기도 여호야긴의 통치나 혹은 그의 매장지에 대하여 언급하지 않는다. 열왕기에서 이는 신명기 역사서가 완성될 당시에 여호야긴이 아직 죽지 않았기 때문일 수도 있고(25 : 27-30을 보라.), 그의 통치 기간이 너무 짧아서 어떠한 공식적인 등극도 유다 열왕기에 기록되지 않았기 때문(여호아하스의 경우도 마찬가지였다.)일 수도 있을 것이다.

시드기야와 예루살렘의 멸망(36 : 11-21 ; **왕하** 24 : 18-25 : 21 ; **제1에스드라** 1 : 46**하**-58)

바로 느고가 예루살렘에 여호야김을 왕으로 삼은 것처럼 느브갓네살은 여호야긴의 형제 시드기야를 왕좌에 앉힌다(시드기야와 여호야긴 사이의 관계에 대해서 대상 3 : 16의 논의를 보라). 역대기는 시드기야에 대한 이야기에서 열왕기하를 암시할 뿐만 아니라 시드기야가 "여호와의 말씀으로 이르는" 예언자를 무시했다고 말하는 예레미야를 지적한다(36 : 12). 더 구체적인 언급은 예레미야 예언자가 "바벨론 왕의 멍에를 목에 메고 그와 그의 백성을 섬기소서 그리하면 사시리라"(렘 27 : 12)라고 여호와의 이름으로 선포하는 예레미야 27장에 나타난다. 그러나 시드기야는 자신을 낮추지 않으며, 그리하여 고난과 포로 유배를 당한다. 예언자 에스겔도 시드기야를 계약 파기자로 비난하고 있다. "그가 이미 손을 내밀어 언약하였거늘 맹세를 업신여겨 언약을 배반하고 이 모든 일을 행하였으니 피하지 못하리라"(겔 17 : 18).

바벨론에 대한 시드기야의 반역은 더 심각하게는 하나님에 대한 반역이요 불경한 행동이다. 고대 세계에서 충성 맹세는 왕과 봉신과의 계약에 대한 증인이자 보증인으로서, 소환된 신들의 이름으로 서약되었다. 느부갓네살은 시드기야로 하여금 "하나님을 두고 맹세하도록" 하였다(36 : 13). 이 계약을 깨뜨리고 바벨론에 대해 반역함으로써 시드기야는 여호와의 이름으로 거짓 맹세를 하였고, 자신에게 저주를 가져온다.

그러나 시드기야의 불신은 혼자만의 일이 아니었다. 제사장들과 백성들도 똑같이 크게 범죄하였다(36 : 14). 36 : 15~16은 유다의 안타까운 역사의 요약같다. 므낫세처럼 그들은 혐오스러운 것들을 예배하였고 성전을 더럽혔다. 아사, 요아스, 심지어 요시야처럼 그들은 계속하여 예언자의 말씀을 거절했고, 그렇게 하나님을 거절했다. 결국 멸망과 포로 유배 외에 다른 방도는 없었다.

36 : 17~19은 열왕기하에 나오는 포로 유배와 멸망에 관한 이야기를 간단히 요약한다. 백성들은 살육당하고 성전은 파괴되며, 예루살렘의 성벽과 궁전은 헐리고 불태워진다. 그러나 희망의 불씨가 36 : 20~21에서 언급된다. 유배는 영원하지 않을 것이다. 예루살렘의 멸망 가운데서 생존한 자들은 "페르시아 왕국이 설 때까지" 바벨론의 노예가 될 것이다(36 : 20). 물론 역대기 사가는 페르시아 대왕 고레스가 주전 537년에 바벨론을 정복하여, 포로들을 석방하는 칙령을 내렸을 때 포로 생활이 끝이 났다는 것을 알고 있다. 페르시아에 대한 언급은 또한 역대기 사가의 시대에 희망의 섬광으로 작용한다.

포로 기간은 포로 생활이 70년이 될 것이라고 선포했던 예언자 예레미야의 글에 설명되어 있다(렘 25 : 11-12 ; 29 : 10). 그러나 70년이라는 기간 자체는 토라에 설명되어 있다. 레위기 25 : 1~7에 의하면 땅은 칠 년마다 안식년을 가져야 한다. 그 땅을 경작하거나 추수해서는 안 된다. "일곱째 해에는 그 땅이 쉬어 안식하게 할지니 여호와께 대한 안식이라……"(레 25 : 4). 일곱 번째 안식년 다음에 땅은 한 해 더 희년으로 묵혀야 한다(레 25 : 8-12). 안식년은 좋은 농업 관습으로 여겨질 수 있다. 땅을 휴경지로 남겨 두어 토양이 스스로 재충전하게 해 준다. 그러나 레위기는 이것을 실용적인 문제로 여기지 않고 영적인 문제로 여긴다. 땅은 하나님의 것이다. 누구든지 땅을 개인적인 유익을 위해 사용할 수 없는 시간을 따로 떼어 둠으로써 율법은 하나님의 소유권을 강조한다.

레위기 26 : 14~33에서 특히 땅의 안식년과 관련하여 하나님의 계명을 위반한 결과들이 점점 강화된 규모로 나타나고 있다. 궁극적인 형벌은 멸망과 포로 유배이다. "너희가 원수의 땅에 살 동안에 너희의 본토가 황무할 것이므로 땅이 안식을 누릴 것이라 그때에 땅이 안식을 누리리니"(레 26 : 34). 역대하 36 : 21은 포로 기간을 이렇게 정당한 방식으로 이해하고 있다. 포로 생활이 안식일을 범한 죄에 대한 형벌이었다는 것이 예레미야(렘 17 : 19-27을 보라.)와 에스겔(예를 들면 겔 20 : 1-32)의 예언에도 표현되어 있다. 여기에 역대기와 레위기는 회복의 요소를 추가하고 있다. 70년의 안식 후에 땅은 다시 한번 고침을 받고 거룩해질 것이다. 이스라엘은 다시 시작할 수 있을 것이다.

역대하 36 : 22~23

후기 : 고레스 칙령(스 1 : 1-3)

역대기의 마지막 구절들은 사실상 문자 그대로 에스라서의 앞부분에서 끌어 온 것이다. 제1에스드라에 이 구절이 빠진 것에 추가되어 이들은 36 : 22~23이 원래 역대기의 일부가 아니라 역대기와 에스라~느헤미야의 연결을 강조하기 위해 추가되었다는 것을 강력하게 시사해 준다(이에 관하여 서론에서 논의된 바를 보라). 그 말씀은 포로 귀환과 성전 재건을 허락하는 고레스 칙령에서 온 것이다.

이 말씀을 끝내면서 역대기는 완전한 원에 이르게 된다. 다윗의 설계에 따라 솔로몬이 건축한 성전은 파괴되었고, 하나님의 백성의 불신으로 아무것도 남은 것이 없다. 그러나 이제 성전은 재건될 것이다. 옛 제의가 다시 한번 지켜질 것이다. 역대기 사가가 암시하듯이 성전의 운명은 공동체의 손에 달려 있다. 초대장이 발부되었다. "……너희 중에 그의 백성된 자는 다 올라갈지어다 너희 하나님 여호와께서 함께하시기를 원하노라"(36 : 23). 이에 대한 반응은 독자들에게 남겨져 있다.

참고문헌

더 자세한 연구를 위하여

Ackroyd, Peter R. Chronicles, the First and Second Books of the. Pages 163–65 in *Harper's Bible Dictionary*. Edited by Paul J. Achtemeier. San Francisco : Harper and Row, 1985.

Allen, Leslie. 1 and 2 Chronicles. Pages 299–659 in *The New Interpreter's Bible*, vol. 3. Edited by Leander E. Keck. Nashville : Abingdon, 1999.

Braun, Roddy. 1 Chronicles and 2 Chronicles. Pages 342–71 in *Harper's Bible Commentary*. Edited by James L. Mays. San Francisco : Harper and Row, 1988.

Elmslie, W. A. L. *The Books of Chronicles*. The Cambridge Bible for Schools and Colleges. Cambridge : Cambridge University Press, 1916.

Japhet, Sara. *I & II Chronicles*. The Old Testament Library. Louisville, Ky. : Westminster/John Knox, 1993.

______. Chronicles, Book of. Pages 517–34 in vol. 5 of *Encyclopaedia Judaica 5*. Jerusalem : Keter, 1971.

Johnstone, William. *1 and 2 Chronicles*, vol. 5. Journal for the Study of the Old Testament Supplements 253 and 254. Sheffield : Sheffield Academic Press, 1997.

Klein, Ralph W. Chronicles, Book of 1–2. Pages 992–1002 in vol. 1 of *Anchor Bible Dictionary*. Edited by David Noel Freedman. New

York : Doubleday, 1992.

______. Introduction and Notes to 1 and 2 Chronicles. Pages 605–98 in *HarperCollins Study Bible*. Edited by Wayne Meeks. San Francisco : HarperCollins, 1993.

Myers, Jacob M. *I and II Chronicles*. Anchor Bible 12 and 13. Garden City, N. Y. : Doubleday, 1965.

Selman, Martin J. *1 and 2 Chronicles : An Introduction and Commentary*, 2 vols. Leicester, England : Inter–Varsity Press, 1994.

Williamson, H. G. M. *1 and 2 Chronicles*. New Century Bible Commentary. Grand Rapids : Eerdmans ; London : Marshall, Morgan, & Scott, 1982.

인용되었던 문헌

Ackroyd, Peter R. 1985. Chronicles, the First and Second Books of the. pp. 163–65 in *Harper's Bible Dictionary*. Edited by Paul J. Achtemeier. San Francisco : Harper & Row.

Albright, William F. 1920. The Babylonian Temple–tower and the Altar of Burnt–Offering, *Journal of Biblical Literature [JBL]* 1 : 140–41.

Alexander, Philip. 1988. Retelling the Old Testament, in *It Is Written : Scripture Citing Scripture : Essays in Honour of Barnabas Lindars, SSF*. Ed. by D. A. Carson and H. G. M. Williamson. Cambridge : Cambridge University Press.

Allen, Leslie. 1999. 1 and 2 Chronicles, in *The New Interpreter's Bible*, vol. 3. Ed. by Leander E. Keck. Nashville : Abingdon.

Best Loved songs and hymns. 1961. Ed. by Ruth W. Shelton. Dayton, Tenn. : R. E. Winsett.

Bickerman, Elias. 1962. *From Ezra to the Last of the Maccabees : Foundations of Post–Biblical Judaism*. New York : Shocken.

Blenkinsopp, Joseph. 1988. *Ezra–Nehemiah*. Old Testament Library. Philadelphia : Westminster Press.

Boraas, Roger. 1985. Seba, Sabeans, in *Harper's Bible Dictionary*.

Bordreuil, Pierre, Felix Israel, and Dennis Pardee. 1998. King's Command

and Widow's Plea : Two New Hebrew Ostraca of the Biblical Period, in *Near Eastern Archaeology* 61.

Boyce, Mary. 1984. Persian Religion in the Achemenid Age, in *Introduction : The Persian Period*. Vol. 1 of *The Cambridge History of Judaism*. Ed. by W. D. Davies and Louis Finkelstein. Cambridge : Cambridge University Press.

Braun, Roddy. 1988. 1 Chronicles and 2 Chronicles, in *Harper's Bible Commentary*. Ed. by James L. Mays. San Francisco : Harper and Row.

Bright, John. 1981. *History of Israel*, 3rd ed. Philadelphia : Westminster.

Childs, Brevard. 1979. *Introduction to the Old Testament as Scripture*. Philadelphia : Fortress.

Cody, Aelred. 1969. *A History of Old Testament Priesthood*. vol. 35 of Analecta Biblica. Rome : Pontifical Biblical Institute.

Cross, Frank Moore, Jr. 1998. Kinship and Covenant in Ancient Israel, in *From Epic to Canon : History and Literature in Ancient Israel*. Baltimore : Johns Hopkins University Press.

______. 1975. A Reconstruction of the Judean Restoration. *Interpretation [Int.]* 29.

______. 1973a. The Priestly Houses of Early Israel, in *Canaanite Myth and Hebrew Epic : Essays in the History of the Religion of Israel*. Cambridge, Mass. : Harvard University Press.

______. 1973b. The Themes of the Book of Kings and the Structure of the Deuteronomistic History, in *Canaanite Myth and Hebrew Epic*. Cambridge, Mass. : Harvard University Press.

deVries, Simon. 1988. Moses and David as Cult Founders in Chronicles, in *JBL* 107.

Dickens, Charles. 1976 [1843]. *A Christmas Carol*. In *A Charles Dickens Christmas*. New York : Oxford University Press.

Dillard, Annie. 1984. *Holy the Firm*. New York : Harper.

Donner, Herbert. 1977. The Separate States of Israel and Judah, in *Israelite and Judean History*. Ed. by John H. Hayes and J. Maxwell Miller. London : SCM Press.

Elmslie, W. A. L. 1916. *The Books of Chronicles*. The Cambridge Bible for Schools and Colleges. Cambridge : Cambridge University Press.

Finkelstein, J. J., trans. 1969. The Laws of Ur-Nammu, in *Ancient Near Eastern Texts Relating to the Old Testament [ANET]*. Ed. by James B. Pritchard. Princeton : Princeton University Press.

Fishbane, Michael. 1985. *Biblical Interpretation in Ancient Israel*. Oxford : Clarendon Press.

Freedman, David Noel. 1961. The Chronicler's Purpose, in *Catholic Biblical Quarterly [CBQ]* 23.

Friedman Richard Elliot. 1987. *Who Wrote the Bible?* New York : Harper and Row.

Gelston, Anthony. 1996. The End of Chronicles, in *Scandinavian Journal of the Old Testament* 10 : 53-60.

Hanson, Paul. 1975. *The Dawn of Apocalyptic*. Philadelphia : Fortress.

Hendel, Ronald S. 1996. The Date of the Siloam Inscription : A Rejoinder to Rogerson and Davies, in *Biblical Archaeology* 58.

Herdner, A., ed. 1963. *Corpus des Tablettes en Cunéiformes alphabétiques*. Paris : Imprimerie Nationale.

Hoglund, Kenneth G. 1997. The Chronicler as Historian : A comparativist Perspective, in *The Chronicler as Historian*. Journal for the Study of the Old Testament Supplement [JSOTS] 238. Ed. by M. Patrick Graham, Kenneth G. Hoglund, and Steven L. McKenzie. Sheffield : Sheffield Academic Press.

Horn, Siegfried, and P. Kyle McCarter. 1999. The Divided Monarchy : The Kingdoms of Israel and Judah, in *Ancient Israel*, revised and expanded edition. Ed. by Hershel Shanks. Washington, D. C. : Biblical Archaeology Society.

Jacobsen, Thorkild. 1987. *The Harps That Once…… Sumerian Poetry in Translation*. New Haven and London : Yale University Press.

Japhet, Sara. 1993. *I & II Chronicles*. The Old Testament Library. Louisville, Ky. : Westminster/John Knox.

Johnstone, William. 1998. *Chronicles and Exodus : An Analogy and its Application*, JSOTS 275. Sheffield : Sheffield Academic Press.

Klein, Ralph W. 1974. *Textual Criticism and the Old Testament : From the Septuagint to Qumran.* Philadelphia : Fortress.

______. 1992. Book of 1–2 Chronicles, in *Anchor Bible Dictionary*, vol. 1. Ed. by Noel Freedman. New York : Doubleday.

______. 1993. Introduction and Notes to 1 and 2 Chronicles, in *HarperCollins Study Bible.* Ed. by Wayne Meeks. San Francisco : HarperCollins.

Knauf, Ernst Azel. 1992. Seir, in *Anchor Bible Dictionary*, vol. 5.

Knoppers, Gary. 1999. Hierodules, Priests, or Janitors? The Levites in Chronicles and the History of the Israelite Priesthood, in *JBL* 118.

Lichtheim, Miriam. 1980. *The Late Period.* vol. 3 in *Ancient Egyptian Literature.* Berkeley : University of California Press.

Lipinski, E. 1978. North Semitic Texts, in *Near Eastern Religious Texts Relating to the Old Testament.* Ed. by Walter Beyerlin. Translated by John Bowden. Philadelphia : Westminster.

Mays, James Luther. 1994. *Psalms*. Interpretation series. Louisville, Ky. : John Knox Press.

McBride, S. Dean, Jr. 1973. Jeremiah and the 'Men of Anatot,' a paper presented to the Colloquium for Old Testament Research at the Colgate–Rochester Divinity School. (August 23.)

Meyers, Carol and Eric. 1993. *Zechariah* 9–14. Anchor Bible Series, vol. 25C. Garden City, N. Y. : Doubleday.

Meyers, Carol. 1992. Jachin and Boaz, in *Anchor Bible Dictionary*, vol. 3.

Milgrom, Jacob. 1970. *Studies in Levitical Terminology, I : The Encroacher and the Levite ; The Term Aboda.* University of California Publications, Near Eastern Studies 14. Berkeley : University of California Press.

Mosis, Rudolf. 1973. *Untersuchungen zur Theologie des chronistischen Geschichtswerkes.* Freiburg.

Myers, Jacob M. 1965. *I and II Chronicles.* Volumes 12 and 13 of Anchor Bible Series. Garden City, N. Y. : Doubleday.

Na'aman, Nadar. 1986. Hezekiah's Fortified Cities and the LMLK Stamp, *Bulletin of the American Schools of Oriental Research* 261.

Oppenheim, A. Leo, Trans. 1969. Babylonian and Assyrian Historical Texts, in *Ancient Near Eastern Texts Relating to the Old Testament*, 3d ed. (ANET). Ed. by James B. Pritchard. Princeton : Princeton University Press.

Otto, Rudolph. 1958 [1936]. *The Idea of the Holy*. Trans. by John W. Harvey. New York : Oxford University Press.

Pritchard, James B., ed. 1969. *The Ancient Near East in Pictures Relating to the Old Testament(ANEP)*. Princeton : Princeton University Press.

Rosenthal, Franz, trans. Canaanite and Aramaic Inscriptions, in *ANET*.

Rowley, Harold H. 1939. Zadok and Nehushtan, in *JBL* 58.

Schniedewind, William M. 1995. *The Word of God in Transition : From Prophet to Exegete in the Second Temple Period*. JSOTS 197.

Shanks, Hershel. 1999. Biran at Ninety, *Biblical Archaeology Review* 25.

Shea, William H. 1999. Jerusalem Under Siege : Did Sennacherib Attack Twice? in *Biblical Archaeology Review* 25.

Smith, Mark. 1992. Rephaim, in the *Anchor Bible Dictionary*, vol. 5.

Stinespring, W. F. 1992. Temple, Jerusalem, in *The Interpreter's Dictionary of the Bible*, vol. 4. Ed. by George Arthur Buttrick. Nashville : Abingdon Press.

Tarr, Herbert. 1987. Chronicles, in *Congregation : Contemporary Jewish Writers Read the Jewish Bible*. Ed. by David Rosenberg. San Diego : Harcourt Brace Jovanovich.

Throntveit, Mark. 1992. *Ezra–Nehemiah*. Interpretation series. Louisville, Ky. : John Knox Press.

______. Linguistic Analysis and the Question of Authorship in Chronicles, Ezra and Nehemiah, *Vetus Testamentum* 32.

Tuell, Steven. 1992. *The Law of the Temple in Ezekiel* 40–48. Harvard Semitic Monographs 49.

United Methodist Hymnal. 1989. Nashville : United Methodist Publishing House.

van der Kooij, Arie. 1991. On the Ending of the Book of 1 Esdras, in *VII Congress of the International Organization for Septuagint and Cognate Studies, Leuven,* 1989. Ed. by C. E. Cox. Atlanta : Scholars

Press.

Vaughan, Andrew G. 1999. *Theology, History, and Archaeology in the Chronicler's Account of Hezekiah.* Archaeology and Biblical Studies, vol. 4. Atlanta : Scholars Press.

Wellhausen, Julius. 1885. *Prolegomena to the History of Ancient Israel.* Reprint, New York : Meridian Books, 1957. Edinburgh : Black.

Welten, Peter. 1985. *Geschichte und Geschichtsdarstellung in den Chronikbüchern,* in Wissenschaftliche Monographien zum Alten und Neuen Testament, vol. 42. Neukirchen : Neukirchener Verlag.

Williamson, H. G. M. 1996. The Problem with First Esdras, in *After the Exile : Essays in Honour of Rex Mason.* Edited by John Barton and David J. Reimer. Macon, Ga. : Mercer University Press.

______. 1982. *1 and 2 Chronicles.* The New Century Bible Commentary Series, Grand Rapids : Eerdmans ; London : Marshall, Morgan, & Scott.

______. 1977. *Israel in the Books of Chronicles.* Cambridge : Cambridge University Press.

Wood, Ralph. 1994, November 16. Flannery O'Connor's Racial Morals and Manners, in *The Christian Century* 111.

Wright, John W. 1998. The Founding Father : The Structure of the Chronicler's David Narrative, in *JBL* 117.

Yadin, Yigael. 1983. *The Temple Scroll,* Volume 1 : Introduction. Jerusalem : Israel Exploration Society.

Zunz, Leopold. 1892. Dibre hajamim oder die Bücher der Chronik, in *Die gottesdienstlichen Vorträge der Juden, historisch entwickelt.* Frankfurt : J. Kauffmann.